EL LIBRO DE
ECLESIASTÉS

FRANZ J. DELITZSCH

Comentario al texto hebreo
del
Antiguo Testamento
por C. F. Keil y F. J. Delitzsch

Traducción y adaptación de Xabier Pikaza

editorial clie

EDITORIAL CLIE
C/ Ferrocarril, 8
08232 VILADECAVALLS
(Barcelona) ESPAÑA
E-mail: clie@clie.es
http://www.clie.es

Publicado originalmente por Franz Delitzsch bajo el título
*Biblischer Commentar über Die poetischen Bücher des Alten
Testaments IV: Hoheslied und Koheleth*. Dörffling und
Franke, Leipzig 1875.
Texto hebreo de: Interlinear B. (https://biblehub.com/
interlinear/o). Texto español de: Reina-Valera 1995.
Adaptado por el traductor, conforme a la interpretación de
F. Delitzsch.
Traducido y adaptado por: Xabier Pikaza Ibarrondo.

Esta es una edición para uso comunitario y aplicación
pastoral, no de recreación filológica de la obra de F.
Delitzsch para un estudio universitario, pero conserva el
aparato crítico del libro alemán, con la ventaja de presentar
los textos en hebreo (con las traducciones griegas y latinas,
cuando sea necesario). No exige un conocimiento de
alto nivel del hebreo bíblico, aunque es conveniente un
conocimiento inicial de dicha lengua.

**COMENTARIO AL TEXTO HEBREO DEL ANTIGUO TESTAMENTO
EL LIBRO DE ECLESIASTÉS**
ISBN: 978-84-19055-79-8
Depósito Legal: B-22460-2023
Comentario bíblico / Antiguo Testamento / Poesía y literatura sapiencial
REL006770

Querido lector,

Nos sentimos honrados de proporcionar este destacado comentario en español. Durante más de 150 años, la obra monumental de Keil y Delitzsch ha sido la referencia estándar de oro en el Antiguo Testamento.

El Antiguo Testamento es fundamental para nuestra comprensión de los propósitos de Dios en la tierra. Hay profecías y promesas, muchas de las cuales ya se han cumplido, como el nacimiento y la vida de Jesucristo, tal y como se registra en el Nuevo Testamento. Algunas se están cumpliendo ahora, mientras que otras se realizarán en el futuro.

Los autores, Keil y Delitzsch, escribiendo cuando lo hicieron, solo podían imaginar por la fe lo que sucedería cien años después: el renacimiento de Israel como nación y el reagrupamiento del pueblo judío en la Tierra. Este milagro moderno continúa desarrollándose en nuestros días. Desde nuestra perspectiva actual podemos entender más plenamente la naturaleza eterna del pacto de Dios con su pueblo.

Según nuestro análisis, los escritos de Keil y Delitzsch parecen haber anticipado lo que vemos hoy en Tierra Santa. Donde su interpretación es menos clara, es comprensible dada la improbabilidad, desde el punto de vista natural, de que la nación hebrea renaciera y su pueblo se reuniera.

En resumen, le encomendamos este libro de referencia, solo añadiendo que lo involucramos desde la perspectiva de la realidad de lo que ahora sabemos acerca del Israel moderno. De hecho, el Señor está comenzando a levantar el velo de los ojos del pueblo judío.

Sé bendecido con el magnífico comentario de Keil y Delitzsch, ya que estamos ayudando a que esté disponible.

John y Wendy Beckett
Elyria, Ohio, Estados Unidos

CONTENIDO

COMENTARIO

PRÓLOGO DEL TRADUCTOR

1. Presentación

El libro del *Eclesiastés,* en hebreo *Kohelet* —que significa *Varón de la asamblea*— es, con Job, el testimonio más significativo de la nueva identidad personal y de la crisis de confianza de muchos israelitas en la nueva era cultural que entonces empezaba (siglos IV-III a. C.), en confrontación con el helenismo. Su autor, que asume el nombre y autoridad de Salomón, es un sabio israelita que conoce el historial social y religioso de Israel y quiere mantenerse fiel a él en un momento de gran cambio de la tradición anterior.

Kohelet conoce el pensamiento de los sabios de su entorno y, desde ese fondo, desarrolla de manera sobria y apasionada el tema del cansancio y la vanidad de la vida. Su temática se inscribe dentro de la literatura sapiencial de Israel y de su entorno. Esta constituye una de las aportaciones bíblicas más importantes a la antropología de occidente.

Todas las cosas cansan (Ec 1, 8-11). En hebreo las cosas son palabras (*debarim*). Por eso no se sabe si fatigan las realidades exteriores, las experiencias humanas o, más bien, las palabras que empleamos para decirlas, o todo en su conjunto. Los ojos y oídos se cansan; somos apertura sin fin y nada nos sacia, nada logra contentarnos plenamente. El hombre nunca encuentra su descanso en aquello que conoce, porque busca (ansía) siempre nuevas cosas. Sobre un mundo que no logra llenarle, vive el hombre como pregunta sin respuesta; busca algo distinto y jamás logra encontrarlo. No se sacia porque siempre está escuchando las mismas canciones, como si la vida fuera un disco infinitamente repetido, con las mismas melodías. Queremos otra palabra y no la hallamos.

Todo gira, no hay historia nueva y así todo se olvida. Falta el discernimiento moral, la distinción de lo bueno de lo malo. No hay itinerario hacia Dios, pues

Dios no encaja con la vida y con las cosas. Lógicamente, a ese nivel ya no se puede hablar de un Dios que resuelve de un modo inmediato los problemas dentro de un mundo sin historia, donde todo rueda y todo vuelve y parece que nos lleva a ninguna parte.

Desde ese fondo, Eclesiastés/Kohelet defiende un tipo de ateísmo metodológico y cósmico. En un determinado plano (de mundo y de vida), todo sucede *como si Dios no existiera*. Esto que nosotros —occidentales cristianos (o postcristianos)— estamos sabiendo ahora, entrado el siglo XXI, lo sabían en el tiempo antiguo hombres como Kohelet.

Nada hay de nuevo bajo el sol (Ec 1, 9). No queda memoria de lo que precedió, ni tampoco quedará de lo que ha de suceder (Ec 1, 11). En el fondo, no hay nada que recordar, porque todo es siempre lo mismo. No tienen sentido los anales antiguos, las genealogías de los creyentes de Israel y las doctrinas de los libros santos (Génesis, 1 y 2 Reyes, Crónicas, etc.). Desaparecen, nivelados por la rueda de un destino indiferente, los acontecimientos salvadores de la historia antigua. Al cesar la novedad se pierde aquello que pudiéramos llamar el relieve de la historia: su densidad significativa. Si nada ha sido nuevo (*hadas*), nada merece recordarse o celebrarse: no hay *zikaron* o memorial recreador. Este mundo es como un disco plano: todo da lo mismo, todo es muerte. Por eso, todo cansa. ¿Merece la pena vivir en medio de esta infinita monotonía, cuando no hay nada ni nadie que pueda decirnos algo nuevo y significativo? Esta es la pregunta; esta es la visión del autor que puede resultar contradictoria o, por lo menos, paradójica. Por un lado, sostiene que todo da lo mismo, pues está siempre girando y no tiene sentido hacer (escribir) algo nuevo (cf. Ec 12, 12). Pero, al mismo tiempo, se empeña en proclamar su discurso, dando así un tipo de sentido (una inteligibilidad) a lo que existe sobre el mundo.

1. Pero la existencia humana tiene sentido: apostar por la vida.

Esta es la paradoja: Eclesiastés sabe que un tipo de vida en el mundo carece de sentido y, sin embargo, afirma que merece la pena disfrutarla. Hay un gozo de Dios (gozo grande) y como tal debe cultivarse, por encima de las crisis y las pruebas. Ciertamente, el hombre ha quedado sin Dios en el mundo y la historia, pero tiene la vida y decide vivirla como expresión de Dios, a pesar de todo, mesuradamente, aunque con gozo. Por eso, en contra de todas las posibles tentaciones de condena total o de rechazo, Eclesiastés acepta la existencia:

> No existe para el hombre nada mejor que comer, beber, gozar de su trabajo (Ec 2, 24; Ec 3, 12-13). Es bueno comer, beber y disfrutar en medio de tantos afanes. También el recibir de Dios riquezas y hacienda es un regalo de Dios... (Ec 5, 17-19).

Aprender a vivir —y vivir intensamente— ese es el mensaje de Kohelet; vestirse con belleza, perfumar el rostro, compartir la vida en amor, con tu amada compañera, gozar de los "perfumes"… Esa es la terapia de Kohelet, un texto y camino de fe y alegría, en medio de una vida amenazada por la vanidad de todas las cosas y condenada finalmente a la muerte: "Cuanto tu mano pueda hacer hazlo alegremente, porque no hay en el sepulcro donde vas ni obra, ni razón, ciencia, ni sabiduría" (Ec 9, 7-10). Este es el mensaje más hondo de este libro riguroso y genial de autoayuda, de ayuda divina en medio de la amenaza constante del mundo.

> Me volví a mirar y vi las violencias que se hacen bajo el sol… y proclamé dichosos a los muertos que se han ido; más dichosos que los vivos que existen todavía. Pero más dichosos aún a los que nunca fueron… (Ec 4, 1-3).

Estas palabras parecen blasfemia y, sin embargo, no lo son, pues reflejan una gran nostalgia por la Vida verdadera, una gran decisión a favor de la existencia, y de esa forma reasumen el gemido de los esclavos hebreos en Egipto, el llanto de Job. Este es el drama de la vida. No es comedia; tampoco tragedia; es un itinerario de futuro en un mundo que parece carente de caminos, donde no existe más triunfo que el mismo camino, mientras hay camino, un proyecto de vida que iguala a todos en la marcha:

> Una misma es la suerte de todos ¡la muerte! Pero mientras uno vive hay esperanza. Que mejor es perro vivo que león que ha muerto. Pues los vivos saben que han de morir, mas el muerto nada sabe y ya no espera recompensa, habiéndose perdido su memoria. Amor, odio, envidia: para ellos todo ha terminado. Ya no participan en aquello que pasa bajo el sol (Ec 9, 4-6).

Kohelet ha transitado esos caminos; ha recorrido los diversos argumentos para saber que, al final, no se demuestra nada, pero insistiendo en lo esencial, en el principio de todas las terapias, sabiendo que quedará este simple y fuerte deseo de vivir, a pesar de todo, en medio de una tierra paradójica, con un Dios que en el fondo es el "deseo" de la vida, el *conatus*, la fuerte determinación de existir, como supo y dijo el mayor de los filósofos judíos, Benito Espinosa (1632-1577), autor de una especie de Nuevo Kohelet (*Ética*).

2. Un Dios de sobriedad: un libro para perplejos.

No hay certezas absolutas; no existen demostraciones. Pero en el fondo de todo, a pesar de todas las palabras anteriores, la existencia está llena de sentido, siempre que la vivamos con sobriedad amable, moderada: "No quieras ser demasiado justo ni sabio ¿para qué destruirte? No hagas mucho mal, no seas insensato ¿para qué morir antes de tiempo?" (Ec 7, 16-17). Pedirle demasiado a la existencia es malo. Buscar a Dios con ansiedad desesperada resulta, al final, inconveniente. Pero tampoco tiene sentido el encerrarse en lo perverso: el ansia de placer y de dinero terminan destruyendo la existencia ¿qué nos queda? ¡Queda todo!

Esta es la lección de Eclesiastés: ¡vivir cuando fallan las razones para ello! Solo este deseo de vivir por encima de las razones permite al hombre romper el círculo cerrado de la tierra, abriéndose sobre su propia realidad, sobre su historia. Por eso nos sigue valiendo hoy en día Eclesiastés, con su mensaje de sobriedad y de finura, de honestidad y verdad en medio de otras voces más solemnes de la tierra que quieren imponer su fundamentalismo violento. Al final de sus negaciones y cautelas, Kohelet sigue manteniendo la certeza de que hay Alguien que le sobrepasa; Alguien que sostiene, alienta y da sentido a su existencia. Este es su camino: vivir en fidelidad y gozo, aunque no se puedan trazar mapas, ni seguir itinerarios en la prueba; su camino es vivir en Dios, que es la "esencia, fundamento o juicio de la vida":

> Alégrate mozo en tu mocedad... Pero ten presente que de todo esto te pedirá cuentas Dios (Ec 11, 9). En los días de tu juventud acuérdate de tu Hacedor antes de que vengan días malos... y vuelva el polvo a lo que antes era, y retorne a Dios el Espíritu que Dios te ha dado (Ec 12, 1. 7).

Estas son sus últimas palabras. Antes había dicho otras que siguen siendo inquietantes (*¿quién sabe si el aliento de los hombres sube hacia la altura y el de la bestia baja hacia la tierra? Ec 3, 21*), pero también dijo otras como "has de dar cuentas a Dios" (cf. Ec 12, 13). Tanto las unas como las otras palabras, todas juntas, han de ser mantenidas —según el Kohelet— por el hombre de una Asamblea o Iglesia de personas respetuosas, que quiere gozar y hacer que gocen los otros en un mundo muy frágil, lleno de ignorancia, donde apenas sabemos lo que implica nuestra vida.

2. Tema básico

Ante un mundo que parece encerrarse en sí mismo, en fría y silenciosa indiferencia, ¿qué sentido tiene nuestra vida? No es que el mundo sea malo —como parecía sospechar Job—; no es que Dios tenga un aspecto interior de Satanás y así se goce en tantearnos. Job era un iluso al suponer que el Dios/Satán de las antiguas historias de Israel se ocupaba en torturarle. Kohelet no tiene ni siquiera ese consuelo; no puede protestar a Dios, pues Dios ya no se ocupa de los hombres.

1. Ante un azar siempre repetido. Nada nuevo bajo el sol.

Job exploraba en línea de sufrimiento, en clave de "combate personal", y así podía suponer que el mismo Dios está empeñado en hacerle sufrir o tantearle; por eso gritaba, pidiendo una respuesta. *Kohelet*, en cambio, ha explorado en medio de un mundo de riqueza inútil y de hastío. No le han ido mal las cosas; puede presentarse como triunfador en todas sus empresas; ha logrado todo lo que un ser humano puede desear sobre la tierra, en línea de abundancia, placeres, posesiones (cf. Ec 1, 12–2, 10). Pero nada le ha saciado: al fin de sus caminos sigue preguntando.

Job expresaba la angustia dolorida del fracaso. *Kohelet*, en cambio, refleja el hastío del triunfador: la manzana de su gozo está podrida, su corona de victoria se marchita sin sentido. Su palabra es la palabra del cansancio reiterado. No es que la vida sea mala; no es que podamos decir que alguien nos odia y se empeña en torturarnos. Es solo indiferente, sin principio ni fin, sin dirección en la marcha y, por lo tanto, sin camino.

> Una generación va, otra generación viene, mientras la tierra siempre está quieta. Sale el sol, se pone el sol, jadea por llegar a su lugar y de allí vuelve a salir. Camina al sur, gira al norte, gira y gira caminando el viento; y a sus giros vuelve el viento. Todos los ríos caminan al mar y el mar no se llena; y desde el lugar al que los ríos caminan de allí vuelven a ponerse a caminar (Ec 1, 4-7).

El libro es breve, literariamente precioso, aunque algo reiterativo, pues así lo pide su argumento. Su autor es, a la vez, rey y sabio, y disfruta de las cosas mejores de la tierra. No es profeta; no cree en la palabra creadora. No es sacerdote; no le parecen primordiales los sacrificios. *Es rey* y ha descubierto que el poder político no sacia ni transforma. *Es sabio* y, precisamente por eso, reconoce que las cosas no cambian con teorías. Así vive y piensa nuestro autor, un hombre culto y rico de Jerusalén, inmerso en un ambiente en el que influye el pensamiento helenista (a comienzos del siglo III a. C.).

Gira el sol en círculos iguales de días y de años: todo cambia, pero todo se mantiene igual en medio del proceso, en eterna indiferencia. *Giran los vientos* sin cesar y nunca son lo mismo. Pero al fondo de sus giros, el tiempo del conjunto permanece siempre igual, indiferente a los deseos y problemas de los individuos. *Giran los ríos*, nace y muere sin cesar el agua; pero permanece idéntica a lo largo de sus largos giros.

2. Allí donde todo se repite, el hombre es un ser irrepetible.

Sobre ese modelo ha entendido *Kohelet* nuestra vida abocada a la muerte. Somos un *río* que no acaba en ningún mar, pues volvemos a nacer siempre de nuevo.

Una experiencia cósmica parecida había conducido a muchos filósofos griegos a postular sobre la *inmortalidad*: hay algo en nosotros que desborda el nivel de giros agobiantes de la tierra; somos alma supracósmica caída de un cielo superior; podemos y debemos volver hacia la altura de Dios donde no existen ya más cambios. Una visión como esta estaba llevando a muchos orientales (hindúes y budistas) a postular una doctrina de *reencarnaciones*: giran nuestras vidas (nuestra propia realidad) con este mundo; así mueren y se vuelven a encarnar; pero ellas pueden liberarse al fin de esa cadena, de esa rueda, llegando al mar sin cambio y sin dolor, que es lo divino.

Kohelet conoce la doctrina de la inmortalidad (y quizá también un tipo de reencarnaciones) pero no puede aceptarla. Como buen israelita sabe que no podemos evadirnos hacia espacios resguardados de seguridad intemporal. Tiempo somos a los ojos del Kohelet, pero un tiempo que no tiene ya sentido litúrgico ni puede abrirse a la alabanza (en contra de Gn 1), un tiempo sin fisuras, sin momentos especiales.

Dentro de ese tiempo que pasa, *nada hay de nuevo*. Busca el hombre algo distinto y jamás logra encontrarlo. *Nadie se acuerda...* En el fondo no hay nada que recordar. No tienen sentido los anales viejos, las genealogías de los creyentes de Israel y las doctrinas de los libros santos (Génesis, 1 y 2 Crónicas, etc.). Desaparecen, nivelados por la rueda de un destino indiferente, los acontecimientos salvadores de la historia antigua.

Al cesar la *novedad* se pierde aquello que pudiéramos llamar *el relieve* de la historia: su densidad significativa. Si nada ha sido *nuevo* (*hadas*), nada merece recordarse o celebrarse: no hay *zikaron* o memorial recreador. Este mundo es como un disco plano: todo da lo mismo, desembocando en la muerte.

3. Ser hombre: un itinerario en busca de sentido.

¿Merece la pena vivir cuando *las cosas cansan?* Cansan porque nadie es capaz de hacerlas hablar (*ledabber*) o decirlas, dando así una explicación o sentido a lo que existe. Pues bien, en medio de un mundo que rueda, al parecer, eternamente sin sentido, el hombre está llamado a buscarlo, buscándose a sí mismo. Esta es una visión que puede resultar contradictoria o, por lo menos, paradójica. *Por un lado,* sostiene que todo retorna pues está siempre girando y no tiene sentido hacer (escribir) nada nuevo (cf. Ec 12, 12). Pero, *al mismo tiempo,* se empeña en proclamar su discurso centrado en la búsqueda de sentido ante la muerte.

Es bueno que Kohelet haya planteado sus preguntas sin empezar acudiendo al remedio de un Dios que soluciona las cosas desde fuera. Solo en un gesto fuerte de respeto hacia esta experiencia de "vacío" (*todo es vanidad*, Ec 1, 3) podrá darse después un discurso religioso.

Me dediqué a obtener sabiduría... (Ec 8, 16-17). No es *Kohelet* un hombre derrotado, ni es un indiferente. Desde el fondo de su vida, sigue buscando la *hokma* o Sabiduría de Dios. Pero, al mismo tiempo, parece hallarse atado a un mundo donde todo se repite sin sentido. Desde ese fondo, algunos han tomado a Kohelet como un esquizofrénico, como si hubiera en el mundo dos verdades: lo que es verdad a un plano es mentira en otro, y viceversa.

— *En un nivel hallamos el giro indiferente de los astros, de los ríos, de los vientos...* sin que se pueda hablar de Dios. Frente a la sacralización fácil de las cosas parece que debemos mantener siempre un tipo de reserva: nunca llegamos a entender el mundo desde el fondo: nunca resolvemos sus problemas. A ese nivel todo es destino. Todavía hoy, por más que parezcan triunfar los esquemas evolutivos, muchos siguen hablando de un eterno retorno de las cosas.

— *Pero a un nivel más alto podemos hablar de las obras de Dios,* llegando a encontrar un lenguaje que nos capacite para entender las tradiciones más hondas de la Biblia hebrea (creación, llamada de Dios, éxodo, alianza, etc.). En esta perspectiva, adquiere su sentido el esfuerzo hermenéutico de Eclesiastés: la acción de Dios se entiende solo si es que a otro nivel sabemos (y podemos) admirar y/o sufrir la dura indiferencia de este mundo con respecto a los valores morales y sacrales de los hombres.

En un plano, *lo que el hombre encuentra y hace en este mundo es vanidad,* —en hebreo *habel,* en griego *mataiotes* (levedad, vacío)—. Esta es la palabra clave. No es que las cosas de este mundo sean malas, son sencillamente *vanas,* como aliento inconsistente, vacío y débil, y este es el nombre que la Biblia hebrea ha dado al cuarto ser humano (Abel) por la cortedad de su existencia. Eso es lo que somos en el mundo. Por eso, en el principio de su obra, como título y motivo (melodía) que retorna en cada frase de su libro, ha puesto nuestro autor: *habel habalim ha-kkol habel* (TM), *mataiotes mataioteton, ta panta mataiotes* (LXX), es decir, *vanidad de vanidades, todo es vanidad* (Ec 1, 2).

Estas palabras nos sitúan, en un sentido, cerca de *Sócrates*: "¡Solo sé que no sé nada!". En esa línea, *Orígenes,* teólogo cristiano del siglo II-III d. C., afirma que *Kohelet* puede y debe interpretarse como reverso del *Cantar de los Cantares*: sobre el fracaso cósmico, allí donde el hombre ya no espera nada de este mundo, surge el himno de amor del Cantar de los Cantares, pero siempre al lado de la levedad y el vacío pleno del Kohelet. Sobre la vanidad cósmica pueden bailar los enamorados, descubriendo que Dios no es necesario, pero que el brillo de su presencia lo está alumbrando todo.

— *No sabe el hombre si es objeto de amor o de odio*. Eso significa que no podemos proyectar sobre Dios nuestros esquemas, como si Dios fuera principio de emociones exteriores: desde nuestra pura humanidad, desde la rueda cósmica, ignoramos si Dios nos ama o nos odia.

— *A un nivel mundano, da lo mismo ser puro que impuro, justo que pecador...* Eso significa que la religión no influye en la marcha externa de las cosas. El cosmos gira indiferente a nuestros valores. No hace caso de nuestras pretensiones de tipo ético o piadoso.

— *Y, sin embargo, merece la pena comer y vivir, cantar y trabajar, disfrutar...* aferrarse apasionadamente a la vida, al trabajo bien hecho, a la ternura por las pequeñas cosas...

Es evidente que esta solución puede parecernos negativa y, quizá, así se lo parece al mismo autor cuando vincula el *mal* del corazón del hombre con el hecho de que haya una misma la suerte para todos (justos y pecadores, buenos y malos). Hay en el fondo del Kohelet un tipo de nostalgia: le gustaría que las cosas fueran de otra forma; que se pudieran valorar ya desde aquí las ventajas de la fe, las ganancias de la religión. Pienso que querría *probar* en clave cósmica el sentido de Dios y de la religión.

Pero eso es ya imposible. *En un primer nivel,* el mundo es simplemente mundo y, en ese plano, todo gira como una rueda de la fortuna indiferente a los deseos e ideales de los hombres. Entendido así, el cosmos no es religioso, y da lo mismo ser puro que impuro, hacer sacrificios o no hacerlos. Quien busque a través de la religión ventajas de tipo cósmico se engaña. Quien intente transformar la fe divina en instrumento de triunfo sobre el mundo confunde a Dios con su poder mundano y se equivoca.

Kohelet ha explorado la consistencia racional de las tradiciones religiosas de su pueblo, llegando a la conclusión de que la lógica de este mundo, tomada en sí misma, ni prueba la existencia de Dios ni la rechaza. El orden cósmico resulta indiferente a Dios y a los humanos. A ese nivel somos vanidad (*hebel*). Todo es una vanidad real, sea mejor o peor, pero Dios es una "realidad" que merece todo nuestro respeto.

En esa línea, quizá, en un primer plano, sería mejor no hablar de Dios (en la línea del Dios Yahvé del judaísmo) para hablar de la realidad como "divina". En ese sentido, el argumento del libro se condensa en dos "artículos": (a) *un artículo de fe*, que consiste en temer/honrar a Dios, que es aceptar la realidad, tal cual es, con respeto, con honor...; (b) *un artículo de "praxis"*, que consiste en "aceptar" (cumplir) la ley de ese Dios que, en el fondo, se identifica con los mandamientos de la ley israelita. Con estos dos "artículos" podemos orientarnos a lo largo y a lo ancho de este libro.

3. Kohelet, un "protestante" ante Dios

Así ha planteado su argumento F. Delitzsch en este comentario, escrito desde la perspectiva de un protestantismo "ortodoxo" y neocultural, dominado por la inmensa figura y pensamiento del filósofo *I. Kant* (1724-1804). Pero Kant fue "creyente", convencido de que se puede trazar un camino religioso (cristiano) de búsqueda y encuentro con Dios a través de una *Crítica de la Razón Práctica* (1788). Kohelet parece aceptar en el fondo esa crítica kantiana, como se esfuerza en mostrar F. Delitzsch, pero deja el tema de fondo más abierto. De esa forma, nos sitúa en el centro de la gran crisis cultural, social y religiosa del siglo XXI, en el que, queramos o no, seguimos inmersos nosotros, los occidentales críticos y cristianos.

1. En medio de una gran crisis religiosa.

En otro tiempo, la religión actuaba como principio unificador del pensamiento y de la vida social: todos los diversos aspectos de la realidad se hallaban como "entrelazados" y explicados (fundamentados) en el fondo de una experiencia cristiana unificadora. Por eso, la vida en su conjunto aparecía como cargada de sentido. Pues bien, la muerte de Dios (en sentido cultural) ha implicado una muerte de la unidad humana: por eso se dividen y se escinden sus diversos elementos:

— Queda por un lado *el mundo, sin explicación religiosa*, como una realidad que parece estar regida por principios de fatalidad, de pura dialéctica vital o material. Dios no se desvela ya en el cosmos. El cosmos se conduce conforme a sus propias reglas y leyes de evolución material.

— Por otra parte, *la sociedad queda también abandonada a sí misma, sin sanción divina.* Antes, la vida social aparecía como signo de Dios: expresión de una ley sacral que fundamenta y dirige la convivencia entre los humanos. Esa ley se ha roto (se ha perdido). Los humanos ya no tienen más posibilidades de "encuentro y relación" que los que pueden establecer ellos mismos, por convenio (para utilidad del conjunto). En el fondo, lo que antes se llamaba "Dios" se identifica ahora con la "razón social" (por no decir, a veces, la razón del estado).

— Queda, finalmente, *el individuo, abandonado a su propia voluntad de ser, a su propio deseo de realización o a su fracaso.* Antes, el individuo aparecía como "señal" de Dios. Podía cultivar unos valores transcendentes que le definían como individuo autónomo, distinto de todos los restantes individuos, con una responsabilidad ante Dios y ante los otros. Ahora, el individuo queda encerrado en su propia capacidad de gozo o de realización.

2. *Ruptura cultural y religiosa. Kohelet, testigo de Dios en tiempos de desencanto.*

- *Desencanto político*: los cambios políticos de los últimos tiempos, que tanto prometían (como en los tiempos de Kohelet), parecen habernos dejado casi donde estábamos; las utopías (ligadas en parte al marxismo) han perdido incidencia. Por eso nos cuesta creer en la política. Parece que la sociedad se estabiliza en una especie de dominio de los poderes fácticos (dinero, ansia de dominio, grupos partidistas) sin que haya un deseo eficaz de transformación social en profundidad, al servicio del humano.
- *Desencanto religioso*: las esperanzas de transformación religiosa y eclesial, ligadas a un tipo de nueva libertad social y religiosa parece que no se han cumplido. La religión parece sin fuerza (no hay profetas verdaderos); en otros casos aparece ligada al sistema, como institución que quiere defender sin más sus propios privilegios; en otros casos, se la mira como un "jardín mágico" donde quedan pequeños restos de humanidad que ya ha sido superada por los cambios de los tiempos. Hay una "reserva religiosa" muerta y sin sentido en medio de un mundo sin religión.
- *Desencanto ideológico/cultural*: ya no creemos en las grandes "teorías". No es que se refuten, es que resbalan. Por eso casi nadie cree en la "filosofía" en el sentido clásico del término. Ya no importa el saber, porque el saber no va a solucionar ningún problema clave de la vida. Estamos amenazados por el *convencimiento de que la modernidad ha fracasado,* pero no solo la modernidad, sino la vida del hombre sobre el planeta tierra.

Este parece un tiempo propicio para lectores de Kohelet. Está surgiendo un tipo nuevo de lectores de Kohelet, tanto cristianos (protestantes, ortodoxos, católicos) como no cristianos. Muchos ya no creen en las *ideologías del progreso burgués,* pues llevan a una especie de inhumanidad de los privilegiados, dejando al margen a una mayoría de la sociedad. Pero tampoco creen en *la racionalidad de las grandes revoluciones* porque les parecen fracasadas: no han logrado mejorar la vida de los hombres y pueden conducirnos a nuevas dictaduras. *No creemos en la racionalidad nacional de los estados.* Ciertamente, los estados nacionales tienen un sentido histórico, pero muchos se sienten frustrados por ellos.

Solo existe, por tanto, un tipo de verdad débil o, quizá mejor, un conjunto de verdades (religiones, ideologías) débiles: cada cosa queda aislada en sí misma, produce en breve brillo de placer o de gozo en un momento, pero luego desaparece, como los viejos dioses del instante. Esos instantes de sacralidad, de brillo, de sentido, son los únicos que pueden valer en nuestra vida. No hay nada más allá de esos fugaces momentos de gozo estético, interior o material.

3. Kohelet, un libro para nuestro tiempo, un tiempo que parece sin Dios.

El Eclesiastés o Kohelet, ofrece el más duro testimonio de la crisis israelita de Dios. Parece rota la fe antigua que guiaba a los hebreos a través de los caminos de la alianza. Como sintió y respondió Kohelet, podemos sentir y responder nosotros. El humano queda en solitario ante su Dios, sin otro interrogante que el cansancio, sin más gozo que el que pueden ofrecerle los pequeños placeres de una vida en la que nada ni nadie puede responder a sus dolores.

> Yo, Eclesiastés, he sido rey de Israel en Jerusalén… Hablé en mi corazón: ¡adelante, voy a probarte en el placer! ¡disfruta la dicha! Traté de regalar mi cuerpo con el vino, emprendí mis grandes obras, construí palacios, planté viñas, hice huertos y jardines y los llené de toda suerte de frutales. Tuve siervos y siervas. Poseía servidumbre. También atesoré el oro y la plata, tributo de reyes y provincias. De cuanto me pedían los ojos nada les negué, ni rehusé a mi corazón gozo ninguno (Ec 2, 1-10).

Estos son los dones que al hombre pueden hacerle dichoso: poder, salud y dinero; belleza y placer, dominio sobre el mundo. Estos son los bienes que han buscado por siglos y milenios los varones y mujeres de la tierra. Los mismos hebreos oprimidos que dejaron Egipto (en éxodo fundante) salieron en busca de estas cosas. ¿No apuntaban la promesa, el éxodo y la alianza hacia un estado en que los humanos pudieran disfrutar de las fortunas de la tierra, gozando así del gozo y la grandeza de la tierra?

Pero llegado el momento de la crisis, los viejos hebreos oprimidos descubren que tampoco el goce de la tierra y de la vida por sí misma resulta suficiente. No basta la riqueza que da el mundo dentro de la historia; resultan incapaces de dar felicidad auténtica los bienes y fortunas de una vida en la que todo rueda hacia la muerte. Por eso, el más rico de los humanos de la tierra, el Eclesiastés, varón privilegiado que preside la asamblea de los humanos, acaba siendo un ser infortunado.

Esto no quiere decir que la riqueza sea mala, que los dones de la tierra (pan y vino, amigos, posesiones) deban evitarse. Pero el "sabio" verdadero busca más. Así ha buscado el Eclesiastés, representante de la asamblea israelita, dedicando el tiempo de su vida a conocer y probar todas las cosas (cf. Ec 1, 12-13). Al final, su conclusión ha sido esta:

> Todo es vanidad y perseguir al viento (Ec 2, 11). He observado cuanto pasa bajo el sol y he visto que todo es vanidad y perseguir al viento (Ec 1, 14).

Esta es la experiencia final del hombre que ha desembocado —después de haber triunfado y gozado de muchas cosas— en una situación de desencanto. En un momento determinado, el hombre que ha salido a conquistar el mundo para descubrir y realizar su propia realidad humana, se da cuenta de que el mundo con sus bienes no le basta. No le basta lo que tiene y todo se termina convirtiendo en espejismo de un deseo diferente. Busca otra cosa, y al buscar advierte que, en su entorno, el mundo de placer que él anhelaba se convierte en espacio de injusticia. ¿Dónde se halla Dios en todo eso?

> Volví mi vista y descubrí las violencias que se hacen bajo el sol. Escuché el llanto del oprimido que no tiene ya quien le consuele. Y advertí que el poder se encuentra en manos opresoras, sin que nadie se preocupe ahora de hacer justicia al oprimido (Ec 4, 1-2).

Eclesiastés, el hombre sabio que ha querido escudriñar los caminos de Israel, ha descubierto que no hay orden de Dios sobre la tierra. No existe la justicia, ni la ayuda al oprimido. Parece que vivimos en un mundo donde todo viene a estar reglamentado por las leyes de la fuerza. Triunfa la violencia y la fortuna en los afortunados. Mientras tanto, padecen los pequeños:

> De todo he visto en mis fugaces días: justos que mueren en toda su justicia, impíos que envejecen en su misma iniquidad. El humano domina sobre el humano a fin de hacerle daño. Por eso se venera a los impíos (Ec 7, 15; 8, 9-10).

La experiencia le ha mostrado que no existe en este mundo una sanción moral. No puede hablarse del influjo de Dios como justicia en la existencia. Han perdido su valor las leyes viejas: no hay premio para los buenos, ni castigo para los malos. Parece que Dios se muestra indiferente, por encima de la rueda de la vida, sin que nada le interese:

> He visto que los justos y los sabios y sus obras están en manos de Dios y los humanos ya no saben si son objeto de amor o de odio. Por eso todo es un absurdo. Todo da lo mismo: la misma es la suerte que corren el justo y el injusto, el bueno y el malo, el puro y el impuro, el que es humano religioso y el que no practica religión. Lo mismo que el humano de bien pasa al malhechor; como el que jura es el que odia el juramento. Esto es lo malo de todo lo que pasa bajo el sol: que haya un destino común para todos; y por eso el corazón del humano se halla lleno de maldad. Hay locura en sus corazones mientras viven, y después llega la muerte (Ec 9, 1-4).

Duras son estas palabras. Ciertamente, Dios se muestra como un simple espectador sobre la rueda de fortuna de la historia; por eso ya no importa la vida de los humanos, no hay frontera o división que nos ayude a distinguir lo bueno de lo malo. Dios no tiene un rostro personal; se ha convertido en una especie de símbolo de fuerza sin conciencia, de fatalidad sin vida. Mientras tanto ,el humano sufre: en vano se fatiga, sin rumbo camina.

Al llegar a este final tenemos la impresión de que la historia de Israel ha quedado liquidada. ¿Dónde queda ya la alianza y las promesas?; ¿es cierto que Dios nos ha librado en el éxodo de Egipto? Pues bien, sobre el vacío que produce esa pérdida de Dios, parece que necesitaríamos un éxodo distinto: tenemos que salir de la opresión (la situación) en la que todos nos hallamos perdidos, angustiados, destruidos sobre el mundo.

En un determinado plano, encontraremos que el Eclesiastés, hombre de asamblea, ha descubierto que debe existir algo que tenga sentido en todo esto: ¡El conocimiento, la sabiduría! Por lo menos, el sabio se da cuenta de lo que hace: "Tiene los ojos en la frente, mientras que el necio camina en la tiniebla" (Ec 2, 14). Pero, si volvemos a mirar con más detenimiento, descubriremos que esa misma ventaja del sabio resulta ser al final ilusoria: tampoco la sabiduría salva al humano del mundo:

> Vi también que la suerte de los dos (del necio y del sabio) es la misma. Entonces dije: "también yo correré la suerte del que es necio ¿por qué, pues, hacerme sabio? ¿qué provecho sacaré de todo ello?". Y advertí que también eso es vanidad, porque ni del sabio ni del necio se hará memoria eterna, sino que, pasado un tiempo, todo se acaba olvidando. Muere, pues, el sabio igual que el necio. Por eso aborrecí la vida, al ver que todo bajo el sol es un absurdo, es perseguir al viento (Ec 2, 15-17).

Llegamos de esta forma hasta el final de eso que pudiéramos llamar el proceso de desconstrucción de la realidad. Por siglos y milenios los humanos han querido descubrir su realidad, fijar un norte en el rumbo de su vida. Así han trazado normas de conducta que han venido a convertirse en base de la sabiduría. Pues bien, al discernirlo todo, el sabio advierte que, al final, en un sentido, todo se confunde, todo da lo mismo:

— *Necedad (=vanidad) resulta ser el gozo que ofrecen los placeres*, pues terminan siendo insuficientes. "Vi que todo es vanidad, es perseguir el viento" (Ec 2, 11). El hastío lo ha inundado todo, de manera que nada merece nuestro esfuerzo. La riqueza de la tierra se convierte en un "empacho", porque el rico solo come su riqueza (su pan) "entre congojas y tinieblas, entre rabia y llanto" (cf. Ec 5, 14-15). Creciendo los bienes, crecen las preocupaciones. Aumentando los placeres, se multiplica el cansancio, de modo que se llega hasta la náusea (cf. Ec 5, 9).

- *Necedad resulta el mismo conocimiento.* ¿Para qué saber si nada se resuelve con razones? Además, "creciendo el saber, crece el dolor" (Ec 1, 18). Por eso, en un determinado sentido, sería mejor el ignorarlo todo, pasar en la inconsciencia por la vida, como sombra que va y viene sin que nada le preocupe.
- Finalmente, *es vanidad el afán de la justicia,* porque el humano no sabe si merece la pena el observarla. Escudriña el justo sobre el mundo, en los caminos de la vida, y no descubre norma alguna que pudiera guiarle, dirigirle. Todas las leyes que los hombres han trazado dentro de la historia acaban siendo convencionales, normas que carecen de sentido y permanencia.

No es que Eclesiastés condene la existencia como mala, no es que la rechace por perversa. El problema está en que no tiene sentido. No tiene sentido la vida sobre el mundo, porque no hay señales que distingan lo bueno de lo malo, la vida de la muerte, el amor de la condena. Se ha perdido el norte y todo da lo mismo. Estamos en una especie de "paraíso" original pero invertido (en contra de Gn 2–3). En este nuevo paraíso ya no existe el árbol de lo bueno y de lo malo, de manera que los humanos ya no saben cómo tienen que portarse.

Estos son los presupuestos, esta es la tarea: cómo organizar la vida allí donde no existen principios para organizarla. Eclesiastés es el humano que, corriendo ya por todos los caminos de este mundo, ha descubierto que el mundo se ha quedado sin un Dios a quien podamos entender de modo intramundano, como signo y sentido del misterio de la vida. Pues bien, allí donde no hay Dios solo nos queda como signo final el gran proceso del eterno retorno de las cosas:

> Una generación va, otra generación viene. Pero la tierra permanece para siempre. Sale el sol y el sol se pone; corre a su lugar para salir de allí otra vez. Sopla el viento y gira al norte; gira que te gira, sigue el viento y así vuelve a girar. Todos los ríos van al mar y el mar nunca se llena; del lugar donde los ríos van, de allí surgen de nuevo. Todas las cosas dan fastidio.
>
> Se cansa el ojo de mirar, el oído se cansa de oír. Lo que fue eso será. Lo que se hizo eso se hará. Nada nuevo hay bajo el sol. Si de alguna cosa puede asegurarse "mira, es nuevo", aún eso ya existía en los tiempos que pasaron. No hay recuerdo de lo antiguo, como no habrá un día memoria de lo nuevo, para aquellos que vengan después (Ec 1, 4-11).

Todo gira en el camino del mundo y de la historia y así todo se olvida. Falta, como ya hemos dicho, el sentido de totalidad, la visión de una existencia donde pueda distinguirse, precisarse, las acciones. Por eso no se puede hablar de Dios dentro del mundo e interpretarlo así, como elemento del sistema. Dios rompe el sistema, no encaja entre las cosas. Lógicamente, si miramos con hondura hacia aquello que existe sobre el mundo, encontraremos que no puede ya haber Dios sobre la tierra (dentro de la historia).

En este sentido, el Eclesiastés aparece como defensor de un tipo de ateísmo metodológico: el mundo se ha cerrado sobre sí y ya no aparece como signo de un misterio transcendente. Y con esto hemos planteado ya el tema siguiente.

4. Debe haber Dios, pero es como si no hubiera. Tres niveles de ateísmo.

Nuestro libro es, según eso, un testimonio de ateísmo, a nivel del cosmos y en la historia. Todo sucede en ese plano como si Dios no existiera. Eso significa que debemos superar todos los ídolos del cosmos, de la historia y de la realidad humana:

— *Hay un ateísmo cósmico.* En un primer nivel, el mundo no aparece ya como lugar de Dios; es un espacio en el que todo sucede conforme a los principios del eterno retorno de las cosas. En ese plano de vientos y de mares, de agua, fuego y tierra, el humano viene a desvelarse como un elemento que está inmerso en la gran rueda de fortuna de la vida. Pues bien, ese círculo en que todo nace y gira no es divino. Lógicamente, Dios no puede verse ya en el plano de la naturaleza.

— *Hay un ateísmo histórico.* Si no es divino el mundo en el que estamos, tampoco son divinas nuestras obras, la historia que nosotros mismos construimos y tejemos en el tiempo. Por eso es imposible que los humanos quieran definir su vida partiendo de sus propias creaciones. En ese plano hay que decir que todas nuestras obras pasan y terminan, se diluyen y se olvidan con el tiempo (o como el tiempo). Lógicamente, Dios transciende los caminos de la creación política, no se identifica con aquello que los humanos pueden ir haciendo sobre el mundo.

— *Hay, finalmente, un ateísmo antropológico.* Aceptemos lo anterior: no es divino el mundo donde el hombre mora, ni tampoco es divina nuestra historia. Pero ¿no podrá afirmarse que nosotros mismos somos dioses? Normalmente, las religiones de la interioridad (hinduismo y budismo, lo mismo que el espiritualismo helénico tardío) tienden a divinizar la verdad interna de los humanos: su *atmán* originario, la hondura del nirvana, el espíritu eterno. En contra de eso, en la línea de la tradición israelita, el Eclesiastés afirmará con fuerza que el ser humano no es Dios: "El humano y la bestia comparten una misma suerte. Muere el uno como el otro y ambos tienen el mismo aliento de vida. En nada aventaja el humano a la bestia pues ambos son vanidad. Los dos caminan a la misma meta: salieron del polvo y hacia el polvo vuelven. ¿Quién sabe si el aliento de vida de los humanos sube hacia la altura y si el aliento de vida de la bestia baja hacia la tierra?" (Ec 3, 19-21).

De esta forma, hemos llegado hasta el nivel más hondo de eso que podríamos llamar "proceso de purificación de Dios de la Escritura israelita": debemos superar todo el nivel de las acciones y los ídolos que existen en el mundo, como son: naturaleza, historia, humanidad. Solo allí se rompen, donde se quiebren y se puedan superar los planos anteriores puede hablarse ya de Dios, de manifestación de su misterio y verdadera teología.

En un primer momento, ese proceso de ruptura de Dios (desdivinización) resulta tan intenso y doloroso que el Eclesiastés, que en algún sentido sigue amando los goces y placeres de la vida, siente que todas sus certezas se derrumban. ¿Cómo se podrá vivir sin Dios? ¿Cómo se puede soportar una existencia que se encuentra de antemano condenada? Pues bien, en esa situación en la que el viejo Dios pierde sentido, el Eclesiastés quiere vivir, y así lo dice con toda claridad. De esa forma nos conduce hasta el lugar de una paradoja, hacia ese plano donde la existencia del humano se halla de algún modo dividida.

Este es, a mi entender, el tema clave. Nosotros, occidentales, acostumbrados a la claridad de una razón cartesiana, sentimos a veces la dificultad de admitir esta experiencia paradójica: la unión del gozo de la vida y del profundo desencanto. Pero el Eclesiastés no ha visto oposición (contradicción) entre esos planos. Así lo indicaremos, poniendo el uno frente al otro y destacando en un tercer lugar el sentido de la experiencia de Dios como apertura del humano hacia un nivel superior de gratuidad y misterio.

5. Apostar por la vida (Dios) en un mundo de muerte.

A pesar de todo, la vida es gozo de Dios y con gozo debe cultivarse, por encima de todas las crisis y las pruebas. El humano ha quedado sin Dios en el mundo, sin Dios en la historia, pero tiene la vida y, decide vivirla, a pesar de todo, mesuradamente, pero con gozo. Por eso, en contra de todas las posibles tentaciones de condena total o de rechazo, ha terminado aceptando la existencia:

No existe para el hombre nada mejor que comer y beber, gozar de su trabajo (Ec 2, 24; 3, 12-13).

Es bueno comer, beber y disfrutar en medio de tantos afanes. También el haber recibido de Dios las riquezas y hacienda en don divino... (Ec 5, 17-19).

> Vete, come alegremente tu pan y bebe tu vino con alegre corazón porque se agrada Dios con tu fortuna. Vístete en todo tiempo de blancas vestiduras y no falte el ungüento en tu cabeza. Goza de la vida con tu amada compañera todos los días de tu rápida existencia… porque esa es tu porción en esta vida entre todos los trabajos que padeces bajo el sol. Cuanto tu mano pueda hacer hazlo alegremente, porque no hay en el sepulcro al que tú vas ni obra, ni razón, ni ciencia, ni sabiduría (Ec 9, 7-10).

Este canto a la vida constituye el principio de la teodicea de Eclesiastés. En el fondo de todos los problemas, la vida sigue teniendo un sentido. Tiene un gran valor el gozo sobrio, mesurado, la felicidad pequeña, la alegría fugaz, en medio de una vida que parece azotada por todos los vientos destructores. Nuestro autor ha perdido el sentido de la totalidad, la visión salvadora de la naturaleza y de la historia, lo mismo que una comprensión divina de su vida, pero conserva su capacidad para disfrutar de los pequeños valores que ofrece esa vida en medio de la tierra. En este aspecto, podemos afirmar que ha descubierto y cultivado eso que algunos llaman "el gozo de la finitud", la alegría limitada pero intensa de una vida que sigue siendo bella a pesar de sus limitaciones.

Cesa el gozo, se diluye la alegría de un camino abierto a la experiencia sosegada y bondadosa de las cosas (descanso y comida, amistad y trabajo) y viene a desvelarse el rostro duro de una vida de mundo. Pues bien, a pesar de ello, debemos optar por la vida, como si Dios existiera y fuera bueno. No es Dios quien nos hace. Somos nosotros —en el fondo— los que hacemos a Dios, hacemos que venga, hacemos que exista. Ciertamente, en un primer plano solo hay muerte:

> Torné y vi las violencias que se hacen bajo el sol… y proclamé dichosos a los muertos que se han ido; más dichosos que los vivos que existen todavía. Pero más dichosos aún a los que nunca fueron y no vieron lo malo que se hace bajo el sol (Ec 4, 1-3).

Estas palabras parecen blasfemia y, sin embargo, no lo son. Ellas reflejan, en el fondo, una nostalgia inmensa por la vida verdadera. Son un grito que el varón de la asamblea, Eclesiastés, ha levantado ante la altura de un misterio que parece que no quiere responderle. En ese aspecto, en el fondo de la misma tristeza, viene a plantearse la pregunta de la misma vida, en forma de llamada por Dios, como todavía indicaremos. Desde ese fondo, han de entenderse las palabras que siguen: *Mejor es entrar en una casa en luto que en un hogar en fiesta… Mejor es la tristeza que la risa… Mejor el fin de una cosa que el principio* (Ec 7, 2. 3. 8).

Parece que el mundo ha sido creado para morir y, sin embargo, el humano vive. Su destino consiste en terminar y consumirse. De esa forma, toda la existencia se condensa en la fatiga del trabajo inútil, como noria que da vueltas y no logra sacar agua del pozo, como pozo que se excava y nunca llega a la vena de las aguas.

Pero en el fondo de ese gesto de luto, el mismo sufrimiento de los humanos viene a levantarse frente a Dios a modo de pregunta.

El hombre es una paradoja, por no decir una contradicción: es gozo de la vida y es tristeza, es camino creador y es la fatiga donde acaban todas nuestras creaciones. Por eso no se puede encontrar una respuesta que resuelva en su raíz nuestro problema. Cerrar los ojos sería quedar solo en el llanto. Engaño sería fijarse solamente en la alegría. En el centro de la contradicción, en forma de problema viviente, emerge nuestra vida, como una pregunta por Dios. Y con esto planteamos el tercer aspecto del análisis que ofrecer el Eclesiastés.

Quizá pudiéramos decir que está en el fondo de la tragicomedia o, mejor, del drama humano. No es comedia la vida; pero tampoco es una pura tragedia. Es lugar de cruce, campo donde vienen a encontrarse los caminos. Por eso el autor puede decir:

> Una misma es la suerte de todos ¡la muerte! Pero mientras uno vive hay esperanza.
> Que mejor es perro vivo que león que ha muerto. Pues los vivos saben que han de
> morir, mas el muerto nada sabe y ya no espera recompensa, habiéndose perdido
> su memoria. Amor, odio, envidia: para ellos todo ha terminado. Ya no participan
> en aquello que pasa bajo el sol (Ec 9, 4-6).

Bajo el sol se desarrolla ese camino misterioso de la vida que llamamos ahora drama. Parece que en el fondo todo está velado por un tipo de nostalgia, de tristeza. Pero es una nostalgia que puede ser amable, moderada. Quizá deberíamos decir que nuestra vida se convierte en una especie de obra de arte: "No quieras ser demasiado justo ni demasiado sabio ¿para qué quieres destruirte? No hagas mucho mal, no seas insensato ¿para qué pretendes morir antes de tiempo?" (Ec 7, 16-17).

Pedirle mucho a la existencia es malo. Buscar a Dios con ansiedad desesperada no es tampoco conveniente. Pero tampoco tiene sentido el arrojarse hacia aquello que es perverso. El ansia de placer y de dinero terminan destruyendo la existencia. ¿Qué nos queda? Queda todo o, mejor dicho, solo ahora emerge todo ¡sigue abierta nuestra misma realidad como pregunta! Ella hace que el humano sea más que un círculo cerrado sobre el mundo, sobre su propia realidad, sobre su historia.

Por eso sigue valiendo el mensaje del Eclesiastés, como mensaje de sobriedad y de finura, de honestidad en medio de otras voces más solemnes de la tierra. Con su mismo gesto de búsqueda nos dice que es preciso mantenernos en la búsqueda, más allá del dolor y la alegría relativa de la vida. *Dios no se define como la alegría en sí. Tampoco es la tristeza de la muerte.* No es el círculo del cosmos donde todo acaba por curvarse y gira sin cesar sobre su centro. No es tampoco el ideal de nuestra historia, ni la hondura de mi propia realidad humana. ¿Quién es Dios entonces?

Negativamente es fácil contestar: Dios es lo contrario a lo que nosotros construimos o inventamos como ídolos. En este aspecto, el Eclesiastés ha realizado el más radical de los procesos de purificación religiosa de la Biblia, obligándonos a seguir pensando sobre Dios.

> Alégrate mozo en tu mocedad... Pero ten presente que de todo esto te pedirá cuentas Dios (Ec 11, 9). En los días de tu juventud acuérdate de tu Hacedor antes de que vengan días malos... y torne el polvo a la tierra que antes era y retorne a Dios el Espíritu que Dios le ha dado (Ec 12, 1. 5).

4. Comentarios y estudios básicos

a Lapide, C., *Coment. in Ecclésiasiaten*, Amberes 1638 y París 1881.

Alonso Schökel, L., Eclesiastés y Sabiduría, Madrid 1974.

Arias Montano, B. (atribuido), *Discursos sobre el "Eclesiastés" de Salomón declarado según la verdad del sentido literal*, edición y estudio de V. Núñez, Universidad de Huelva.

Barton, G. A., *A Critical and Exegetical Commentary on the Book of Ecclestastes* (ICC 20), Edimburgo 1908.

Barucq A., *Eclesiastés. Kohelet*, AB 19, Fax, Madrid 1971.

Bonora A., *Guía espiritual del AT. Kohelet*, Herder, Barcelona 1994.

Braun, R., *Kohelet und die frühhellenistische Popularphilosophie*, BZAT 130, Berlín 1974.

Buzy, D., *L'Ecclástaste*, La Samte Bible, VI, París 1941, 189-280.

Cepeda, A., F. Nieto y H. A. Chávez, *Introducción a la literatura sapiencial. Proverbios, Job, Kohelet, Sabiduría, Eclesiástico*, VD, Estella 2023.

Crenshaw, J. L., *Ecclesiastés*, OTL, Philadelphia 1987.

Doré, D., *Eclesiastés y Eclesiástico (o Qohélet y Sirácida)*, Cuaderno Bíblico 91, VD, Estella 1997.

Eaton, M. E., *Eclesiastés*, IntVarsityPress, Leicester 1983.

Ellul, J., *Razón de ser. Meditación sobre el Eclesiastés*, Herder, Barcelona 1989.

Forman, Ch., *Kohelet and his Contradictions*, JSOT SuppSer 71, Sheffield 1989.

Hengel, M., *Judaism and Hellenism* I, SCM, London 1974, 115-130.

Hertzberg, H. W., *Der Prediger* (KAT 17,4-5), Gutersloh 1963.

Jerónimo, San, *Commentarius in Ecclesiasten*, PL 23.

Klein, Ch., *Kohelet und die Weisheit Israels*, BWANT 132, Stuttgart 1994.

Loader J. A., *Polar Structures in the book of Kohelet*, BZAW 152, Berlin 1979.

Lohfink, N., *Kohelet*, Echter Bibel, Stuttgart 1980.

Lutero, M., *Annotationes in Ecclesiasten* [1532] WW 1/20, 1-203.

Lys, D., *L'Eclesiaste ou que vaut la vie?* París 1977.

Michaud, R., *Kohelet y el helenismo*, EVD, Estella 1988.

Morla Asensio, V., *Eclesiastés, el colapso del sentido*, VD, Estella 2018.

Motos López, M. C., *Midrash Qohélet Rabbah. Las vanidades del mundo. Comentario rabínico al Eclesiastés*, VD, Estella 2007.

Pérez, G., *Eclesiastés*, en *Biblia comentada IV*, BAC 218, Madrid 1962, 868-931.

Pineda, J. de, *In Ecclesiasten*, Sevilla 1619.

Podechard, E., *L'Éclesiaste*, EB, Gabalda, París 1912.

Ramón Ruiz, E., *El libro del Eclesiastés, Comentario y propuestas de lectura*, Verbo Divino, Estella 2023.

Ravasi, G., *Kohelet*, Paoline, Cinisello MI, 1988.

Sacchi, P., *Eclesiaste*, Paoline, Roma 1971.

Vílchez. J., *Eclesiastés o Kohelet*, EVD, Estella 1996.

Williams, A. L., *Ecclesiastes*, Cambridge 1922.

Zamora García, P., *Fe, política y economía en Eclesiastés a la luz de la Biblia hebrea, Sira y Qumrán*, VD, Estella 2002.

INTRODUCCIÓN

F. Delitzsch

Ἐν τῷ λέγειν, Καινήν, πεπαλαίωκεν τὴν πρώτην.
Τὸ δὲ παλαιούμενον καὶ γηράσκον, ἐγγὺς ἀφανισμοῦ.

Y al decir: Nuevo pacto, da por viejo al primero; y lo que
es dado por viejo y se envejece, cerca está a desvanecerse.

1. Presentación

Si lo miramos sin tener en cuenta a Dios, el mundo aparece como una fascinante combinación de seres, conectados entre sí como causas y efectos, con medios y fines bien distribuidos dentro del conjunto. Pero, en sentido estricto, mirado como un todo, el mundo sigue siendo un misterio sin respuesta.

Si abandonamos la idea de Dios, a pesar de la ley de causa y efecto que está inscrita en nuestra naturaleza mental, debemos abandonar la cuestión del origen del mundo. Si, por el contrario, transferimos al mundo la idea de Dios, pero lo hacemos de un modo panteísta —identificando así el efecto con la causa, al mundo con Dios—, el concepto de Dios que así resulta va en contra de la visión de conjunto que está al fondo de nuestro pensamiento: una visión que nos lleva a distinguir entre sustancia y fenómenos, entre Dios como sustancia original y los fenómenos derivados, propios de este mundo.

En ese caso, los misterios con los que el hombre se enfrenta como ser de moralidad permanecen sin solución, porque el orden moral del mundo presupone que hay un ser absolutamente bueno, un ser que es anterior al mundo y que lo sostiene. El orden moral de la humanidad presupone la existencia de un legislador y juez, pues sin ella pierde su hondura y su sentido la distinción entre el bien y el mal. Tanto si no hay Dios como si lo hay, todo lo que existe y sucede en el mundo constituye un momento del ser y de la realidad.

Desde un punto de vista panteísta, la visión del mundo tenderá al optimismo, pues todo lo que existe en el mundo sería de algún modo divino. Por el contrario, desde una perspectiva atea, la visión del mundo tenderá al pesimismo, pues nada de lo que existe tiene entidad duradera en sí mismo. Incluso el ateo puede reconocer el poder transformador de la bondad a través de una ley interior que es peculiar al hombre como ser moral, pero a esa bondad le falta la consagración divina. Y si la vida humana es un viaje de la nada a la nada, la mayor de todas las bondades se identificará al final con la misma nada.

En esa línea se sitúa *el pensamiento del budismo*, según el cual todo deseo de vida del hombre es malo. La finalidad del budismo consiste en liberar al hombre de su realidad de fondo que es mala, de forma que el hombre pueda poner su confianza en un tipo superior de nada, que es el nirvana, situándose así más allá de los deseos de este mundo. Así, dice el budismo, el poder de la muerte no infunde terror en aquellos que consideran el mundo como una pompa de agua, es decir, como una fantasía. ¿Qué satisfacción, qué alegría existe en ese mundo? En el fondo, ninguna.

Mírense, por ejemplo, los cambios que la ancianidad produce en los hombres; el cuerpo enfermo se corrompe y se disuelve. Hay algunos que dicen: tengo hijos y tesoros, en ellos habitaré en la estación del frío, y en los otros en la estación del calor. Pero el que así piensa está loco y no ve los obstáculos que provienen del hecho de tener hijos. Para aquel que se preocupa de hijos y tesoros, para aquel que tiene su corazón así enredado, la muerte lo arranca y lo destruye al igual que un torrente de montaña anega y destruye una aldea mal construida.

Pues bien, *la visión que el Eclesiastés tiene del mundo y el juicio que se forma en relación con esa imagen es totalmente distinto*. En eso se distingue del libro de Ester, donde la visión de Dios queda siempre en la penumbra, de manera que no hay en todo ese libro ninguna mención expresa del nombre de Dios. Por el contrario, en el Eclesiastés el nombre de Dios se cita no menos que treinta y siete veces.[1]

Dios aparece en estos pasajes aducidos en la nota anterior como el nombre de aquel que a quien se le confiesa, al mismo tiempo, como verdadero Dios, como el exaltado sobre todo el mundo, el que gobierna y dirige todo. No solamente eso, sino que todo el Eclesiastés debe interpretarse como producto genuino de la *hokma* israelita, de tal manera que, siendo fiel a ese principio, este libro coloca el

---

1. Así האלהים aparece en Ec 2, 24; Ec 3, 11. 14 (dos veces); Ec 3, 15-18; Ec 5, 1; Ec 6, 17-20; Ec 6, 2 (dos veces); Ec 7, 2. 6. 29; Ec 8, 15-17; Ec 9, 1. 7. 11. 17; Ec 11, 5. 9; Ec 12, 7. 13-14. אלהים aparece en Ec 8, 2. 13.

mandamiento que dice "teme a tu Dios" (Ec 5, 6. 7; 12, 13) en la base de todo su argumento como principio fundante de la moral. De este mandamiento depende la felicidad del hombre. El temor de Dios determina, según eso, el destino final de la humanidad.

Conforme a Eclesiastés, el mundo ha sido creado por Dios como muy bueno (Ec 3, 11; 7, 29), de manera que ha sido dispuesto y ordenado de tal forma que los hombres puedan temer a Dios. Estos principios básicos del mundo, a los que el libro vuelve una y otra vez, son de especial importancia para que podemos interpretarlo correctamente.

De igual importancia para la recta comprensión de este libro —que es por un lado teísta y por otro pesimista— es el hecho de que el Kohelet no conoce la existencia de un mundo futuro que compense al hombre por los dolores y problemas de la vida presente, permitiéndole resolver su misterio. Ciertamente, en Ec 12, 7 afirma que, al morir, el hombre devuelve a Dios la vida/espíritu que Dios le ha dado, mientras que el cuerpo vuelve al polvo del que ha sido formado. Pero la cuestión planteada en Ec 3, 21 muestra que la superioridad del espíritu del hombre sobre el espíritu de las bestias no se encuentra, a su entender, totalmente establecida, por encima de toda posible duda.

Este pasaje no asegura, en modo alguno, que el hombre tiene un espíritu que se eleva sin más por encima del aliento de vida de los animales, sino que plantea el motivo de su posible diferencia a modo de pregunta abierta. Desde ese fondo, podemos preguntar: ¿qué significa en su caso "volver" a Dios? De todas maneras, el hecho de que el hombre devuelva a Dios el Espíritu que Dios le ha concedido no implica en modo alguno la aniquilación de la existencia separada del hombre, de un modo panteísta (como si el hombre dejara de existir al identificarse de nuevo con Dios) por tres razones:

- A lo largo de toda la Biblia se supone que el espíritu del hombre tiene un tipo de existencia separada, de tal forma que no puede identificarse sin más con Dios.
- La palabra נתנה (que se lo dio) de Ec 12, 7 no se puede entender en modo alguno en forma de emanación (Dios le da parte de su espíritu al hombre y después se lo quita).
- La idea del Hades está presente en la conciencia de los israelitas de la Biblia desde varios siglos antes de Cristo; eso significa que los hombres permanecen de algún modo en el Hades, sin identificarse de nuevo con Dios tras la muerte (desapareciendo así).

Eso significa que los hombres existen más allá de la muerte (en la tumba), pero sin conservar la fuerza de pensamiento y actividad que han tenido durante su vida

3

como seres independientes en el mundo. La vida futura no es mejor, sino peor que la presente (Ec 9, 5. 10), de manera que se caracteriza por un tipo de densa oscuridad que dura por siempre (Ec 9, 6; 11, 8; 12, 5). El hombre existe, más allá de su entierro en la tumba, pero sin la luz que ha tenido durante su vida en el mundo.

Ciertamente, a partir de la justicia de Dios y de la experiencia de la vida presente como contraria a esa justicia (Ec 8, 14), el Kohelet saca la conclusión (cf. Ec 12, 14 y 11, 9) de que tiene que haber un juicio definitivo, por el que vengan a resolverse con justicia todos los problemas; un juicio por el que la aportación que este libro ofrece al conocimiento y al progreso religioso de la humanidad su culmen. Pero esa aportación viene a presentarse aquí como un postulado de fe en abstracto, sin poder suficiente para iluminar en concreto el sentido futuro de la vida de los hombres, es decir, para elevarlos por encima de las miserias del tiempo presente.

Sea como fuere, el autor de Kohelet desarrolla pensamientos importantes sobre el futuro de la humanidad tanto en Ec 12, 7, como en Ec 11, 9 y en Ec 12, 4. Esos pensamientos pueden relacionarse con Sab 3, 1 (las almas de los justos están en las manos de Dios y ninguna pena puede alcanzarles) y con Da 12, 2 (muchos de los que duermen en el polvo de la tierra despertarán, unos para la vida eterna y otros para la eterna vergüenza y desprecio), de manera que el pensamiento que está al fondo de esos textos, lo mismo que el de Job 14, no se puede tomar como negación absoluta de una vida futura mejor para los hombres, sino que muestran solo que el conocimiento pleno de ese futuro mejor no les fue concedido a los autores de esos libros (de Job y del Kohelet).

De un modo general, debemos afirmar que solo en el tiempo del N.T. esa esperanza de un futuro mejor empezó a formar una parte común del credo de la tradición bíblica, un credo que se apoya sobre la base de la fe en la historia de la redención. Esa nueva fe en un futuro mejor fue extendiéndose a toda la vida de los cristianos por encima de algunos destellos aislados de profetas y creyentes que se aventuraban en esa línea, con otras opiniones no confirmadas, propias de los tiempos anteriores a Cristo, de forma que solo en ese tiempo (en los años de la vida de Cristo) la fe en la vida futura vino a presentarse como experiencia y doctrina general de los creyentes.

A partir de aquí, la Escritura del Nuevo Testamento muestra la gran diferencia que existe en este campo entre la visión bíblica anterior y la nueva visión del pecado y de la redención (de la gracia) que ha venido a revelarse y propagarse desde el tiempo de la muerte y resurrección de Cristo.

Ese cambio ha venido a mostrarse allí donde el Señor ha revelado que son bienaventurados los que lloran (y no los que ríen) y también allí donde el apóstol Pablo (Ro 8, 18) afirma que los sufrimientos del tiempo presente no pueden ser comparados con la gloria que será revelada a los salvados. De esa manera, la meta de la vida humana, con su dolor y sus sufrimientos, viene a situarse más allá de la tumba, superando así el punto de partida de la experiencia del Kohelet. Aquello que hacemos en esta vida actual, bajo el sol, viene a presentarse, así como un segmento y anuncio del despliegue de la vida universal y eterna de los hombres tras la muerte: una vida gobernada por la sabiduría de Dios, cuyas porciones separadas solo pueden entenderse a la luz de su conexión con el todo de la revelación de Dios. La visión parcial del mundo presente, tal como la desarrolla el Kohelet, desligada de su conexión con el futuro, resulta según eso unilateral. Existen, por tanto, dos mundos (dos eones), vinculados de tal forma que el eón o mundo futuro constituye la solución del misterio truncado del mundo presente.

Un creyente del N.T. no podría escribir un libro como el de Job, ni tampoco como el del Eclesiastés sin pecar en contra de la verdad revelada ni renunciar al mejor conocimiento adquirido en ese tiempo, sino que retorna y cae de nuevo en la perspectiva parcial del Antiguo Testamento, tal como se manifiesta en el libro del Kohelet. El autor del libro de Eclesiastés forma parte de la religión bíblica, tal como ha sido revelada en la dispensación del A.T. Kohelet, autor de ese libro, es un creyente, pero un creyente anterior a la venida y revelación de Cristo, aunque no uno más entre otros (entre la mayoría), sino uno que tenía rasgos y perspectivas especiales, como seguiremos indicando en todo el comentario a su libro.

Hay personas que tienen tendencia a la alegría y otras a la tristeza; pues bien, el autor de este libro no forma parte de los primeros (de los que tienden a la alegría). Ciertamente, su libro incluye llamadas a la alegría (Ec 11, 9; 8, 15, etc.), pero no son dominantes en su obra, a diferencia de la llamada a la alegría, χαίρετε, que permea y fundamenta en sentido muy profundo toda la carta de Pablo a los Filipenses. Pero, dicho eso, debemos añadir que el Kohelet tampoco pertenece a la categoría de aquellas naturalezas superficiales que ven todas las cosas de color de rosa, de aquellos que, de un modo rápido y superficial, olvidan pronto las tristezas propias y ajenas, de manera que la fuerte y dura naturaleza de la vida no deja en ellos una marca profunda y duradera.

2. Carácter general. Disonancias

El autor de Kohelet no es un sentimental, un hombre a quien su propia debilidad hace profeta de males; ni es tampoco un hombre básicamente pasivo que, sin haber conocido bien el mundo, se separa de él y lo critica desde un rincón particular sin haber penetrado en su hondura, sin haberle dedicado toda su atención. Al contrario: es un hombre de acción, con un conocimiento penetrante, con una facultad de observación muy aguda, un hombre de mundo, alguien que lo conoce por su propia experiencia, desde todas sus perspectivas, un espíritu infatigable, que se ha esforzado por alcanzar todo aquello que verdaderamente satisface a los hombres.

Pues bien, este hombre se sintió obligado a confesar que todo tipo de ciencia y arte, con todo lo que le habían ofrecido los banquetes, el placer de las mujeres, las riquezas y honores del mundo no eran al fin más que vanidad y aflicción de espíritu. Fue un hombre que alcanzó una visión tan profunda del carácter transitorio y vano de todas las cosas —dentro del dolor de este mundo de pecado y muerte— que, ante la perplejidad de sus misterios, no terminó resignándose sin más y cayendo así en el ateísmo, ni poniendo la "nada" (nirvana) ni el ciego destino en el lugar de Dios, sino que, como buen israelita, siguió afirmando decididamente que el temor de Dios es la más alta verdad y el más seguro conocimiento de los hombres.

Kohelet nos situó ante la más alta admiración de la vida y penetró en el carácter ilusorio de todas las cosas de la tierra, pero no lo hizo con un sentimiento de opresión, despreciando así el mundo en sí mismo, con los dones de Dios, sino que colocó su deseo más hondo en el puro gozo de esta vida; lo hizo dentro de los límites del temor de Dios, amando así la vida en el nivel en que Dios lo permite.

En esa línea, uno podría afirmar que el Kohelet es "el cantante del temor de Dios", y no como dice H. Heine "el cantante del escepticismo", pues por grande que sea la tristeza del mundo que se expresa en sus páginas, el convencimiento religioso de la presencia de Dios sigue expresándose con mucha fuerza en el fondo de su libro. Por eso, en medio de todas las decepciones de este mundo, su fe en Dios, en la rectitud de la vida y en la victoria del bien sigue estando firme como una roca, en contra de todas las olas altivas del mar que se disuelven y se convierten en espuma. Por eso no es cierto lo que dice otro autor moderno (cf. Hartmann, *Das Lied vom Ewigen*, St. Gall, 1859, 12): "Este libro contiene casi tantas contradicciones como verdades, de forma que puede ser tomado como breviario del más moderno materialismo y de la vida más licenciosa". Una persona que ha podido decir estas cosas no ha leído este libro con inteligencia.

La apariencia de materialismo del Kohelet brota de esto: el autor ha visto en la muerte del hombre un fin semejante al de las bestias. Esto es en un sentido verdadero, pero no es toda la verdad. En el camino del conocimiento del más allá de esta vida, el Kohelet solo llega al umbral, porque la mano del Dios de Jesús no le acompaña todavía, es decir, la del Resucitado, esa mano que podría haberle ayudado a pasar al otro lado. Por otra parte, en lo referente al carácter supuestamente licencioso del libro, el pasaje de Ec 9, 7-9 muestra claramente —a modo de ejemplo— la forma en que el temor de Dios le ha impedido explorar todos los placeres humanos con el libertinaje y la maldad de un libertino.

Ciertamente, Kohelet incluye contradicciones, y estas tienen dos razones. Por una parte, son una reflexión sobre los mismos hechos, que, a juicio del autor, son contradictorios. Así, por ejemplo, en Ec 3, 11, el autor afirma que Dios ha sembrado en el corazón del hombre la eternidad, pero diciendo al mismo tiempo que él no ha podido encontrar el principio ni el fin de las obras que Dios ha creado.

Ciertamente, Ec 3, 12-13 afirma que lo mejor para el hombre es gozar de la vida, pero añadiendo que esto es un don de Dios.

Ec 8, 12. 14 afirma que a los hombres que temen a Dios les va bien, mientras que a los impíos les va mal. Pero Kohelet dice también lo contrario, y esta es la tesis principal del libro, pues, a juicio de nuestro autor, todo lo que existe tiene un "pero". Solo el conocimiento de Dios es el núcleo y sentido de todas las cosas, de forma que sin ese conocimiento el resto es *vanitas vanitatum* (vanidad de vanidades), como cáscara vacía, sin fruto interior. Ese conocimiento más alto, centrado en el temor de Dios como imperativo categórico, constituye la mayor felicidad, y la comunión con Dios es el mayor de todos los bienes. Pero ese temor no está aquí vinculado con el amor de Dios, como en el Salmo 73, de forma que sirve solo como aviso, no como consuelo.

Por otra parte, el libro contiene también contradicciones, que actúan como contraste y que el autor no es capaz de explicar ni de articular dentro del conjunto del libro. Así, por ejemplo, la pregunta de si a diferencia de las bestias el espíritu de un hombre que muere sube hacia lo alto (Ec 3, 21), viene a presentarse como una cuestión que puede recibir dos respuestas, una afirmativa y otra negativa; pero en el cap. 12 el autor se inclina directamente por la afirmativa. El autor tiene buenas razones para ello, pero no puede fundarlo con pruebas absolutas.

Por un lado, el autor afirma que los muertos no tienen conciencia, ni energía para actuar, hallándose en el Hades (Ec 9, 10); pero, al mismo tiempo, mantiene que hay un juicio final decisivo sobre la conducta de los hombres, un juicio realizado por un Dios que es santo y justo (Ec 11, 9; 12, 14), en contra de lo que frecuentemente sucede en la tierra, donde no existe una retribución que sea justa (Ec 8, 14). Según eso, en general, no existe en este mundo justicia, de manera que la distinción entre los justos y los malvados solo podrá alcanzarse en la eternidad. Pero, de hecho, dada la naturaleza sombría de los muertos, es difícil comprender cómo podrá darse ese juicio (ese premio para los justos y castigo para los malvados) tras la muerte (Ec 9, 2).

— Por una parte, Kohelet ofrece una prueba del poder de la religión revelada, propia de los hombres que han fundado su fe en el Dios único, creador y gobernante sabio del mundo, un poder tan grande que no puede ser destruido ni amenazado por las experiencias más disonantes y confusas del mundo actual.

— Por otra parte, esa fe constituye una prueba de la inadecuación (imperfección) de la religión revelada, tal como aparece en el A.T., dado que el descontento y dolor que produce la vida, la monotonía, la confusión y miseria de este mundo, permanecen sin respuesta ni justificación, mientras no se revele sobre la tierra el secreto de los cielos.

En ninguno de los restantes libros del A.T. la insuficiencia de la antigua alianza aparece con tanta fuerza como en este libro del Kohelet, donde se muestra con toda claridad aquello que se ha vuelto antiguo y que está próximo a desaparecer, como repetirá Hebreos 8, 13. Para que la oscuridad de este mundo sea iluminada ha de establecerse una alianza distinta y nueva, y para ello resulta necesario que se revele un amor celestial más hondo, un amor que aparezca como sabiduría celeste que se introduce en el mundo, para superar el pecado, la muerte y el Hades, de manera que la existencia del hombre pase de esta vida antigua a un tipo de vida nueva, más alta, centrada en la bienaventuranza de los justos. El dedo de la profecía del A.T. nos estaba dirigiendo ya hacia la nueva vida de la bienaventuranza. Pues bien, en medio de sus montones de ruinas (de sus preguntas sin respuesta), el Kohelet nos muestra la necesidad de que los cielos se abran ya sobre la tierra, revelando a los hombres el camino de la salvación.

El mundo del Kohelet es un mundo oscuro, que solo se rompe y viene a superarse por destellos dispersos de luz, que siguen siendo pasajeros y que no logran vencer la aspereza y hosquedad antigua, ni siquiera cuando nos recomiendan que gocemos felizmente de la vida; una recomendación que va atravesando todo el libro a través de una larga serie de disonancias, dándole así a este escrito el peculiar carácter que posee.

3. División

Este libro aparece ante nosotros como un todo homogéneo, como unidad de fondo. Pero ¿podemos afirmar también que se divide en partes separadas que responden a un plan de conjunto? A fin de responder a estas preguntas, someteremos el conjunto del libro a un tipo de búsqueda analítica, paso a paso, aunque sin perder de vista su plan de conjunto. Esto nos servirá al mismo tiempo como preparación para la exposición posterior de sus temas.

Aquí abajo, en este mundo, todas las cosas que existen bajo el sol son vanidad. El trabajo del hombre no consigue construir nunca nada que sea duradero, pues todo lo que hacemos es solo un comienzo, que se desvanece nuevamente, de manera que su argumento se repite sin cesar en un círculo sin fin. Estos son los pensamientos del libro, que aparecen ya en su principio como lema (Ec 1, 2-11).

Kohelet-Salomón, que ha sido rey, comienza a poner después de relieve la vanidad de todas las cosas del mundo, y lo hace partiendo de su propia experiencia. Conforme a esa experiencia y vida del autor, el esfuerzo por alcanzar la sabiduría mundana (Ec 1, 12) se ha mostrado insatisfactorio, al igual que el esfuerzo por alcanzar la felicidad a través de todo tipo de placeres y gratificaciones que podamos imaginar (Ec 2, 1-11).

La sabiduría es vanidad, porque el sabio cae bajo el golpe de la muerte, lo mismo que el necio, siendo, por tanto, olvidado (Ec 2, 12-17). Las riquezas son vanidad porque terminan en manos de herederos, y uno no sabe si son dignos o indignos (Ec 2, 18-21); y, por otra parte, el puro gozo, al igual que la sabiduría y el conocimiento, no dependen solo del deseo del hombre, sino que son dones de Dios (Ec 2, 22), no algo que el hombre puede conseguir por sí mismo.

Todas las cosas tienen un tiempo determinado por Dios, pero el hombre es incapaz de determinar, tanto hacia adelante como hacia atrás el sentido de ese tiempo, ni su valor eterno, a pesar del impulso por buscar aquello que está implantado en nuestros corazones por Dios. El hecho de que el hombre dependa de Dios en todas sus cosas, incluso en el gozo, ha venido a convertirse para el Kohelet en un tipo de escuela del temor de Dios, un temor que mantiene sin riesgo de destrucción todas las cosas, que no son más que momentos del despliegue de todo aquello que sucede en el mundo (Ec 3, 1-15).

Kohelet descubre que la injusticia prevalece en el mundo en lugar de la justicia, y eso significa que no ha llegado todavía el tiempo en el que Dios ha de intervenir a favor de la justicia (Ec 3, 16-17). Si Dios quiere probar a los hombres, eso implica que, en un sentido, ellos son dependientes, como las bestias, y están sometidos a la muerte sin que nada les distinga de los animales. Siendo las cosas así, no hay nada mejor que gozar de esta vida fugaz y corta tanto como pueda gozarse (Ec 3, 18).

Kohelet recuerda uno por uno los males que existen bajo el sol. Entre esos males destaca la opresión, según la cual, la muerte es mejor que la vida, y mejor aún que vida y muerte hubiera sido el hecho de no haber existido (Ec 4, 1-3). El Kohelet pone también de relieve el carácter agotador del trabajo, en el que solo un loco o un solitario puro (desinteresado de todo) puede vivir libre de envidia (Ec 4, 4-6). El Kohelet insiste también en la preocupación sin sentido por el desarrollo de las cosas, con las angustias de aquellos que viven solos (Ec 4, 7-12); la decepción de las esperanzas puestas en un advenedizo que ha alcanzado el trono (Ec 4, 13-16), pero no para hacer las cosas mejor que sus antecesores, etc.

Hasta aquí hay una conexión entre los dichos y pensamientos de la obra. A partir de aquí empiezan una serie de sentencias externamente inconexas sobre la relación del hombre con el Dios que es dispensador de todas las cosas; unas sentencias que tratan de la forma de acercarse a la casa de Dios o templo (Ec 5, 1), con la forma de orar (Ec 5, 2) y la alabanza (Ec 5, 3-6). Después viene un catálogo de vanidades, entre ellas la forma insaciable y avariciosa de oprimir a los humildes por parte de los que están arriba, tal como se realiza en los sistemas despóticos de gobierno, mientras los codiciosos siguen alabando falsamente a Dios (Ec 5, 7-8).

En un contexto de vida patriarcal, fundada en la agricultura, el Kohelet pone de relieve la vaciedad y la falsa seguridad de las riquezas, que no hacen a los ricos más felices que a los trabajadores (Ec 5, 9-11), que a veces mueren, sin que haya nadie que pueda heredarles (Ec 5, 12-14), de manera que tienen que abandonar sus riquezas cuando mueren (Ec 5, 15-16). Esas riquezas solo son valiosas cuando por medio de ellas se puede alcanzar un gozo más puro, como don de Dios (Ec 5, 17), y cuando ellas pueden transmitirse dentro de la misma familia. Pero sucede a veces que Dios concede riquezas a un hombre, pero un extraño termina siendo quien goza de ellas (Ec 6, 1-2).

La vida de un hombre que muere de forma prematura es mejor que la de un hombre que tiene cien hijos y una vida larga, pero no goza nunca de ella (Ec 6, 3-6). No tiene sentido un deseo que se va extendiendo siempre hacia el futuro, sin lograr disfrutarlo nunca. Solo aquello que un hombre goza de verdad en el mundo le recompensa por su trabajo (Ec 6, 7-9). Lo que el hombre ha de ser ya está predestinado, todas las disputas con otros hombres carecen de sentido. Ningún hombre es capaz de conocer aquello que es bueno para él; ningún hombre tiene poder sobre su futuro (Ec 6, 10). A partir de aquí, sin un plan predeterminado, siguen una serie de normas de conducta práctica, conectadas entre sí de un modo general con la frase "aquello que es bueno", utilizando siempre la palabra/bisagra o lema *bueno*.

Primero vienen seis proverbios (originalmente siete) sobre dos cosas, de las cuales una es mejor que la otra (Ec 7, 1-9); después vienen tres proverbios con un mismo pensamiento de fondo, pero sin comparación entre sí (Ec 7, 10-14). Esta serie de proverbios están conectados en forma de conjunto, porque la finalidad de todos es el deseo de una alegría regulada por el temor de Dios, dentro de los estrechos límites de esta vida, dividida, según Dios, por días buenos y malos, sabiendo que todo termina en la oscuridad de la muerte. Por otra parte, este gozo está limitado en sí mismo por la honda seriedad del *memento mori* (acuérdate de la muerte) que se mezcla siempre con la posible alegría de la vida, de tal manera que el llanto viene a presentarse una y otra vez como mejor que la risa.

Con Ec 7, 15 aparece en primer plano un nuevo "yo", esto es, alguien hablando desde su experiencia personal. Pero también aquí los consejos y las observaciones se van sucediendo unas a otras sin que haya una conexión estricta entre sí. Kohelet nos pone en guardia contra el extremismo de aquellos que se inclinan solo hacia el bien o solo hacia el mal; pero los que temen a Dios pueden evitar ambos extremos (Ec 7, 15-18).

Nada puede ofrecer al hombre más protección que la sabiduría, porque, a pesar de toda su rectitud, un hombre *justo, sin verdadera sabiduría, puede dar pasos en falso* (Ec 7, 19-20). Al hombre preocupado por su vida se le dice: no debes estar siempre escuchando lo que otros dicen, a fin de que no tengas que oír algo que es malo sobre ti, puesto que también tú has hablado a veces mal en contra de otros (Ec 7, 21-22).

El Kohelet lo ha probado todo, pero en su esfuerzo por alcanzar sabiduría —y en su intento de distinguir entre sabiduría y locura— no ha encontrado nada más peligroso que la trampa que ofrecen las mujeres. Entre mil hombres él ha encontrado uno que es justo; pero entre mil mujeres no ha encontrado ni una sola que sea como debería ser. Él ha descubierto, en general, que Dios ha hecho a los hombres rectos, pero ha visto que ellos han trazado muchos tipos de caminos malos (Ec 7, 23).

En la medida en que el sabio considera a las mujeres y a los hombres en general, la sabiduría le enseña que debe obedecer al rey a quien ha jurado fidelidad, pues bajo un tipo de opresión despótica, la sabiduría le ha enseñado a esperar con paciencia el tiempo de la justa intervención de Dios (Ec 8, 1-9). Cuando triunfa un tipo de dominación despótica, sucede que los impíos son enterrados con honor, mientras que los justos son arrojados fuera y olvidados (Ec 8, 10).

En ese momento, hay que esperar la sentencia de Dios, pero en contra de toda justicia esperable, los hombres descubren que a los justos les sucede lo mismo que a los malvados, y a los malvados lo mismo que a los justos aquí en la tierra (Ec 8, 11-14). A la vista de estas vanidades, lo más deseable para un hombre es comer, beber y gozarse, porque esto es lo que permanece como fruto de su trabajo durante los días de vida que Dios le ha concedido (Ec 8, 15). En este contexto, trabajar sin descanso no conduce a ninguna parte. Todos los esfuerzos que el hombre haga para comprender el gobierno de Dios son vanos (Ec 8, 16).

Mirando las cosas de un modo más detenido, descubrimos que justos e injustos, están dirigidos por Dios en todas sus acciones, y esto sin ninguna finalidad, porque ni siquiera en sus afectos el hombre es dueño de sí mismo. Y, lo que es peor de todo, la muerte llega de igual forma para los justos que para los malvados, de manera que ese fin, que es igual para todos, hace que los hombres más fuertes abusen de los débiles, de un modo injusto y loco. La voluntad de Dios es que el hombre emplee esta vida transitoria disfrutando gozosamente de ella y actuando de una forma vigorosa, antes de hundirse en la noche del Hades (Ec 9, 1-10). Por mucho que nos esforcemos no podremos conseguir un buen fruto, pues ni siquiera la mejor habilidad consigue aquello que desea, pues un destino incomprensible lo frustra al fin todo (Ec 9, 11-12).

A partir de aquí sigue, aunque en débil conexión con lo anterior, una sección relacionada con la sabiduría y la locura y con las formas distintas de entenderlas, con diversos tipos de experiencias y proverbios (Ec 9, 13–10, 15). Fuera de la armonía general del conjunto del libro hallamos un proverbio (Ec 10, 4) recomendando resignación ante la violencia del gobernante. Los proverbios posteriores vuelven al tema anterior, pero desde la nueva perspectiva del libro, insistiendo así en la relación entre gobernantes y gobernados, un tema que va a ser muy importante en el libro de Kohelet.

Con un proverbio relacionado con reyes y príncipes, buenos y malos, comienza el nuevo tema. La vida desordenada conduce a la pereza y, en contraste con ella (por medio de una advertencia y maldición del rey), sigue una serie de exhortaciones a la actividad providente y, al mismo tiempo, audaz y dispuesta a todo, porque el fruto conseguido pertenece a Dios y no debemos tomarlo como punto de partida, sino como resultado de los proverbios que siguen (Ec 10, 16 – 11, 6).

La luz es dulce, y la vida, por larga que pueda ser, y por incierto y oscuro que pueda ser su futuro, es digna de ser gozada (Ec 11, 7-8). De esta forma, el Kohelet, al fin de esta larga serie de proverbios, lleva al momento de la "recapitulación" en la que puede afirmar *ceterum censeo* (por lo demás, en conclusión…), una recapitulación que él formula en forma de exhortación final, llena de fuerza, dirigida a un joven, diciéndole que goce de su vida, pero sin olvidar a Dios —que se la ha dado— y a quien debe rendir cuentas de todo lo que ha hecho, antes de que le sobrevenga la vejez, con su pelo gris, antes de que la muerte le arrebate del mundo (Ec 11, 9–12, 7). Las últimas palabras del libro (Ec 12, 8) son paralelas a las primeras (Ec 1, 1): *vanidad de vanidades, todo es vanidad.*

Sigue un epílogo, de la misma mano que el libro entero, sellando su verdad, un proverbio escrito como si proviniera del alma de Salomón, como brotando de su fuente de sabiduría. El lector de su libro no debe perderse leyendo muchos libros, porque la suma de todos los conocimientos que son de valor para el hombre se condensan en una sentencia: *"Teme a Dios porque él juzgará todas las acciones"* (Ec 12, 9).

4. Sabiduría y locura (necedad). Pensamiento central del Kohelet

Si retomamos el contenido y el curso de pensamiento de este libro, descubrimos que en todas sus partes aparece la misma visión del mundo, condensada en la frase final. El libro empezaba con una obertura de tipo gráfico (todo es vanidad), y así termina con un final también gráfico (teme a Dios). Pero, en su conjunto, el libro no ofrece un desarrollo gradual de pensamientos, ni una demostración progresiva de su contenido, de manera que no tenemos una evolución de sus argumentos.

La conexión entre los pensamientos del libro viene dada por elementos externos y accidentales, de manera que a veces se introducen pensamientos ajenos al desarrollo del tema dentro de un despliegue de materias semejantes. El sello salomónico con que empieza el libro (Ec 1-2) comienza luego a difuminarse. A partir del cap. 3, la conexión entre los diversos temas comienza a ser de tipo aforístico, de manera que los proverbios que se introducen a partir de aquí no reflejan ya a una visión organizada de los argumentos de conjunto. En la mayor parte de los casos, el motivo, ocasión y puntos de vista que llevan a colocar las confesiones y proverbios morales del autor en este o en aquel otro lugar no pueden determinarse o probarse. Todos los intentos que se han hecho para mostrar no solo la unidad de pensamiento del autor, sino también el progreso genético de los temas y su plan de conjunto, con sus posibles conexiones internas, no solo han fracasado hasta ahora, sino que deberán seguir fracasando.[2]

Al presentar esta visión del espíritu y plan del Kohelet, hemos partido del supuesto de que es un libro postexílico, esto es, uno de los más recientes del A.T. Ciertamente, la tradición lo ha tomado como salomónico. Según Bathra 15a, el *Collegium* del Rey Ezequías (cf. Pr 5) "escribió" (recogió en forma escrita) el libro de Isaías, con Proverbios, el Cantar y Kohelet. Por su parte, el Midrash toma este libro como de Salomón, escrito hacia el final, mientras que el Cantar lo habría escrito en su juventud y Proverbios hacia el centro de su vida (Jalkut, Pr 1, 1). Por su parte, *Rosch haschana* 21b dice que Kohelet quiso ser un segundo Moisés, abriendo una de las cinco puertas de la sabiduría, que no había sido abierta por Moisés, aunque eso le fue negado, asumiendo de esa forma que Salomón fue un rey incomparable, lo mismo que Moisés había sido el profeta incomparable, aunque ni uno ni otro resolvieron todos los problemas de Dios y de la vida humana.

De todas formas, por su parte, en su obra sobre el tiempo del Kohelet, J. S. Bloch (*Ursprung und Entstehungszeit des Buches* Kohelet: *neue Untersuchungen zu einer alten Frage,* 1872) tiene razón al afirmar que las objeciones contra la canonicidad de este libro no influyen sobre el tema de su origen salomónico. En el primer siglo de la era cristiana, el libro del Kohelet fue un *antilegomenon* (texto cuya autenticidad o importancia se discutía).

En la introducción del Cantar he trazado desde sus fuentes las dos colecciones de autoridades legales conforme a las cuales se ha decidido la cuestión de la canonicidad del Kohelet. El sínodo de Jabne (Jamnia), en torno al 90 d. C., defendió su canonicidad en contra de la escuela de Shammai. Las razones aducidas por este último en contra de la canonicidad aparecen en *Shabbath* 30b y *Megilla* 7a. Conforme a *Shabbath* 30b esas razones se referían a algunas palabras del libro, como las de Ec 2, 2 (donde los defensores de la línea de Shammai han debido leer

---

2. "Aiunt Hebraei, quum inter cetera scripta Salomonis, quae antiquata sunt nec in memoria duraverunt, et hic liber obliterandus videretur, et quod vanas assereret Dei creaturas et totum putaret esse pro nihilo, et potum et cibum et delicias transeuntes praeferret omnibus, ex hoc uno capitulo (12, 13) meruisse auctoritatem, ut in divinorum voluminum numero poneretur" (Jerónimo). Algunos hebreos dicen que, entre los otros escritos de Salomón, que son antiguos y no perduraron en la memoria, también este libro debería haber sido olvidado, pues afirma que las criaturas de Dios son vanas, y que la bebida, la comida y los manjares transitorios son preferibles a todas las restantes cosas; pero añaden que por solo este pasaje (teme a Dios porque él juzgará todas tus acciones, 12, 9) este libro merecía tener autoridad para ser colocado en el número de los volúmenes divinos.

מְהֻלָּל, digno de ser alabado), cf. Ec 7, 3; 8, 15. 22, pensando que esa palabra va en contra del argumento de conjunto del libro.

Por su parte, en *Megilla* 7a, se dice que algunos no reconocían la inspiración divina del libro. Según el *Midrash Kohelet* 11, 9, algunos rabinos no aceptaban el hecho de que invitaba al gozo del placer y a caminar según el deseo del corazón, pues ese camino parece ir en contra de la Ley (Ec 11, 9 y Nm 15, 39). Pero prevaleció la visión de la autoridad salomónica del libro, con las amonestaciones a mantener el temor de Dios y la referencia al juicio futuro, que no van en contra de la llamada al gozo de la vida. Ya en tiempos de Herodes El Grande (Bathra 4a) y más tarde, de R. Gamaliel (Shabbath 30b), este libro fue citado como Escritura Sagrada. Por otra parte, en lugar del nombre de la obra se citaba el nombre del autor, es decir, Salomón, de manera que el libro se tomó como salomónico, lo mismo que Proverbios y Cantar (Erubin 21b). Incluso las dudas sobre su contenido no pudieron negar su procedencia salomónica.

Durante los primeros siglos del cristianismo y, en principio, hasta el tiempo de la Reforma, nadie prestó atención a los problemas que podían plantearse, —desde un punto de vista crítico e histórico-literario— en torno al tiempo de surgimiento de la obra. Los Reformadores fueron los primeros que, al lado de la crítica de las tradiciones dogmáticas, iniciaron también un tipo de crítica intrabíblica, que ellos desarrollaron como elemento esencial de la ciencia bíblica. Por su parte, Lutero, en sus *Tischreden* (Conversaciones de mesa), fue el primero que explicó el libro del Kohelet como uno de los más recientes del A.T., suponiendo que no había llegado hasta nosotros en su forma completa, y que había sido escrito por Ben Sirach y no por Salomón. En esa línea, pensó que podía ser como el Talmud, un libro recogido y compuesto a partir de varias obras que existían en la biblioteca del rey Ptolomeo Euergetes de Egipto.[3] Pero estas fueron solo afirmaciones sin fundamento ni valor científico. Entre sus contemporáneos, y hasta mediados del siglo siguiente, ellas no encontraron ninguna aceptación.

Hugo Grotius (1644) fue el primero que, como Lutero, rechazó el origen salomónico del libro, suponiendo erróneamente (como él) que era una colección de dichos de diversos sabios, que trataban περὶ τῆς εὐδαιμονίας, es decir, sobre la felicidad. Pero, en otro sentido, él planteó exactamente el tema: *argumentum ejus rei habeo multa vocabula, quae non alibi quam in Daniele, Esdra et Chaldaeis interpretibus reperias* [un argumento a favor de lo que digo está en el hecho de que

---

3. Cf. Fürstemann-Bindseil, *Tischreden*, 400ss. En este momento puede dar la impresión de que Lutero había confundido el Eclesiastés (Kohelet) con el Eclesiástico (Sirach). En un momento posterior, Lutero afirmaba que el libro contenía una colección de dichos salomónicos, pero que no habían sido escritos por el mismo Salomón.

en este libro se encuentran muchas palabras que no encontrarás en ningún otro lugar sino en Daniel, Esdras y los libros caldeos (arameos)].

Esta observación está justificada. Si el libro del Kohelet fuera de origen salomónico antiguo no se podría hablar de una historia (de un desarrollo progresivo) del lenguaje hebreo. Por su parte, Bernstein (*Quaestiones nonnullae Koheletanae*, 1854) tiene razón cuando afirma que la historia del lenguaje y de la literatura hebrea se divide en dos épocas, una antes y otra después del exilio de Babilonia, y que el Kohelet pertenece a la época postexílica.

5. Palabras propias del Kohelet (Eclesiastés)

Lista de los *hapax* (*hapaxlegomena*) y de las palabras y formas del Kohelet que pertenecen a un período más reciente (postexílico) del lenguaje:

הָאֲבִיּוֹנָה, *Aviyonah*, Ec 12, 5; cf. Ma'seroth 4, 6, Berachoth 36a.

אָדָם, *Adam*, opuesto a. *ishah*, solo en Ec 7, 28.

אִזֵּן, *Izzen*, Piel, solo en Ec 12, 9; palabra no talmúdica.

אִי,10,16; interjección, cf. אִילוֹ 4, 10, en lugar de la más antigua אוֹי; cf. הִי, Ez 2, 10, como אִי ל, *Shemoth rabba*, c. 46; אִי ם, "oh, qué mal", Tárgum Jer 2; Lv 26, 29; אִי ע, "pobre de mí, que soy débil", Berachoth 6b; cf. Sanhedrin 11a.

אִלּוּ, sí... (aunque), Ec 6, 6. Cf. Ester 7, 4, de (אִין) אִם y (לֹא) לוֹ (Ez 3, 6); Tárg. Dt 32, 29, con el sentido hebreo de לוֹ, común en la Misná, por ejemplo, en Maccoth i.10.

אֲסוּרִים ('a·sū·rîm), solo en Ec 7, 26; cf. Jue 15, 14 *olam rabba*, c. 25; cf. Ec 4, 14.

בַּעֲלֵי אֲסֻפֹּת, *Baale asupoth*, solo en Ec 12, 11. Cf. Sanhedrin 12a, Jer. Sanhedrin x. 1.

אֵל (con *bet*, *bihel*), solo en Ec 5, 1 y 7, 9. Como hifil en Ester 6, 14. Cf. uso transitivo de Piel en Ester 2, 9, como en el Tárgum *bahel* (igual a ithbehel) behilu, prisa.

בּוּר, cf. וְלְבּוּר. Solo en Ec 9, 1; cf. Talmud *al buriv*, siempre libre de error y de engaño.

בְּחוּרוֹתֶךָ, *Behuroth*, solo en Ec 11, 9. Cf. Ec 12, 1. También Mibehurav, Nm 11, 28.

וּבָטְלוּ, *Batel*, 12, 3. En el resto de la Biblia, esta palabra solo aparece en el texto arameo de Esdras. Es común en la Misná, e.g., *Aboth* i.5.

בֵּית עוֹלָמוֹ, *Beth olam*, en Ec 12, 5 (cf. Ez 26, 20), Ez 12, 5; cf. *Tosefta Berachoth* iii., Tárg. Is 14, 18; 42, 11.

בְּכֵן, *Beken*, 8, 10; Esther 4, 16. En otros lugares solo en Tárgum, e.g., Is 16, 5.

בַּעַל, En el sentido de fuerte: *Baal hallashon*, Ec 10, 11; cf. *baal bashar*, corpulento, Berachoth 13b; *baal hahhotam*, de nariz grande, con nariz elevada y alta, Taanith 29a.

יִגְבַּר, *gibber*, solo en Ec 10, 10, en sentido de *ser fuerte*, de imponerse sobre otros, ejercer poder, con significado de prevalecer.

גּוּמָץ, *Gummats*, pozo, solo en Ec 10, 8. Aparece en siríaco y en el Tárgum de Ageo (cf. Tárg. Sal 7, 16).

Divrath, véase bajo שׁ, en Ec 7, 14.

הֹנֶה, *hoveh*, Ec 2, 22; cf. Shabbath vi. 6, Erubin i. 10, *Jebamoth* xv. 2.

הוֹלֵלוֹת, *holeloth*, locura, Ec 1, 17. Cf. Ec 2, 12; 7, 25; 9, 3. También *holeluth*, locura, solo en Kohelet 10, 13.

זִכְרוֹן, *zichron*, como forma primaria en Ec 1, 11; 2, 16. Cf. Lv 23, 24, como forma de conexión.

זְמָן, *zeman*, ocasión determinada, en Ec 3, 1. Cf. Neh 2, 6; Ester 9, 27. 31. Por lo demás solo aparece en arameo bíblico, con שׁעה, ὥρα, que es la palabra misnáica normal para καιρός y χρόνος.

שֶׁיֶּלֶךְ, de *holah* (débil), enfermo, Ec 5, 12. 15. En ese sentido se utiliza *nahhlah* en Is 17, 11, Nah 3, 19; Jer 10, 19 y 14, 17.

חוֹרִים, cf. *Ben-hhorim*, Ec 10, 17, en el sentido de libre, en contra de *eved*, servus, siervo. Cf. חרות (libertad), palabra que aparece en las monedas de la revolución, en contra del dominio romano. Es la palabra talmúdica usual para referirse a las posesiones, como en *praedium liberum* (una heredad libre) o *aedes liberae* (edificios libres, según la ley romana).

חוּץ, *hhuts*, con min, solo en Ec 2, 25 (caldeo: bar min); frecuente en la Misná, como en Middoth 2, 3.

חוּשׁ, *hhush*, Ec 2, 25. Aparece en el Talmud y en Siríaco, en el sentido de experiencias tristes. Aquí (cf. Job 20, 2), se refiere a experiencias en general, en un sentido semejante al del pensamiento rabínico, donde se habla de los cinco sentidos del hombre, llamados חושים.

וַחֲיָלִים, *hhayalim*, Ec 10, 10. En todos los demás lugares, también en arameo, con el sentido de ejércitos militares, menos en Is 30, 6, donde significa tesoros, riquezas, lo mismo que en este caso.

וְחֶסְרוֹן, *hhesron*, Ec 1, 15. Esta es una palabra común que se emplea en el lenguaje postbíblico, como dije en *Geschichte der jüdischen. Poesie*, p. 187.

חֵפֶץ, *hheephets*, Ec 3, 1. 17; 8, 6. Cf. Is 58, 3. 13. El sentido primario, no derivado ni disminuido de esta palabra aparece en Ec 5, 3; 12, 1. 10. El sentido derivado y debilitado de esta palabra aparece ya en el mismo Kohelet, y en esa línea se utiliza en la Misná, cf. *Mezia* iv. 6.

וְחֶשְׁבּוֹן, *hheshbon*, Ec 7. 25. 27; 9, 10. En plural en Ec 7, 29, en sentido de "maquinaciones" (y deseos, cf. 7, 29). Fuera de aquí aparece solo en

2Cr 26, 15, en el sentido de *machinae bellicae*, máquinas de guerra. Así también en Shabbath 150a.

וְחַתְחַתִּים, *hhathhhatim*, peligros, terror, solo en Ec 12, 5.

הַטַּחֲנָה, *tahhanah*, 12, 4; cf. *tehhon*, Lm 5, 3, palabra que no aparece en la Misná, pero que se utiliza en el mismo sentido que en el árabe vulgar, *mathanat* y *tahwan*, en vez de la palabra más antigua que es *raha*. Cf. Eli Smith en mi *Jud.-Arab. Poesien aus vormusulm. Zeit* (1874), p. 40.

יאש, en piel, solo en Ec 2, 20. Talmud Nithpa. נתיאש, abandonar o perder la esperanza, cf. *Kelim* xxvi. 8.

יְגִעַת, *yegiyah*, solo en Ec 12, 12. Nombre abstracto, como el que se puede formar de todos los verbos. Estos nombres se utilizan especialmente en el hebreo moderno, más que en el antiguo.

יֹתֵר, *yother*, Ec 7, 11, un adjetivo de participio, con el sentido de "aquello que permanece" (cf. 1Sa 15, 15), es decir, ganancia, superioridad. Como adverbio significa también "más" (cf. Ester 6, 6), de un modo particular. Cf. Ec 2, 15; 7, 16; 12, 9. 12. En el hebreo talmúdico tiene el sentido de "aquello que permanece..." (Cf. *Kiddushin* 24b). Puede utilizarse también como adverbio, en el sentido de *plus* o más (e.g., *Chullin* 57b).

יָפֶה (*yā·peh*), Yapheh, Ec 3, 11; 5, 17. Cf. Jer. Pesachim ix. 9 (b. Pesachim 99a): "el silencio es apropiado, bello, para el sabio... Cuanto más hablan más necios muestran su necedad".

כִּיתְרוֹן, *yithron*, Ec 2, 13 (dos veces). Cf. 7, 12 (sinónimo de *mothar*, 3,1). Tiene con frecuencia el sentido de "ganancia real" (3, 1; 2, 11; 3, 9; 5, 16; 10, 10: "superioridad y ganancia"). También significa algo que es especial (como en arameo *yuthran*), y así aparece en el Kohelet y en el lenguaje de los rabinos, de donde se deriva.

כְּאֶחָד, *keehhad* (como uno, uno): Ec 11, 6. Cf. Is 65, 25. Aparece en 1-2Cr, Esdras, Nehemías y en arameo como *kahhada* y en siríaco como *okchado*. Es frecuente en la Misná, e. g., *Bechoroth* vii. 4; *Kilajim* i.9.

כְּבָר, *kevar*, adverbio, con el sentido de largo, extenso en el tiempo, Ec 1, 10; 2, 12. 16; 3, 15; 4, 2; 6, 10; 9, 6-7. Es común en la Misná: *Erubin* iv. 2, *Nedarim*, v. 5. En arameo tiene con frecuencia el sentido de "quizá", como en el hebreo antiguo.

יַכְשַׁר, *kasher*, Ec 11, 6, cf. Ester 8, 5. En la Misná esta palabra se utiliza para indicar aquello que es legalmente admisible. Aquí aparece en hifil, como nombre verbal, *hachser*, en el sentido que se emplea solo en este caso y en 10, 10. En la Misná se emplea para indicar un orden de cosas. En la *superincriptio* del tratado *Macshirin* tiene el sentido de "algo que es susceptible de impureza". Cf. e.g., *Menachoth* 48b. Se escribe en general como הכשר, pero más recientemente también como הכשר (cf. mi *Heb.*

Römerbrief, p. 79, y también Stein, *Talmudische. Terminologie* (1869), bajo las entradas כשר הכשר).

וּבְכִשְׁרוֹן, *kishron*, solo en Ec 2, 21; 4, 4. 5. 10. No aparece en la Misná.

לְבַד, *levad, tantummodo*, solamente, Ec 7, 29. En sentido semejante, pero no totalmente igual en Is 26, 13.

וְלַהַג, *lahag*, aparece solo en Ec 12, 12, no en el Talmud. Del verbo *lahag* (raíz לה), desear algo ardientemente. En sirio *lahgoz*, vapor (de respirar, exhalar, desear, exhalare), *cognato* de *Higgāyon* (hegeh), y en ese sentido se aplica y explica en *Jer. Sanhedrin* x. 1 y en otros lugares.

יְלֶנּוּ, de *lavah*, Ec 8, 15, como en la Misná, en el sentido de recibir a un huésped, de acompañar a un viajero. De aquí proviene el proverbio: לווֹאי לווֹניה, a aquel que dirige a un grupo a la muerte se le ha de castigar, cf. *Kethuboth* 72ª. Cf. también לוּוִי, un sobrenombre permanente, *Negam* xiv. 6.

מְדִינַת, *medinah*, Ec 5, 7. No aparece en la Biblia antes del exilio.

מַדַּע, *madda'*, pensamiento, conciencia: Ec 10, 20. Fuera de aquí solo aparece en Crónicas y Daniel. Tárgum.

הַמְּלֵאָה, *meleah*, grávida, madre, Ec 11, 5. Solo en la Misná: e.g., *Jebamoth* xvi. 1

מַלְאָךְ, *malak*, 5, 5. Cf. Malaquías 2, 7, en el sentido hebreo posterior *sheluahh shamaim*, delegado de Dios. Cf. mi "Discussion der Amtsfrage in Misná u. Gemara", Luth. Zeitsch (1854), pp. 446-449.

מִסְכֵּן, *misken*, pobre, indigente. Solo en Ec 4, 13. También cf. *miskenuth*, Dt 8, 9 y *mesukan*, Is 40, 20.

וּכְמַשְׂמְרוֹת, *masmeroth*, Ec 12, 11. Clavos. Como מס, Jer 10, 4; Is 41, 7; 1Cr 22, 3; 3, 9.

מְעַטִּים, *meattim*, pocos (sean tus palabras contadas), Ec 5, 1. Solo aparece en plural en Sal 109, 3.

מִקְרֶה, *mikreh*, fortuna. Aparece en este libro con más frecuencia que en ningún otro de la Biblia. Se utiliza en Ec 3, 19 en el sentido que he destacado en el comentario.

הַמֵּרוֹץ, *merots*, raza. Aparece solo en Ec 9, 11. En todos los restantes casos se pone *merutsah*.

לִשְׂחוֹק, *mashak*, Ec 2, 3. Cf. Chagiga 14a, Sifri 135b, ed. Friedmann.

מִלְחָמָה, *mishlahhath*, Ec 8, 8 (cf. Sal 78, 49).

נָגְעָה, *naga'*, hifil, con el, Ec 8, 14. Como en Ester 9, 26. Arameo: מטא ל, e.g., Tárg. Jer. Éxodo 33, 13.

נֹהֵג (*noheg*), *nahag*; Ec 2, 3, como en la Misná. Por ejemplo, *Aboda Zara* iii. 4, 54b; cf. Tárg. Kohelet. x. 4.

נַחַת, *nahhath*, descansar; Ec 6, 5. Como en la frase muy utilizada *nahhath ruahh*; cf. נוח לו וגו, "sería mejor para él", etc. Cf Jer. *Berachoth* 1, 2. La expresión נוח לו, con נחת לו, es frecuente en Kohelet.

נְתָנוּ, *nātă*, Ec 12, 11. El mismo tema en Is 22, 23, *tākăʾ*. Cf. Misná, קבא; Jer. Sanhedrin x. 1, como en Da 11, 45.

סבל, en *hitpael*, aparece solo en Ec 12, 5.

סוֹף, *sof*, fin, en Ec 3, 11; 7, 2; 12, 13; Joel 2, 20; 2Cr 20, 16. Esta es una palabra más moderna que sustituyó posteriormente a *ahharith*, cf. 2Cr 7, 8; 10, 13 (cf. *Berachoth* i. 1), aunque no sean palabras totalmente equivalentes. Es una palabra clave de la Cábala para *sof dāvār*, cf. Ec 12, 13 (cf. mi *Heb. Römerbrief*, pp. 81, 84.) con el significado de *summa summarum*, no puede aplicarse la expresión *ahharith davar*.

סָכָל, *sāchāl* (¿loco?), Ec 2, 19; 7, 17; 10, 3 (dos veces); 10, 14. Cf. también Jer 5, 21. En el libro del Kohelet esta palabra es un sinónimo de כסיל, palabra utilizada con frecuencia en el Talmud.

הַסָּכָל, *sĕchĕl*, locura, aparece exclusivamente en Ec 10, 6.

וְשִׂכְלוּת, *sichluth*, Ec 1, 17 (con שׂ); 2, 3; 2, 12-13; 7, 25; 10, 1. 13 (sinónimo de kesiluth, Pr 9, 13).

סכן, en *nifal*, Ec 10, 9. Cf. *Berachoth* i. 3. El Tárgum y Talmud tienen hitpael אסתכן, "estar en peligro", que corresponde al nifal.

וַעֲבָדֵיהֶם, *ʿavăd*, exclusivamente en Ec 9, 1, como el siríaco ʿbad y el judeo-arameo עובד.

עֲדֶן (*ʿă·den*), *Adĕn*, Ec 4, 3: palabra formada por א+ עד, todavía, con לא, en el sentido de *nondum*, aún no.

עֲדֶנָה (*ʿă·de·nāh*), *adĕnāh* (de *ădhĕnnāh*), todavía, Ec 4, 2; hebreo *misnáico* עדין, e.g., *Nedarim* xi. 10.

עות, hitpael, solo en Ec 12, 3.

עָמְדָה, *ʿamăd*, Ec 2, 9 y 8, 3, como en Jer 48, 11 y en Sal 102, 27. Para *ummăth*, véase שׁ (bahi).

נָתַן, *ʿanăh*, Ec 5, 19 y 10, 19.

לְעֲנוֹת, *inyān*, exclusivamente en Kohelet 1, 13; 2, 23; 2, 26; 30, 10; 4, 8; 5, 2. 13; 8, 16. Esta es una de las palabras más utilizadas en el hebreo postbíblico. Para los primeros casos de este empleo, cf. por ejemplo, Kiddushin 6a, "ocupado con este tema…". Cf. también en arameo Bathra 114b.

בַּעֲצַלְתַּיִם, *ʿatsăltăyim*, Ec 10, 18: Doble impureza que se da, por ejemplo, cuando una mano es tan impura como la otra. Esta palabra solo se emplea en este caso.

עֹשִׂים, *asăh* con *lĕhhĕm*, Ec 10, 19, como en Da 5, 1: *ăvăd lĕhhĕm*. En el N.T., cf. Mc 6, 21: ποιεῖν δεῖπνον. De un modo distinto, cf. Ez 4, 15, donde *asah lehhem* se utiliza en el sentido de preparar la comida. Con un objeto referido al tiempo de la vida, cf. Ec 6, 12. Cf. Hch 15, 33. Con *tov*, no solo "hacer algo bueno" (Ec 7, 20), sino también actuar bien o pasarla bien, en el sentido de "darse una buena vida" (Ec 3, 12).

וּפַרְדֵּסִים, *pardēs* en plural, cf. Cnt 4, 13; Neh 2, 8. Aquí (en Ec 2, 5) se utiliza en forma plural, como paraísos, jardines floridos, parques, como en *Mez'a* 103a, פרדיסי.

פֵּשֶׁר (*pê·ser*), *pēshĕr*, solución, explicación, Ec 8, 1. En el resto de la Biblia aparece solo en las partes arameas de Daniel. En esa línea, en las secciones más antiguas del Tárgum se utilizan las palabras פהרון y שבר, equivalente a פשר y פּוּשׁרן, en Talmud *pishraah*, "solución de una temática controvertida". Por otra parte, la palabra *pithgam* se utiliza en las partes caldeas de Esdras, Daniel, cf. Da 8, 11 y Est 1, 20 donde se utiliza como palabra persa hebraizada, lo mismo que en el Tárgum y en el texto siríaco, pero no en el Talmud.

קִלְקֵל (*qil·qal*), *kilkal* (*kālāl*, Ez 1, 7 y Da 10, 6), aparece exclusivamente en Ec 10, 10 en el sentido de afilar, hacer que algo sea agudo y cortante (por el contrario, en Ez 21, 26 significa *agitar*).

בְּרֻבוֹת (*reuth*); aparece solo en Ec 5, 11, como *keré*, mientras que el *qetub* es ראית (cf. Ez 28, 17). Estas formas son utilizadas en la Misná, y reciben su significado de la idea fundamental de ver.

רדף, participio *nifal*, aparece solo en Ec 3, 15, con el sentido básico de perseguir, de cazar.

רַעְיוֹן, *raeyon*, Ec 1, 17; 2, 22; 3, 16, En el resto de la Biblia solo aparece en las partes arameas de Daniel y en el Tárgum.

שׁ. En sí misma, esta partícula no es en modo alguno moderna, sino que, como muestra la partícula asiro-babilonia אשׁ y la fenicia *sa*, tiene un sentido de relativo (originalmente de demostrativo) y pertenece al período más antiguo de la lengua hebrea como partícula con la que la Misná ha suplantado la expresión אשׁר propia del lenguaje literario del antiguo hebreo. En el Kohelet se utiliza ya casi en el mismo sentido que en la Misná. En esa línea, el Kohelet utiliza con la misma abundancia las dos expresiones, es decir, la partícula שׁ y la palabra אשׁר, de manera que resulta complicado decir cuál de ellas resulta más frecuente y más antigua (según Herzfeld, שׁ aparece 68 veces y אשׁר 89 veces). Por otra parte, hay lugares en que las dos expresiones se utilizan al mismo tiempo, como en Ec 1, 13; 8, 14 y 10. Por otra parte, el uso de *asher* como pronombre y conjunción relativa no se distingue del uso antiguo de esa palabra. En esa línea, el uso de *asher lo*, en el sentido de "antes" (Ec 12, 1-2. 6, que equivale a la expresión עד שׁלא) es un derivado natural del significado básico de "hasta que no" (2Sa 17, 13; 1Re 17, 17). Por su parte, *mibeli asher lo* tiene el mismo sentido que *nisi quod non* (a no ser que no), Ec 3, 11 (cf. *bilti*, Da 11, 18), aunque no pueda demostrarse que de esa expresión se deriva la fórmula misnáica ובלבד שׁלא (e.g., *Erubin* i. 10). Para observar la extensión de la שׁ pueden servirnos los ejemplos de las palabras que siguen, en la que dejamos a un lado los casos en los que se utiliza como pronombre o conjunción relativa: *beshekvar*, 2, 16; *beshel asher, eo quod*, 8, 17 (cf. Jon 1, 7-8. 12) que corresponde al Talmud בבדיל ד; Kol 9, 2; 7, 2: שׁ y 11, 8; *Kol-ummath*, 5, 15: שׁ, que corresponde al caldeo *kol-kavel* דִי (Da 2, 40, etc.); *Kol-asher:* 5, 14; 9, 12; 10, 3; 12, 7; *mah*-שׁ : 1, 9; 3, 15; 6, 10; 7, 14; 8, 7; 10, 14; meh שׁ : 3, 22; מֹשׁ : 5, 4; *'Al-divrath shello:* 7, 24 (cf. 3, 18; 8, 2); *Shĕgam:* 2, 15; 8, 14.

שִׁדָּה, *shiddah,* plural *Shiddoth,* exclusivamente en Ec 2, 8.

וְהַשַּׁחֲרוּת, *shaharuth,* solo en Ec 11, 10; según *Nedarim* 3, 8, son los jóvenes, los que tienen cabello negro y no gris, en oposición a los בעלי השיבות, los canosos.

שכח, *hitpael,* solo en Ec 8, 10, una palabra muy utilizada en el Talmud, e.g., *Sanhedrin* 13b.

וְיִשְׁלַט, *shalat,* Ec 2, 19; 8, 9. En el resto de la Biblia solo en Nehemías y Ester (cf. *Bechoroth*, Ester 7, 6, etc.); hitpael Ec 5, 18; 6, 2; Sal 119, 133.

שִׁלְטוֹן, *shilton,* Ec 8, 4. 8. No aparece en ningún otro texto del A.T., sino solo en la Misná, e.g., *Kiddushin* iii.6.

שַׁלִּיט, *shallith,* con בּ, solo en Ec 8, 8 (cf. Ez 16, 30). Cf., en el sentido contrario, con el significado político de gobernante en Ec 7, 19; 10, 5 y en Gn 42, 6.

שמם, en *hitpoel,* Ec 7, 16.

וּבְשִׁפְלוּת, *shiphluth,* Ec 10, 18. Fuera de ese caso, solo en el Tárg. Jer 49, 24.

בִּשְׁתִּי, *shithi,* solo en Ec 10, 17.

תַּחַת הַשֶּׁמֶשׁ, *tahath hashshĕmĕsh,* Ec 1, 3, conforme al texto griego: ὑφ᾽ ἡλίῳ, o ὑπὸ τὸν ἥλιον.

שַׁתַּקִּיף, *takkiph,* en el hebreo del A.T. solo en Ec 6, 10; uso abundante en texto arameo del Tárgum y del Talmud.

לְתְקֹן (*litqōn*), *takan,* Ec 1, 15. En piel, Ec 7, 13; 12, 9. Esta palabra se utiliza en la Misná en piel y en hifil. De ella proviene *tikkun* (arreglar, rectificar). En la historia del texto se utiliza como *terminus technicus,* así por ejemplo, en *tikkun sopherim,* con el sentido de arreglo o rectificación, e.g., *Gittin* iv. 2, "el ordenamiento del mundo" o con la forma *tikkānāh* (e.g., *Gittin* iv. 6, bienestar, frecuentemente con el sentido de dirección, arreglo).

6. Aspectos novedosos del lenguaje hebreo de Kohelet

Este panorama de formas peculiares del Kohelet, palabras que solo se encuentran en los libros más recientes del A.T. y en las secciones arameas de esos libros, muestra, sin duda, que Kohelet ha surgido en la época postexílica, y no antes que

Esdras-Nehemías. Todo lo que en contra de eso han sostenido von Essen (*Der Prediger Salomo's*, 1856), Biblia Hebraica Leningradensia (*De Aramaismis libri Coheleth*, 1860), Hahn (*Comm.* 1860), Reusch (*Tübinger Quartalschr* 1860), Warminski (V*erfasser u. Abfassungszeit des B. Kohelet*, 1867), Taylor Lewis (edición americana de Lange, *Bibelwerk*, 1869), Schäfer (*Neue Untersuchungen d. B. Kohelet*, 1870), Vegni (*L'Ecclesiaste secondo il testo Ebraico*, Florencia 1871) se apoya sobre fundamentos totalmente insostenibles.

Si poseyéramos la obra original de Ben Sira, podría verse este tema de manera más clara y distinta que a partir de los fragmentos que actualmente tenemos.[4] Ciertamente, el lenguaje del Kohelet es algo anterior al de Ben Sira, pero no es mucho más antiguo. Sin duda, guarda ciertas conexiones con el hebreo anterior pero, al mismo tiempo, concuerda con el nuevo hebreo que encontramos en la Misná y en la literatura de *las baraitas* que se sitúan en su entorno. Entre los aspectos modernos del lenguaje hebreo del Kohelet encontramos los siguientes:

1. *Los verbos Lamed-Aleph,* que intercambian desde el principio sus formas con los verbos *Lamed-He*, empiezan a ser tratados regularmente en la línea de ciertas formas de inflexión de la Misná como verbos *Lamed-He*; e. g. no se usa יצאה, sino יצתה.[5]

2. *En Kohelet está desapareciendo la riqueza de modos y formas antiguas del lenguaje.* En esa línea, el optativo de primera persona (cohortativo) aparece solamente en אחכמה, Ec 7, 23. La forma de subjuntivo (*yusivo*) se encuentra en las cláusulas de prohibición, como en Ec 7, 16-18; Ec 10, 4; pero, por lo demás, el único ejemplo seguro que encontramos es el de שׁיּלך, *quod auferat secum* (que lleve consigo, Ec 5, 14), con וגיד, Ec 10, 10. En Ec 12, 7 se puede leer וישׁב, aunque también es admisible וישׁב, bajo el influjo de "antes que nunca" (Ec 12, 6). Por el contrario, יהוא, Ec 11, 3, es indicativo, conforme a la Misná יהא, y lo mismo sucede con וינאץ (derivado de נצץ, no de נצץ), Ec 12, 5. De todas formas, el signo más característico del cambio es el hecho de que *el tiempo histórico*, el así llamado futuro consecutivo, ha desaparecido prácticamente del lenguaje de la Misná. Pues bien, por su parte, en el libro del Kohelet, a pesar de las numerosas ocasiones en que podría

---

4. Véase Colección de fragmentos hebreos del libro de Ben-Sira en mi *Gesch. der jüdischen. Poesie*, p. 204s.)

5. Véase Geiger, *Lehrbuch der Misna-Sprache* (p. 46). Este intercambio de formas que hallamos en el lenguaje posterior aparece ya en el uso de יצי, Ec 10, 5, en vez de יצאת. Por otra parte, aunque conforme a la Masora, חוטא חטא ha de escribirse como מוצא en Ec 7, 26, el texto tradicional muestra un conocimiento pleno y claro del carácter lingüístico del libro. Según eso, la forma ישׁנא de Ec 8, 1 no ha de ser tenida en cuenta.

haberse utilizado, aparece solo tres veces, dos en una forma abreviada, Ec 4, 1 y Ec 4, 7 y otra vez en la forma extendida con la terminación intencional *ah*, Ec 1, 17, que antes de su desaparición se utilizaba con frecuencia. Probablemente se utilizaba más en el lenguaje escrito que en el hablado del pueblo (cf. Cnt 6, 9).

3. *Kohelet se distingue también por la forma de relacionar los sujetos/personas con las formas verbales*, añadiendo el pronombre personal, que se coloca después del verbo, como en Ec 1, 16; Ec 2, 1; Ec 2, 11-13; Ec 2, 15; Ec 2, 18; Ec 2, 20; Ec 3, 17-18; Ec 4, 1; Ec 4, 4;Ec 4, 7; Ec 5, 17; Ec 7, 25; Ec 8, 15; Ec 9, 15. Entre los autores antiguo, Oseas tiene la misma peculiaridad (cf. también Cnt 5, 5); pero en Oseas el pronombre personal va siempre antes del verbo, e. g. Os 8, 13; Os 12, 11. Lo mismo ocurre en Sal 39, 33; 82, 6, etc. El orden inverso de las palabras aparece solo en Ec 2, 14, según el esquema de Job 1, 15, lo mismo que en Ec 2, 15, que sigue el modelo de Gn 24, 27.

Las expresiones que siguen la forma de la Misná, como מודרני, *Nedarim* i. 1, מקבלני, *Jebamoth* xvi. 7, no son homogéneas con esa forma de subordinación del pronombre personal (cf. Ec 7, 26; Ec 4, 2). Aquí hallamos un tipo de separación entre el sujeto y el predicado en vez del cual, en el lenguaje de la Misná, se utiliza la forma אמר הייתי אני y otras semejantes (e.g., *Berachoth* i. 5) que aparecen ya en el lenguaje del Kohelet, que tiene predilección por el uso del participio de una manera que no aparece en otros libros de la Escritura (véase, e.g., Ec 1, 6; Ec 8, 12; Ec 10, 19).

4. *El uso del pronombre demostrativo* זה *en Kohelet responde al estilo de la Misná*. En este caso no ponemos mucho énfasis en el hecho de que el autor utilice ese demostrativo de manera tan constante como la Misná, siempre sin artículo. Pero resulta característico el hecho de que el Kohelet no emplee la forma masculina en sentido neutro (como Ec 7, 10; Ec 7, 18; Ec 7, 29; Ec 8, 9; Ec 9, 1; Ec 11, 6) a no ser en casos en los que lo exija la atracción, sino que emplea la forma femenina de זה, en misnáico זו, cf. Ec 2, 2; Ec 5, 15; Ec 5, 18; Ec 7, 23; Ec 9, 13. También en otros casos, el uso de los pronombres en el Kohelet se aproxima al de la Misná, como en זהו, *hic est* y en זהי, *haec est*. En esa línea, Kohelet utiliza הוא y המה con verbos personales, como destacamos en Ec 3, 18 y Ec 9, 4 en este comentario.

Con esto no terminan las peculiaridades que muestran el origen tardío de Kohelet, como iremos mostrando a lo largo de la exposición que sigue. No solamente el lenguaje, sino también el estilo y la construcción artística del libro muestran que se trata de una de las producciones más recientes de la literatura de la *hokma* bíblica, un libro que nos sitúa en un periodo en el que el arte de la literatura bíblica está ya degenerado.

El hecho de que este libro no utilice el sistema métrico de los acentos de los tres libros sapienciales (Salmos, Job y Proverbios) muestra que Kohelet no es un libro poético en sentido estricto de la palabra. En Cantar y Lamentaciones, que son piezas magistrales del שׁיר (canto) y de la קינה (elegía), se excluye el sistema métrico de los libros poéticos, con su forma expresiva más rica y melodiosa, quizá para preservar el carácter espiritual de un libro (Cantar) y para no debilitar el carácter elegíaco del otro (Lamentaciones), para el que se adapta mejor un cierto tipo de "andante" melancólico y monótono.

En esa línea, tampoco era posible aplicar ese tipo de acentuación poética al Kohelet, escrito casi totalmente en forma de prosa elocuente, desplegando su instrucción en forma de sentencias, sin esticos simétricos.

Este libro se sitúa más bien en la línea de un tratado filosófico, en el que resulta más apropiada una expresión que comienza diciendo "yo he visto" y otras semejantes, en las que se pone de relieve el resultado de una experiencia. En este caso es también apropiada una expresión en la que se dice "yo digo" como reflexión sobre aquello que el autor ha observado; también puede utilizarse una expresión como "yo he percibido", indicando así que lo que se dice es el resultado de un proceso de razonamiento del mismo autor. En esta línea, se dice igualmente "esto también", como expresión del resultado de un proceso de ver, decir y percibir.

Prevalece, según eso, un tono de razonamiento, de manera que cuando el autor utiliza un tipo de poesía gnómica tiende a entrar en ella de repente, como en Ec 5, 9, mostrando que está dispuesto a abandonarla también de un modo repentino como, por ejemplo, en Ec 5, 12; Ec 7, 13.

Ciertamente, siempre que se utiliza el tono de *mashal* el pensamiento comienza a organizarse en forma de miembros distribuidos de un modo adecuado para ello, de manera que a veces el lenguaje se eleva, utilizando la forma clásica de los proverbios, con el estilo de miembros paralelos, como en Ec 7, 7; Ec 7, 9; Ec 9, 8. En algunos casos, la simetría de los esticos resulta perfecta, como en Ec 5, 5; Ec 8, 8; Ec 9, 11. Pero en otros lugares, como en Ec 5, 1; Ec 7, 26; Ec 11, 9, se pierde o no se emplea esa simetría que es totalmente peculiar por su carácter estilístico y artístico. En esa línea, este libro muestra a veces su origen antiguo de tipo clásico, pero después lo abandona, de forma que el autor vuelve otra vez al nuevo estilo de su tiempo, mostrando así los rasgos propios de la época en la que vive, como en Ec 7, 19; Ec 10, 2; Ec 10, 6; Ec 10, 8-10; Ec 10, 16; Ec 11, 3; Ec 11, 6.

Sin duda, en la era de la Misná habían autores que conocían la forma en que podían imitar las obras maestras de tipo clásico, como lo muestra el hermoso enigma en forma de heptaestico de Bar-Kappara, en *jer. Mod katan* iii. 1, y también la elegía en forma de hexaesticos con ocasión de la muerte de R. Abina, escrita por Kar-Kippuk, en *b. Mod katan* 25b (texto y traducción en *Wissenschaft, Kunst, Judenthum,* 1838, p. 231s.). Según eso, resultaría un error tomar esas piezas de tipo clásico del Kohelet como algo puramente ocasional, es decir, como obras derivadas de otra fuente.

A pesar de su carácter fragmentario —como podría suponerse en un primer momento— este libro ha de tomarse como obra de un autor que expresa su propio pensamiento, y que lo hace utilizando estilos distintos.[6] Por su oratoria básica y por los proverbios en ella introducidos, este libro ha de entenderse como un complemento de Pr 1–9. En la introducción a Proverbios hemos mostrado que en esos discursos proverbiales que forman la introducción para el libro salomónico más antiguo —que fue probablemente publicado en el tiempo de Josafat— el Mashal aparece ya retóricamente descompuesto. Pues bien, esta descomposición aparece mucho más avanzada en Kohelet y Eclesiástico. Aquí se puede aplicar de un modo más preciso lo que hemos dicho allí sobre Proverbios 1–9 (Comentario a Proverbios, p. 10s.).

Así, el dístico aparece representado en su forma integral en Ec 7, 13; el dístico sinonímico aparece en Ec 11, 4; el sintético en Ec 7, 1. Y también, aunque de un modo más raro, encontramos la forma antitética del dístico en Ec 7, 4. A modo de dístico emblemático encontramos solo un ejemplo: Ec 10, 1.

Kohelet no ha intentado producir un tipo de dísticos hermosos de forma numérica ni tampoco el estilo del *priamel*. Según eso, más allá de sus límites de dístico, la forma proverbial pierde su firmeza y su equilibrio. Tenemos, sin embargo, una bella excepción en el tetrástico de Ec 10, 20. Pero un desarrollo esplendoroso en esa línea había resultado poco apropiado para una obra sombría como es esta, pues la forma externa del libro responde a su espíritu y a su argumento.

El estilo cuadriculado y uniforme del libro refleja la imagen del autor, que quiso intentarlo todo, y que, sin embargo, no estaba satisfecho con nada, apresurándose a pasar de un tema a otro, porque ninguno le satisfacía. Su estilo de escritura respondía a la visión del mundo que él tenía, una visión que le fue mostrando siempre el lado oscuro de las cosas. Kohelet se mantiene firme en el temor de Dios, y espera la llegada de un juicio final, pero su visión escéptica y triste del mundo permanece siempre firme, y su *eudaimonismo* forzado no acaba

---

6. Renan, en su *Histoire des Langues Semitiques,* supone que una obra de carácter tan bruscamente escéptica como Kohelet no pudo haber surgido en un período de legalismo tan fuerte como el del rabinismo; a su juicio, esta obra tenía que provenir del antiguo tiempo salomónico aunque, tal como ahora aparece ante nosotros, habría sido revisada por una mano más reciente. Pero esta es una suposición puramente arbitraria.

nunca de culminar y de ratificarse. Ni su *eudaimonismo* ni su temor de Dios logran hacer que su noche se vuelva día.

En esa línea, el significado de este libro en el contexto de la historia de la redención muestra con claridad que, para liberarse de su infelicidad, la humanidad necesita ser iluminada por el sol de una nueva revelación. Pero, aunque la forma de la representación del autor sea un reflejo de su propia relación con las cosas representadas, en ciertos momentos, el autor logra que su representación venga a mostrarse, de un modo consciente y artístico, como expresión de su propio estilo de pensamiento.

Así, por ejemplo, las tautologías rastreras de Ec 8, 14; Ec 9, 9, no han surgido en contra de su voluntad, sino que reflejan su estilo. De esa manera, así como en Gn 2, 1-3 el discurso anterior se detiene y se convierte en una expresión de descanso, después de la obra anterior de la creación, así también, en Ec 1, 4-11 y Ec 12, 2-7, Kohelet viene a presentarse como maestro de elocuencia, porque en la parte anterior él ha imitado con su mismo estilo la unidad perpetua del curso del mundo y después, en su nueva parte, él presenta la forma de vida agotada y finalmente exhausta de la realidad de los hombres.

Según eso, no solo por el carácter de su pensamiento y lenguaje y por su manera de representarlo, sino por otros rasgos característicos, este libro muestra abiertamente que no ha podido ser escrito por el mismo Salomón, sino por un pensador judío de una edad mucho más tardía que buscó la manera de presentarse como si fuera del tiempo de Salomón, formulando sus propias experiencias de vida como si pertenecieran al antiguo rey de Jerusalén.

El mismo comienzo del libro no deja duda de eso. Así lo muestra su título: Palabras de Kohelet, hijo de David, rey en Jerusalén. La aposición "rey en Jerusalén" evoca, como en 2Cr 35, 3, el nombre de aquel a quien se alude, siendo así introducido; aquí no se dice nada sobre la vida propia de David, sino sobre la vida de aquel a quien se cita aquí de un modo figurado como hijo de David.

Según eso, el término *rey de* no puede tomarse de un modo indeterminado, sino en referencia a un lugar, como en Pr 31, 1, donde se habla del "rey de Massa". También en nuestro caso la palabra "rey" está determinada por Jerusalén, indicando así el tipo de rey que era Kohelet. Con ese nombre se está aludiendo a Salomón, como se deduce de Ec 1, 12, pues David solo tuvo un hijo que fue rey, es decir, Salomón. En una línea distinta, Krochmal opinaba que esta expresión se está refiriendo a un David posterior, que fue quizá gobernador de Jerusalén, durante el dominio persa;[7] pero esta es una de las muchas opiniones superfluas de su erudito autor.

---

7. Cf. Krochmal, *Kerem chemed* v. 89 y en su obra, editada por Zunz, *More necobhe haseman*, (Director errantium nostrae aetatis) 1851, 4).

Kohelet es una obra salomónica, pero aquel que le llama "rey en Jerusalén" no es el mismo Salomón. En los textos del A.T. a Salomón se le llama "rey de Israel", e. g., 2Re 23, 13, mientras que en Ec 1, 12 él se llama a sí mismo "rey sobre Israel", en la línea de Neh 13, 26 donde se le llama "rey de Israel", mientras que en ningún otro lugar se le llama "rey en Jerusalén". Ciertamente, leemos que Salomón reinó sobre todo Israel (1Re 11, 42, cf. 1Re 14, 21). Pero el título "rey en Jerusalén" es propio y particular de Kohelet.

Eichhorn supone que este título corresponde a un tiempo posterior a la división de los reinos, cuando había dos residencias reales diferentes. Pero, en contra de esta visión, Bloch argumenta con razón que la forma correspondiente y opuesta de rey "en Samaría" aparece muy raramente (cf. 2Re 14, 23). Nosotros pensamos que esta expresión "rey en Jerusalén" está indicando un tiempo en el que Israel había dejado de ser un reino independiente, de tal manera que Jerusalén no era ya una ciudad regia.

La razón de que Kohelet no fuera compuesto inmediatamente por Salomón aparece indicado por el hecho de que aquí no se le llame por su nombre, Salomón, ni por *Jedidiah* (2Sa 12, 25), sino que viene designado por un nombre hasta ahora desconocido (Kohelet) que, por su forma gramatical, pertenece a un tiempo que no es anterior al de Esdras-Nehemías, cuando fue acuñado.

Empecemos tomando ese nombre (Kohelet) sin tener en cuenta su terminación femenina. En árabe, *ḳahal* (cognitivo de *ḳaḥal*) significa estar seco, duro, con la sequedad de la piel de un hombre anciano. En esa línea, Dindorf (*Quomodo nomen Coheleth Salomoni tribuatur,* 1791) y otros, entienden el nombre Kohelet significa hombre anciano, cuya vida está terminando. Por su parte, Coccejus y Schultens —con otros que forman parte de su escuela— piensan que esta palabra se aplica a un hombre penitente que ha muerto ya para el mundo, pues no está en activo. Pero estas dos opiniones se oponen al hecho de que, en ese caso, hubiera sido más apropiada la forma כֹּהֵל (no קָהֵל, קֹהֶלֶת, *qōhelet*). Pero, además de eso, en otra línea, debemos añadir que esa raíz, קהל, con el sentido de *aridum, marcidum ese* (estar seco) resulta extraña, inexistente en el idioma semítico del noroeste.

Estrictamente hablando, el verbo קהל en hebreo, arameo y asirio significa *llamar* (cf. el siriaco *kahlonitho,* una mujer amiga de pendencias) y, particularmente, estar juntos, convocar. En esa línea קהל, de la misma raíz sanscrito-semítica que aparece en palabras como εκ-κλη-σία y *con-cil-ium* (cf. Friedr. Delitzsch, *Indogermanisch-Semitische Studien,* p. 90) es una extensión de la raíz קל que, por otra parte, recibe en árabe la forma *ḳalaḥ* y en etiópico *kaleḥa,* llamar.

Esta derivación del nombre *kohelet* muestra que no puede significar συναθροιστής (como piensa Grotius, aunque no Aquila), en el sentido de *collector sententiarum,* recopilador de sentencias. La traducción árabe *alajam'at* (cf. van Dyk) es impecable porque *jam'* puede significar *reunir hombres,* lo mismo que cosas. Pero

27

קהל no se utiliza en sentido de *in unum redigere* (reunir en uno). Buscando una correspondencia estrecha con la palabra hebrea, la LXX traduce, ὁ ἐκκλησιαστής, y el texto griego de Venecia traduce, ἡ ἐκκλησιάστρια (Ec 12, 9, ἡ ἐκκλησιάζουσα).

Pero en su sentido más cercano de "colector", este no sería un nombre apropiado para el rey, representado como alguien que está hablando en este libro. En el reinado de Salomón tuvo lugar en Jerusalén una asamblea que marcó época según 1Re 8, 1; 2Cr 5, 2, la gran asamblea de la consagración del templo. El N.T. no ofrece ninguna otra referencia histórica porque, aunque en Pr 5, 14 y 26, 26 בקהל significa *coram populo, publice* (públicamente), ese nombre no se refiere directamente a la revelación pública de la Sabiduría.

Las expresiones para ello son diversas (Pr 1, 20; Ec 8, 1-4; Ec 9, 3) y no provienen de la misma o semejante raíz. A diferencia de eso, en el gran día de la consagración del templo, Salomón no solamente convocó a los hombres del pueblo para que se reunieran, sino para dirigirles la palabra: predicó indirectamente al pueblo con ocasión de la consagración del templo, y lo hizo también directamente porque les bendijo y les exhortó a que se mantuvieran fieles a la llamada de Dios y al culto de su templo (1Re 8, 55-61).

De esa manera, Salomón aparece no solo como el convocante de la asamblea, sino como el que predica a los que se reúnen formando asamblea. Y en ese sentido, como el que reúne y enseña al pueblo (cf. Ec 12, 9), *Kohelet* es un nombre apropiado para aquel rey, que era famoso por su sabiduría y por el cultivo de los *mashales* o proverbios populares. Es conocido el hecho de que, en los nombres propios, el tiempo *kal* se utiliza frecuentemente como *hifil*. En esa línea, Kohelet no tiene etimológicamente, de un modo inmediato, el mismo sentido que קרא, el que convoca, el que proclama, sino el de מקהלת, de הקהיל, crear asamblea, reunir y también hablar a la asamblea, en latín *contionari*.

En esa línea, Jerónimo, en su comentario a Ec 1, 1, interpreta de un modo recto ἐκκλησιαστής, diciendo que *graeco sermone appellatur qui coetum, id est ecclesiam congregat, quem nos nuncupare possumus contionatorem, eo quod loquatur ad populum et ejus sermo non specialiter ad unum, sed ad universos generaliter dirigatur* (= en lengua griega se llama así a aquel que reúne a un grupo, es decir, una iglesia, uno a quien podemos llamar *predicador*, porque habla al pueblo, de manera que su discurso no se dirige específicamente a uno, sino a todos en general).

La interpretación de aquellos que identifican *Kohelet* con asamblea o grupo (colectivo), defendida por Döderlein (*Salomon's Prediger u. Hoheslied*, 1784) y por Kaiser (*Kohelet, Das Collectivum der Davidischen Könige in Jerusalem*, 1823), va en contra de la forma que toma el *nomen agentis* (nombre del agente). Por otra parte, Spohn (*Der Prediger Salomo*, 1785), al comentar la expresión "vanidad de vanidades", con la que el Kohelet comienza su obra, dice que esa expresión forma también parte de las vanidades del autor (es decir, del agente de la obra).

Knobel en su *Commentarium* (1836) ha explicado muy bien el carácter femenino de la palabra (en hebreo, los nombres femeninos suelen terminar en הָ o en ת). Pero cuando al final añade: "Según eso, Kohelet significa predicación, él identifica de una forma arbitraria el *nomen agentis* (predicador) con el *nomen actionis* (predicación)". Por otra parte, su observación posterior, según la cual los nombres concretos si tienen una terminación femenina se convierten en nombres abstractos, tomándose como participios, no puede ser confirmada en modo alguno.

Ciertamente, חתמת significa aquello que imprime (un sello) y כתרת aquello que enrosca (unifica), mientras que חברת, Éx 26, 10, es aquello que vincula (que acopla). Por otra parte, uno puede traducir esos participios femeninos como abstractos si se usan como sustantivos, e. g. כלה (de כלה), destrucción, ruina total; pero en sí mismos no son abstractos. Los gramáticos árabes dicen que la terminación femenina a veces da al nombre un significado colectivo, e. g., *jarrar, propulsor*, el que arrastra un barco, *helciarius*, y *jarrarat*, la multitud que está tirando, arrastrando, el grupo de personas (taifa) que va arrastrando el barco a contracorriente.

Una palabra de ese tipo sirve también como designación exhaustiva de las propiedades de un género, de un conjunto. En esa línea, *allamat* es aquel que unifica, aquello que vincula a los hombres cultos, de manera que representa en su persona una pluralidad de hombres cultos. Los gramáticos árabes dicen también que la terminación femenina sirve en tales casos para fortalecer la idea de fondo a lo que se alude. Pero ¿cómo se consigue este fortalecimiento por cambio de género, cuando se pasa del masculino al femenino?

Sin duda, en esos casos, el femenino cumple la función de un neutro. En esa línea, vemos que el sentido masculino de *doctissimus* se intensifica con el neutro *doctissimum* (el más docto de todos). En ese cambio viene implicada la idea de que el "*doctissimum*" es el modelo y prototipo de todos los hombres doctos. En esa línea, el nombre Kohelet —que siendo femenino puede entenderse como neutro— pudiera tomarse como representante, es decir, como encarnación de la Sabiduría total (Ewald, Hitzig, etc.). Pero esa idea no se apoya en el argumento de conjunto de este libro, porque si el autor hubiera querido decir que la sabiduría en cuanto tal hablaba por la boca de Salomón, el mismo Salomón tendría que haberse presentado como autor de los proverbios de Pr 1–9, dirigiéndose a los lectores con el título de "mis hijos", de manera que no hubiera podido poner en su boca expresiones como las de Pr 1, 16-18 y Pr 7, 23.[8]

---

8. No se debería apelar a Ec 7, 27, porque allí donde el tema son los peligros del amor de las mujeres, Kohelet, en el sentido de Sabiduría no es el sujeto más apropiado para hablar de ello, precisamente aquí donde se pone de relieve el género masculino del orador o predicador. La expresión *Amrah Kohelet* ha de tomarse como una lectura incorrecta en vez de *Amar HakKohelet* (Ec 12, 8).

Según eso, el nombre Kohelet, sin que esté supliendo la idea o expresión de la *hokma*, no es un nombre de mujer, sino de varón, un nombre de formación reciente, lo mismo que *Sophereth*, Neh 7, 5; Esd 2, 55: *Hassophereth*; cf. también Esd 2, 57. La Misná avanza aún más en esa línea acuñando nombres de hombres con género femenino. En esa línea, se utilizan participios pasivos con un sentido activo, e.g., סבור, *pensando*; רכוב, *cabalgando*; שתוי, *bebiendo/bebidos*.

También pueden encontrarse formas femeninas de plural, con un significado masculino: así *hadruchoth*, uno que arrastra vehículos/barcos (*Terumoth* iii. 4); *hammeshuhhoth*, vigilantes (Erubin iv. 11); *alleuzoth*, personas que hablan otras lenguas (Megilla ii. 1). Palabras como estas pueden construirse también con predicados masculinos.[9]

En ninguno de estos casos parece afirmarse nada sobre la intensificación de la idea de fondo realizada a través de una transición de lo masculino a lo femenino (como se ha indicado atrás), de forma que las personas que actúan, aunque sean varones, se conciben en su acción como si fueran neutras, sin género. Conforme a esto, el Kohelet aparece desligado de su determinación de género: como persona que predica. Mirado así, el libro del Kohelet, en su segunda palabra (*dibré*/palabras del קהלת) lleva el sello de la era o tiempo de Esdras-Nehemías a la que pertenece.

La expresión *yo he sido rey* no puede aplicarse a un rey vivo,[10] sino a uno que ha muerto. Este es un caso semejante a la de la vidente de Endor, cuando hizo subir a Samuel del Hades, conforme a la petición de Saúl; ella no vio a Samuel en persona, sino "dioses/espíritus" ascendiendo de la tierra (1Sa 28, 13). De un modo semejante, el rey que habla en este libro no es tampoco Salomón en persona, sino su espíritu, y para expresarlo resulta adecuado que el texto utilice el género neutro.

De esa manera, cuando Salomón dice (en Ec 1, 12) *yo Kohelet, he sido rey sobre Israel en Jerusalén*, el autor del libro no le está presentando como monarca reinante, sino como alguien que ha sido rey. Una *aggadá* talmúdica ha interpretado esta palabra *he sido* (הייתי) rey partiendo de una fábula en la que se dice que Salomón fue obligado a descender del trono a causa de sus transgresiones contra la ley, de forma que el trono fue ocupado durante un tiempo por un ángel, que tenía su misma experiencia externa, mientras que él se había convertido en un mendigo que iba pidiendo y diciendo: "Yo he sido rey sobre Israel en Jerusalén", de manera que algunos le golpearon con una estaca, poniendo delante de él un plato de sémola para que comiera, mientras le contestaban: ¿cómo puedes decir

---

9. Véase Geiger, *Lehrbuch*, xvi. 6, y Weiss, *Studien*, p. 90, que explica de un modo arbitrario estos usos lingüísticos. Por su parte, Duke, en *Sprache der Misnáh*, p. 75, pasa por alto la dificultad del tema apelando a un tipo de elipses que son inadmisibles.

10. La forma de decir de "fui rey" de Ec 1, 12 supone que el que escribe no está ya vivo… El libro del Kohelet aparece así como voz del pasado.

eso, no ves que el rey está sentado en el trono, en su palacio?". *Jer. Sanhedrin ii. 6* sigue contando esta historia, lo mismo que *B. Gittin 68b,* diciendo que el ángel que ocupaba el trono de Salomón tenía un nombre persa y se llamaba *Ashmode,* cf. Jellinek, *Sammlung kleiner Midrashim* 2. xxvi.

En el fondo de esta ficción se esconde al menos un tipo de inteligencia gramatical, porque no podemos pensar que Salomón, en su avanzada edad, pudiera decir —refiriéndose al período de su vida en el que fue gobernante activo— "*yo he sido rey, fui rey…*". Él fue ciertamente rey durante los cuarenta años de su ejercicio real, y lo siguió siendo hasta el último momento de su vida. ¿O la expresión מלך הייתי puede significar *sum rex,* soy rey? El verbo הייתי no es nunca la expresión de un presente abstracto o de una existencia desligada del tiempo, sino que se refiere a un tiempo concreto, cuyo sentido hay que determinar.

En esa línea, la expresión "soy rey" forma parte de una cláusula de sustantivo: *ani mĕlĕk.* En algunos casos uno puede traducir הייתי como "yo soy", por ejemplo, en Sal 88, 5, indicando un tiempo presente, tomado como resultado de un pasado histórico, en el que "sum" tiene el sentido de *factus sum* (he sido constituido). Pero, en la mayor parte de los casos, cuando se mira desde el presente hacia atrás, hacia el pasado, הייתי significa "yo me he convertido en", es decir, "yo he llegado a ser rey (Gn 32, 11; Sal 30, 8; Jer 20, 7) o "yo he sido" (Jos 1, 5; Jue 12, 2; Sal 37, 25).

Si esta palabra, en su primer sentido, corresponde al perfecto y en el segundo al aoristo griego, eso queda determinado solamente por la situación y la conexión con el conjunto del texto. Así en Ex 2, 22 significa "yo me he vuelto extranjero" (con γέγονα en el sentido de εἰμί); por el contrario, en Dt 23, 8 significa "tú has sido un extranjero": ἐγένου, *fuisti.*

Conforme a eso, mientras estaba vivo, Salomón solo podía decir מלך הייתי en el sentido de "me hice y aún sigo siendo rey" pero, en nuestro caso, esa traducción no responde al sentido de los siguientes verbos en perfecto, que han de entenderse de un modo retrospectivo. Ciertamente, si viniera después un ואתן, como suponen Reusch y Hengstenberg, el verbo הייתי debería tomarse como un perfecto circunstancial (cf. comentario a Gn 1, 2). Pero este uso, con la utilización más moderna del lenguaje, no puede aplicarse a Ec 1, 9, מה־שׁ, *id quod fuit* (aquello que había sido, aquello que fue), ni a Ec 1, 10, היה כבד, *pridem fuit* (aquello que fue antes). En conformidad con esto, la LXX traduce la palabra הייתי por ἐγενόμην, y el texto griego del códice veneciano por ὑπῆρξα.

Sea como fuere, un Salomón que escribiera este libro estando vivo, personalmente, no podría haber dicho "yo he sido rey". Eso significa que el Kohelet-Rey que está escribiendo este libro no puede ser el rey Salomón histórico del siglo X a. C., sino un Salomón *redivivus* (redivivo), es decir, recreado de un modo imaginativo o simbólico por el autor de este libro, en el siglo IV-III a. C. El Salomón de este libro es, por tanto, un personaje importante del pasado (el autor simbólico de la literatura sapiencial) cuya visión del hombre y de la realidad asume y actualiza el autor del Eclesiastés, el llamado Kohelet.

En esa línea, el epílogo de Ec 12, 9-13, ofrece también un argumento a favor de la composición tardía del libro, siempre que supongamos que este apéndice no ha sido escrito por un editor posterior, sino por el mismo autor del libro. Es un epílogo escrito en un hebreo que se aproxima al de la Misná, aunque de un período algo anterior, un lenguaje anterior al del Talmud, cuyas expresiones no son inmediatamente claras y que deben ser explicadas conforme al uso posterior del lenguaje. El autor del libro pone así de manifiesto —aquí en el epílogo como en el conjunto del libro— que Kohelet es una figura simbólica de Salomón, no el Salomón histórico anterior.

La expresión *temer a Dios* que aparece en el epílogo, Ec 12, 13, retoma la misma forma y función que tiene en Ec 5, 6. Por su parte, la expresión *esto es ser hombre* (esto es todo lo que se refiere al hombre), tal como aparece en Ec 12, 13, retoma un motivo que aparece, con el mismo estilo, en Ec 6, 10. Además, la palabra יותר (por lo demás) aparece con frecuencia en el resto del libro; lo mismo sucede con el término בעל, que se utiliza en la formación de nombres atributivos Ec 10, 11; Ec 10, 20; Ec 5, 10;Ec 5, 12; Ec 8, 8.

Por otra parte, en Ec 12, 9-11 aparece una tercera idea que se conecta, ἀσυνδέτως, es decir, por asíndeton o coordinación inmediata, a dos ideas anteriores que están conectadas con una *waw* lo mismo que en Ec 1, 7; Ec 6, 5. De todas maneras, si este epílogo es producto de la misma mano del autor, por el significado y finalidad del tema, ha de tomarse como una secuela o conclusión de todo lo anterior. Así, el autor ha querido dejar claro que este Kohelet, que aparece en el libro como un "sabio", es el mismo que compuso el hermoso libro popular, titulado *Mishle,* es decir, el libro de los *Proverbios*, de manera que no quiso componer simplemente libros de expresión agradable, sino también libros con palabras fuertes de verdad.

Al leer críticamente el libro de Kohelet, vemos que sus palabras y sentencias no han de tomarse simplemente como clavos o signos colocados uno tras otros en forma de simples listas de objetos o de números que se van sucediendo sin más, sino que han sido organizadas como una especie de rebaño o conjunto de cosas llenas de significado. De esa manera, el autor del libro está indicando que las sentencias recogidas en su texto, aunque no sean en su totalidad palabras de Salomón, ellas, lo mismo que los *Proverbios* de Salomón, provienen de un autor importante y significativo. Así, este epílogo, con su referencia histórica a Salomón, reconoce la "ficción" de fondo de toda la obra, a fin de que el lector entienda que el libro no pierde nada de su valor aunque no haya sido compuesto directamente por Salomón en persona.

Desde tiempo antiguo, en el contexto de la historia de conjunto de Israel, se tomó como empresa y tarea muy justificada y necesaria, la de reproducir de forma retórica los pensamientos y sentimientos de personajes memorables. Así, por ejemplo, el *salterio* contiene no pocos salmos atribuidos a David (con la expresión *le-David*), aunque no hayan sido compuestos directamente por él, sino por poetas desconocidos, que se sitúan y presentan a sí mismos como si actuaran en lugar de David, en forma de representantes suyos como, por ejemplo, Sal 144 que, en la LXX recibe la *superinscriptio* "en referencia a Goliat", *pros ton Goliad*.

De un modo semejante, el Cronista, cuando quiere dar al lector una idea de la fiesta de la consagración del tabernáculo y después de la del templo ya construido, se coloca con gran libertad en el lugar de David y de Salomón, y de esa forma pone en sus bocas las palabras de la *Beracha* o bendición del cuarto libro de los salmos (Sal 106, 48) con el verso anterior de Sal 106: *Palabras de David* (1Cr 16, 35). De forma similar, el mismo salmista pone en la boca de Salomón unos versos del Salmo 132 (cf. 2Cr 6, 41). En esa línea han de entenderse muchos discursos proféticos que aparecen en los libros históricos del A.T.

Sin duda, hay casos en que esos discursos pueden ser originales como, por ejemplo, en 1Sa 2, 27 y en 2Re 18-20; pero no pueden ser originales allí donde se reproducen, sin más, oráculos de profetas, como en Jue 6, 8-10; 2Re 17, 13; 2Re 21, 10-15, lo mismo que en la mayor parte de los discursos proféticos que encontramos en *Reyes* y *Crónicas*, donde se refleja claramente el estilo del propio historiador posterior, no de personajes anteriores. De un modo consecuente, como pone de relieve Caspari en su obra sobre *La guerra Siro-Efraimita*, 1849, los discursos de *Crónicas*, prescindiendo incluso de aquello que es común en todos ellos, son en general muy distintos de los discursos de Reyes. Eso indica que esos discursos no recogen exactamente los motivos y el lenguaje de los personajes anteriores, sino el lenguaje y motivo de los autores de esos libros (Crónicas y Reyes).

Sucede lo mismo que encontramos, por ejemplo, en los discursos que han sido recogidos en obras de Tucídices, Dionisio de Haliacarnaso, Tito Livio y otros historiadores griegos y romanos. En esa línea, Classen puede tener razón cuando dice que los discursos de Tucídides no son meras invenciones, pero que, tal como aparecen ahora ante nosotros son obra del historiador, no de Tucídides. Incluso las cartas que se intercambiaron entre Pausanias y Jerjes llevan el sello del mismo historiador, aunque fueran compuestas sobre la base de recuerdos verbales de los espartanos.

Lo mismo sucede en los discursos de Tácito: son de estilo más ciceroniano que de los personajes a quienes se atribuyen, y los discursos de los germanos tienen períodos menos elaborados que los de los romanos. En esa línea, la historia de los antiguos está muy influida por la libre reproducción y creación de los discursos de los personajes. Así, por ejemplo, el mismo discurso del emperador Claudio, grabado en bronce, de forma que Tácito podía leerlo y reproducirlo al pie de la letra, aparece en su obra de un modo libre, en la línea del lenguaje del propio escritor, no en la del emperador.

Lo mismo sucede en la historia sagrada de la Escritura, que en muchos aspectos sigue la costumbre general antigua, de manera que no insiste en la identidad de las palabras pronunciadas por autores antiguos, sino en su espíritu de fondo, de forma que no se limita a decir, de un modo ficticio, lo que la persona en cuestión decía, sino lo que a su juicio debía decir. De esa manera, el escritor expresa y pone de relieve en los discursos de autores antiguos lo que considera esencial para su propio tiempo. Su finalidad no consiste en reproducir de forma exacta lo antiguo, como si fuera genuino, sino en recrearlo desde la perspectiva de su propio tiempo.

Ninguna obra seudónima de la antigüedad está interesada por un tipo de imitación que represente lo antiguo en su literalidad, como si fuera genuino —como hace, por ejemplo, Meinhold en *Bernsteinhexe* o Wagenfeld, en *Sanchuniathon*—. El historiador antiguo presenta siempre los discursos antiguos con su estilo propio, sin dar la impresión de que está reproduciendo de un modo literal los discursos de personajes de otro tiempo. Así aparece claramente si comparamos el libro del Kohelet, atribuido a Salomón, con el libro de la *Sabiduría*, igualmente atribuido a Salomón, en un tiempo posterior, desde Alejandría, en griego.

El autor de Sabiduría se muestra abiertamente como un alejandrino que utiliza el nombre de Salomón para presentar su nuevo pensamiento. De un modo semejante, el autor del Kohelet, escrito en un tiempo anterior, no quiere ocultar en modo alguno la ficción de que está presentando un discurso de Salomón (velando u ocultando sus propias experiencias); al contrario, él se presenta como si fuera un Salomón redivivo, que habla con un tipo de pensamiento propio del siglo IV-III a. C. Tanto Proverbios como Kohelet contienen proverbios o dichos de Salomón, pero con una diferencia de fondo:

- *Proverbios* contiene muchos dichos o sentencias de Salomón (Pr 16, 10; Pr 16, 12-15; Pr 19, 12; Pr 20, 2, Pr 20, 8; Pr 20, 26; Pr 20, 28; Pr 25, 2-4) y lo hace como si trataran de reproducir el tipo de gobierno que había en tiempos de Salomón.
- *Por el contrario, en Ec 3, 16; Ec 4, 1; Ec 5, 7* encontramos el lenguaje de un hombre que sufre por aquello que está sucediendo en su tiempo; un hombre obligado a observar lo que pasa, sin tener el poder de cambiar nada. Kohelet no habla como un rey o juez antiguo, con poder para impedir la injusticia, sino que pone en boca de Salomón una serie de lamentos propios de su tiempo, sobre temas que él no puede remediar.

El tiempo en que vivía Kohelet era tiempo de fuerte desgobierno, tiempo de opresión dinástica, a diferencia de unas épocas pasadas, en la que las cosas se veían de una forma mucho más clara y feliz. De esa manera, Kohelet descubre sombras oscuras cuando está mirando lo que pasa en el mundo, y así lo expresa, de un modo reflexivo en sus confesiones.

Según eso, Kohelet no es el Salomón histórico, sino una abstracción que toma rasgos de la figura de este para presentar su propia experiencia de tiempos muy posteriores, en el siglo IV a. C. No es un rey que gobierna de manera teocrática, sino un rey ideal, creado por la mente de un autor muy posterior. El Salomón real no podía haber escrito lo que hallamos en Ec 2, 18, aludiendo a su heredero en el trono, aquel que había de sucederle. Por otra parte, el discurso del Salomón histórico que fue pervertido por sus mujeres y cayó en idolatría, siendo así apóstata (1Re 11, 4), tendría que haber sonado de un modo distinto, con rasgos de contrición penitencial, y no como hace Ec 7, 26-28. Este Salomón que todo lo probó y que en medio de sus placeres se mantuvo como sabio (Ec 2, 9) ha sido descrito por el autor de Kohelet desde su propio tiempo en el siglo IV (no en el tiempo del Salomón histórico del siglo X a. C.).

7. Tiempo en que se escribió el libro

¿Cuándo vivió y escribió el autor anónimo que habla en nombre de Salomón? Empecemos presentando el tema desde una perspectiva literaria. Por sus pensamientos y por la forma en que están expresados, este es un libro muy original. No copia ni repite nada en contra del libro salomónico de los Proverbios, lleno de repeticiones. Ciertamente, tiene algunas semejanzas con Pr 7, 16-18 y con Pr 3, 7, pero son solo accidentales. En otra línea, entre Ec 5, 14 y Job 1, 21, así como entre Job 7, 14 y Ec 2, 10, encontramos también ciertas conexiones. Aquí y allí, en algunos momentos aislados, aparecen algunas relaciones entre ambos, de manera que el autor de Kohelet puede haber leído el libro de Job y lo ha podido citar, pero sin querer imitarlo.

En esa línea, puede parecerse a Job la mención de un nacimiento fuera de tiempo (cf. Ec 6, 3 y Job 3, 16). Por su parte, la expresión "uno entre mil", de Ec 7, 28, puede referirse de un modo inconsciente al libro de Job (Job 9, 3; 33, 23). Pero esas semejanzas no son suficientes para fijar el tiempo de composición del Kohelet porque, sin duda, el libro de Job es más antiguo.

Mucho más importante sería saber si existe alguna dependencia del Kohelet respecto al libro de Jeremías. Ciertamente, la relación de Ec 7, 2 con Jer 7, 2 y Jer 16, 8, y la de Ec 9, 11 con Jer 9, 22 son dudosas y no nos permiten trazar ninguna conclusión sobre la posible dependencia entre ambos libros. Por otra parte, no podemos aventurarnos a relacionar, como hace Hitzig, la lámpara de oro de Ec 12, 10 de la visión de Zac 4, 2, pues esta imagen tiene un sentido muy distinto en un caso y en otro.

De todas formas, podemos fijar con mayor probabilidad *un terminus a quo* comparando Ec 5, 5 con Mal 2, 7. Malaquías presenta a los sacerdotes como mensajeros (delegados) de Yahvé de los ejércitos, y, en relación con eso, a los profetas se les puede presentar también como mensajeros de Dios. En el libro del Kohelet, el "mensajero" aparece ya en sí mismo, sin añadirse ninguna referencia a Dios, como título sacerdotal, sin equivocación posible (cf. mi trabajo *Die Discussion der Amtsfrage im Misná u. Gemara*, Luth. Zeitschrift, 1854, pp. 446-449). El sacerdote es מלאך, de tal forma que aparece como delegado de Dios, שלוח דרחמנא, conforme al título posterior que hallamos en *Kiddushin* 23b.

Por otra parte, el *terminus ad quem*, tras el cual no puede situarse la composición del Kohelet, viene dado por la Sabiduría de Salomón, que no es una traducción del Kohelet, sino una obra originalmente escrita en griego alejandrino. Hitzig mantiene que *Sabiduría* es anterior a Kohelet, pero eso no solo es improbable (porque Kohelet no muestra rasgos de influjo griego), sino que, desde la perspectiva de la historia del pensamiento de occidente es totalmente imposible, pues tanto por el desarrollo de la doctrina de la sabiduría como el de los novísimos, el libro de la *Sabiduría* nos sitúa ante un estadio inmediatamente precedente al estado final del judaísmo antes de Cristo, tal como está representado por Filón de Alejandría.

Por un lado, *Sabiduría* es posterior al comienzo de las persecuciones de los judíos por lo egipcios bajo Tolomeo VII Physkon (cf. Josefo, *Contra Apión* ii, 5), pero anterior a Filón de Alejandría, porque la combinación entre la *Sophia* y el *Logos* (propia de Filón) no ha llegado a formularse todavía su texto. Ciertamente, *Sabiduría* deber tener algún tipo de relación histórica con el Kohelet. El hecho de que ambos presentan al rey Salomón como portador y órgano de su peculiar visión del mundo muestra que la relación entre ellos no es ni puede ser accidental. La relación que el autor alejandrino de *Sabiduría* mantiene con el autor palestino (Kohelet) es semejante a la que mantiene Santiago, hermano del Señor, con las cartas paulinas.

Así como Santiago no va en contra de Pablo, sino en contra de un tipo de paulinismo de consecuencias fatales para la iglesia, así también la *Sabiduría* no va directamente en contra del Kohelet, como suponen J. E. Ch. Schmidt (*Salomo's Prediger*, 1794), Kelle (*Die salom. Schriften*, 1815) y otros, sino que —como afirman Knobel y Grimm— va en contra de una visión unilateral extrema de las visiones y principios que el Kohelet había puesto de relieve en su libro.

Sin duda, los buscadores y amigos de placeres, que hablan en Sab 2, 1-9 podían apoyar su visión en algunas expresiones tomadas del Kohelet (Ec 3, 22; Ec 5, 17, LXX). Pero esos buscadores dejan a un lado la visión central del Kohelet, porque no evocan ni tienen en cuenta la exhortación al temor de Dios, juez del mundo. Ciertamente, los partidarios del Kohelet no van en contra de la tradición judía del temor de Dios. Y, desde ese fondo, podemos comparar el mensaje de Kohelet con el mensaje de la *Sabiduría*. Da la impresión de que el autor de *Sabiduría* (Sab 1-5) quisiera mostrar el peligro al que conducía un tipo de eudemonismo materialista al que se expone Kohelet. Por otra parte, el autor del libro de la *Sabiduría* se opone a un tipo de pensamientos pesimistas del Kohelet, presentando un tipo de reflexiones y afirmaciones contrarias. *Sabiduría* defiende la presencia clara de Dios en los justos. Por el contrario, el Kohelet corre el riesgo de negar la distinción entre justos e injustos.

- *Kohelet* dice: Hay una misma suerte para justos y malvados (Ec 9, 2). *Sabiduría* contesta que entre justos y malvados hay una diferencia mayor que la que va de los cielos a la tierra (Sab 3, 2ss.; 4, 7; 5, 15ss.).
- *Kohelet* dice: Aquel que aumenta el conocimiento aumenta el dolor (Ec 1, 18). *Sabiduría* afirma que el conocimiento como tal no trae consigo ningún dolor, sino puro gozo (Sab 8, 16).
- *Kohelet* dice que la sabiduría no aporta al sabio ningún respeto ni estima (Ec 9, 11). Por el contrario, *Sabiduría* (cf. Sab 8, 19) afirma que el conocimiento aporta al sabio fama y honor; cf. Sab 8, 10.
- *Kohelet* dice: No hay para el sabio más recuerdo eterno que para el necio (Ec 2, 16). En contra de eso, Sabiduría 8, 13 afirma: Yo encontraré por ella un nombre inmortal, y dejaré para mis descendientes un recuerdo duradero.

La principal distinción entre estas dos obras se encuentra en lo siguiente: a lo largo del libro de Kohelet se extiende e impone una visión desconsoladora del Hades. Pues bien, en *Sabiduría* esa visión pesimista ha sido superada totalmente por una perspectiva que se eleva de manera maravillosa por encima del Antiguo Testamento; una visión desarrollada de un modo consecuente por el autor del libro. Esto hace que el libro de la *Sabiduría* ofrezca una teodicea mucho más satisfactoria (cf. Sab 12, 2-18, en contra de Ec 7, 15; Ec 8, 14) y una relación mucho más espiritual con la realidad del tiempo presente (cf. Sab 8, 21; 9, 17, en contra de Ec 2, 24; Ec 3, 13, etc.).

Mirada así, la *Sabiduría de Salomón* viene a presentarse como un anti-Eclesiastés, una especie de contrapunto del Kohelet, con la finalidad, por un lado, de refutarle y, por otra parte, de sobrepasarle. De todas formas, la oposición de *Sabiduría* a *Kohelet* no ha de interpretarse como un puro rechazo del gozo mundano de la vida, sino como un intento de desarrollar, partiendo del temor de Dios, una visión mucho más espiritual del pensamiento de Salomón.

Ciertamente, Kohelet dice que Dios ha hecho todas las cosas bellas en su tiempo (Ec 3, 11) y que ha elevado al hombre (Ec 7, 29). Avanzando en esa línea, *Sabiduría* afirma que Dios ha creado todas las cosas para que existan, εἰς τὸ εἶναι (Sab 1, 14), pues son buenas, añadiendo que ha creado al hombre para la inmortalidad, ἐπ᾽ ἀφθαρσίᾳ (2, 23). Hay muchos más paralelos semejantes, así en Sab 5, 9 y Ec 8, 13; Ec 8, 5 y Ec 7, 12; Ec 9, 13-16 y Ec 3, 10. Pero hay también oposiciones, y la más significativa de estos dos libros es la que se encuentra entre la confesión de Salomón en Sab 7, 1-21 y la del Kohelet en Ec 1, 12-18. En un caso (Kohelet), la sabiduría aparece como adquisición humana; en el otro caso (en la línea de 1Re 3, 11-13), el libro de *Sabiduría*, la sabiduría aparece como don gratuito de Dios, obtenido como respuesta a la oración, por la que Dios ofrece al hombre todo aquello que puede hacerle feliz.

Si uno tiene en cuenta la mutua relación entre estos dos libros (Kohelet y Sabiduría), no puede haber duda de cuál es el antiguo y cuál el nuevo. En *Kohelet*, el A.T. abre su propia tumba, como pedagogo para Cristo, porque despierta en el hombre el deseo de una alianza mayor con Dios (cf. Oehler, *Theol. des A.T.,* II, p. 324). Pues bien, el libro de la *Sabiduría* puede tomarse como precursor directo de esa alianza mayor con Dios que se ha realizado en Cristo.

En esa línea, la composición del libro del Kohelet ha de situarse entre el tiempo de Malaquías, que vivió durante la segunda llegada de Nehemías a Jerusalén, probablemente bajo Darius Nothus (423-405 a. C.) y el tiempo de Ptolomeo Physkon (145-117 a. C.), cuando el A.T. había sido ya casi totalmente traducido al griego (cf. Sab 2, 12a con Is 3, 10, LXX).

Hitzig sitúa el libro de Kohelet después del 304 a. C., en el tiempo en el que Ptolomeo Epífanes (204-181) ganó, con ayuda de los romanos, el trono de su padre. Este rey debe ser el espejo a quien el autor tiene en su mente. Pero el primer eslabón de la cadena de pruebas que Hitzig aduce para probar su tesis es falso, pues Ptolomeo Lagus fue el primer gobernante que exigió a los judíos el juramento de Dios (Ec 8, 2), es decir, un juramento de fidelidad sagrada a su gobierno. En esa línea, Josefo (*Ant* xii. 1. 1) afirma directamente que Ptolomeo Lagus hizo esto apoyándose en la fidelidad que los judíos mantuvieron con Alejandro Macedonio, siguiendo el juramento que habían hecho con Darío, como él mismo describe de un modo particular en *Ant.* xi. 8. 3.

Ese pacto (cf. por ejemplo, 2Sa 5, 3), ratificado en presencia de Yahvé con los reyes nativos del entorno, implicaba un pacto de alianza y de vasallaje, como el que Sedecías había jurado ante Nabucodonosor (cf. 2Cr 36, 13; Ez 17, 13-19); un pacto que tenía al mismo tiempo fuerza de religión ante Dios y fuerza de ley para los ciudadanos sometidos bajo el vasallaje del gran monarca de la tierra.

Este juramento de Dios implicaba un pacto de vasallaje sagrado ante el rey extranjero, y no se identifica sin más con el "juramento de Yahvé", garantizado por el Dios de Israel. Vemos que el Kohelet se mantiene aquí en un plano de cosmopolitismo al referirse al juramento ante Dios (entendido en sentido universal) y no a un juramento ante Yahvé (el Dios de la alianza israelita: Ec 8, 2). En esa línea se mueve también Neh 13, 25, que habla de un juramento de Dios, en un lugar en el que habríamos esperado un juramento de Yahvé.

Según eso, el primer eslabón de la cadena de pruebas que proponía Hitzig carece de valor. El autor de Ec 8, 2 dice sustancialmente lo mismo que Pablo en Ro 13, 5 cuando afirma que un creyente (cristiano) debe someterse al rey, no solo por temor al castigo, sino por razón de conciencia. Según eso, Ec 8, 10 ha de entenderse sin referencia a la expulsión de los judíos cautivos por Ptolomeo Lagus, especialmente por el hecho de que no hubo, en modo alguno, una deportación en masa de judíos y por el hecho de que los deportados eran del entorno de Jerusalén y de la misma ciudad santa (*Antt.* 12. 1. 1), no de toda la tierra de Israel. Y los viejos tiempos mejores de Ec 7, 10, no tienen por qué ser los tiempos de los tres primeros ptolomeos, y por el hecho de que siempre, incluso, en los tiempos mejores y más prósperos, ha habido hombres, que han alabado los tiempos antiguos diciendo que eran mejores que los nuevos.

Por otra parte, siempre se ha hablado de mujeres que son una desgracia para sus maridos o amantes, de forma que no es necesario pensar que Ec 7, 26 debe referirse a la reina que impuso su mando sobre Ptolomeo Filopator, tomando incluso en sus manos el poder sobre la vida y la muerte de sus súbditos.

Textos como Ec 7, 10 y Ec 7, 26 no nos ofrecen ayuda alguna en referencia a la cronología. Por otra parte, el autor de Ec 9, 13-16 se refiere a experiencias que él mismo había tenido. Pero la pequeña ciudad a la que se refiere este texto no es ciertamente la ciudad fortificada de Dora de la costa mediterránea del oeste del monte Carmelo, que fue sitiada por Antíoco El Grande (Polibio V, 669, el año 218 a. C.) y en un momento posterior por Antíoco VII Sidetes (el año 138, cf. Josefo, *Guerra* i, 2, 2), porque en este momento Dora no fue salvada por un pobre hombre sabio que había en ella (de quien Polibio no sabe nada), sino "por la fortificación de la plaza y por la ayuda de los soldados de Nicolao".

También encontramos un acontecimiento histórico concreto en Ec 4, 13-16 por el cual Hitzig piensa que el rey es espiritualmente débil, pero muy ambicioso fue el sumo sacerdote Onías, en tiempos de Ptolomeo Evergetes, y que el pobre pero sabio joven fue Josefo, el hijo de Tobías que quitó a Onías su cargo en el Estado y vino a convertirse en inspector general de impuestos. Pero aquí no hay nada que concuerde con los hechos, sino que Onías era anciano y alocado, mientras que Josefo era un hombre joven y sabio (cf. Josefo, *Ant* xii, 4. 2). Por otra parte, sobre la pobreza del último no sabemos nada, sino solo que era sobrino de Onías.

Y, además de eso, Josefo, el hijo de Tobías, no vino de la casa de los prisioneros (הסורים). Esta palabra ha sido vocalizada por Hitzig de manera que signifique "de los fugitivos" (הסורים), como si fuera una alusión al distrito Φιχόλα, que él interpreta como palabra derivada de φεύγειν. Pero, en esta línea de Hitzig, la investigación histórica ha venido a convertirse en un simple subjetivismo. El idioma hebreo nunca ha llamado a los fugitivos הסורים y, por otra parte, la palabra hebrea פיקולה (cf. *Berachoth* 28b) nunca ha podido vincularse con Φύγελα en el sentido griego de φεύγειν, como saben bien Plinio y Columela.

Según eso, para determinar el tiempo del autor de este libro será mejor que excluyamos la etapa que sigue al dominio de los diádocos. Parece claro que fue escrito hacia el final de la dominación persa. En ese sentido, Kleinert (*Der Prediger Salomo*, 1864) parece, en general, acertado al afirmar que este libro supone unas condiciones sociales que existieron bajo el tiempo de los últimos sátrapas persas. En ese tiempo se sitúan los juicios injustos (Ec 3, 16), la opresión despótica (Ec 4, 1; Ec 8, 9; Ec 5, 7), un tipo de vida cortesana desenfrenada, la elevación de hombres de humilde condición a los puestos más altos (Ec 10, 16-19), la inexorable severidad de los servicios militares, (Ec 8, 8; cf. Heródoto iv. 84, vii. 38s.), con un tipo de prudencia exigida por un sistema generalizado de espionaje (cf. Duncker, *Gesch. des Alterthums* II, 1867, p. 894). Todas esas cosas eran características del tiempo final de los persas, en los que parece haber surgido este libro.

Por otra parte, si Kohelet es posterior a Malaquías, tuvo que escribirse en algún momento del último siglo del dominio persa, entre Artajerjes I Longimano (464-424 a. C.) y Darius Codomano (335-332 a. C.) cuando los mejores días de la supremacía persa para los judíos bajo el dominio de los cinco reyes aqueménidas ya habían pasado (Ec 7, 10).

Ciertamente, Ec 6, 3 parece ofrecer reminiscencias de Artajerjes II Mnemon (muerto en torno al 360 a. C.), que tenía 94 años y que, conforme a Justino (X, 1), había tenido 115 hijos, y también reminiscencias de Artajerjes III, Ochus, su sucesor, que fue envenenado por Bagoas, jefe de sus eunucos quien, según Aelian, *Var. Hist* (Historias varias, vi. 8), ese rey arrojó el cuerpo de Ochus en pedazos como comida para los gatos y mandó que con sus huesos hicieran mangos de espadas. Mirado en conjunto, este libro (Kohelet) ofrece muchos ejemplos que corresponden, en general, a la historia del tiempo de los persas, de la que pueden haber sido tomados. Pero en esas historias, tal como las cuenta el Kohelet no puede exigirse que exista una armonía estricta con los hechos históricos.

En esa línea, el acontecimiento que se recuerda en Ec 4, 13 se refiere a Ciro, que se elevó hasta la autoridad suprema de gobernante sobre el mundo conocido (tras haber desposeído a Astiages, rey anterior de los medos). Según dice Nicolás de Damasco (cf. Müller, *Fragm. hist. Graec.* III, 398), este Ciro era hijo de padres pobres. La referencia a una "casa de prisión" (Ec 4, 14) alude a su confinamiento en Persia y al hecho de que una guardia militar impedía el acceso a su domicilio (Heródoto. i. 123). Por su parte, Justino, (i, 5) afirma que no se le podía enviar ni una carta, pues "los guardias nombrados por el rey se apoderaban de todo lo que se le pudiera enviar. Además, según el mismo Nicolás de Damasco, este Ciro solo dejó miseria para su posteridad.

El hombre rico que tuvo que dejar todos sus tesoros a un extraño al que alude Ec 6, 2 fue Creso, de quien (lo mismo que en Ec 7, 8) Solon decía (cf. Heródoto i. 32, 86) que nadie debe ser alabado antes de su muerte. Por otra parte, un caso al menos análogo al de Ec 9, 14-16, fue la liberación de Atenas por consejo de Temístocles (Justino, ii. 12), quien finalmente fue expulsado de su ciudad, viéndose obligado a buscar la protección del rey de Persia, muriendo al fin desesperado.[11]

Si nos centramos en la historia del reino persa y de sus provincias desde Artajerjes I hasta Alejandro de Macedonia, limitándonos a las pocas fuentes de información que tenemos (entre los acontecimientos judíos de ese período solo conocemos la profanación del templo, realizada por Bagoas y descrita por Josefo, *Ant* xi. 7), quizá podríamos entender mejor las referencias históricas del Kohelet. Solo así podríamos saber a quién se refiere el autor cuando dice: "Ay de la tierra cuyo rey es un niño" (Ec 10, 16), pues no puede tratarse de Artajerjes I, que era solo un muchacho en el tiempo del asesinato de su padre Jerjes (Justino, iii. 1), pero poco después vino a presentarse como suficientemente maduro para gobernar. Solo en ese caso, podríamos tener la llave histórica para entender el sentido de Ec 8, 10, cuando se refiere a la deportación de miles de prisioneros judíos (Josefo, *C. Ap.* i. 22). Conforme a la opinión de Syncellus y Orosio, esto debió haber sucedido bajo Artajerjes III Ochus. Pero las interpretaciones del texto no concuerdan (véase Bernstein *Quáestiones Koheletanae*, p. 66).

Quizá deberíamos conocer mejor la intención de fondo del autor cuando afirma que la Sabiduría ofrece para una ciudad una protección mayor que diez hombres poderosos. Graetz aplica esta sentencia a los decuriones de la administración romana de las ciudades y colonias que tenían un régimen municipal. Pero es más probable que el Kohelet se refiera a las dinastías familiares (cf. Duncker, *Gesch. des Alterthums*, II, en el sentido asirio de *salat*, gobernador), colocadas por los reyes persas sobre las ciudades de los países conquistados.

En esa línea, haríamos bien en conocer mejor los contingentes militares que los judíos debían aportar en los últimos tiempos de la dominación persa, semejantes a las que debían realizar los fenicios y los "sirios de Palestina" (cf. Heród. vii. 87) poniendo al servicio de Jerjes 300 trirremes, con la asistencia de las gentes

---

11. Véase Spiegel, *Iranische Alterthumskunde*, II, pp. 409, 413. Bernstein sugiere que Kohelet alude a la liberación de Potidea (Heródoto, viii. 128) o de Trípolis (Diodoro xvi. 41); pero ninguna de estas dos ciudades fue liberada por el consejo de un hombre sabio. Burger (*Comm. in Ecclesiasten*, 1864) piensa, con gran probabilidad, que Temístocles fue muy alabado entre los persas (Tucídides i. 138), cosa que Ewald toma como probable, dado que el autor está aludiendo a un hecho concreto de su propio tiempo.

que habitaban en las montañas de Solyman, para prestar su asistencia en contra de los griegos (Josefo, *contra Ap.* i. 22).

El autor del Kohelet fue, sin duda, un judío palestino. En Ec 4, 17, él dice que habita en la zona del templo, e incluso en la ciudad santa, Ec 8, 10. De todas formas, si no vivía en la misma ciudad, debía hacerlo en su entorno (cf. Ec 10, 15), aunque, como pone de relieve Kleinert, en Ec 11, 1, el autor utiliza una imagen tomada de un puerto de mar donde se realiza el comercio de cereales.

Por Ec 4, 8 podemos suponer que vivía solo, sin hijos, hermanos o hermanas. Por otra parte, por el contenido y espíritu de todo el libro, parece claro que, como el mismo Kohelet afirma, él era un hombre de edad avanzada, con una larga y agitada vida. De esa forma, puede presentar ante los jóvenes los síntomas de una vejez que se acerca a la muerte (Ec 12, 2), unos síntomas que conoce probablemente por su propia experiencia. Todo el libro lleva las marcas de su edad, es una producción del Antiguo Testamento hecha por alguien que estaba consumiéndose por su propia vejez y desapareciendo.

8. Bibliografía

La bibliografía sobre este libro hasta el año 1860, conteniendo los comentarios y monografías, ha sido presentada de un modo completo en el comentario inglés de Ginsburg. La bibliografía a partir del año 1860 aparece en el Comentario de Zöckler, que forma parte de Lange, *Bibelwerk*. La *Einleitung* o Introducción de Keil (3ª ed., 1873) contiene un suplemento a esas obras, entre las cuales, sin embargo, el *Bonner Theolog. Literaturblatt*, 1874, Nr. 7 pasa por alto las de Pusey y Reusch (cf. *Tübingen Theol. Quartalschrift*, 1860, pp. 430-469).

Es imposible que un solo autor tenga en cuenta y aproveche toda esa literatura. Por su parte, el trabajo de Aedner, *Catalogue of the Hebrew books in the Library of the British Museum*, 1867, contiene varios comentarios judíos omitidos por Ginsburg y Zöckler, aunque no todos. Así, por ejemplo, no cita el Comentario de Ahron B. Josef (primera edición Eupatorio/Crimea, 1834) que ahora tengo en mi mesa de estudio, ni tampoco el de Moses Frankel (Dessau, 1809) y el de Samuel David Luzzatto, en la revista, *Ozar Nechmad*, 1864.

Por lo que se refiera a la literatura inglesa, cf. Traducción americana de Tayler Lewis (1870), que aparece en Zöckler, *Commentary*. Los catálogos que hasta ahora se ofrecen resultan incompletos. Así, por ejemplo, en el año 1873 apareció un Comentario de Thomas Pelham Dale y una monografía sobre Ec 12, 1-14, con el título de *Dirge of Coheleth*, escrita por el orientalista C. Taylor (1874). El volumen IV del *Speaker's Commentary* de la Biblia contiene un Comentario al Cantar (de Kingsbury) y otro al Kohelet (de W. T. Bullock) que defienden con fuerza su autenticidad salomónica. En este comentario se mantiene la opinión de que el Kohelet expresa un conflicto entre dos voces u opiniones: la voz de la verdadera sabiduría y la voz de una sabiduría falsa. Esta opinión ha encontrado más tarde defensores, no solo en un comentario hebreo de Ephraim Hirsch (Varsovia, 1871), sino también en Schenkel, *Bibellexikon,* entrada *Kohelet* (vol. III, 1871). Para la historia y refutación de esta opinión, cf. Zöckler (Introducción) y la introducción que yo mismo he ofrecido de este comentario.

Las traducciones antiguas han sido recogidas extensamente por Ginsburg. Por otra parte, Frederick Field, en su *Hexapla* (*Poetas.* vol. 1867), ha recogido fragmentos de traducciones griegas. G. Janichs, *Animadversiones criticae* (Breslau, 1871), ha examinado la Peshita del Kohelet y Rut. Hay referencias a ello en Noldeke, *Anzeige*, en *Liter. Centralblatt* 1871, Nr. 49 y en Middeldorpf, *Symbolae exegetico-criticae ad librum Ecclesiastes,* 1811. Contamos ahora con el *Graecus Venetus,* en una forma más exacta que la de 1784, en la cuidadosa edición que Gebhardt ha realizado de los Manuscritos venecianos (Brockhaus, Leipzig, 1874), edición que contiene la traducción de todos los libros del A.T.

9. Adaptación bibliográfica (nota del editor)

La obra original de F. Delitzsch fue y sigue siendo un "libro de estudio" para especialistas, sin presentación científica de los autores y libros citados, pues el autor supone que los lectores conocen no solo las abreviaturas, siglas y contenido de las traducciones y comentarios antiguos, sino también las siglas de los autores y obras modernas. Por eso he conservado, en lo posible, la forma de citar que ha tenido el autor. De todas formas, para ayuda de los lectores menos especializados, he procurado actualizar y completar algunas referencias y abreviaturas más utilizadas:

Aq. (Aquila), autor de una de las traducciones antiguas del A.T. al griego.
Bott. (Böttcher), Julius Friedrich Bottcher, teólogo protestante alemán del siglo XIX, conocido por sus obras de divulgación bíblica.
Elst. (Elster), autor de un comentario al Kohelet, Göttingen 1855.
Ew. (Ewald), Georg Heinrich August Ewald, orientalista y teólogo alemán del siglo XIX.
Grtz. (Graetz), autor de una historia completa del pueblo judío, siglo XIX.
Hegst. (Hengstenberg), teólogo neoortodoxo luterano del siglo XIX.
Herzf. (Herzfeld), autor de una traducción y comentario del Kohelet (1838).
Hitz. (F. *Hitzig*), autor de un comentario del Kohelet, siglo XIX.
Luzz. (Moshé Jaim Luzzatto), rabino, exégeta e historiador italiano, de origen judío, siglo XVIII.

Olsh. (H. Olshausen), teólogo protestante.

Rabm. (Rambam), Nahmán o Nahmánides, rabino y filósofo de Cataluña, siglo XII.

Maimón. (Moshe ben Maimón), conocido como Maimónides (Córdoba/ España), siglo XII.

Simm. (Simmaco, Símaco), traductor de la Biblia hebrea al griego, siglo III-IV d. C.

Syr. (Syriaco), traducción siríaca del A.T.

Vaih. (Vaihinger), autor de un comentario al Kohelet, 1858.

Zöckl. (O. Zöckler), teólogo protestante alemán, siglo XIX.

EXPOSICIÓN DEL LIBRO DEL ECLESIASTÉS

Ostendit omnia ese vanitati subjecta; in his que propter homines facta sunt vanitas est mutabilitatis; in his quae ab hominibs facta sunt vanitas est curiositatis; in his quae in hominibus facta sunt vanitas mortalitatis.

Muestra que todas las cosas están sometidas a la vanidad; en las cosas que fueron hechas por causa de los hombres la vanidad se muestra en la mutabilidad; en las que han sido hechas por los hombres la vanidad se identifica con la curiosidad; en aquellas que se han hecho en los hombres la vanidad se muestra en forma de mortalidad.

HUGO DE SAN VÍCTOR († 1140)

COMENTARIO

1. PRÓLOGO
(Ec 1)

Eclesiastés 1

1, 1-8

דִּבְרֵי֙ קֹהֶ֔לֶת בֶּן־דָּוִ֖ד מֶ֥לֶךְ בִּירוּשָׁלִָֽם׃ ¹

¹ Palabras del Predicador, hijo de David,
rey en Jerusalén.

1, 1. He explicado ya en la introducción el sentido de este versículo (palabras del Predicador...). Estrictamente hablando, este verso no consta de dos esticos, pero puede dividirse en dos partes separadas por las palabras centrales (hijo de David, בֶּן־דָּוִד) por medio del acento *zakef*, pues la aposición (rey en Jerusalén) no pertenece a David, sino a Kohelet.

En algunos casos semejantes, como en Ez 1, 3, la acentuación deja sin precisar el sentido del genitivo de aposición. En sentido estricto, en Gn 10, 21 no se puede hablar de genitivo de aposición. Por el contrario, en Am 1, 1 hallamos un verdadero genitivo de aposición, como en nuestro caso. La palabra rey carece de artículo, y eso se explica por el hecho de que la identidad del rey está determinada por la cláusula "en Jerusalén", como en otros casos cuando se está aludiendo al rey de Israel (o de Judá). La expresión מֶלֶךְ בִּירוּשָׁלַם (cf. 2Re 14, 23) es muy especial.

הֲבֵ֤ל הֲבָלִים֙ אָמַ֣ר קֹהֶ֔לֶת הֲבֵ֥ל הֲבָלִ֖ים הַכֹּ֥ל הָֽבֶל׃ ²

² Vanidad de vanidades, dijo el Predicador;
vanidad de vanidades, todo [es] vanidad.

1, 2. El libro comienza artísticamente con una sección de apertura, en forma de preámbulo. El tono de fondo de todo el libro aparece ya aquí, en Ec 1, 2, con las palabras iniciales: *¡Vanidad de vanidades, dice Kohelet. Todo es vanidad!*

Como en Is 40, 1 (véase l.c.), podemos preguntar si la expresión "dijo" (אָמַר) ha de tomarse como expresión de la palabra de Dios, en presente o en futuro, tanto aquí como en Ec 12, 8, precisando si esa palabra ha de entenderse en forma de historia pasada (lo que dijo el Kohelet) o si ha de tomarse más bien como palabra que se aplica a un presente abierto al futuro.

La expresión puede entenderse de las dos formas, pues la palabra "dijo", con Dios como sujeto, se toma en 2Sa 23, 3 en un sentido histórico, mientras que en Is 49, 5 ha de aplicarse al tiempo actual. En este caso, nosotros interpretamos aquí esa palabra "dijo" como en Is 36, 4 (esto dice el rey de Asiria), refiriéndose a algo que se dice ahora, no a algo que se ha dicho previamente, pues el que está hablando es el mismo Salomón redivivo y, a través de él, el autor de este libro comienza proclamando la vanidad de todas las cosas de la tierra.

Los traductores antiguos toman "vanidad de vanidades" en nominativo, como si se tratara de un predicado, pero la repetición de palabras muestra que estamos ante una exclamación, lo mismo que en *oh vanitatem vanitatum* (oh vanidad de vanidades). La forma de conexión abreviada de הֲבֵל no se acentúa, al igual que en la forma חדר y semejantes (a diferencia de lo que sucede cuando הבל se utiliza según el modelo de la forma base aramea עבד; cf. Ewald, 32b).

Jerónimo lee el texto de un modo diferente: "En hebreo en vez de *vanitate vanitatum* se escribe *abal abalim* que, a excepción de la LXX, todos han traducido ἀτμὸς ἀτμίδων o ἀτμῶν (aliento de alientos o respiraciones). La palabra *Hĕvĕl* / הֲבֵל significa, en sentido originario, "respiración" y sigue llevando ese significado en hebreo postbíblico, e. g., *Schabbath* 119b: "El mundo existe meramente a causa de la respiración de los niños de escuela" (pues ellos son la esperanza del futuro). El aliento o respiración se toma aquí en oposición a lo que es firme y duradero, como signo de aquello que no tiene fundamento ni continuidad. Sobre la expresión superlativa "vanidad de vanidades", cf. Cnt 1, 1.

Vanidad de vanidades es el *non plus ultra* de la vanidad, vanidad en grado superlativo. A la doble exclamación le sigue otra que expresa el resultado de esa experiencia: todo es vanidad: הַכֹּל הָבֶל. La totalidad de las cosas que aparecen ante nuestra consideración y para nuestro uso son vanidad.

³ מַה־ יִּתְרוֹן לָאָדָם בְּכָל־ עֲמָלוֹ שֶׁיַּעֲמֹל תַּחַת הַשָּׁמֶשׁ׃

³ ¿Qué provecho tiene el hombre de todo su trabajo
con que se afana debajo del sol?

1, 3. Con este verso comienza la prueba de la exclamación y de la afirmación anterior: *¿qué provecho saca el hombre de todo su trabajo con que se afana bajo el sol?* Esta es una exclamación interrogativa que desemboca en la conclusión de que nunca se consigue del trabajo humano ninguna cosa que sea real, duradera y que ofrezca satisfacción al hombre.

La palabra יִתְרוֹן significa provecho, y tiene el mismo sentido que *mothar*, Ec 3, 19, y es peculiar de este libro (con el mismo sentido que el arameo יֻתְרָן). No se conoce la forma primaria de יתרון. Un vocalizador llamado Simson (cf. Cod. 102a de la Universidad de Leipzig, Lib.f, 5a) se queja, con toda razón, de aquellos que utilizan la palabra וִיתְרוֹן en un himno litúrgico del día de la Expiación.

Esa palabra significa aquello que dura y se conserva por encima del tiempo; algo que aparece como buena ganancia, como provechoso y preeminente; algo que tiene superioridad y preferencia. "Bajo el sol", תַּחַת הַשָּׁמֶשׁ, es la designación particular con la que este libro se refiere a la tierra, como mundo de los hombres, mundo que nosotros solemos llamar "sublunar".

La partícula שׁ no tiene aquí (שֶׁיַּעֲמֹל) el sentido de acusativo de modo, sino de objeto. El autor utiliza otras veces la expresión vanidad de vanidades refiriéndose a todo tipo de trabajos (Ec 2, 19-20; Ec 5, 17), como Eurípides hace de un modo semejante diciendo μοχθεῖν μόχθον (penalidad de penalidades). A partir de aquí, el autor viene a justificar la respuesta negativa de fondo que él irá dando a esta pregunta: ¿qué provecho...?

4 דּוֹר הֹלֵךְ וְדוֹר בָּא וְהָאָרֶץ לְעוֹלָם עֹמָדֶת:

⁴ Generación va, y generación viene;
pero la tierra siempre permanece.

1, 4. El significado de la frase no es que la tierra permanece quieta y de la misma forma, (Hitzig) de manera que no se encuentre en ella ningún límite (pues, ¿qué límite podría haber para ella?). Conforme a la visión antigua del mundo, esto significaría que, por ser inmóvil, la tierra cumple su destino: es lo que es y nada más (Sal 119, 90). Pero lo que el autor quiere decir es que, en esta esfera de la tierra, manteniéndose siempre igual a sí misma, no hay en ella nada que esté siempre igual. Ella es, más bien, como un punto o lugar fijo en torno al cual todo gira; unas generaciones pasan, otras aparecen; pero, moviéndose todo, todo permanece, de manera que el conjunto de la tierra queda como territorio fijo, como escena permanente de este cambio incesante.

En realidad, ambas cosas pueden decirse de la tierra: que ella permanece para siempre, sin perder su lugar en el universo, y que ella cambia siempre, pues está sin cesar alterándose y convirtiéndose en algo distinto, de manera que no puede darse en ella ninguna verdadera novedad que pueda interpretarse en forma de salvación escatológica.

Pero esa segunda visión, que forma parte de la historia de la redención (cf. Sal 102, 26), está muy lejos de la mente del Predicador. A su juicio, la estabilidad de la tierra aparece como un tipo de combustible de fondo para el crecimiento y decadencia, que se van repitiendo sin cesar. Este es el hecho: la "insensata" tierra permanece, mientras que las generaciones de los hombres se suceden.

Elster, lo mismo que había hecho antes Jerónimo, descubre aquí con razón un tipo de tragedia: *quid hac vanius vanitate, quam terram manere, quae hominum causa facta est, et hominem ipsum, terrae dominum, tam repente in pulverem dissolvi?* (¿qué hay más vano que esta vanidad: que los hombres como tales, señores de la tierra, se disuelvan tan repentinamente en polvo de tierra y que permanezca la tierra, וְהָאָרֶץ לְעוֹלָם עֹמָדֶת, que fue hecha para los hombres?).

El sol, que el autor toma como figura opuesta a la tierra, ofrece un segundo testimonio de lo mismo: un cambio incesante con una identidad perpetua: todo se mueve sin cesar, siendo siempre lo mismo. Como las generaciones de los hombres pasan y van, así está cambiando siempre el sol que, sin embargo, en el fondo, permanece siempre idéntico a sí mismo.

וְזָרַח הַשֶּׁמֶשׁ וּבָא הַשָּׁמֶשׁ וְאֶל־מְקוֹמוֹ שׁוֹאֵף זוֹרֵחַ הוּא שָׁם: ⁵

⁵ Y sale el sol, y se pone el sol,
y con deseo retorna a su lugar
donde vuelve a nacer.

1, 5. Sale y se pone de nuevo, pero al "ponerse" no va a descansar, porque tras su lugar de descanso en el oeste tiene que volver a salir en el este por la mañana siguiente, apresurándose a completar su curso. Así interpreta rectamente Hitzig, "para volver a salir de nuevo", como cláusula de relativo y así pueden traducirse las palabras. Pero, estrictamente hablando, ambos participios se sitúan en el mismo plano: שׁוֹאֵף (esforzándose, apresurándose), tiene el mismo sentido que בָּא en Ec 1, 4, como expresión de presente, mientras que זז tiene un sentido de futuro inminente, instantáneo: *ibi (rursus) oriturus* (para salir de allí de nuevo, זוֹרֵחַ הוּא שָׁם).

Por su parte, los acentos interpretan los dos participios como coordenados, pues el acento *tiphcha* separa más que el *tebir*, pero no es apropiado que se ponga sobre וְאֶל־מְקוֹמוֹ el acento de separación mayor, el *zakef quaton* (con un *kadma* anterior). Ewald admite esta secuencia de acentos, pues traduce así el texto: *el sol baja y de esa forma va a su propio lugar, apresurándose de nuevo en la bajada, para subir otra vez desde allí con esfuerzo.*

Pero afirmar que el sol baja hasta el lugar desde el que debe subir de nuevo es una forma distorsionada de pensamiento. Si la expresión "a su lugar" pertenece al "va" (baja), ella solo puede referirse al lugar de la bajada, como ha puesto de relieve Benjamin el-Nahawendi (cf. Neubauer, *Aus der Petersburger Bibliothek*. p. 108): el lugar de su bajada se refiere al lugar que el mismo Creador ha determinado para el sol, como muestra el pasaje semejante de Sal 104, 19, "el sol conoce su lugar de descanso, de bajada".

Pero la partícula שָׁם, que se refiere nuevamente a su lugar se opone a esta interpretación, de manera que la frase con שֶׁ֣מֶשׁ זוֹרֵחַ הוּא שָׁם no puede significar "jadeando, elevándose", pues שֹׁאֵף no tiene el sentido de "jadear" (sufrir, esforzarse), sino de "anhelar, buscar ansiosamente una cosa" (cf. Job 7, 2; Sal 119, 131), lo que concuerda con el sentido de "a su lugar", pero no con el hecho de subir (וְאֶל־ מְקוֹמוֹ שׁוֹאֵף).

Por otra parte, resulta poco natural el pensamiento de que el sol se eleva con fatiga, como si estuviera sufriendo. Al contrario, la fatiga se refiere a la puesta del sol que debería descansar durante la noche, pero que, sin descansar entre el día y la noche, debe iniciar nuevamente el ascenso desde el este (Sal 19, 7), para comenzar allí de nuevo su curso diario.

Así lo interpretan también Rashi, la LXX, Syr., Tárgum, Jerónimo, Véneto y Lutero. En vez de שׁ, Graetz quiere leer שׁב אף, *redit (atque) etiam* (y vuelve de nuevo). Pero שׁ es un elemento característico de la manera de pensar y expresarse de Kohelet, que mira a la tierra como סובב וגו, Ec 1, 6, y como יְ, Ec 1, 8, algo que se aplica también y mucho más al sol.

Muchos intérpretes antiguos —y recientemente Graetz, lo mismo que algunos traductores, como los de la LXX— aplican también Ec 1, 6 al sol. El Tárgum parafrasea y aplica todo el verso al sol, tanto de día como de noche, refiriéndose a la primavera y al equinoccio y, en esa línea, traduce el texto Rashi. Pero, junto a la Tierra y al sol, el viento aparece ahora como tercer ejemplo de movimiento sin descanso, un movimiento siempre repetido. En ese sentido, la división de los tres versos es correcta. Aplicar al sol el argumento de Ec 1, 6 sería forzar la imagen y recargar la visión del sol. Por eso, traduciremos y aplicaremos Ec 1, 6 en referencia al viento.

הוֹלֵךְ אֶל־ דָּרוֹם וְסוֹבֵב אֶל־ צָפוֹן סוֹבֵב ׀ סֹבֵב הֹלֵךְ הָרוּחַ וְעַל־ סְבִיבֹתָיו שָׁב הָרוּחַ: [6]

[6] *El viento va al mediodía, y rodea al norte;*
va rodeando de continuo,
y por sus rodeos vuelve el viento de nuevo
[hasta completar su ciclo].

1, 6. Tomado así este verso, resulta largo y monótono. Da la impresión de ser aburrido. שׁב puede ser 3ª persona del pretérito, con el sentido de un presente, pero la relación entre los términos es aquí distinta de la que aparece en el verso anterior (5a) donde la salida, la puesta y el retorno del sol aparecen en un mismo plano, con la salida y la vuelta en oposición al retorno.

En contra de eso, este pasaje nos sitúa ante un movimiento circular, de manera que el retorno con el nuevo comienzo se mantiene en la misma línea anterior. Los participios están indicando una continuidad en el movimiento. En Ec 1, 4, los sujetos están al principio. Por el contrario, en Ec 1, 5 y Ec 1, 6, son los predicados los que vienen al principio. Por su parte, en Ec 1, 6 el sujeto viene en la parte final porque los dos primeros predicados eran insuficientes y requerían un tercer predicado para completar el sentido de la frase.

El hecho de que el viento provenga del sur (דרום, de la raíz דר, la región de luz más intensa) y vaya hacia el norte (צפון, raíz צפן, región de oscuridad), no es un hecho tan verdadero y constante como el hecho de que el sol vaya siempre del este al oeste (הוֹלֵךְ אֶל־ דָּרוֹם וְסוֹבֵב אֶל־ צָפוֹן סוֹבֵב). Por eso, esta expresión tiene que ir generalizada con la frase siguiente (rodeando, rodeando va el viento), girando en todas direcciones, de aquí para allí, indicando así que estamos ante un movimiento circular.

El participio que define de un modo más preciso el movimiento del viento está subordinado a la palabra "va", y en los restantes casos se construye con un "por" (cf. Jon 1, 11; 2Sa 15, 30); aquí, en cambio, se utiliza la expresión סוֹבֵב ׀ סֹבֵב en el sentido de סביב סביב, como en Ez 37, 2 (en ambos casos con *pasek* entre las palabras). סביבה actúa aquí como *nomen actionis* de סבב.

La expresión "en sus rodeos o círculos" (סְבִיבֹתָיו) no ha de tomarse de un modo adverbial (vuelve de nuevo a sus círculos), es decir, "volviendo de nuevo a sus mismos caminos" (como suponen Knobel y otros), pues las palabras על y שב se encuentran conectadas, como en Pr 26, 11; cf. Sal 19, 7. Se trata, más bien, de una expresión predicativa: el viento vuelve siempre a sus movimientos circulares para luego retomarlos de nuevo (Hitzig).

Según eso, el viento se repite (cf. Ec 2, 10; Ec 4, 1) conforme a una figura gramatical llamada *epanaphora* o *palindromía* (véase la introducción a *Comentario a Isaías*, 40-66): hacia todas las regiones de los cielos, hacia todas las direcciones de la brújula, sus movimientos son incesantes, repitiéndose siempre de nuevo. No hay nada permanente sino la fluctuación de la dirección de los vientos, de forma que no acontece nada nuevo, sino que se repite siempre lo antiguo. En esa línea, los ejemplos que pone este verso están perfectamente escogidos y organizados. En el verso siguiente, Kohelet pasa de las corrientes de aire a los movimientos del agua.

[7] כָּל־ הַנְּחָלִים הֹלְכִים אֶל־ הַיָּם וְהַיָּם אֵינֶנּוּ מָלֵא אֶל־ מְקוֹם שֶׁהַנְּחָלִים הֹלְכִים שָׁם הֵם שָׁבִים לָלֶכֶת:

⁷ Los ríos todos van al mar, y el mar no se llena;
al lugar de donde los ríos vinieron,
allí vuelven para correr de nuevo.

1, 7. En lugar de *nehhárim*, el autor ha preferido הַנְּחָלִים, *nehhalim*, porque es el nombre que más se utiliza para la fluctuación de las fuentes, torrentes y ríos. La raíz נחל significa en principio *cavare* (crear un cauce). Esa palabra, con אָפִיק (de אפק, contener) como en árabe *wadi/guadi* tiene el sentido básico de extenderse, de manera que se refiere al "canal" o lecho por el que fluyen las aguas.

La sentencia כָּל־הַנְּחָלִים הֹלְכִים אֶל־הַיָּם (todos los ríos fluyen al mar) responde a los hechos. Ciertamente, el autor no quiere decir que ellos fluyen directamente al mar; y por "mar" no quiere referirse a este o aquel mar determinado, ni piensa (como dice el Tárgum) que la tierra es como un anillo (גּוּשְׁפַּנְקָא, en persa un *angusht-bâne*, una especie de manga que rodea al océano central). Al contrario, esa idea (los ríos van al mar) ha de entenderse como si indicara veladamente la existencia de un océano escondido, en forma de gran agujero o receptáculo de las aguas.

Desde ese océano central a cuyo fondo van las aguas se podrían entender los ríos que desembocan o se pierden en un tipo de hondonadas, desiertos o lagos interiores. Pero en sí misma, esa expresión se refiere, ante todo, a los grandes mares visibles que no aumentan de tamaño por grande que sea la cantidad de agua de los ríos que desembocan en ellos. Así se entiende la expresión וְהַיָּם אֵינֶנּוּ מָלֵא (pero el mar no se llena, en la Misná אינו, con un pronombre reflexivo, como en Ex 3, 2; Lv 13, 34, y en otros muchos lugares).

Si el mar se llenara un día vendría a darse un cambio real en la estructura del mundo; pero como dice Aristófanes (*Nubes*, 1294s.) el mar no se llena con el agua que le llega de los ríos (οὐδὲν γίγνεται ἐπιρρηεόντων τῶν ποταμῶν πλείων); de esa manera, nuestro autor representa la identidad eterna de la realidad.

En Lv 13, 7, Symm., Jerónimo, Lutero y también Zöckler, traducen la partícula שָׁם como שׁ en el sentido de "por lo tanto"; otros, como Ginsburg, se aventuran a tomar esa partícula שׁם como si fuera מִשָּׁם, pero ambas interpretaciones son lingüísticamente inadmisibles. En sentido general, el autor no quiere decir que los ríos retornan a su origen como si el agua del mar llenara de nuevo las fuentes, sino que allí donde están fluyendo seguirán fluyendo siempre, sin cambio de curso, sin que el mar devore todas las aguas.

Al contrario, partiendo del agua que se eleva de la tierra en forma de vapor y que se recoge en las nubes, comienza de nuevo el círculo del agua, nacen los ríos de nuevo etc., de manera que lo antiguo se repite siempre en la misma dirección y con el mismo fin. La palabra מָקוֹם viene aquí seguida por un genitivo virtual (מְקוֹם שֶׁהַנְּחָלִים) con שֶׁ, cf. Sal 104, 8). La acentuación se extiende solo hasta הֹלְכִים, pues la partícula אשר, conforme a su sentido relativo significa por sí misma *ubi*,

Gn 39, 20 y *quo*, Nm 13, 27; 1Re 12, 2 (pero nunca *unde*), *de donde*. De todas formas, שָׁם, tras verbos de movimiento, como en Jer 22, 27, después de שׁוּב y en 1Sa 9, 6 después de הלך, tiene frecuentemente el sentido de שָׁמָּה, allí.

Por su parte, שׁוּב con ל significa *hacer algo de nuevo* (cf. Os 11, 9; Job 7, 7). En ese sentido traducimos: del mismo lugar del que fluyeron los ríos seguirán ellos fluyendo, *eo rursus eunt*. Con toda intención, el autor utiliza aquí solo participios, pues, aunque el cambio es constante, aquello que se renueva siempre a sí mismo continúa siendo siempre igual a lo que era. A partir de aquí, tras haber presentado varios casos particulares, el autor pasa a la ley general.

⁸ כָּל־הַדְּבָרִים יְגֵעִים לֹא־יוּכַל אִישׁ לְדַבֵּר לֹא־תִשְׂבַּע עַיִן לִרְאוֹת

> ⁸ Todas las cosas andan en trabajo
> más [de lo] que el hombre pueda decir;
> los ojos nunca se sacian de ver,
> ni los oídos de oír.

1, 8. Todos los traductores e intérpretes que piensan que *devarim* (הַדְּבָרִים) significa aquí "palabras" (LXX, Syr. y Tárgum) se equivocan, pues si el autor quisiera decir que no hay palabras capaces de describir esta identidad de las cosas, en medio de sus perpetuos cambios, él debería haberse expresado de otra forma, y no diciendo sin más כָּל־הַדְּבָרִים יְגֵעִים, todas las cosas andan en trabajos (todas las cosas se esfuerzan...) (cf. Ewiger, Elst., Hengst. y otros). Él debería haber dicho al menos יג לריק, o todas las cosas/palabras son aburridas (Knob., Hitz.) o "todas están llenas de penas" (Zck.).

El sentido de la frase no puede ser que las cosas son "aburridas", pues יגע no indica aquello que causa aburrimiento, sino aquello que sufre aburrimiento, que está lleno de penas o cuidados incesantes (cf. Dt 25, 18; 2Sa 7, 2). El texto se refiere a la pena o trabajo de la realidad, no a la pena del poeta que está narrando ese dolor/trabajo de la realidad. Rosenmüller tiene razón cuando traduce: *omnes res fatigantur*, es decir, "todas las cosas se fatigan", *in perpetua versantur vicissitudine, qua fatigantur quasi* (todas las cosas están sometidas a una constante alternancia, por la cual están como fatigadas). De todas formas, יגעים no puede traducirse de un modo adecuado por *fatigantur*.

Más que fatigarse, esa palabra significa *preocuparse*, ser débil, desfallecerse, cansarse (cf. Ec 10, 15; Ec 12, 12), como si las cosas estuvieran trabajando (realizando su tarea) de un modo penoso, cansado; como si ellas se fatigaran por tener que seguir haciendo siempre lo mismo (cf. יגיע, aquello que se consigue o se gana con esfuerzo, con trabajo duro).

Eso es lo que han querido mostrar los cuatro ejemplos anteriores: que todo lo que existe está sometido a un tipo de actividad dura y sin descanso, una actividad que no conduce a ninguna meta, siempre comenzando de nuevo. Ese es el trabajo difícil, cargado de fatiga, de todo lo que existe (tierra y cielo/sol, agua y viento: los cuatro elementos), esforzándose siempre, sin descanso, dando siempre la impresión de una gran fatiga.

Esta secuencia de pensamiento llena también todas las reflexiones que vienen a continuación: esa falta de descanso del mundo exterior se refleja también en el pensamiento y en la vida interior de los hombres, cuando contemplan aquello que sucede a su alrededor. El lenguaje humano no puede nunca terminar de explicar este constante ir y venir de las cosas, el crecimiento y la destrucción de todo lo que existe, en un círculo sin fin.

En esa línea, el cansancio del hombre al contemplar la gran fatiga del mundo puede expresarse en el hecho de que el ojo nunca puede quedar satisfecho por aquello que ve, ni el oído con aquello que escucha. A la falta de descanso del mundo corresponde la falta de descanso de la mente de los hombres, una mente (unos ojos, unos oídos) que están condenados a ver y escuchar siempre lo mismo, en variaciones que no cesan, poniendo siempre ante los ojos y oídos las misas cosas, repetidas sin cesar en una actividad sin fin.

No hay palabras que puedan comprender lo que esto implica, no hay posible percepción que pueda captar su sentido. Lo que aquí, de esta manera, se quiere decir no es la insatisfacción de los ojos y de la mente como tal (Pr 27, 20), no es el hecho de que los ojos puedan ver siempre nuevas cosas y los oídos escuchar también nuevas noticias; lo que este pasaje quiere poner de relieve es la fuerza con que la actividad siempre repetida y sin descanso de las cosas que nos rodean se comunica a nosotros y nos impresiona, sin que podamos encontrar nunca descanso ni felicidad, diciendo lo que vemos y oímos (לֹא־יוּכַל אִישׁ לְדַבֵּר).

Con la palabra שׂבע, que alude a la insatisfacción (falta de satisfacción) de los ojos, se intercambia, de un modo apropiado, la palabra נמלא, que se aplica a los oídos, que no pueden nunca llenarse de buenas noticias y quedar así satisfechos (cf. Ec 6, 7). La situación de la mente humana responde a la situación de cansancio repetido del mundo exterior. La partícula *mim* de la última frase (וְלֹא־תִמָּלֵא אֹזֶן מִשְּׁמֹעַ) donde se dice que el hombre no se sacia de oír, está indicando que la vida humana no puede alcanzar nunca satisfacción por aquellas cosas que escucha y que oye bajo el sol. El hombre vive (ve, escucha...) en un mundo donde nada le puede saciar (cf. Ec 6, 3; Job 19, 22; Sal 104, 13; cf. el *kal* de Is 2, 6 y el *piel* de Jer 51, 34; Sal 127, 5).

Esta palabra final, *mishshemoa'*, מִשְּׁמֹעַ, ha sido entendida por todos los antiguos traductores (e. g., Tárg. מלמשמע), y quizá por el mismo Kohelet, de esta manera: el oído no está satisfecho de oír... Al hombre no le contenta, no le basta lo que oye, ni le llena lo que ve. Lo que ve y lo que escucha es siempre lo mismo, un círculo constante de sufrimiento, de trabajo. Es como si los ojos y los oídos de los hombres tuvieran una finalidad distinta, más allá de lo que ven y de lo que oyen en este mundo.

1, 9-11. ¿Qué es lo que fue? Lo mismo que será

מַה־ שֶׁהָיָה הוּא שֶׁיִּהְיֶה וּמַה־ שֶׁנַּעֲשָׂה הוּא שֶׁיֵּעָשֶׂה וְאֵין כָּל־ חָדָשׁ תַּחַת הַשָּׁמֶשׁ: ⁹

יֵשׁ דָּבָר שֶׁיֹּאמַר רְאֵה־ זֶה חָדָשׁ הוּא כְּבָר הָיָה לְעֹלָמִים אֲשֶׁר הָיָה מִלְּפָנֵנוּ: ¹⁰

אֵין זִכְרוֹן לָרִאשֹׁנִים וְגַם לָאַחֲרֹנִים שֶׁיִּהְיוּ לֹא־ יִהְיֶה לָהֶם זִכָּרוֹן עִם שֶׁיִּהְיוּ לָאַחֲרֹנָה: פ ¹¹

⁹ ¿Qué [es] lo que fue? Lo mismo que será.

¿Qué [es] lo que ha sido hecho?

Lo mismo que se hará;

y nada hay nuevo debajo del sol.

¹⁰ No hay nada de que se pueda decir:

He aquí esto es nuevo.

Ya fue en los siglos que nos han precedido.

¹¹ No hay memoria de los primeros,

ni tampoco de los postreros habrá memoria

en los que serán después.

1, 9. El hebreo antiguo utiliza solo אשר en vez de מה־שׁ, en el sentido de *id quod* (aquello que) y en el sentido de *quid-quid*, אשר כל, "todo aquello que" (Ec 6, 10; Ec 7, 24); pero *măh* se utiliza también, en el sentido antiguo ya extinguido de interrogativo, como en latín *quodcunque*, Job 13, 13, *aliquid, quidquam,* cualquiera que, alguien, aquel que, Gn 39; Pr 9, 13; y lo mismo *mi* o *mi asher*, en el sentido de *quisquis,* cualquiera que, Ex 24, 14; Ex 32, 33.

En la expresión שׁ הוא (cf. Gn 42, 14), se combinan los sentidos de id (est) quod y de idem (est) quod, esto es lo que, aquello es lo que... Por su parte, הוא, hu, tiene a menudo el sentido de igualdad entre dos cosas, Job 3, 19, o también de identidad, Sal 102, 28. La fuerte cláusula final (nada hay nuevo bajo el sol, וְאֵין כָּל־חָדָשׁ תַּחַת הַשָּׁמֶשׁ) da la impresión de ser una afirmación contradictoria, y así parece sentirla el autor, como muestra el siguiente verso.

1, 10. El verbo sustantivo semítico ישׁ (asirio *isu*) tiene aquí un sentido y fuerza de antecedente hipotético: *suponiendo que hubiere una cosa de la que pudiera decirse...* No se puede decir: *mira, esto es nuevo* (רְאֵה־ זֶה חָדָשׁ הוּא). La זֶה con *makkeph* tiene la función de sujeto, mientras que en Ec 7, 27. 29 actúa como objeto de aquello que sigue. El término כבר (véase *introducción*, lista de palabras) indica propiamente longitud o grandeza de tiempo (como כברה, longitud del camino). La ל de לְעֹלָמִים es una *lamed* de medida. Esta expresión "hace tiempo" está evocando (según Hitzig) una extensión infinitamente larga de períodos de tiempo.

La expresión מל, מִלְּפָנֵנוּ, viene determinada por el uso de מלף (cf. Is 41, 26) y de לְפָנֵנוּ (cf. Jue 1, 10) que siguen. Aquí se aplica al tiempo pasado lo mismo que al presente, porque ese pasado se entiende como principio de una sucesión de tiempos que son siempre iguales (véase Orelli, *Synon. der Zeit und Ewigkeit*, p. 14s.).

El singular היה puede entenderse como predicado referido a una pluralidad de cosas del mundo (no del hombre) entendidas en forma de conexión, Ec 2, 7, Ec 2, 9 (Gesenius, 147, nota 2). Pero es más probable que deba tomarse como verbo en sentido neutro. Aquello que aparece como nuevo ha sido ya, pero ha sido olvidado, pues las generaciones vienen y van, de manera que cada una se olvida de la anterior: todo ha existido, todo se ha olvidado (הָיָה לְעֹלָמִים אֲשֶׁר הָיָה מִלְּפָנֵנוּ).

1, 11. La palabra זִכְרוֹן (con *kametz*) es la forma más común que utiliza nuestro autor para indicar el *recuerdo,* conforme al uso de su tiempo. Autores como Gesenius y otros piensan que esa palabra se utiliza aquí, lo mismo que en Ec 2, 16, en forma de estado constructo, de manera que לָרִאשֹׁנִים ha de tomarse virtualmente como *genitivo de objeto* (Jerónimo: *non est priorum memoria*, no hay memoria de lo anterior); pero no parece que nuestro autor utilice aquí ese tipo de refinamientos de la antigua *syntaxis ornata*.

La negación אֵין con ל está en contraste con לֹא־יִהְיֶה, con el sentido de atribuir a uno, de competir con él. El uso de la expresión לָהֶם sirve para dar énfasis a la expresión. En la frase final (en los que serán después: לָאַחֲרֹנָה), el *kametz* ha de entenderse en la línea de sentido de recompensa). Este es el sentido de la frase: לֹא־יִהְיֶה לָהֶם זִכָּרוֹן. No habrá recuerdo de nada, no habrá nada que dure y que pueda transmitirse al futuro en forma de historia.

2. EXPERIENCIAS Y HALLAZGOS DEL KOHELET
(Ec 1, 12 – 4, 16)

1, 12-18. Insatisfacción ante la búsqueda de la sabiduría

Tras el preludio anterior (Ec 1, 1-11), que trataba de la igualdad (repetición) de todas las cosas que suceden bajo el sol, Kohelet/Salomón expone los tesoros de su experiencia vital como rey.

12 אֲנִי קֹהֶלֶת הָיִיתִי מֶלֶךְ עַל־ יִשְׂרָאֵל בִּירוּשָׁלָ͏ֶם׃

¹² Yo el Predicador fui rey sobre Israel en Jerusalén.

1, 12. Esta es una de las dos posibles interpretaciones de la palabra הָיִיתִי: *Yo he venido a ser, yo he sido.* Como he puesto de relieve en la introducción (en contra de Graetz), no debe adoptarse la primera sino la segunda traducción (yo he sido). Según eso, adoptamos la traducción "yo he sido" y no "yo era" (contra Ew., Elst., Hengst., Zöckner), porque el verbo utilizado es un perfecto puro, como indica Bullock (cf. Speaker, *Comentario al Kohelet*, vol. IV, 1873) que compara nuestro texto con la expresión francesa *quand j'étois roi*, que solía emplear el rey Luis XIV hacia el fin de su vida.

Pero en nuestro caso, esta expresión no es un grito de pena o tristeza, como cuando se dice en la Eneida *fuimus Troes*, estábamos en Troya. En nuestro caso, esta frase es una simple afirmación fáctica, por la que Kohelet quiere poner de relieve la vanidad de todas las cosas, presentándose como un Predicador que se identifica con el mismo Salomón, "resucitado" (redivivo) por el autor del libro, que está refiriéndose a su historia pasada como rey.

"Israel" significa aquí la totalidad del pueblo elegido y está evocando un período de tiempo anterior a la división de los reinos. El predicador no puede decir "rey sobre Judá", pues de esa manera no describiría lo que él fue. En vez de "rey עַל (sobre) Israel, el lenguaje antiguo utiliza con frecuencia la fórmula más simple "rey de Israel", aunque también la otra expresión aparece a veces en textos, como en 1Sa 15, 26; 2Sa 19, 23; 1Re 11, 37.

Este Salomón redivivo se presenta como aquel que ha reinado sobre un pueblo grande, pacífico, unido; rey en Jerusalén, ciudad famosa, muy poblada, muy culta, presentándose así desde un lugar elevado, con una visión muy amplia del mundo, teniendo todo aquello que un hombre puede tener para ser feliz; dotado, en particular, con todos los medios que ese mismo hombre puede tener para adquirir conocimiento, teniendo a su disposición (a disposición de su corazón) todo aquello que un hombre puede desear para adquirir sabiduría (cf. 1Re 3, 9-11; 1Re 5, 9). Pues bien, a pesar de todo, él no ha encontrado satisfacción en su búsqueda de sabiduría mundana.

וְנָתַ֤תִּי אֶת־לִבִּ֣י לִדְר֤וֹשׁ וְלָתוּר֙ בַּֽחָכְמָ֔ה עַ֥ל כָּל־אֲשֶׁ֖ר נַעֲשָׂ֣ה תַּ֣חַת הַשָּׁמָ֑יִם ה֧וּא ׀ עִנְיַ֣ן ¹³
רָ֗ע נָתַ֧ן אֱלֹהִ֛ים לִבְנֵ֥י הָאָדָ֖ם לַעֲנ֥וֹת בּֽוֹ׃

¹³ Y di mi corazón a inquirir y buscar con sabiduría
sobre todo lo que se hace debajo del cielo
(este penoso trabajo dio Dios a los hijos de los hombres,
en que se ocupen).

1, 13. Los sinónimos דרשׁ (buscar) y תּוּר (inquirir) no se refieren a un grado más alto y otro más bajo de búsqueda (Zöck.), sino a dos tipos de búsqueda: uno penetrando en profundidad, otro ampliándose en extensión. El primero de estos verbos —que tiene como idea-raíz la de ir moliendo/rumiando, ir atestiguando; cf. לִדְרוֹשׁ— significa investigar un objeto que uno tiene ya en su mano, penetrando en su sentido, estudiándolo de un modo completo. Por otra parte, el segundo verbo —cuyo sentido radical es el de moverse en torno, cf. לָתוּר— significa conseguir una visión general, andar mirando alrededor, para conocer algo que resulta desconocido, o poco conocido, y en esa línea tiene el mismo sentido que *băkkēsh*, ir dando rodeos para conocer una cosa.[1]

Esta es la palabra habitual que se aplica para la exploración de un país, para la adquisición de un conocimiento personal sobre algo que resultaba desconocido. Desde este fondo, resulta habitual, dentro del libro del Kohelet, el paso a una más alta búsqueda intelectual, como en la frase נתן לב ל, *animum advertere* o *applicare ad aliquid*, dirigir o aplicar el ánimo (corazón) al conocimiento de algo, expresión que dentro de la Biblia se encuentra solo en Da 10, 12.

La *beth* de *bahhochemah* (בַּֽחָכְמָה) es *beth* de instrumento: la sabiduría debe ser el medio (*organon*) de conocimiento en esta búsqueda o investigación. Con על (עַל כָּל־אֲשֶׁר) esta investigación nos introduce en la esfera de aquello a lo que

---

1. Para la investigación de estas raíces, a partir de la raíz asiria utîr, a la que Zöckler remite, cf. Eth, *Schlafgemach der Phantasie*, pp. 86-89.

se extiende. Así parafrasea Grotius el sentido de la frase: *historiam animalium et satorum diligentissime inquisivi* (investigué cuidadosamente la historia de los animales y de las plantas). Pero la palabra נעשׂה no se refiere al mundo de la naturaleza, sino al mundo de los hombres; solo en este mundo humano se puede hablar de acciones; solo en este mundo existe verdadera historia que pueda ser investigada. Pues bien, nada de lo que en este mundo puede investigarse u observarse ofrece gozo y satisfacción.

Hitzig refiere la palabra הוא a la actividad humana y, de esa manera, limita su investigación al estudio de la acción de los hombres, definiendo ese trabajo como un esfuerzo penoso, doloroso, que resulta insatisfactorio por su misma naturaleza. La palabra ענין, que se vincula con ב ענה, significa fatigarse uno mismo por algo que hace, apenarse uno a sí mismo por aquello que le preocupa, en el sentido de estar implicado en ello. Las palabras עִנְיַן רָע pueden significar un tipo de acción penosa, de naturaleza mala (véase Sal 78, 49; Pr 6, 24); pero está mejor atestiguada la lectura ענין רע en el sentido de trabajo penoso.

La partícula הוא es aquí el sujeto, como en Ec 2, 1 y en muchos otros lugares. El autor utiliza esta misma palabra en expresiones donde aparece como predicado. Por otra parte, aunque utiliza *asher* y שׁ, para construir frases atributivas, emplea también formas estrictamente directas de predicación (con una cláusula elíptica de relación), al igual que aquí (cf. Ec 3, 16), donde, ciertamente, en conformidad con el estilo antiguo, tiene que emplear el verbo נתן (cf. עִנְיַן רָע נָתַן אֱלֹהִים).

¹⁴ רָאִיתִי אֶת־ כָּל־ הַמַּעֲשִׂים שֶׁנַּעֲשׂוּ תַּחַת הַשָּׁמֶשׁ וְהִנֵּה הַכֹּל הֶבֶל וּרְעוּת רוּחַ :
¹⁵ מְעֻוָּת לֹא־ יוּכַל לִתְקֹן וְחֶסְרוֹן לֹא־ יוּכַל לְהִמָּנוֹת:

¹⁴ Yo miré todas las obras que se hacen debajo del sol;
y he aquí, todo ello [es] vanidad y aflicción de espíritu.
¹⁵ Lo torcido no se puede enderezar; y lo falto no puede contarse.

1, 14-15. El autor introduce ahora la prueba del cansancio de su trabajo de investigación. La palabra central de la frase es והנה igual a וארא וה, de tal manera que רָאִיתִי está mostrando la relación entre dos hechos paralelos: miré y he aquí que… (con un perfecto de circunstancia). El resultado de esta mirada (en la línea de lo dicho en Ec 1, 13) no deriva de una visión superficial y limitada, sino que es el descubrimiento profundo del carácter cambiante, insustancial e infructuoso de la naturaleza de todas las acciones y empresas de los hombres.

Esas acciones y empresas carecen de entidad, son vanas, הֶבֶל, carecen de valor y realidad. Según eso, como muestra וּרְעוּת רוּחַ (la LXX traduce bien προαίρεσις πνεύματος), las obras de los hombres no tienen verdadera consistencia, no sirven para nada, como supone Os 12, 1: "Efraím se alimenta de viento". Ese es el sentido que está en el fondo de וּרְעוּת רוּחַ, espíritu vano, espíritu vacío, como viento que pasa, sin consecuencia. Esta expresión de fondo se ha transformado aquí en un término técnico וּרְעוּת.

Lo que se decía en el verso anterior (vanidad y aflicción de espíritu) queda aquí confirmado: aquello que es deficiente no puede contarse (numerarse). En esa línea traduce Teodoro, según la *exapla* siria, como si hubiera aún más cosas que faltan que aquellas que existen, en la línea de Ec 7, 13, sobre el orden divino del mundo: nadie puede cambiar lo que es injusto, nadie puede completar lo que le falta al mundo.

Lo que dice este versículo (Ec 1, 15) se refiere solo a los trabajos/penalidades vinculados a la búsqueda e investigación de los hombres, poniendo ante sus ojos y ante su conciencia de observadores tantas irregularidades y fallos que, en parte, pueden proceder del destino querido por Dios, pero que en gran parte se refieren a las transgresiones de los hombres. Por eso, pregunta el Kohelet: ¿qué provecho trae para el hombre el descubrimiento y la investigación de todas esas deficiencias e irregularidades?

Lo único que el hombre puede hacer es lamentarse de ellos, pues con toda su sabiduría él no puede arreglar los problemas de fondo del mundo. En este contexto, habiendo llegado a estas conclusiones en su investigación y estudio por medio de la sabiduría, nuestro autor formula su conclusión: *tampoco la sabiduría tiene valor, como siguen mostrando los tres versos siguientes.*

[16] דִּבַּרְתִּי אֲנִי עִם־ לִבִּי לֵאמֹר אֲנִי הִנֵּה הִגְדַּלְתִּי וְהוֹסַפְתִּי חָכְמָה עַל כָּל־ אֲשֶׁר־ הָיָה לְפָנַי
עַל־ יְרוּשָׁלָ ִם וְלִבִּי רָאָה הַרְבֵּה חָכְמָה וָדָעַת:

[16] Hablé yo con mi corazón, diciendo:
He aquí me he engrandecido,
y he crecido en sabiduría sobre todos
los que fueron antes de mí en Jerusalén;
y mi corazón ha percibido mucha sabiduría y ciencia.

1, 16. La experiencia de fondo de este verso lleva a su autor a la conclusión de que el esfuerzo por alcanzar sabiduría y conocimiento no produce la satisfacción esperada, como seguirá mostrando el verso siguiente (Ec 1, 17). La conclusión de todo será ידעתי (he conocido que todo es aflicción de espíritu). Estamos ante un diálogo interior: su propio corazón dice a Kohelet aquello que ha experimentado, dialogando dentro de sí sobre el sentido (falta de sentido) del conocimiento. El sujeto, אני (yo) nos lleva a pensar que quien está hablando es un rey, porque solo un rey puede presentarse con la primera letra en mayúscula (Yo), o tomarse a sí mismo como sujeto plural (nosotros), con un "yo" que es más pleonástico que puramente enfático.

La primera cuestión sobre el sentido de este verso es dilucidar si el sujeto de la frase (al decir דִּבַּרְתִּי אֲנִי עִם־ לִבִּי) está hablando con algún otro, en forma de coloquio, o si está hablando consigo mismo, como se supone (Dt 8, 5: "debes considerar en tu corazón"). En esa línea, debemos afirmar que el autor está hablando consigo mismo (cf. Job 15, 9: עמדי עמי היה, en el sentido de σύνοιδα ἐμαυτῷ), como he puesto de relieve en mi *Psychologie*. p. 134, ocupándome de la συνείδησις, es decir, de la conciencia, y del συμμαρτυρεῖν, es decir, del autotestimonio.

La expresión בלבי, en mi corazón, que se intercambia con עם־לבי, cf. Ec 2, 1 y Ec 2, 15, parece indicar que el texto ha de entenderse en ese segundo sentido, en forma de diálogo, pero no con otro, sino consigo mismo (hablar en mi corazón, con mi corazón, como suponen la LXX, Tárgum, Jerónimo y Lutero. De todas formas, las expresiones emparentadas (*medabběrěth ǎl-libbah*, 1Sa 1, 13, *y ledabbēr ěl-libbi*, Gn 24, 45), nos llevan a pensar que estamos ante un verdadero diálogo (no ante una simple atestación interior), es decir, ante una conversación del hombre consigo mismo, tal como supone la traducción del griego veneciano (de un modo más claro que Aquila, Symm y Syr.), diciendo: διείλεγμαι ἐγὼ ξὺν τῇ καρδίᾳ μου.

También la expresión לאמר, que aparece solo aquí en el libro del Kohelet, nos lleva a pensar que este pasaje ha de entenderse en forma de *oratio directa*, oración directa, es decir, de diálogo con el propio corazón, como lo indica también la forma en que el Kohelet se dirige hacia sí mismo en Ec 2, 1, con בלבי. La expresión וְהוֹסַפְתִּי חָכְמָה (crecer en sabiduría, ganar gran sabiduría) no tiene paralelo en la Biblia porque la expresión תו הג, Is 28, 29 (cf. הִנֵּה הִגְדַּלְתִּי, de nuestro verso), citada por Hitzig significa *mostrar, dar testimonio de un conocimiento beneficioso*, en sentido noble (cf. Ec 2, 9 y 1Re 10, 7).

La expresión siguiente (עַל כָּל־ אֲשֶׁר־ הָיָה לְפָנַי עַל־ יְרוּשָׁלָָם), conectada con el texto anterior por medio de עַל (*sobre todos...*, cf. Gn 49, 26), está destacando la superioridad del Kohelet en un plano de sabiduría. Esa expresión tiene el mismo sentido que la frase asiria *sarrâni âlik maḥrija*, referida a "los reyes que eran mis predecesores", que aparece con frecuencia en los textos asirios. Los targumistas se han esforzado en situar estas palabras en la vida de Salomón, pero han tenido que cambiar su sentido, pues antes de Salomón no hubo muchos reyes israelitas en Jerusalén. Por eso, en vez de "reyes han tenido que poner "por encima de los sabios" que hubo antes de mí en Jerusalén.[2]

---

2. Varios códices han puesto erróneamente birushalam en vez de *al-jerushalam*. Kennicott cita hasta 60. Así aparece también en el Tárgum de Jerusalén, siendo después corregido poniendo como al principio *al-yerushalam*. Cf. Elías Levita, *Masoreth hamasoreth*, II, 8, hacia el final.

Así aparece en diversos códices y en varias traducciones, como la LXX, Syr., Jerónimo y el griego veneciano. Más que pensar en sabios como tales (הכימיא), deberíamos pensar en todos aquellos que han actuado desde antiguo como dirigentes, al frente de la comunidad israelita. Entre ellos han debido existir grandes hombres con los que Salomón se ha medido a sí mismo; y entre ellos deberían contarse otros hombres importantes, como los reyes cananeos del entorno e incluso como los jebuseos que hasta Saul fueron los dueños de Sión, que solo fue totalmente dominada por los israelitas en tiempos de David (2Sa 5, 7, cf. Jos 15, 63).

Es evidente, según eso, que antes de Salomón solo hubo un rey israelita, David, gobernando en Jerusalén. Según eso, hablar en plural de reyes israelitas en Jerusalén antes de Salomón es un anacronismo. Pero ese anacronismo se entiende bien por el hecho de que quien está hablando en el texto (el Kohelet) es solo un Salomón redivivo del IV a. C., no el Salomón histórico, de manera que antes de él hubo una larga lista de reyes israelitas gobernando en Jerusalén.

Respecto a las palabras אשר היה, *qu'il y'eut*, en vez de אשר היו, *qui furent*, véase *Comment* a Ec 1, 10. La facultad de ver se atribuye aquí al corazón, וְלִבִּי רָאָה הַרְבֵּה, lo mismo que a la νοῦς (cf. mi *Psychologie*. p. 249). Mente y corazón aparecen así, como centro de observación y aprehensión intelectual, pues todas las percepciones, lo mismo si están mediadas por órganos del sentido o no (como en el caso de la observación y contemplación profética) implican todo el ser humano, desde el discernimiento mental hasta el mismo sufrimiento, que viene a designarse como un tipo de conocimiento (cf. *Psychol.* 234). En esa línea, el libro del Kohelet utiliza también la palabra ראה (visión), aplicándola a todo tipo de experiencia humana, sea corporal o mental, Ec 2, 24; Ec 5, 17; Ec 6, 6; Ec 9, 9.

Las últimas palabras de este verso (וְלִבִּי רָאָה הַרְבֵּה חָכְמָה וָדָעַת) suelen traducirse "y mi corazón ha visto mucha sabiduría y conocimiento" (así e.g., Ewald); pero esa traducción va en contra de la estructura gramatical de la sentencia (Ew. 287c). Sobre el adjetivo *harbēh* que aparece también en Jer 42, 2, véase Ew. 240c. Esa palabra, como adjetivo (cf. Ec 2, 7; Ec 5, 6, Ec 5, 16; Ec 6, 11; Ec 9, 18; Ec 11 ,8; Ec 12, 9. 12), aparece siempre colocada después del sustantivo. Así viene a presentarse también aquí, y en Ec 5, 19 y Ec 7, 16. Teniendo eso en cuenta, el veneciano traduce: ἡ καρδία μου τεθέαται κατὰ πολὺ σοφίαν καὶ γνῶσιν, mi corazón ve conforme a su mucha sabiduría y gnosis.

Propiamente hablando, *hokma,* חָכְמָה significa solidez, carácter compacto y, al mismo tiempo, igual que πυκνότης, habilidad mental, sabiduría del mundo, y también, generalmente, conocimiento sólido de lo que es verdadero y recto.

Por su parte, דָעַת, *Dăăth*, se vincula con *hokma*, tanto aquí como en Is 33, 6, lo mismo que en Ro 11, 33 γνῶσις se vincula con σοφία. Baumggarten-Crusius pone aquí de relieve que σοφία se refiere generalmente al ordenamiento de las cosas en su conjunto, mientras γνῶσις indica el carácter individual que ellas tienen.

Harless añade que la σοφία es el conocimiento que presenta la recta finalidad de las cosas, mientras que γνῶσις fija los medios para alcanzar esa finalidad. En general, podemos afirmar que *hokma* es un conocimiento poderoso de la verdad y del derecho, brotando de una comprensión poderosa del conjunto de las coas; en esa línea, דַעַת es un conocimiento que penetra en la hondura de la esencia de las cosas, conocimiento por el que se alcanza y establece (se despliega) la sabiduría.

וָאֶתְּנָה לִבִּי לָדַעַת חָכְמָה וְדַעַת הוֹלֵלוֹת וְשִׂכְלוּת יָדַעְתִּי שֶׁגַּם־ זֶה הוּא רַעְיוֹן רוּחַ: 17

[17] Y di mi corazón a conocer la sabiduría, y la ciencia;
y las locuras y [los] desvaríos conocí [al fin]
que aun esto era aflicción de espíritu.

1, 17. Empezando por el *modus* consecutivo ואתנה (*aoristo* con *ah*, como en Gn 32, 6); en Gn 41, 11, y en escritos más modernos, el autor muestra con claridad el fin al que ha llegado, bien equipado con sabiduría y conocimiento, el fin al que ha dirigido toda su concentración y su fuerza intelectual (cf. Ec 1, 13a). Él quería alcanzar claridad sobre el valor real de la sabiduría y del conocimiento en sus diversos contrastes; de esa forma quiso volverse consciente de su realidad, alcanzando el gozo del conocimiento que él deseaba poseer a través de la sabiduría y del saber, en cuanto distinto de la locura y enajenación mental.

Tras la afirmación del objeto (*lādăăth*, para conocer), aparece inmediatamente *vedaath* (וְדַעַת) en vez de ולדעת. Ginsburg quiere suprimir las palabra *holēloth vesikluth* (הוֹלֵלוֹת וְשִׂכְלוּת) o al menos poner en su lugar תְּבוּנִית וְשִׂכְלוּת (traduciendo esas palabras por "inteligencia y prudencia"). Por su parte, Graetz, en la línea de la LXX que pone παραβολὰς καὶ ἐπιστήμην, quiere poner מְשָׁלוֹת וְשִׂכְלוּת. Pero el texto puede permanecer como está. El objetivo de Kohelet consistía, por un lado, en adquirir sabiduría y conocimiento y, por otro lado, en conocer sus contrarios, manteniendo en oposición unos objetivos y otros, tanto en sus operaciones como en sus consecuencias.

La LXX, Tárg., Véneto y Lutero se equivocan cuando traducen aquí *sikluth* (שִׂכְלוּת) por ἐπιστήμη, etc. *Sikluth* es entendimiento, inteligencia y se escribe, igual que en arameo, con la letra *samek* (o con *sin*), como debería leerse también aquí conforme a la masora, סכלות, locura, y se escribe en este libro una vez con *samek*, y las demás con שׂ, *shin*. Esta palabra es un ἐναντιόφωνον (véase Th. M. Redslob, *Die Arab. Wörter*, u.s.w., 1873), esto es, una palabra que puede escribirse igualmente en una dirección o en la otra. Viene del verbo *sakal* (שׂכל, סכל), que significa torcerse o girar juntos, lo mismo que su raíz, y se refiere a una complicación y en parte a una confusión de ideas.

La palabra הַלְלוֹת, de הָלַל, con el sentido de gritar, enfadarse, en este libro termina siempre en *ôth* y solo en Ec 10, 13 en *ûth*. La terminación en *ûth* corresponde al singular abstracto; por el contrario, la terminación en *ôth*, como pensamos haber mostrado en Pr 1, 20 es un femenino plural, con sentido intensivo, como en *bogdoth*, Sof 2, 4; *binoth*, *chokmoth*, cf. *bogdim*, Pr 23, 28; *hhovlim*, Zac 11, 7. 14; *toqim*, Pr 11, 15 (Böttcher 700E).

Vesikluth (וְשִׂכְלוּת) expresa aquello (aquellas razones) que uno presenta como testimonio ante sí mismo cuando habla a su propio corazón. A través de *yādă'ti*, que aparece en conexión con *dibbarti* (Ec 1, 16), en su mismo nivel, Kohelet muestra el *facit* o conclusión de todo lo anterior.

זה alude al esfuerzo por volverse consciente de la superioridad de la sabiduría y ciencia del mundo sobre el placer y la ignorancia. Pero, en este momento, el autor percibe que también este esfuerzo constituye una especie de deseo de detener el viento, es decir, algo que es inútil. En vez de רְעוּת, aquí aparece una palabra semejante, רַעְיוֹן. Kohelet muestra así la certeza de que nada de lo que ha conocido es real, es decir, firme y duradero, algo que es intachable e imperecedero. Y ¿por qué es así?

$$^{18}\ כִּי בְּרֹב חָכְמָה רָב־ כָּעַס וְיוֹסִיף דַּעַת יוֹסִיף מַכְאוֹב׃$$

[18] Porque en mucha sabiduría [hay] mucha tristeza;
quien añade ciencia, añade dolor.

1, 18. Un proverbio alemán dice: "Mucha sabiduría causa dolor de cabeza", *bei vieler Weisheit, viel Ärger*. Este proverbio que puede compararse con Ec 12, 12 — pero no con este versículo, donde aparecen las palabras כַּעַס y מַכְאוֹב— no expresa simplemente un sufrimiento corporal, sino también un tipo de dolencia mental. Espinosa expone un aspecto del tema en su *Ética, IV, 17*, donde afirma: *"Veram boni et mali cognitionem saepe non satis valere ad cupiditates coercendas, quo facto homo imbecillitatem suam animadvertens cogitur exclamare: Video meliora proboque, deteriora sequor* (el verdadero conocimiento del bien y del mal no es a menudo lo suficientemente fuerte para controlar las pasiones, por lo que un hombre, al darse cuenta de su debilidad, se ve obligado a exclamar: *veo y pruebo lo mejor, pero, sigo lo peor*, Ovidio, Pablo).

En todos los planos, no solo en el plano moral, con el conocimiento se vincula un tipo de sombra de conciencia dolorosa, a pesar de todos los esfuerzos por expulsarla o alejarla. El hombre sabio logra conocer los mil dolores del mundo de la naturaleza exterior y de los seres humanos, y esto se refleja en él, sin que él sea capaz de cambiarlo.

Por eso, cuanto más abundante es el conocimiento de las diversas formas de mal y de sufrimiento, más grande es la discordia y la tristeza (כעס, raíz כס, palabra cognada de הס, *perstringerem*, apretar) y el dolor del corazón (מכאוב, sufrimiento de corazón) que brota de la inutilidad del conocimiento. La forma de Ec 1, 18a es como la de Ec 5, 6, y la de Ec 1, 18b es, como la de Pr 18, 22.

En nuestro caso, las palabras וְיוֹסִיף דַּעַת actúan como antecedente, pero en realidad las dos cláusulas aparecen unidas, como si fueran dos miembros o *esticos* de una comparación: si el conocimiento aumenta, aumenta también la tristeza. Conforme a la opinión de Ewald, 169a, la palabra יוסיף, en Is 29, 14; Is 38, 5 y Ec 2, 18, aparece solo en estos casos como participio activo de una raíz que cambia del *hifil* al *kal*, en el sentido de "en vez de". Pero ese sentido de esta palabra tiene otros paralelos. En הן יוסיף, el verbo יוסף es de finalidad, lo mismo que יסד, Is 28, 16; תומיך, Sal 16, 5 es hifil en el sentido de *amplificas* (aumentas), de ימך.

Por su parte, יפיח, Pr 6, 19 (véase l.c.), es una cláusula atributiva, con el sentido de *qui efflat*, que sopla, que se utiliza aquí en forma de adjetivo. En ese caso, necesitamos suponer que en este pasaje hay una confusión, por la que la *ē* de *kātēl* (*kātil*, originalmente *kātal*), que era una vocal simplemente larga, aparece expresada con una *î* corta.

Eclesiastés 2

Tras haber mostrado que la sabiduría tradicional no tiene poder para ofrecer a los hombres la felicidad que ellos desean, Kohelet intenta alcanzarla a través de un camino distinto, que consiste en la búsqueda de un disfrute placentero de la vida.

¹ אָמַרְתִּי אֲנִי בְּלִבִּי לְכָה־נָּא אֲנַסְּכָה בְשִׂמְחָה וּרְאֵה בְטוֹב וְהִנֵּה גַם־הוּא הָבֶל:

¹ Dije yo [también] en mi corazón:
Ven ahora, te probaré con alegría,
y gozarás de bienes.
Mas he aquí esto también [era] vanidad.

2, 1. Hablar en el corazón no significa aquí simplemente, como en Ec 1, 16-17, hablar desde el centro de la vida, sino que estas palabras están formuladas en forma de un lenguaje de búsqueda, de invitación y decisión vital, directamente dirigidas al corazón.

El Tárgum y el Midrash olvidan esto interpretando el texto como si la palabra clave fuera אֲנַסְּכָה, "yo lo probaré" (Ec 7, 23). También Jerónimo, al traducir *vadam et affluam deliciis et fruar bonis* (iré y me dejaré llenar de delicias y gozaré de bienes) va en contra de la traducción usual de אֲנַסְּכָה (*nifal*, del נסך), cf. en Sal 2, 6, como si esta palabra pudieran significar: "derramará (placeres) sobre mí". Esta frase del Kohelet es una invitación dirigida al corazón, y la palabra בְשִׂמְחָה se refiere a los medios que él quiere poner en práctica para alcanzar la felicidad, como en 1Re 10, 1: "Te probaré con alegría, para ver si tu hambre de satisfacción puede ser apaciguada". Nuestro pasaje constituye también una invitación.

En contra de su sentido dramático, Graetz piensa que esta palabra es un infinitivo, en continuidad con בְשִׂמְחָה; por su parte, וּרְאֵה (como en Job 10, 15) es la forma de conexión del participio adjetival de *răĕh*, que aquí aparece a modo de imperativo. El texto debe, pues, traducirse así: *mira bien, introdúcete en ello, goza de una vida placentera.*

En otros lugares, el autor conecta ראה de una forma menos significativa con el acusativo de objeto, como en Ec 5, 17; Ec 6, 6; Ec 2, 24. En nuestro caso, el autor pone de relieve su intención, aquello que decide hacer. Esto es lo que Kohelet quiere: introducirse en un mundo de placeres, gozar de ellos. Pero él descubre también en este caso que el *summum bonum,* bien supremo, que pretende alcanzar, la búsqueda suprema del placer, resulta al fin ser un fracaso, comprendiendo que la vida de placer que él quiere poner en movimiento constituye una búsqueda vacía. También esto, es decir, la dedicación al placer, viene a mostrarse para él, claramente, como una vanidad.

לִשְׂחוֹק אָמַרְתִּי מְהוֹלָל וּלְשִׂמְחָה מַה־זֶּה עֹשָׂה: ²

² A la risa dije: Enloquécete,

vamos al placer:

Pero ¿de qué sirve esto?

2, 2. Risa y placer están aquí personificadas; según eso מְהוֹלָל no es neutro (Hitzig: un tema de locura, sino masculino). El juicio que se pronuncia sobre ambas realidades (enloquecerse, llenarse de placeres) no se plantea en forma de pregunta (aquí no se emplea אתה ni אֵת), sino que es objetivamente un *oratio obliqua,* una oración indirecta definiendo la locura de los placeres, cf. Sal 49, 12.

En medio de su búsqueda de risa, y de su inmersión en el placer sensual, a Kohelet le ha sobrevenido el sentimiento de que ese camino no ofrece la verdadera felicidad, de forma que él se ha sentido obligado a decirle a la risa que se ha vuelto una locura (con מְהוֹלָל, participio *poal*, como en Sal 102, 9). La búsqueda del puro placer se compara así con la conducta de un loco sin remedio, un loco que encuentra su placer en la autodestrucción, ignorando que ese placer no tiene en cuenta la seriedad de la vida y sus límites auténticos.

Por eso Kohelet se siente obligado a preguntar: ¿qué resultado consigue todo eso? La respuesta es "nada". El empeño de Kohelet por alcanzar un placer absoluto no consigue ningún fruto; lo que de esa forma logra es precisamente lo opuesto a la verdadera satisfacción. En vez de llenar la vida del hombre, ese placer produce más vacío interior.

Algunos —como Lutero— traducen las palabras finales (מַה־זֶּה עֹשָׂה:), ¿qué es lo que hace? en el sentido de *¡qué loca es tu empresa!* Sea cual fuere la traducción, el sentido profundo del texto es que el placer es incapaz de hacer que el hombre sea verdadera y duraderamente feliz.

El tipo de gozo que Kohelet ha querido experimentar resulta inadecuado para conducirle a las metas de felicidad que busca. Según eso, עֹשָׂה significa עֹשָׂה פְּרִי, el fruto conseguido (Hitzig) y מַעֲשֶׂה, el efecto al que se llega por ese tipo de gozo, cf. Is 32, 17. Así traduce Mendelssohn: ¿qué provecho me ofreces con eso? Por lo que toca a la partícula זה (en מַה־זֶּה) debemos responder que tiene el mismo sentido que *mah-zoth*, Gn 3, 13, pues es un pronombre demostrativo que se utiliza aquí para intensificar la interrogación. ¿Qué pasa entonces? ¿Qué sentido tiene esto en el conjunto de la vida en el mundo?

Después de haber probado el gozo (o la falta de gozo) que produce el placer sensual, Kohelet intenta saber (probar) si la sabiduría y la locura no pueden vincularse para trazar un camino que lleva al objeto que se está buscando, y así sigue presentando su programa de búsqueda de la felicidad.

³ תַּרְתִּי בְלִבִּי לִמְשׁוֹךְ בַּיַּיִן אֶת־בְּשָׂרִי וְלִבִּי נֹהֵג בַּחָכְמָה וְלֶאֱחֹז בְּסִכְלוּת עַד אֲשֶׁר־אֶרְאֶה אֵי־זֶה טוֹב לִבְנֵי הָאָדָם אֲשֶׁר יַעֲשׂוּ תַּחַת הַשָּׁמַיִם מִסְפַּר יְמֵי חַיֵּיהֶם :

³ Propuse en mi corazón agasajar mi carne con vino,
y que mi corazón anduviese en sabiduría, y retuviese la locura,
hasta ver cuál fuese el bien de los hijos de los hombres,
en el cual se ocuparán debajo del cielo todos los días de su vida.

2, 3. Después de haber visto que una embriaguez ilimitada de placer sexual no conduce al fin deseado, Kohelet se propuso seguir investigando en esa misma línea, precisando así dar con la la forma de alcanzar la felicidad. De un modo poco adecuado, Zckl. y Hengst. traducen: "Yo probé en mi corazón...". Pero תּוּר no significa probar, sino explorar, espiar, buscar con detenimiento (cf. Nm 10, 33), al igual que ocurre en otros textos del mismo libro del Kohelet (cf. Ec 1, 13; Ec 7, 25), por tanto lo que hizo Kohelet fue realizar un proceso de investigación y descubrimiento mental (Tárgum, אלל), con la finalidad de averiguar cómo hallar la felicidad.

La expresión לִמְשׁוֹךְ (en לְמָשׁוֹךְ בַּיַּיִן) nos sitúa ante un nuevo campo de búsqueda e investigación o prueba. Si vinculamos las dos palabras, מֹשֵׁךְ y נהג (לְמָשׁוֹךְ וְלִבִּי נֹהֵג) obtenemos la imagen de conducir un carruaje en una determinada dirección (Is 5, 18, cf. Dt 21, 3), esto es, la de guiar un vehículo (2Sa 6, 3), es decir, la de dirigir nuestra vida en una de búsqueda de placer. En esa línea explica Hitzig el texto:

> El vino se compara con una bestia de tiro, como si fuera un caballo, de manera que la sabiduría viene a compararse con el conductor que dirige la marcha desde la cabina del coche, a fin de que el caballo no le arroje en un pozo o le meta en un pantano.

El texto aludiría, según eso, a una vida de embriaguez, aunque controlada por la sabiduría. Pero *moshēk* no se refiere al vino, sino a la misma persona que está haciendo la prueba; y *nohēg* no alude a la sabiduría, sino al corazón del hombre que busca el placer de una embriaguez que estaría moderada por la sabiduría. Según eso, *moshēk* sería el que está guiando y dirigiendo la prueba.

Pero este pasaje no se puede traducir de esa manera, como si Kohelet fuera un conductor que quiere guiar sabiamente el carro de su locura. No se trata, entonces, de guiar y conducir bien el carro de la vida a través de una embriaguez bien controlada mediante el uso de la sabiduría. En contra de eso, el texto siríaco traduce esa frase acertadamente así: "Para deleitar (למבסמן, de בסם, agasajar) mi carne con vino".

Así traducen también el Tárgum y el Véneto: "Festejando a la carne". Esta metáfora no se puede expresar con el alemán *ziehen* en el sentido de nutrir con agasajo, para lo cual habría que haber empleado la palabra רבה. Resulta más natural interpretar la frase como hace Gesenius, comparando y vinculando *trahere* (conducir, guiar) con *tractare*, como en la expresión *se benignius tractare*, tratarse a sí mismo de un modo mejor, con benignidad (Horacio; Ef 1, 17).

De todas formas, dejando a un lado el hecho de que *trahere* (traer, dirigir) es una palabra de etimología dudosa (cf. Crossen, *Nachtr. zur lat. Formenlehre*, pp. 107-109), podemos añadir el hecho de que *tractare* llega a tener a veces el significado de usar, manejar, administrar, a través de la idea de fondo de moverse de un lugar a otro, de aquí para allá, un significado que no forma parte de la idea básica del hebreo מָשַׁךְ, que solo significa *arrastrar, dejarse arrastrar en una dirección*, como si uno fuera atraído y atado a una determinada cosa o placer (*attractum sive prehensum tenere*, tener algo atado, prendido).

Por su parte, en el Talmud, מֹשֵׁךְ aparece a veces con el sentido de "refrescar", de revitalizar, como en Chagiga 14a: "Los escritores de la *agadah* (en oposición a los de la *halaka*) refrescan el corazón, como el agua refresca al sediento". En ese sentido, "dirigir la carne" (en לִמְשׁוֹךְ בַּיַּיִן אֶת־בְּשָׂרִי) significa hacer que ella obedezca y acepte los deseos de los hombres, a través de atracciones agradables.[3]

La frase que sigue: *welibbi nohēg bahhochmāh* (וְלִבִּי נֹהֵג בַּחָכְמָה) es condicional (y si mi corazón alcanzara la buena dirección a través de la sabiduría...) o, para decirlo de otra forma: *y si mi corazón estuviera bien guiado, conduciéndose con sabiduría*. En ese sentido, el infinitivo *limshok*, dependiendo de תַּרְתִּי, como objeto, significaría dirigirse de un modo adecuado hacia adelante, con *velĕĕhhoz besichluth* (וְלֶאֱחֹז בְּסִכְלוּת).

Quien así habla no quiere el gozo cerrado en sí mismo, sino un gozo que no le lleve a perderse en el puro placer; quiere un gozo bueno, que no le destruya. Kohelet desea gozar de un modo dulce y sabio, manteniendo el dominio de sí mismo, de forma que no se cumpla en él el dicho *ubi mel ibi fel* (donde hay miel hay también hiel). Kohelet querría ser como los bebedores que saben controlarse, sin dejarse arrastrar a una embriaguez loca; se trataría de ser como aquellos que mantienen a raya su deseo de placeres, de tal forma que al fin no caigan en un tipo de vicio incontrolado.

Con esas condiciones, Kohelet quiso entregarse en manos de una vida "loca", intemperante, pero al mismo tiempo regulada por una más alta sabiduría, hasta que pudiera así alcanzar una luz más alta que le condujera hacia la verdadera felicidad. La expresión *donec viderem* (אֲשֶׁר־אֶרְאֶה אֵי־זֶה טוֹב) es propia del antiguo hebreo. En vez de אֵי־זֶה טוֹב (hasta que viera, *quidnam sit bonum*), lo que es bueno, con interrogación indirecta (como en Ec 11, 6, cf. Jer 6, 16), aunque, en este contexto hubiera sido quizá más apropiada la forma antigua מַה־טוֹב (Ec 6, 12).

La expresión *asher yăăsu* podría traducirse como *quod faciant* o *ut faciant* (lo que hagan o a fin de que lo hagan), según Ec 2, 24; Ec 3, 22; Ec 5, 4; Ec 7, 18. Resulta preferible traducirla como si fuera una oración de finalidad: a fin de que lo hagan. La designación del tiempo, en acusativo (a través del número de sus días: מִסְפַּר יְמֵי חַיֵּיהֶם) es como la de Ec 5, 17 y Ec 6, 12. Ciertamente, no tenemos necesidad de traducir como Knobel "los pocos días de su vida". Pero en el fondo de la palabra מספר (número) subyace la idea de que los días del hombre están contados, de manera que, aunque no fueran pocos, sino muchos, no duran para siempre.

A partir de aquí, en el verso siguiente, el rey Kohelet cuenta las obras y acciones que ha realizado con la finalidad de alcanzar y disfrutar de los gozos de la vida, en comunión con la sabiduría, especialmente construyendo edificios y jardines, para así gozar de su nuevo estilo de vida.

---

3. Grtz. traduce: refrenar (embrocar) mi cuerpo con vino, a través de un gozo refinado. Pero ¿por qué no se dice más bien "bañarse" en vino? Porque, si משׁח significa embrocarse (centrarse en) puede significar también "bañarse"; y en vez de בַּיַּיִן puede ponerse בְּיוֹנִי, que es un tipo de jarabe de vino, como el de Falerno.

הִגְדַּ֫לְתִּי מַעֲשָׂ֑י בָּנִ֤יתִי לִי֙ בָּתִּ֔ים נָטַ֥עְתִּי לִ֖י כְּרָמִֽים׃ ⁴
עָשִׂ֣יתִי לִ֗י גַּנּוֹת֙ וּפַרְדֵּסִ֔ים וְנָטַ֥עְתִּי בָהֶ֖ם עֵ֥ץ כָּל־פֶּֽרִי׃ ⁵
עָשִׂ֥יתִי לִ֖י בְּרֵכ֣וֹת מָ֑יִם לְהַשְׁק֣וֹת מֵהֶ֔ם יַ֖עַר צוֹמֵ֥חַ עֵצִֽים׃ ⁶

⁴ Engrandecí mis obras, edifiqué [para] mí casas,
planté [para] mí viñas;
⁵ me hice huertos y jardines,
y planté en ellos árboles de todos frutos.
⁶ Me hice estanques de aguas.

2, 4-6. La expresión הִגְדַּ֫לְתִּי מַעֲשָׂ֑י (hice grandes obras, engrandecí mis obra) es como la de Ec 1, 16, con el objeto contenido en forma adjetivada en el mismo verbo. El amor a la sabiduría está vinculado en Salomón con un sentido de belleza, tanto en la naturaleza como en el arte y en el deseo de esplendor y dignidad, que son aspectos fundamentales de su carácter. El reinado de Salomón fue un período de paz sin riesgos, con seguridad.

Las naciones más lejanas y más cercanas mantuvieron con Salomón múltiples relaciones amistosas pues fue un hombre de paz (1Cr 22, 9); toda su apariencia fue una manifestación de gloria, sin los peligros y guerras del reinado de David. La comunidad israelita se elevaba y flotaba sobre un pináculo de perfección que hasta ese momento no se había alcanzado, pero con el peligro de caer de esa altura y perderse en la trama de los temas mundanos.

La tendencia de conjunto del tiempo final del reinado de Salomón fue la de dejarse caer y llevar por los valores seculares, y el primero en caer bajo los peligros del mundo fue el mismo Salomón, que se dejó llevar por el riesgo de buscar ante todo los valores mundanos, que le condujeron a la ruina, de manera que él, como otros hombres muy valiosos del A.T., comenzaron por el espíritu y terminaron en la carne.

Por lo que se refiere a sus edificaciones, nuestro pasaje no alude a las de tipo más social y administrativo (la casa del bosque del Líbano, el patio de columnas, la sala del tribunal, el palacio construido para sí mismo y para la hija del faraón; cf. descripción de 1Re 7, 1-12, tomada de los anales del reino, 1Re 9, 15-22; 2Cr 8, 3-5), sino solo a las edificaciones destinadas al placer y al gozo (cf. 1Re 9, 19).

Según 1Cr 27, 27, las viñas formaban parte de los dominios reales de David. Ciertamente, la viña de Baal-hamon formaba parte de las posesiones de Salomón, pero se sitúa en un período posterior, y aparece mencionada hacia el final del Cantar de los Cantares. El hecho de que Salomón fuera amigo de jardines y de labores de jardinería aparece en varios lugares del Cantar. El gozo por la vida y por el cultivo y crecimiento de la naturaleza, y especialmente de las plantas, forma un rasgo importante de su carácter, y en eso comparte el mismo gusto de la Sulamita, Cnt 6, 2, a la que presenta en el jardín del palacio. Así puede verse en Cnt 6, 11, donde se habla de los jardines y parques de Etam, al sudeste de Belén.

Sobre la palabra originalmente persa *pardēs*, paraíso (plur. *pardesim*, וּפַ רְדֵּסִים y Misná *pardesoth*), véase Cnt 4, 13. Sobre el sentido original de *berēchah* (plur. const. *berēchoth*, בְּרֵכוֹת, a diferencia de *birchoth*, bendiciones) he ofrecido la información necesaria en el comentario a Cnt 7, 5.[4] Esos *estanques de Salomón* pueden verse hasta el presente, cerca de la antigua ciudad de Etam.

La expresión final (*para regar de ellos el bosque donde crecían los árboles*) responde a la finalidad de los mismos estanques. Los verbos con el sentido de germinar, crecer, extenderse, aunque se tomen en sentido transitivo, pueden ir conectados con un objeto en acusativo (cf. Ewald, 281b, y el comentario a Is 5, 6). De esa manera, este pasaje nos dice que Salomón se dedicó a edificar casas, plantar y cuidar jardines y a la construcción de estanques, para cultivo y riego de bosques, con el objeto de que nacieran nuevos árboles. Otro medio, sabiamente pensado para alcanzar felicidad, fue el cultivo de una gran hacienda, con grandes rebaños de animales domésticos, que el rey cuidó para su servicio.

קָנִיתִי עֲבָדִים וּשְׁפָחוֹת וּבְנֵי־בַיִת הָיָה לִי גַּם מִקְנֶה בָקָר וָצֹאן הַרְבֵּה הָיָה לִי מִכֹּל שֶׁהָיוּ לְפָנַי בִּירוּשָׁלָ ͏ם׃ [7]

[7] Poseí siervos y siervas, y tuve hijos de familia;
también tuve posesión grande de vacas y ovejas,
por encima de todos los que fueron antes de mí en Jerusalén.

2, 7. La obtención de esas posesiones ha de entenderse, conforme a Gn 17, 12, que se producen a través de una compra. Hay una distinción entre esclavos, varones y mujeres (*mancipia*) obtenidos por compra, y aquellos que han nacido en la casa, como hijos de otros esclavos (*vernae*), que son los בֵּית יְלִידֵי בְנֵי, a quienes se toma como principales defensores de la casa, a causa de su vinculación con ella. Estos esclavos nacidos de otros esclavos de la casa se llaman, hasta el día de hoy, en árabe, *fada wayyt*, aquellos que ofrecen un sacrificio por ella, si es que fuera necesario.

Respecto a לִי הָיָה, en el sentido de aumentar la posesión y en lo referente a הָיָה en vez de הָיוּ, cf. *Coment.* a Ec 1, 10; Ec 1, 16. Sea como fuere, el hecho de que el predicado esté en singular puede explicarse así: personas y cosas se conciben como si fueran un todo, una masa, como en Zac 1, 20 (aunque en el fondo puede estar el hecho de poner de relieve las posesiones de Kohelet). Por otra parte, en lo referente al pasado, como en Gn 35, 26; Da 9, 24, nos hallamos aquí ante una

---

4. Esa misma raíz se conserva en la palabra *alberca* (estanque de aguas), que ha pasado al castellano a través del árabe (nota del traductor).

forma particular de las lenguas semitas donde la forma pasiva (cf. הָיָה לִּי) tiene el mismo sentido que la activa, pero sin sujeto definido, es decir, con un sujeto general. Por lo que toca a nuestro caso, en Ec 2, 7, podemos tomar como referencia el texto de Ex 12, 49, cf. Gn 15, 17. En este contexto, הָיָה לִּי se toma como neutro.

Conforme a Gn 26, 14 y al pasaje que estamos estudiando, la expresión מקנה ha de tomarse de forma absoluta, y no de relación (de conexión). Se trata, por tanto, de una frase de aposición, de coordinación, y no de subordinación, como en *zevahim shelamim*, Éx 24, 55 y en *habbaqar hannehhosheth* (cf. 2Re 16, 17), aunque las palabras וְצֹאן הַרְבֵּה pueden interpretarse también como un acusativo de definición más precisa. Las posesiones de rebaños están formadas por animales vacunos y ovinos.

De todas maneras, la forma de construcción del texto, en un libro tan tardío, es un poco artificial. Lo que aquí presenta Salomón en forma de relato responde a un hecho histórico: en el momento de la consagración del templo él sacrificó *hecatombes* de animales, 1Re 8, 63. Por otra parte, el consumo diario de la cocina real sirve para mostrar el gran número y extensión de las posesiones reales, conforme a 1Re 5, 2.

A partir de aquí, sigue la enumeración de las riquezas y joyas, que eran un deleite para los ojos. En esa línea, el texto pone de relieve la gran cantidad de riqueza empleada para los placeres de la música y del amor sensual.

כָּנַסְתִּי לִי גַּם־כֶּסֶף וְזָהָב וּסְגֻלַּת מְלָכִים וְהַמְּדִינוֹת עָשִׂיתִי לִי שָׁרִים וְשָׁרוֹת וְתַעֲנוּגֹת ⁸
בְּנֵי סהָאָדָם שִׁדָּה וְשִׁדּוֹת

> ⁸ Me allegué también plata y oro,
> y tesoro preciado de reyes y de provincias;
> me hice de cantores y cantoras,
> y [todos] los deleites de los hijos de los hombres,
> instrumentos músicos de todas suertes.

2, 8. El verbo כנש כנס, συνάγειν, forma parte de todos los idiomas semíticos (incluso del asirio) y es especialmente utilizado en el hebreo reciente, que forma a partir de esta raíz el nombre de su comunidad religiosa (συναγωγή, כנסת). Aquí se utiliza simplemente con la finalidad de indicar las posesiones del rey.

La palabra *segullah* (de *sagal*, en lenguaje targúmico, significa hacerse propietario de), estrictamente hablando, se refiere a posesión, y, de un modo especial, a aquello que pertenece a uno como su propiedad. Esa palabra, como verbo, significa reunir, coleccionar, y así aparece en 1Cr 29, 3: aquello que poseen los reyes y las provincias o países particulares.

La relación entre *melachim*, reyes, sin artículo y וְהַמְּדִינוֹת (provincias) con artículo determinado es muy significativa. Las *medinot,* medinas o provincias, son las posesiones que un país o rey posee; unas provincias son de un rey, otras de otro, y todas se definen como *medinot*, unidades judiciales o administrativas.

Las *medinot* a las que aquí se alude no son solo las provincias sometidas bajo el dominio de Salomón (Zckl.), pues hay provincias en otros países, y así se dice que el reino persa estaba dividido en 127 *medinas* (Est 1, 1). Salomón tenía también una flota que navegaba hasta Ofir, que estaba en relación amistosa con la casa real de Tiro, que era la metrópoli de muchas colonias y dominaba sobre un reino muy extendido, vinculado por el comercio con Asia Central y África.

Por eso, los deseos de Salomón tenían la oportunidad de extenderse y cumplirse más allá de su propio reino, con capacidad y oportunidad para conseguir las producciones naturales y artísticas de las que podían envanecerse los diversos países. En ese sentido, la palabra *medina* se refiere, ante todo, a un país organizado, no a un mero territorio físico; un país bajo un gobierno y un orden propio (de *din*, juzgar, gobernar, cf. Ec 5, 7). En el lenguaje filosófico posterior, la palabra hebrea *medina* corresponde a la griega πολιτεία (unidad política). De todas formas, en nuestro pasaje, *medinot* no se diferencia de tierras o países, es decir, de ארצות.

Los cantores y cantoras de los que habla el texto no forman parte del servicio del templo (cf. Tárgum), en los que no solía haber mujeres cantoras, sino que eran los cantores y cantoras de las fiestas de la corte (2Sa 19, 36; cf. Is 5, 12). De esa forma, se introduce el tema de los hombres cantores y las mujeres cantoras, *shiddah veshiddoth*, שִׁדָּה וְשִׁדּוֹת, vinculados a los hijos del hombre (de Adam), anteriormente citados, entendidos como mediadores y ejecutores de los placeres mundanos.

El canto está vinculado a los placeres sexuales que, según Ec 2, 7, son los más finos y agradables de todos, los más atractivos deleites de la tierra (cf. en este contexto el lujo de Salomón, que también aquí se cita, en contra de la "ley del rey" de Dt 17, 17, según la cual el rey de Israel no podía tener muchas mujeres). Pues bien, en contra de esa ley, según 1Re 11, 3, se dice que Salomón tenía un harén de no menos que mil mujeres, princesas y concubinas, siguiendo el ejemplo de los gobernantes orientales. En ese contexto, la expresión שִׁדָּה וְשִׁדּוֹת está refiriéndose a una multitud de hombres y mujeres poseídas por el rey para su placer.

En el grupo de las concubinas y mujeres del harén no entran los coperos y coperas pues, aunque fueran importantes en la corte, no se contaban entre los miembros del harén. Esos coperos, portadores de las copas, varones y mujeres, se llaman así שִׁדָּה וְשִׁדּוֹת, por los instrumentos que eran, como שדא, *hydria*, vasijas desde las cuales se llenan las copas de vino de los comensales.

En esa línea, Aquila traduce κυλίκιον καὶ κυλίκια, y Símmaco, siguiendo a Jerónimo, *mensurarum*, es decir, los de las mesas o *mensarum*, los que sirven en las mesas (así aparece según Vallarsi, en Cod. Vat. y Cod. Palat., primera mano), es decir *scyphos et urceos in ministerio ad vina fundenda*, jarras y vasijas que se utilizaban para servir el vino. De todas formas, esa palabra no aparece para referirse al vino que se sirve, en vez de *kelē mashkēh* (cf. 1Re 10, 21, igual a 2Cr 9, 20). Tampoco el Tárgum que traduce *dimasaya uvē venavan*, baños públicos (δημόσια) y *balneae*, justifica esta traducción, vinculando esta palabra con el verbo שדא, en el sentido de vasijas (דשרין) desde las que se sirve el agua templada y vasijas desde las que se sirve el agua caliente.

Pero esta explicación de Jerónimo y de Símmaco es falsa. Ciertamente, שדה se aplica en la Misná a un tipo de *mikwaoth* (baños de inmersión), Ec 6, 5, pero con el significado de *cesta* que no puede utilizarse en este contexto. Tampoco es aceptable la traducción de Lutero, quien piensa que esa palabra se aplica a todo tipo de instrumentos musicales, cosa que no es exacta. Por su parte, Orelli, *Sanchuniathon*, p. 33, relaciona estas palabras (שִׁדָּה וְשִׁדּוֹת) con la princesa Σιδών, quien, conforme al mito fenicio, fue la inventora de los cantos artísticos.

En contra de esas interpretaciones Kimchi dice: שִׁדָּה וְשִׁדּוֹת significa "esplendor de todo tipo". Ewald, Elster y Zöckler piensan que estas palabras constituyen una expresión general, en la línea de *taanugoth o deleites* (וְתַעֲנֻגֹת), a los que acaba de aludir el texto: un gran montón o grandes montones iguales, en gran abundancia (en alemán *die Hülle und Fülle*, en el sentido de "todos los infiernos llenos", la totalidad de las cosas). Pero el sinónimo de בוד, esplendor, no es שד, sino עז; y no tenemos ninguna prueba de que שדד se refiera a un gran número de cosas.

Según eso, las palabras finales de este verso, שִׁדָּה וְשִׁדּוֹת, tienen que significar un montón o multitud de cosas bien definidas, en el sentido de un "gran número de placeres", en la línea de la primera parte de este versículo. Esa unión de palabras evoca, según eso, la totalidad de los placeres posibles para los hombres varones. Por su parte, en el Talmud de Jerusalén *Taanith* 4, 5, *shiddah* tiene que significar, conforme a la glosa, un tipo de carro de placeres, aunque el tema de fondo no es el de un movimiento hacia adelante, ni un movimiento muy rápido.

Esa misma expresión ha sido aplicada por Rashi, cf. *Baba kamma* ix. 3, *Shabbath* 120a, *Erubin* 30b, *Gittin* 8b, 68a, *Chagiga* 25a, etc. a un carruaje lujoso de madera, especialmente utilizado por mujeres y personas distinguidas, un tipo de palanquín o carruaje de lujo y placer. Por otra parte, la combinación de sinónimos, *shiddah uthivah umigdal*, tiene el sentido de cesta donde se recogen y juntan diversos tipos de cosas preciosas, que en nuestro caso se aplican a placeres. En esa línea, el mismo Rashi explica, en *Kethuboth* 65a, *quolphi dashidah* partiendo de la imagen de una cesta (*argaz*) y el autor de *Aruch* aplica en este contexto el significado de utensilio donde se recogen cosas, como en una cesta. Pero en otros pasajes como 8b, *shiddah* es un medio de transporte, aunque esa traducción y la de Rashi no puede ser verificada.

Böttcher, *Neue Aehrenlese*, aduce como comparación el Syr. *Shydlo* que, según Castelli, significa *navis magna, corbita/corbeta*, arca. Pero entre un navío mercante, un cesto y un palanquín para transportar mujeres hay una gran diferencia. Böttcher traduce *palanquín y palanquines* como si fueran una especie de medios de transporte que llevan de una parte del harén a la otra. Gesenius, según Rüdiger, *Thes.* 1365b, piensa que esas palabras significan simplemente mujeres, y para ello compara el árabe *zynat*, carruaje de mujer, con la mujer como tal (cf. la palabra alemana *frauenzimmer*, habitación de mujeres). Pero todas estas suposiciones son puramente imaginarias, como indica una glosa humorista de Rashs: *'agalah lemerkavoth nashim usarim*, que podría interpretarse: *mujeres y cantos son como ruedas para la Mercabá* (el carro imaginario del trono de Dios en Ez 1-3).

De todas formas, entre todas las explicaciones que se han ofrecido hasta ahora, esta últimas de los espléndidos palanquines para mujeres resulta la más adecuada, pues indica que las palabras *shiddah veshiddoth*, שִׁדָּה וְשִׁדּוֹת, están refiriéndose a mujeres, a la multitud de mujeres que Salomón utilizaba para su uso y placer.

En otra línea, Aben Ezra explica este pasaje partiendo de la suposición de que *shiddoth* tiene el sentido de *shevuyoth*, mujeres cautivadas en guerra, pero esta suposición es insostenible, no solo porque Salomón nunca estuvo implicado en guerras, sino también porque otros autores (véase Pinsker, *Zur Gesch. des Karaismus*, p. 296), entre ellos recientemente Bullock, han vinculado *shiddoth* con *shadim*, en el sentido (árabe) de *nahidah* (muchacha con pecho grande y deleitoso).

En otra línea, Knobel explica el texto partiendo de *shadad*, encerrar, hacer callar, como en *occlusa*, una mujer retenida en custodia (cf. *bethulah*, mujer separada, virgen, de *bathal*, cognado de *badal*). Según eso, este pasaje se referiría a mujeres cerradas (encerradas) para placeres de Salomón. Por su parte, Hitzig vincula esa palabra con almohadas, cojines, de *shanad*, palabra que como el árabe *firash*, λέχος (coche nupcial, tálamo) se puede aplicar a la unión de hombres y mujeres.

A pesar de todo, ninguna de estas interpretaciones resulta completamente satisfactoria. La *Gemará de Babilonia, Gittin 68a*, aplica la expresión ותען וגו a los lugares reservados (como baños de mujeres), para indicar después que en la zona del oeste del reino persa, en Palestina, la palabra שידתא significa coches, cestas (y según Rashi "carruajes"), pero que en su zona (en Babilonia) *shiddah veshiddoth* tiene el sentido de *shēdah veshēdathin*, que se traduce y explica después como demonios machos y hembras, un tipo de espíritus que Salomón habría convertido en servidores y servidoras para él.[5] Según eso, Salomón habría "domesticado" para su placer a los mismos espíritus masculinos y/o femeninos.

---

5. Un demonio y, en general, hombre sobrehumano puede recibir el nombre hebreo de שד y en el lenguaje de Babilonia-Asiria *Sidu*. Cf. Norris, *Assyrian Dictionary* II, cf. También Schrader, en *Jena. Lit. Zeit.* 1874, p. 218s.

Esta interpretación agádico-mitológica nos sitúa, al menos lingüística-mente, en el buen camino. Un demonio no se define por su fluctuación, yendo de un lado al otro o moviéndose de una dirección a la otra (como los carros de placer), porque en las lenguas semíticas no hay constancia de un verbo que tenga la forma שׁוּד, volar, que estaría derivado de la raíz *sadad*, que correspondería al hebreo הִשְׁתַּחֲוָה, en el sentido de adorar, refiriéndose a mujeres escogidas para un placer adorable (cf. Oppert, *Inscription du palais de Khorsabad*, 1863, p. 96). Este lenguaje es más que dudoso y, por otra parte, שֹׁד tiene un sentido activo, no pasivo, y, en esa línea, la palabra de fondo puede compararse con el árabe *sîd*, *sayyid*, que significa aquel que es poderoso, de la raíz שׁוּד, *fuerza, forzar*, Sal 91, 6 (cf. Delitzsch, *Assyr. Thiernamen*, p. 37).

Como muestra el derivado español *Cid*, en árabe, esa palabra, *sîd*, *sayyid*, significa "señor", es decir, aquel que somete, que gobierna, de manera que esa palabra (*sabid*, *sayyid*), con el femenino *sayyidat*, se aplica en árabe a *mi señora*, mientras que *sîdi* significa *mi señor*. Dado que la palabra שׁוּד significa lo mismo que שׁוּד, y en hebreo se utiliza más que שׁוּד, la forma femenina שׁוּדָה es también posible, especialmente porque esa palabra ha debido originarse a partir de שׁוּדֶה, en su quinto sentido, que es igual a שׁוּד שׁוּד, a través de una contracción, como la de סַגִּים, a partir de סִיגִים (Olsh. 83c). El texto de fondo significaría que Salomón tuvo muchas "señoras" al servicio de su placer.

En esa línea, quizá de una forma intencionada, la palabra de fondo de esta expresión se convierte en שׁוּדָה, que es un demonio femenino (una *demoniesa*), como afirman Gesenius y Meyer, interpretando *shiddah veshiddoth* como *señora* y *señoras* (*domina et dominae*). Según eso, las mujeres del harén de Salomón se llamarían *shiddoth*, señoras del harén, como *shēglath/segal* (asirio *saklâti*) *lehhenath* en el libro de Daniel, como afirmaba Ahron b. Joseph el Karaita, diciendo *shedah hinqaroth shagal* (la mujer/*sheda* del harén es un tipo de *shagal*, esto es, de reina).[6]

Este pasaje nos sitúa, según eso, ante una intensificación de la idea de señorío (señorío falso), que puede compararse (no identificarse) con la expresión de genitivo que aparece en fórmulas como *dor dorim*, generación de generaciones, i.e., generación que va pasando a través de todas las generaciones, *rahham rahha-mathaim*, misericordia de misericordias, etc. Las últimas palabras de este verso están evocando de forma simbólica el placer que Salomón ha querido conseguir a través de las mujeres de su harén, *un placer de placeres,* שִׁדָּה וְשִׁדּוֹת (cf. Ewald, 172b).

Ciertamente, las palabras citadas por Ewald (Syr.), *rogo urogo*, "todos los placeres posibles" (Cureton, *Spicil.* p. 10), no concuerdan totalmente con nuestro pasaje, porque intensifican el sentido de la expresión, lo mismo que *meod meod*,

---

6. En el salmo 45, 10, la *reina madre*, de pie, a la derecha del rey, se llama *shegal* (nota del traductor).

pero lo hacen repitiendo la misma palabra y de la misma forma, no en un caso en singular y en el otro en plural, como en nuestro texto. Más semejante a la nuestra es la expresión árabe *mal wamwal*, "posesión y posesiones", evocando de esa forma una inmensa riqueza de bienes, como en nuestro caso, haciendo alusión a una inmensa cantidad de placeres, vinculados de un modo especial a través de la relación con muchas mujeres.

Y con esto termina nuestra explicación de שִׁדָּה וְשִׁדּוֹת. Después que Kohelet ha enumerado todas las cosas que ha tenido y todas las obras que ha realizado para el disfrute de sus placeres, pero sin haber logrado conseguirlos, él saca la conclusión de que también en esta línea ha sido incapaz de conseguir sus objetivos.

⁹ וְגָדַלְתִּי וְהוֹסַפְתִּי מִכֹּל שֶׁהָיָה לְפָנַי בִּירוּשָׁלָ ͏ם אַף חָכְמָתִי עָמְדָה לִּי:

¹⁰ וְכֹל אֲשֶׁר שָׁאֲלוּ עֵינַי לֹא אָצַלְתִּי מֵהֶם לֹא־מָנַעְתִּי אֶת־לִבִּי מִכָּל־שִׂמְחָה
כִּי־לִבִּי שָׂמֵחַ מִכָּל־עֲמָלִי וְזֶה־הָיָה חֶלְקִי מִכָּל־עֲמָלִי:

¹¹ וּפָנִיתִי אֲנִי בְּכָל־מַעֲשַׂי שֶׁעָשׂוּ יָדַי וּבֶעָמָל שֶׁעָמַלְתִּי לַעֲשׂוֹת וְהִנֵּה הַכֹּל הֶבֶל וּרְעוּת
רוּחַ וְאֵין יִתְרוֹן תַּחַת הַשָּׁמֶשׁ:

⁹ Y fui engrandecido,

y fui mayor que todos los que fueron

antes de mí en Jerusalén;

además de eso perseveró conmigo mi sabiduría.

¹⁰ No negué a mis ojos ninguna cosa que desearan,

ni aparté mi corazón de placer alguno,

porque mi corazón gozó de todo mi trabajo;

y esta fue la parte que conseguí de toda mi faena.

¹¹ Al fin miré yo todas las obras que habían hecho mis manos,

y el trabajo que tomé para hacerlas;

y he aquí que todo es vanidad y aflicción de espíritu,

y sin provecho debajo del sol.

2, 9. *Ascenso al monte del deseo.* La palabra *vehosaphti*, וְהוֹסַפְתִּי, no tiene objeto propio, como no lo tiene en Ec 1, 16. Su objeto es la *gedullah*, esto es, la grandeza (me hice grande). Sobre el impersonal היה en vez de היו, cf. Ec 1, 16 y Ec 1, 10. Él se hizo grande, y siempre más grande, logrando todo tipo de posesiones y de cosas buenas, capaces de hacer a un hombre feliz sobre la tierra. Y todo aquello que él había decidido hacer, en medio de su *dulcis insania* (es decir, de su dulce locura) Kohelet logró hacerlo, de manera que su sabiduría no le abandonó. Los medios que empleó estaban adaptados a sus fines, de tal manera que él fue capaz de mantenerse y de avanzar con la ayuda de un "aparato" colosal para conseguir placer.

La partícula אף, como en Sal 16, 6, está determinando toda la cláusula, es decir, todo el verso. Por su parte, עמד, con ל, no significa aquí mantenerse, sostenerse (Herzfeld, Ewald, Elster), en el sentido de על עמד, Da 12, 1, sino que tiene el sentido de continuar/perseverar, como indican y traducen Jerónimo, y también Lutero: *sapientia quoquo perseveravit mecum* (siguió estando en mí la sabiduría). El Tárgum vincula aquí la idea de continuidad (cf. LXX, Syr., Veneciano), en el sentido de seguir realizando lo propuesto, para lograr todo el placer posible, pues נהג no significa ayudar, sino perseverar, mantenerse en el intento.

2, 10. De esa manera, volviéndose grande (poderoso) y manteniéndose sabio, *Kohelet* se encontró a sí mismo no solo como alguien que podía procurarse todo tipo de placeres, sino que pudo satisfacerlos de hecho, logrando siempre aquello que había deseado (וְכֹל אֲשֶׁר שָׁאֲלוּ עֵינַי לֹא אָצַלְתִּי מֵהֶם). Todo lo que sus ojos quisieran, todo lo que ellos vieran y todo aquello que pudiera darle gozo (Dt 14, 26, cf. 1Jn 2, 16), todo eso lo hizo, nada rehusó a sus ojos (אצל, *negarse a*).

No negó a su corazón ninguno de los gozos que él deseara (מנע, con *min* referido a las cosas deseadas, como en Nm 24, 11, etc., y con más frecuencia con esa partícula *min* referida a la persona que no rechaza ningún deseo, e.g., Gn 30, 2), a fin de que (tras las negaciones anteriores) su corazón pudiera obtener y alcanzar un gozo supremo en todos sus deseos. Todo lo que él quería y realizaba lo hacía para encontrar placer en ello. De esa manera, ese gozo, mirado en su plenitud, formaba parte de todas sus obras.

No tuvo en su vida más finalidad que gozar lo que quiso, utilizando todos los medios que fueran necesarios y que tuviera a su alcance para ello. Esta frase está construida en forma de *palindromía*, de manera que tiene el mismo sentido tanto si se lee de derecha a izquierda como de izquierda a derecha (cf. מִכָּל־עֲמָלִי וְזֶה־הָיָה חֶלְקִי מִכָּל־עֲמָלִי), como vemos también en Ec 1, 6 y Ec 4, 1. Así, decimos en hebreo lo mismo que en alemán, *tener gozo en algo* (con ב), gozar por algo (על) o de algo (con מן). Kohelet utiliza aquí con toda intención la partícula *min*, para poner de relieve que la obra que realizaba no solo estaba dirigida a conseguir como fin un gozo, sino que la misma obra era gozosa como tal, en su ejecución (cf. Pr 5, 18; 2Cr 20, 27).

Hahn y otros traducen de forma equivocada, suponiendo que el gozo viene solo tras la obra realizada, como fruto del trabajo (como en Sal 73, 20). En nuestro caso, no importa solo la finalidad (alcanzar un gozo), sino que la misma obra en sí es ya gozosa. Así, Kohelet ha podido disfrutar todas las formas de gozo, no solo por el fin conseguido, sino por el modo de conseguirlo. Tanto los medios como los fines eran, por tanto, gozosos. Él vivía plenamente centrado y dirigido hacia el placer.

2, 11. *Vivir en la montaña del gozo.* Ciertamente, su forma de vida, con חלק, fue un יתרון, una ganancia. Pero ¿qué tipo de ganancia?, ¿una ganancia satisfactoria pero pasajera? Kohelet plantea esa cuestión con la palabra וּפָנִיתִי, *uphanithi*, de פנה (mirar, volverse a), que va seguida con expresiones de movimiento que se dirige hacia una finalidad. Aquí, lo mismo que en Job 6, 28, a esa palabra le sigue una ב, en forma de *constructio praegnans*: yo me volví, fijando mi atención en todas mis obras, es decir, en las obras que yo había realizado con mis manos. La expresión לַעֲשׂוֹת, *la'asoth* es aquí, como en Gn 2, 3 (véase l.c.), equivalente a *perficiendo*, realizando o llevando a término todas las posibles obras de arte y placeres (jardines…). La exclamación que sigue, וְהִנֵּה y mira, introduce la respuesta a todo lo anterior, *summa summarum*. Sobre יִתְרוֹן, *provecho*, véase Ec 1, 3.

Pues bien, todas esas formas de ocuparse de aquello que produce placer vinieron a mostrarse al fin como falsas. De todo este gozo no le quedó nada, ni siquiera un sentimiento de vacío. Todo aquello por lo que Kohelet se preocupó vino a presentarse ante él al fin como una ilusión momentánea. Pues bien, dado que se hallaba en la mejor condición posible para alcanzar su propósito, Kohelet llegó a la conclusión de que no existe en este mundo יתרון, es decir, ningún propósito o finalidad, ninguna felicidad duradera y real por todos los trabajos que el hombre realiza bajo el sol.

2, 12-17. Al sabio le espera el mismo fin que al necio

El Kohelet ha mostrado, a partir de 1, 12ss., que el esfuerzo por alcanzar sabiduría no ha logrado su objetivo, pues, lejos de hacer al hombre feliz, la posesión de sabiduría ha incrementado su conflicto interior. A partir de aquí, plantea una cuestión definitiva: ¿se puede hablar de diferencia entre sabiduría y necedad, dado que una forma de vida no es superior a la otra? Esta es la cuestión de fondo que Kohelet pudo plantear y resolver mejor que otros, como rey anciano y muy experto (experimentado).

וּפָנִיתִי אֲנִי לִרְאוֹת חָכְמָה וְהוֹלֵלוֹת וְסִכְלוּת כִּי ׀ מֶה הָאָדָם שֶׁיָּ־ בוֹא אַחֲרֵי הַמֶּלֶךְ אֵת אֲשֶׁר־ כְּבָר עָשׂוּהוּ׃ ¹²

¹² Después volví yo a mirar para ver la sabiduría,
y los desvaríos y las locuras:
Porque ¿quién es el hombre que, viniendo tras el rey,
pueda hacer las cosas de aquel a quien nombraron
rey hace ya tanto tiempo?

2, 12. La traducción de Mendelssohn, Ec 2, 12, dice: "Y abandoné mi propósito de buscar la conexión entra sabiduría y locura, sabiendo que era imposible encontrarla". Pero, para que esta traducción fuera válida, el texto tenía que poner מלראות en vez de לראות. En otra línea, Hitzig, a quien sigue Stuart, traduce "Yo me volví a examinar mi sabiduría, y descubrí que era demencia y locura". Esta traducción es también imposible, pero en ese caso se tendría que haber puesto הנהו después de חכמה. El pasaje de Zac 14, 6, citado por Hitz. no prueba que aquí pueda darse una braquilogía, porque ese pasaje no pone *veqaroth veqeppayon,* sino *eqaroth iqeppaūn* (יְקִפָּאוֹן) es decir, las espléndidas, esto es, las estrellas, que serán todas arrastradas, se convertirán en cuerpos oscuros.

Las dos *waw* no son correlativas sino copulativas, cosa única en este libro. Como dicen Zöckler y otros, Kohelet quiere contemplar por una parte la sabiduría, y por otra parte la demencia y la locura, mirando la relación que hay entre ellas. Sin embargo, la propuesta de Hitzig va demasiado lejos en Ec 2, 12. El texto nos sitúa ante un hombre distinto, un rey nuevo que quiere imitar las acciones y gozos de un rey antiguo, como había sido Salomón. ¿Qué es lo que quiere hacer este hombre nuevo que viene después del rey anterior (queriendo imitarle)? ¿Quiere heredar su trono real? ¿No querrá imitar también su sabiduría?

En vez de *āsūhū,* Hitzig lee *ăsōhū,* como Ex 18, 18. Pero, en ese caso, nuestro autor, que es más moderno (Kohelet), en vez de la forma anómala *āsūhū* utiliza la forma regular moderna *ăsōhū.* Y, además, la expresión אֵת אֲשֶׁר־כְּבָר עָשׂוּהוּ (él hará lo que estaba haciendo hace tiempo) no está bien formulada en hebreo. Las palabras tendrían que haber sido *keasotho kevar khen i'sah* o, al menos, *'asāhū.* Ciertamente, en Ec 2, 18b, el hombre que viene después del rey quiere hacer lo que ese rey hacía, siendo sin duda su sucesor.[7] Pero, suponiendo que el texto debe traducirse de esa manera, resulta imposible justificar la relación que existe entre Ec 2, 12a y 2, 12b., tal como se expresa por la partícula כי (וְסִכְלוּת כִּי מֶה הָאָדָם).

Desde ese fondo, Knobel interpreta el sentido extraño de la frase, como si el Kohelet tuviera que decir: "Me parece muy difícil aceptar que un necio tenga que ser mi heredero, pues yo he sido un hombre sabio. Por eso, he tenido que comparar la relación que hay entre sabiduría y necedad, para ver si el sabio tiene o no tiene superioridad sobre el necio, o para tener que afirmar que su trabajo y su destino han sido simple vanidad, lo mismo que la vanidad del necio".

Este no es un problema absurdo en un plano gramatical, pero es absurdo lógicamente. Pues ¿quién ha dado al intérprete el derecho de presentar como necio al hombre que viene después del rey? La respuesta y justificación de ese hecho (que un necio suceda al hombre sabio) viene dada porque eso es lo que se ha venido

---

7. La LXX y Símaco piensan que la palabra *hammělěk* está refiriéndose a *melak,* en el sentido de aconsejar, como βουλή, y no en el de rey, *melek.* Por su parte, tanto Jerónimo como Bardach piensan que la palabra rey no se refiere al monarca de la tierra, sino al *rex factor,* al Hacedor de reyes, esto es, a Dios creador.

haciendo desde hace tiempo, que un necio sucede a un sabio, destruyendo así la obra que el sabio había realizado. La vanidad de fondo es, por tanto, la de un mundo donde los necios sucedan a los sabios, donde unos reyes locos destruyan la obra de sus antepasados prudentes.

De un modo más breve, pero en el mismo sentido, argumenta Burger: *nihil quod a solita hominum agendi ratione recedit* (este hecho, que un necio suceda a un sabio) constituye una forma de acción normal entre los hombres. Ciertamente, más adelante, Ec 2, 19 plantea este hecho como pregunta: *¿será mi sucesor un hombre sabio o un loco?* Pero en nuestro pasaje (Ec 2, 12) este hecho aparece como alto que se da de hecho: un necio sucederá a un sabio; una nueva generación destruirá la obra creadora de la generación anterior.

En cuanto al estilo, no tenemos nada que objetar en contra de la traducción que en este caso ofrecen Zöckler, Rabm., Rosenm., Knobel, Hengst. y otros. Ciertamente, en este caso se puede introducir el verbo יעשׂה (añadido a מֶה הָאָדָם) en el sentido de ¿qué puede hacer el hombre? (cf. Mal 2, 15). También es posible interpretar como neutro el sufijo de עשׂוהו, según el ejemplo de Ec 7, 13; Am 1, 3; Job 31, 11. Pero, de hecho, la referencia al sucesor no está conectada con el curso de pensamientos del texto, aun en el caso de que se quiera atribuir a las palabras normales un sentido que es ajeno a ellas.

Según eso, las palabras אֵת אֲשֶׁר־כְּבָר עָשׂוּהוּ no son una respuesta a la pregunta antes planteada, sino un elemento de la misma pregunta. En esa línea Ewald, y con él Elster y Heiligst., traducen la frase: ¿cómo habrá de ser el hombre que quiera compararse con el rey antiguo a quien sucede, un rey que ha vivido hace ya tiempo?

Pero la partícula את (compararse *con*) no aparece nunca en ese sentido, al menos en el libro del Kohelet, que generalmente no utiliza esa partícula en forma de preposición. Por otra parte, esta traducción (centrada en el sucesor del trono real) va en contra de la relación lógica que se da entre Ec 2, 12a y Ec 2, 12b. El motivo de la pregunta del Kohelet que quiere comparar el valor de la sabiduría y de la necedad en esa línea se expresa de esta forma: *un rey, especialmente uno de la categoría de Salomón, tiene más medios que cualquier otra persona para lograr que su sucesor tenga una forma elevada de entender la vida y de ejercer el reinado* (y, sin embargo, el nuevo rey no mantiene ni mejora la herencia del anterior, sino que la dilapida).

En principio, este argumento debería haberse expresado de un modo más satisfactorio haciendo que la respuesta empezara con את, pero ello exigiría que pusiera עשׂהו עשׂוּהוּ, refiriéndose a un rey que es capaz de lograr que sus sucesores sigan haciendo la obra que él ha comenzado. De todas formas, tomando el texto tal como está, el significado sigue siendo el mismo, y además podemos evitar la dura elipsis formada por las palabras *měh hāādām* en vez de *měh yăăšěh hāādām*.

85

Por eso, nosotros traducimos: *Porque ¿quién es el hombre que, viniendo después del rey pueda hacer las cosas de aquel a quien nombraron rey hace ya tanto tiempo?*

Aquel a quien hicieron rey hace ya tanto tiempo es Salomón, un hombre que tuvo una experiencia muy rica, un conocimiento muy extenso, el mayor que se ha dado en la tierra. Sobre la expresión *eth asher* que tiene el mismo sentido que *quem* en latín, en vez de un simple *asher*, véase Köhler, en *Coment.* a Zac 12, 10. Pues bien, sus sucesores no se han mantenido en la misma línea, no han conservado o mejorado las obras que él hizo.

El verbo עָשׂוּהוּ, con un sujeto general, no se distingue de נעשה que, especialmente en el libro de Daniel (e.g., Da 4, 28), se construye frecuentemente en forma activa, con un sujeto indeterminado en vez de construirse en pasiva (cf. Gesenius 137, *Marginalia*). El autor de Kohelet, alejado de las tareas teocráticas del reino de Israel, utiliza esa palabra de un modo probablemente intencionado. Por otra parte, conforme al texto de 1Re 1, Salomón fue nombrado y ungido rey con medios muy humanos, de manera que puede pensarse que la palabra *'asuhu* está aludiendo al pueblo que fue determinante en su nombramiento como rey, conforme a 1Re 1, 39. La partícula *meh*, מֶה (porque) suele aparecer normalmente delante de las letras *hheth* y *ayin* (cf. Ec 2, 12; Ec 2, 22; Ec 7, 10) y tiene sentido de exclamación más que de pregunta, como cuando se dice ¡qué maldad más grande…! (cf. Jue 20, 12; Jos 22, 16; Ex 18, 14; 1Re 9, 13).

A partir de aquí, el texto sigue hablando de aquello que le sucedió al Kohelet, elevado como estaba sobre una altísima torre de contemplación y vigilancia como la que nadie antes que él había ocupado.

וְרָאִיתִי אָנִי שֶׁיֵּשׁ יִתְרוֹן לַחָכְמָה מִן־ הַסִּכְלוּת כִּיתְרוֹן הָאוֹר מִן־ הַחֹשֶׁךְ׃ ¹³

הֶחָכָם עֵינָיו בְּרֹאשׁוֹ וְהַכְּסִיל בַּחֹשֶׁךְ הוֹלֵךְ ¹⁴

וְיָדַעְתִּי גַם־ אָנִי שֶׁמִּקְרֶה אֶחָד יִקְרֶה אֶת־ כֻּלָּם׃

וְאָמַרְתִּי אֲנִי בְּלִבִּי כְּמִקְרֵה הַכְּסִיל גַּם־ אֲנִי יִקְרֵנִי וְלָמָּה חָכַמְתִּי אֲנִי אָז יוֹתֵר ¹⁵

וְדִבַּרְתִּי בְלִבִּי שֶׁגַּם־ זֶה הָבֶל׃

¹³ Y he visto que la sabiduría sobrepasa a la locura,
como la luz a las tinieblas.

^{14a} El sabio [tiene] sus ojos en su cabeza,
pero el loco anda en tinieblas.

^{14b} Y también entendí yo que un mismo suceso
acaecerá al uno que al otro.

¹⁵ [Entonces] dije yo en mi corazón:
Como le pasará al loco me pasará también a mí.
¿Para qué pues he trabajado hasta ahora por hacerme más sabio?
Y dije en mi corazón, que también esto [era] vanidad.

2, 13-14a. Según las Sagradas Escrituras, la luz es generalmente signo de gracia, cf. Sal 43, 3; pero también aparece como aquello que se opone a un estado de oscuridad intelectual y moral, Is 51, 4. Conocer una cosa equivale a tener luz sobre ella, viéndola en su verdadero sentido (Sal 36, 10). En esa línea, la sabiduría se compara con la luz. Por su parte, Job 38, 1 dice que la locura es literalmente oscuridad. Según eso, la sabiduría se encuentra muy elevada sobre la locura, como la luz sobre la oscuridad. La palabra יתרון, que hasta este momento se aplicaba a una ganancia duradera, significa aquí ventaja, superioridad sobre otros.

2, 14b-15. "Y de esa forma yo mismo percibí que hay un mismo final para todos. Y así dije en mi corazón: como sucederá al necio también me sucederá a mí. ¿Qué ventaja he tenido por ser especialmente sabio? Por eso dije en mi corazón: también esto es vanidad". El problema de fondo no es, por tanto, que unos locos sucedan a unos sabios, sino que la suerte final sea la misma para todos, de forma que tanto la sabiduría como la necedad sean al fin equivalentes.

Zöckler piensa que גם es una partícula adversativa. Pero esta partícula, *gam,* tiene también un sentido comparativo, con el significado de ὅμως, *similiter,* y se sitúa siempre al principio de la frase (cf. Ewald, 354a). Según eso, *gam-ani* corresponde al latín *ego idem,* con lo cual tenemos dos predicados para un solo sujeto, mientras que en latín *et ipse* predica o afirma lo mismo de los dos sujetos, de uno y del otro (Zumpt., 697).

El segundo *gam-ani* sirve para dar preeminencia al objeto, y se comporta como una cláusula sustantiva (cf. Is 45, 12; Ez 33, 17; 2Cr 28, 10), lo mismo que en Gn 24, 27 (cf. Gesen. 121, 3). La palabra *miqrĕh* (cf. כְּמִקְרֵה de קרה, suceder, acontecer) *is quidquid alicui accidit,* todo aquello que le acontece a algo o a alguien, en el sentido filosófico posterior de *accidens* (texto véneto συμβεβεεκός). Pero en nuestro caso, como muestra la cohesión de las ideas, esa palabra se refiere a lo último que sucede a los hombres, es decir, la muerte.

A través de וְיָדַעְתִּי גַם־אָנִי שֶׁמִּקְרֶה אֶחָד, el autor indica aquello que ha observado y aprendido por medio de su reflexión. Por בל... אם, Kohelet insiste en aquello que se está diciendo a sí mismo, en relación con la cosa observada. Finalmente, por medio de דד בב דל, resume y condensa la sentencia final de todo su proceso de pensamiento.

La partícula אז (וְלָמָּה חָכַמְתִּי אֲנִי אָז יוֹתֵר) puede entenderse en un sentido temporal: *entonces, finalmente, la meta de mi vida no es mejor que la meta del necio* (Hitz., desde la perspectiva de la hora de la muerte). Pero también puede entenderse en un sentido lógico, poniendo de relieve la experiencia profunda de la vida, conforme a la cual, la misma suerte recae al fin sobre el sabio que sobre el necio. De esa manera, conforme a la conciencia del autor, tanto el sabio como el necio han de tomarse de la misma forma, porque tienen un mismo fin en la vida.

La זה de la conclusión (אֲנִי אָז יוֹתֵר) no se refiere como en Ec 1, 17 a los diversos trabajos que el Kohelet ha debido realizar para alcanzar la posesión de la sabiduría, sino al resultado final: hayan hecho lo que hayan hecho a través del camino de su vida, al final no hay diferencia entre sabios y necios. Pues bien, este destino que, al final, sobreviene para todos es el mismo הבל, *una vanidad* que al fin convierte todas las cosas en vacías, un vacío que al final las convierte en "nada", en algo que es irracional, que está lleno de contradicciones. El mismo Pablo (Ro 8, 20) habla de esta destrucción que al fin convierte todas las cosas en vanidad, ματαιότης. En los versos que siguen, el autor describe la razón que está en el fondo de este resultado descorazonador de todo su trabajo.

16 כִּי אֵין זִכְרוֹן לֶחָכָם עִם־ הַכְּסִיל לְעוֹלָם
בְּשֶׁכְּבָר הַיָּמִים הַבָּאִים הַכֹּל נִשְׁכָּח וְאֵיךְ יָמוּת הֶחָכָם עִם־ הַכְּסִיל׃
17 וְשָׂנֵאתִי אֶת־ הַחַיִּים כִּי רַע עָלַי הַמַּעֲשֶׂה שֶׁנַּעֲשָׂה תַּחַת הַשָּׁמֶשׁ כִּי־ הַכֹּל הֶבֶל וּרְעוּת רוּחַ׃

16 Porque ni del sabio ni del loco habrá memoria para siempre;
pues en los días venideros ya todo será olvidado,
y tanto morirá el sabio como el loco.
17 Aborrecí [por tanto] la vida,
porque [toda] obra que se hace debajo del sol me [era] fastidiosa;
por cuanto todo [era] vanidad y aflicción de espíritu.

2, 16. Como en Ec 1, 11, la palabra זכרון aparece aquí en su sentido originario de recuerdo, conforme al cual todo debería mantenerse vivo. Por eso, no tener recuerdo para siempre equivale a no tener existencia eterna, sino solo una existencia en este mundo (Ec 9, 6). La partícula עם aparece en ambos casos de un modo comparativo, como en Ec 7, 11; Job 9, 26; Job 37, 18; cf. יחד, Sal 49, 11.

Ciertamente, existen hombres individuales que son grandes, de forma que su memoria se perpetúa de generación en generación en palabras y monumentos. Pero esos hombres son simples excepciones, incapaces de mostrar ante la posteridad la distinción que debería existir entre sabios y necios. Por regla general, los hombres no tienen un recuerdo positivo de los sabios, como tampoco lo tienen de los necios, pues lo que ha sido desde tiempo antiguo (véase *beshekvar*) eso será en los venideros (cf. כב אב, con acusativo de tiempo, como en la frase elíptica הב, Is 27, 6), unos y otros, todos, serán olvidados. El problema de fondo es la ausencia de "recuerdo"; la vida de los hombres no queda, sino que se pierde con el paso de los tiempos.

La expresión הכל (הַכֹּל נִשְׁכָּח) tanto aquí como en Sal 14, 3, tiene un sentido personal, se refiere a unos y a otros, a todos los hombres. La palabra ha sido traducida por la Masora, lo mismo que por Sal 9, 6, como forma pausal de finito, pero quizá debe tomarse como un participio, para referirse a una cosa que solo será realizada plenamente en el futuro, pues los supervivientes acuden igualmente al entierro de unos y de otros.

En esa línea, la muerte iguala a todos en el olvido, de manera que el autor se siente obligado a gritar: *¿por qué muere el sabio del mismo modo que el necio?* ¿Por qué hay un mismo destino que espera por igual a unos y a otros? Este es el centro sarcástico de este *mashal* (con un אֵיךְ יָמוּת, y *así mueren…*). De igual forma mueren sabios y necios, cf. Is 14, 4; Ez 26, 17. En esa misma línea, la palabra ימות iguala a todos: *moriendum est*, hay que morir, no hay otro remedio o salida en la vida de los hombres. Así dice Rambach de un modo acertado, insistiendo en la partícula איך (¿cómo puede ser?) con una partícula de admiración sobre el carácter indigno de la realidad.

2, 17. Kohelet odia por eso la vida, con los trabajos que se realizan bajo el sol, es decir, con el esfuerzo de los hombres, incluyendo el destino que recae sobre ellos; todo eso le parece malo, repugnante. La LXX traduce: πονηρὸν ἐπ᾽ ἐμέ; el Véneto: κακὸν ἐπ᾽ ἐμοί; y Hitzig: *como un peso doloroso, cargando sobre mí.*

La expresión כִּי רַע עָלַי הַמַּעֲשֶׂה שֶׁנַּעֲשָׂה ha de entenderse en una línea de oposición respecto a la bondad universal que se expresa en Génesis, cf. Est 3, 9; Sal 16, 6, y otros sinónimos, con בעיני o לפני (cf. Da 3, 32), conforme a lo cual Símmaco traduce: κακὸν γάρ μοι ἐφάνη (se ha manifestado como malo para mí). Todo esto pertenece a un tipo de lenguaje más moderno, no al tradicional (cf. Ewald, 2171). El final de esta parte del libro aparece así, como una conclusión negativa: por lo anterior, por todo lo demás, *ceterum censeo*: todo es vanidad, un trabajo doloroso, que no tiene más meta que el viento, pues viento es su fruto.

2, 18-23. Vanidad de las riquezas conseguidas con cuidados y privaciones

En vista del destino que golpea de igual forma a sabios y a necios, teniendo en cuenta la noche de la muerte, que sobreviene tanto sobre unos como otros, vino sobre el Kohelet un tipo distinto de dolor, desde una perspectiva ahora económica.

¹⁸ וְשָׂנֵאתִי אֲנִי אֶת־ כָּל־ עֲמָלִי שֶׁאֲנִי עָמֵל תַּחַת הַשָּׁמֶשׁ שֶׁאַנִּיחֶנּוּ לָאָדָם שֶׁיִּהְיֶה אַחֲרָי:

¹⁹ וּמִי יוֹדֵעַ הֶחָכָם יִהְיֶה אוֹ סָכָל וְיִשְׁלַט בְּכָל־ עֲמָלִי שֶׁעָמַלְתִּי וְשֶׁחָכַמְתִּי תַּחַת הַשָּׁמֶשׁ גַּם־ זֶה הָבֶל:

²⁰ וְסַבּוֹתִי אֲנִי לְיַאֵשׁ אֶת־ לִבִּי עַל כָּל־ הֶעָמָל שֶׁעָמַלְתִּי תַּחַת הַשָּׁמֶשׁ:

²¹ כִּי־ יֵשׁ אָדָם שֶׁעֲמָלוֹ בְּחָכְמָה וּבְדַעַת וּבְכִשְׁרוֹן וּלְאָדָם שֶׁלֹּא עָמַל בּוֹ יִתְּנֶנּוּ חֶלְקוֹ גַּם־ זֶה הֶבֶל וְרָעָה רַבָּה:

[18] Yo [asimismo] aborrecí todo mi trabajo
que había puesto por obra bajo del sol;
el cual dejaré a otro que vendrá después de mí.
[19] ¿Y quién sabe si será sabio, o loco,
el que se enseñoreará de todo mi trabajo
por el que me hice sabio debajo del sol?
Esto también es vanidad.
[20] Volvió, por tanto, a desesperar mi corazón
acerca de todo el trabajo en que trabajé,
y en que me hice sabio debajo del sol.
[21] ¡Que el hombre trabaje con sabiduría, y con ciencia, y con rectitud,
y que haya de dar su hacienda a hombre que nunca trabajó en ello!
También esto [es] vanidad y mal grande.

2, 18. El carácter ficticio de esta reflexión se descubre aquí en la expresión "a otro", por la cual, Kohelet (a quien se supone que está aquí hablando) presenta a su hijo y sucesor en el trono de un modo poco simpático, en sentido general, privándole de toda su individualidad.

La primera y tercera ש del texto es un pronombre relativo, con el sentido de *quem*, conforme a un modelo etimológico עמל עמל (כָּל־עֲמָלִי שֶׁאֲנִי עָמֵל), por todo el trabajo que había puesto por obra (Ec 2, 11; Ec 9, 9, con *qui*). La segunda vez, ש aparece como una conjunción de relativo *(eo) quod*. Por lo cual, el sufijo de שאן se refiere al trabajo realizado, en el sentido de aquello que se obtiene a través de un esfuerzo fatigoso, cumplido y realizado con mucho dolor; cf. כּח, producto, fruto del trabajo, como en Gn 4, 12 y עבודה, efecto del trabajo, Is 32, 17. Este pasaje no se detiene a describir la forma en que responderá el heredero de unos bienes por los que él no ha trabajado.

2, 19. ¿Quién sabe si ese heredero será sabio o loco, si actuará de forma prudente o necia al enfrentarse con trabajos que yo he debido realizar con esfuerzo, actuando sabiamente bajo el sol? También esto es vanidad (cf. הֶחָכָם יִהְיֶה אוֹ סָכָל וְיִשְׁלַט בְּכָל עֲמָלִי־), pues nadie puede conocer previamente cómo actuará la persona que me suceda, persona que tendrá libre control (cf. שלט) sobre los resultados de un trabajo que el dueño anterior ha ganado sabiamente con su esfuerzo. Aquí tenemos una *endíadis*, es decir, una figura retórica que consiste en expresar una idea utilizando dos palabras paralelas (por todo el trabajo por el que me hice sabio bajo el sol: עֲמָלִי שֶׁעָמַלְתִּי וְשֶׁחָכַמְתִּי תַּחַת הַשָּׁמֶשׁ).

A la vista de ese dudoso futuro que puede esperar a los bienes por los que el sabio ha trabajado, por los bienes que ha conseguido con su esfuerzo, el espíritu del sabio —esto es, del Kohelet— se queja amargamente y protesta. El tema de fondo sigue siendo la "no permanencia" de nada de aquello que se haga, la falta de futuro de todas las cosas.

2, 20. Como en 1Sa 22, 17; Cnt 2, 17; Jer 41, 14, סבב tiene aquí un sentido intransitivo: *Detenerse a considerar*, volverse a un lado (LXX, ἐπέστρεψα en el sentido de ἐπεστρεψάμην). Hitzig pone de relieve que שוב significa "volverse a un lado", dar unos rodeos para ver, mientras que סבב (cf. וְסַבּוֹתִי) significa, por el contrario, girar, dar vueltas, con el fin de hacer algo. Pero פנה puede significar también lo mismo: "volverse alrededor para hacer algo" (cf. Lv 26, 9) y סבב "volverse y mirar con el fin de examinar con más precisión las cosas" (Ec 7, 25).

La distinción entre las dos expresiones es esta: (a) פנה evoca un gesto claro de volverse para mirar, pero en sentido general; (b) el contrario, סבב, significa volverse en concreto, ir mirando una cosa tras otra, para descubrir así algo nuevo que pueda presentarse (Ec 4, 1; Ec 4, 7; Ec 9, 11). La frase אֲנִי לְיַאֵשׁ אֶ) יֹאֵשׁ אֶת־בְּלִבּוּ לְבֵּי עַל ־ת)[8] corresponde al latín *despondet animum*, entrega su espíritu, se desespera.

El hebreo antiguo solo conoce la palabra נואשׁ, entregarse, abandonar, renunciar a mantener la esperanza respecto de algo, no tener ya perspectivas de futuro, desesperar. Por el contrario, el Talmud utiliza no solo esa palabra *noāsh,* en unión con *nithyāēsh,* sino también יאשׁ, en el sentido de desesperar, de abandonar toda esperanza (sustantivo: יאושׁ), Meza 21b.

Teniendo eso en cuenta, resulta evidente que יאשׁ no ha de tomarse aquí como un causativo (como en árabe *ajjasa* y *aiasa*), sino como un simple transitivo y, conforme a eso, en el pasaje que estamos estudiando, לְבֵּי ha de tomarse como una expresión conectada a todo el argumento. El Kohelet entregó todo su corazón para estudiar este tema. No tenía más corazón, no le quedaban más fuerzas para seguir esforzándose; en esta investigación ha entregado su vida, realizando un esfuerzo que al fin es vano.

2, 21. Ewald traduce אָדָם שֶׁעֲמָלוֹ בְּחָכְמָה como (un hombre) que trabaja con sabiduría. Pero las diversas expresiones de este verso no están indicando el objeto o resultado del trabajo, sino más las formas, medios e intenciones implicadas en ese trabajo. En esa línea, en vez de שׁעמל, aquí se utiliza la forma más enfática שׁעמלו, refiriéndose al hombre que tiene un trabajo y que lo realiza: 1Sa 7, 17, Cf. Jer 9, 5-6 (tu morada está en medio del engaño, como traduce Hitz. en Job 9, 27).

Por su parte, *kishron* (וּבְכִשְׁרוֹן) no significa ἀνδρεία (LXX), virilidad, energía moral (Elster), sino capacidad, habilidad y, en consecuencia, derivándose de ella, como éxito, buena fortuna, pues la habilidad y el buen trabajo conducen a ese

---

8. En la Biblia rabínica se pone *pathach* bajo la *yod* e indicativo con *lamed.* Así aparece también en los manuscritos de la *Parva Masora,* y en el códice P.

fin. Por su parte, בּוֹ se refiere al objeto y יִתְּנֶנּוּ al resultado de la obra; חֶלְקוֹ es el segundo objeto en acusativo o, como podríamos decir con más precisión, es un acusativo de predicado: la porción o resultado conseguido, esto es, la herencia, de la que se está tratando en el conjunto de esta sección.

Conforme a todo lo anterior, aquello que una persona ha conseguido y ganado con su habilidad y su buena fortuna cae así en manos de otros que, quizá, de un modo irreflexivo, dilapidan toda esa riqueza, toda su fortuna. Este es un mal que es tanto mayor cuanto mayor ha sido el esfuerzo y trabajo que ha costado ganar esa fortuna.

²² כִּי מֶה־ הֹוֶה לָאָדָם בְּכָל־ עֲמָלוֹ וּבְרַעְיוֹן לִבּוֹ שֶׁהוּא עָמֵל תַּחַת הַשָּׁמֶשׁ׃

²³ כִּי כָל־ יָמָיו מַכְאֹבִים וָכַעַס עִנְיָנוֹ גַּם־ בַּלַּיְלָה לֹא־ שָׁכַב לִבּוֹ גַּם־ זֶה הֶבֶל הוּא׃

²² Porque ¿qué tiene el hombre de todo su trabajo,

y fatiga de su corazón,

en que él trabajó debajo del sol?

²³ Porque todos sus días [no son sino] dolores,

y sus ocupaciones molestias; aun de noche su corazón no reposa.

Esto también es vanidad.

2, 22-23. Literalmente, la cuestión es esta: ¿qué consigue y gana el hombre con su trabajo y con todas las tareas de su corazón? La idea central de הֹוֶה es ser, *conseguir/ ganar algo*, en el sentido de realizarse, como en griego γινόμενον, como en Neh 6, 6, γενεεσόμενος, o como en hebreo היה, cuya raíz tiene el significado de cumplirse, de realizarse y, más en concreto, de acontecer, como en latín *fieri*, hacerse. Por consiguiente, הוה significa ocuparse ansiosamente de una cosa, interesarse por ella (cf. Pr 10, 33). Pues bien, la respuesta al trabajo de los hombres es que nada de lo que hagan tiene sentido, pues nada permanece.

En esa línea, הֹוֶה puede tener también el sentido de acontecimiento, obra, catástrofe o destrucción, como en Ec 3, 18, שהם (cf. *Michlol* 47b, 215b, 216a; véase también Norzi). La pregunta (¿qué consigue el hombre...?) está esperando que se responda de forma negativa. ¿Qué premio tiene el trabajo duro realizado por los hombres? ¡Ninguno! Solo disgustos. Esta respuesta negativa implícita en la pregunta queda ratificada por la respuesta con כי, en Ec 2, 23a: כִּי כָל־ יָמָיו מַכְאָ־ בִים וָכַעַס עִנְיָנוֹ (porque todos sus días son dolores, y sus ocupaciones son tristeza). La forma literaria de esta respuesta es la misma que se da, por ejemplo, cuando se describen las medidas del templo: "El pórtico era de doce cubos..." (2Cr 3, 4) o "su fiesta estaba formada por música y vino" (Is 5, 12; cf. Philippi, *Stat Constructum* 90ss.). La cláusula paralela es וכעם ענינו, con וכעם y no simplemente con כו, porque la sílaba final o aquella que lleva el acento en la penúltima, está inmediatamente precedida por una palabra con *athnach*, que ha de ir con *kametz*; cf. Lv 18, 5; Pr 25, 3; Is 65, 17 (véase Olsh. 224, p. 440).[9]

Muchos intérpretes, explican falsamente el texto: *at aegritudo est velut quotidiana occupatio ejus* (pero la enfermedad es como su ocupación diaria). A causa del paralelismo entre ענה y עניו (estar cargado de trabajos y también de inquietudes, cf. Salen, ii. 390) hay que traducir de un modo más preciso: *su empresa y tarea es penosa, solo produce dolor y opresión*, pues nada de lo que el hombre haga ha de permanecer.

Incluso en la noche no tiene descanso, porque aunque no esté trabajando, ese hombre está pensando en sus trabajos y en sus planes. Por otra parte, todas las posesiones que él ha adquirido con tanto trabajo y fatiga, debe dejarlas a otros, porque lo mismo que el necio, él no puede liberarse del golpe de la muerte. Él no podrá tener descanso con aquello que ha producido, lo tendrán otros por él, y por la muerte tiene que abandonar y dejar a otros sus cosas, como se repite por tres veces, diciendo que todo es הבל: Ec 2, 17; Ec 2, 21; Ec 2, 23. Y así, esta unidad termina con הבלים הבל, vanidad de vanidades.

2, 24-26. Los rasgos del placer más alto

¿No es, por tanto, una locura trabajar sin descanso, fatigándose con mucho dolor para no conseguir por ello nada? Teniendo así en cuenta la noche de oscuridad que aguarda al hombre, y el carácter incierto del destino de sus posesiones, ¿no será mejor centrarnos en el bienestar presente, con tanto placer propio como podamos obtener?

אֵין־ טֽוֹב בָּאָדָם שֶׁיֹּאכַל וְשָׁתָה וְהֶרְאָה אֶת־ נַפְשׁוֹ טֽוֹב בַּעֲמָלוֹ 24
גַּם־ זֹה רָאִיתִי אָנִי כִּי מִיַּד הָאֱלֹהִים הִיא:

כִּי מִי יֹאכַל וּמִי יָחוּשׁ חוּץ מִמֶּנִּי: 25

כִּי לְאָדָם שֶׁטּוֹב לְפָנָיו נָתַן חָכְמָה וְדַעַת וְשִׂמְחָה וְלַחוֹטֶא נָתַן עִנְיָן לֶאֱסוֹף וְלִכְנוֹס לָתֵת 26
לְטוֹב לִפְנֵי הָאֱלֹהִים גַּם־ זֶה הֶבֶל וּרְעוּת רֽוּחַ:

24 No [hay cosa] mejor para el hombre [sino] que coma y beba,
y que su alma vea el bien de su trabajo.
También he visto que esto [es] de la mano de Dios.
25 Porque ¿quién comerá, y quién se cuidará, mejor que yo?
26 Porque al hombre que [es] bueno delante de Dios,
él le da sabiduría y ciencia y alegría,

---

9. Véase también ולא con *zakeph katan*, 2Re 5, 17; ואר וגו con tiphcha, Is 26, 19 y Sal 45, 10.

pero al pecador [le] dio [la] ocupación [de] que allegue y amontone,

para darlo al bueno delante de él.

También esto [es] vanidad y aflicción de espíritu.

2, 24. "No hay nada mejor para los hombres, sino que coman y beban…". La LXX, con otras traducciones griegas y Jerónimo, tenían ante sus ojos un texto que ponía estas palabras: *No hay para el hombre otro bien que comer y beber* (בָּאָדָם שֶׁיֹּאכַל). Esto es para el hombre su verdadero bien. Pero esta expresión no puede ser la auténtica, pues va en contra del pensamiento originario del Kohelet.

Teniendo eso en cuenta, Jerónimo ha querido interpretar rectamente el texto, conforme al pensamiento del Kohelet, y por eso ha introducido en este pasaje una interrogación: *nonne melius est comedere* (¿no es mejor comer…?). En contra de eso no pueden citarse pasajes como Ec 3, 12; Ec 3, 22; Ec 8, 15, pues en ellos las palabras טוב אין (no cosa mejor bien …) se encuentran en sentencias dependientes. En esa línea, el texto sigue diciendo que es bueno comer y beber, pero un comer y beber que se encuentra vinculado con la voluntad de Dios.

Sin lugar a dudas, en vez del texto actual que pone אֵין־ טוֹב בָּאָדָם שֶׁיֹּאכַל וְשָׁתָה (no hay para el hombre mejor bien que comer y beber…) debemos leer אֵ־ן־ טוֹב בָּאָדָם שֶׁיֹּאכַל מ, con una *mem* interrogativa que ha de interpretarse desde el conjunto del texto, como en Ec 3, 12; Ec 3, 22; Ec 8, 15; igual que en Job 33, 17. Eso implica que la *letra inicial* (*mem*), tras el *mem* final del texto anterior ha sido suprimida, como resulta normal en muchos lugares de los manuscritos antiguos.

Según eso, la frase debe traducirse: *ciertamente, no hay para el hombre nada mejor que comer y beber, pero sabiendo (yo he visto) que también eso está en las manos de Dios* (como pone de relieve la traducción de Reina-Valera: Nota del traductor). Según esta lectura, no es necesario cambiar el texto hebreo, como intentaron hacer algunas traducciones antiguas, sino simplemente introducir una *mem* (que habría caído del texto original por repetición).

Conforme a la idea de base de todo su libro, el texto del Kohelet sigue afirmando que lo mejor para el hombre es "comer y beber" (vivir, aceptar la vida como don de Dios): nada hay mejor para el hombre que… אֵין־ טוֹב בָּאָדָם + *mim* y (שֶׁיֹּאכַל וְשָׁתָה)… Este es el punto de partida del pensamiento y mensaje del Kohelet: que los hombres coman y beban (siendo así fieles a la vida que Dios les ha concedido). Este es el principio de toda sabiduría: aceptar la vida, comer y beber… Solo a partir de eso pueden formularse (y deben cumplirse) los demás mandatos o normas del "temor" de Dios. Esta es la única corrección que requiere este difícil pasaje. Esto es lo más agradable para el hombre (comer-beber, vivir), pero hay que hacerlo manteniendo el temor de Dios y cumpliendo su voluntad.

Conforme al espíritu y mensaje del Antiguo Testamento, el primer "deber" (compromiso) del hombre es comer y beber, aceptando de esa forma la vida como don de Dios, a pesar de que nada de lo que se haga permanece. Ciertamente, el hombre tiene que realizar trabajos duros; hay en su vida pesos fuertes, dolorosos. Pero en el principio de todos ellos, lo más importante, lo que al hombre le define como humano ante Dios es comer y beber. Solo a partir de aquí se entienden las palabras que siguen.

Sin duda, con esta interpretación no se resuelven todos los problemas del libro. Hay también dolores y sufrimientos en la vida humana. Pero en la base de todo está el "deseo de vivir", que se expresa en la comida y bebida. La existencia del hombre en el mundo está sometida a una serie de intensos dolores y trabajos, que forman un componente esencial de su identidad. Pero más fuerte que todos esos dolores ha de ser el gozo de la vida (comer y beber).

Lo que el Kohelet propone no es una existencia perezosa, inútil, dominada por cansancios y dolores de todo tipo, sino una vida en la que el esfuerzo forma una parte esencial de la existencia, una vida abierta al gozo y al trabajo, con el deseo de vivir (expresado en la comida y la bebida). Eso es lo esencial, comer y beber, alegrarse de trabajar… pero (y este es un pero esencial) todo eso depende de la mano de Dios: *etiam hoc vidi e manu Dei esse (pendere),* vi que también eso depende de la mano de Dios.

En este contexto de comida y bebida puede invocarse la presencia de Dios, que se identifica en el fondo con el poder y deseo de una vida que sea fiel al propio destino, en medio de los problemas que provienen del hecho de no conocer todos los problemas del mundo y de la existencia humana.

2, 25. Este verso pone de relieve el hecho de que el gozo de la vida depende de Dios. El primer deber del hombre consiste en comer y beber y así gozarse (vivir) para responder al Dios de la vida, gozando de ella como don y presencia de Dios. También en este verso hay que mantener el texto hebreo original, con su sentido más profundo, *¿quién comerá y quién se cuidará mejor que yo,* חוּץ מִמֶּנִּי, como dice el final de verso. En este contexto, Kohelet pone de relieve el amor hacia uno mismo, como principio y regla de todos los restantes amores: solo aceptando la vida, amándose uno a sí mismo, el hombre puede ser fiel al designio de Dios.

En esta línea ha interpretado Gumpel este pasaje y todo el libro del Kohelet, como ha puesto de relieve Delitzsch, *Jesurun,* pp. 183, siguiendo la interpretación básica de Gumpel, que entre los cristianos es reconocido como profesor Levisohn. Desde ese fondo se pueden entender las palabras de Jerónimo: *quis ita devorabit et deliciis effluet ut ego* (¿quién podrá profundizar tanto y estar lleno de tantas delicias como yo?).

El libro de Kohelet aparece así como un manual de felicidad, centrado en la aceptación de Dios y expresado inicialmente por una opción radical a favor de la vida (comer y beber). De esa forma, el rey Kohelet pone en la base de su deseo (camino) de felicidad el alimento, como base de todos los restantes gozos y necesidades de la vida. Este es el punto de partida, el derecho originario del rey Kohelet y de todos los hombres del mundo, derecho a la comida y bebida, con el trabajo como fundamento de toda alegría.

En esa línea, siguiendo la inspiración de Ginsburg, con Rashi, Aben Ezra y Rashbam, podemos seguir descubriendo y poniendo de relieve la idea básica de Ec 2, 25: la afirmación de que el trabajador tiene el primero y el más hondo de todos los títulos y derechos del mundo, que consiste en *gozar los frutos de su trabajo*. Pero, al mismo tiempo, siendo una consecuencia natural de su esfuerzo, como fruto de su labor, el trabajo y los dones que con él se alcanzan (empezando por la comida) son un don de Dios.

Este es el principio y punto de partida de todo conocimiento humano, vinculado al trabajo, según la voluntad de Dios. Este es un conocimiento originario, propio de cada ser humano que sabe cuidarse, amarse a sí mismo: ¿quién mejor que él? ¿quién mejor que yo? El gozo en el trabajo y en la comida (cuidarse uno a sí mismo) es el primer don de Dios, un regalo de gracia que Dios concede a algunos, pero que otros no tienen, como si Dios no se lo hubiera concedido.

Esta es la primera distinción entre los hombres, no la que se da entre buenos y malos (en sentido moral, posterior). Esta es la diferencia más honda que viene a darse entre aquellos que saben gozar y aquellos que no. Los hombres se distinguen, según eso, entre los que gozan y los que no gozan. El verdadero sabio es, según eso, aquel que trabaja y sabe gozar de los frutos de su trabajo, aquel que ha recibido de Dios un don supremo de cuidarse y cuidar a los otros, en forma de sabiduría de la vida.

La grandeza, la hondura de la vida humana consiste, según eso, ante todo, en saber gozar, empezando por comer y beber. Pero en este gozo el hombre no es totalmente "libre", ni el gozo se produce de un modo espontáneo, pues algunos trabajan y no gozan del fruto de su trabajo, y hay otros que gozan sin trabajar, aprovechándose del trabajo de otros. Kohelet sigue diciendo que el gozo es un don que Dios imparte, haciendo así felices a los buenos (a los trabajadores) y desgraciados a los pecadores (a los que no trabajan), aunque sabiendo que eso no siempre sucede.

2, 26. Como acabo de indicar, en la parte anterior, Dios distingue de un modo misterioso a los hombres. En principio, a un hombre que se muestra ante él como bueno, Dios le concede sabiduría, conocimiento y gozo. Pero, a un pecador, Dios le concede el trabajo de reunir y apilar bienes, a fin de dárselos después a los que aparecen ante él como buenos (וְלַחוֹטֶא נָתַן עִנְיָן לֶאֱסוֹף וְלִכְנוֹס לָתֵת לְטוֹב וְשִׂמְחָה). El Kohelet supone y afirma de esa manera que los bienes de los malos han de ponerse al servicio de los buenos en este mundo. Pero, al fin, también esta división acaba

siendo vanidad y aflicción de espíritu, porque las riquezas de este mundo generalmente no producen ninguna satisfacción, y al final mueren todos igualmente,
sabios y necios, y las riquezas de los malos no sirven tampoco en todos los casos
para felicidad de los ricos. Esta respuesta final del Kohelet puede entenderse desde
dos perspectivas:

(a) En una primera perspectiva, los sabios pueden gozar en este mundo de
los bienes de Dios que les concede *sabiduría, conocimiento y gozo* (los
tres grandes dones). Eso significa que, en un plano, puede hablarse de
un gozo de Dios en este mundo, un gozo incluso económico, porque
los bienes producidos y amontonados por los necios han de ponerse
al servicio de los sabios, que pueden disfrutarlos.

(b) Pero, al final de todo, *la suerte de unos y de otros, de necios y de sabios, es
la misma* pues todos mueren de igual forma, de manera que no pueden
gozar ya de los bienes de este mundo ni de unos bienes eternos.

Eso significa que el libro del Kohelet puede interpretarse de dos formas: (a) por
un lado hay una ventaja para los justos/sabios, a los que Dios concede en este
mundo sus *tres grandes dones*: חָכְמָה וְדַעַת וְשִׂמְחָה (sabiduría, entendimiento y alegría), que puede compararse con los tres primeros frutos del Espíritu: amor, gozo
y paz (Gá 5, 22). En esa línea, todo el libro del Kohelet puede interpretarse como
un canto a los dones que Dios ofrece en este mundo a los sabios, de forma que
se puede hablar de una ventaja y premio de la sabiduría; (b) pero, en otro plano,
como hemos destacado ya, el mismo Kohelet ha dicho y seguirá diciendo que, *en
el fondo, no existe ventaja para los sabios/justos, pues también ellos están condenados
a la muerte*, igual que los necios e impíos.

En esa línea, podemos afirmar que *Kohelet desarrolla, por un lado, un tipo
de lógica radical de "vanidad"* (todo es vanidad de vanidades); no hay nada que
produzca satisfacción a los hombres; todos los esfuerzos por alcanzar sabiduría, por
conseguir un tipo de salvación a través del conocimiento y de las riquezas resultan
ser al final totalmente vanos. Pero, al mismo tiempo, y de un modo paradójico, el
Kohelet habla aquí de los *grandes dones que Dios concede a los sabios*: una sabiduría
o comprensión radical de la vida (חָכְמָה), un conocimiento más profundo de las
cosas del mundo —en la línea de Salomón (וְדַעַת)— y, finalmente, un tipo de
alegría o gozo de la vida (וְשִׂמְחָה). Al mismo tiempo, de un modo más velado, el
Kohelet se atreve a decir que los bienes por los que se afanan y sufren los necios
pueden gozarlo de un modo más profundo los sabios. Siguiendo ese pensamiento,
puede hablarse de una contradicción o, mejor dicho, de una paradoja en la visión
de conjunto del Kohelet. Esta es la paradoja que seguiremos viendo en todo el
resto de este comentario.

- Por un lado, da la impresión de que Dios no interviene en modo alguno en la vida de los hombres, de manera que solo puede hablarse de gran arbitrariedad, pues no conocemos por qué unos pueden disfrutar de una vida más tranquila, mientras otros están rodeados de cientos de males.

- Por otro lado, el Kohelet nos invitará, de un modo incesante, a mantenernos en una línea muy honda de "temor de Dios", que significa respeto ante su creación, aceptación de su obra y aceptación de su majestad, como seguiremos viendo.

Eso significa que, aunque el Kohelet puede pensar que, en un sentido, la vida del hombre sobre el mundo es vanidad, él no dirá nunca que Dios es arbitrario, ni perverso, ni indiferente a la vida de los hombres. El Kohelet sabe que es bueno situarse ante Dios. De esa forma, por eso, invita a los hombres a mantenerse fieles ante Dios, para recibir de esa manera sus tres grandes carismas o dones: *sabiduría, entendimiento y gozo.*

Significativamente, esos dones vienen a manifestarse como signo de la presencia de Dios, tal como se expresa de un modo especial en el tercero de ellos, que es el gozo. Dios se sitúa más allá de todo lo que el hombre puede conseguir con su esfuerzo en un mundo lleno de vanidad; pero, al mismo tiempo, ese Dios más alto, siempre incomprensible, se revela como sabiduría, entendimiento y gozo de los hombres.

Eclesiastés 3

La Sabiduría no se identifica con el poder propio del hombre, sino que como don que Dios les concede o niega, según su voluntad, de forma que todo acontece en el tiempo y en la forma que Dios quiere, conforme a un plan de conjunto que el hombre no puede entender plenamente, ni cambiar, pues él depende en todas las cosas de Dios, y así debe aprender a temerle (respetarle). Todo lo que sucede aquí abajo está ordenado por Dios, en un determinado tiempo, de tal manera que no se realiza según la aprobación del hombre, sino siguiendo el mandato, disposición y providencia de Dios.

¹ לַכֹּל זְמָן וְעֵת לְכָל־חֵפֶץ תַּחַת הַשָּׁמָיִם׃ ס

¹ Para todas las cosas [hay] sazón,
y toda voluntad bajo del cielo,
[tiene su] tiempo [determinado].

3, 1. La lengua alemana es pobre en sinónimos de *tiempo*. Zöckler traduce: "Cada cosa tienes su principio…". Pero al decir *principio* nosotros pensamos solamente en un determinado tiempo de duración y no en un período concreto de despliegue y desarrollo de aquello que acontece. Por el contrario, זְמָן (de זמן, cognado de סמן, sellar, que pertenece a un hebreo más moderno) significa *principio* (e.g. Da 2, 16), pero también tiempo apropiado de realización, en sentido de *zeitpunkt*, un momento adecuado en el despliegue de una realidad o de un acontecimiento.

Según eso, para todas las cosas (לַכֹּל) hay un principio (זְמָן) y un tiempo adecuado (חֵפֶץ) para su despliegue en el mundo. En las lenguas semitas (como en asirio *simmu, simanu*, con *sammek*), la palabra זְמָן es la designación más común para "tiempo". Por su parte, עת (וְעֵת), que es una abreviación de ענת (de עד, determinar) o de ענת (de ענה, cognado de אנה, ir hacia, encontrar), tiene el sentido de *tiempo propio*, adecuado a su despliegue y realización.[10] Lo que el autor quiere decir con esta palabra es lo siguiente:

- *Cada cosa tiene su tiempo*, es decir, su momento propio, está determinado de antemano, antes de que suceda, de forma que queden fijados sus dos rasgos: el momento en que ha de comenzar y el tiempo en que ha de seguir realizándose.

- *Cada cosa tiene un tiempo determinado para acontecer*, un periodo apropiado, adecuado para ella. Solo en su propio tiempo, las cosas son lo que son y lo que pueden ser, conforme a un lenguaje hebreo que puede compararse con el griego. En ese contexto, los intérpretes griegos estuvieron guiados por una visión recta cuando tradujeron זמן por χρόνος (tiempo de tipo más cronológico) y עת por καιρός (tiempo interno o esencial de cada cosa).

Olympiodoro distingue también con mucha precisión las cosas cuando aplica la primera palabra a la duración del tiempo y la segunda al punto o momento de este tiempo. Según eso, el estado de la cuestión es el siguiente: la idea de fondo de la palabra de χρόνος se aplica al término *a quo* y *ad quem*, mientras que la palabra καιρός se aplica al *terminus a quo*. Por su parte, el sentido de חפץ proviene de la idea fundamental de *estar inclinado hacia algo,* en línea de intención, recibiendo así un significado parecido a πρᾶγμα y χρῆμα, con un sentido básico de designio, es decir, de empresa (de algo que se emprende y que tiene sentido, y que es agradable

---

10. Véase Orelli, *Los sinónimos hebreos de tiempo y eternidad*, 1871. A su juicio, la palabra את deriva morfológicamente de ועד. Por su parte Fleischer (cf. Levy, Chald. W.B. II. 572) piensa que esa palabra deriva de אנה, de donde proviene la palabra árabe *inan*, el tiempo justo. En *Coment. a Job* 24, 1 he defendido la primera derivación.

y apropiado), como en latín *res gesta,* donde la palabra *res* indica las cosas que acontecen y son, con un sentido propio. La ilustración posterior de esos principios nos sitúa ante el comienzo y el fin de la vida del hombre, en conexión con lo que sucede en el caso de las plantas.[11]

² עֵת לָלֶדֶת וְעֵת לָמוּת עֵת לָטַעַת וְעֵת לַעֲקוֹר נָטוּעַ׃

³ עֵת לַהֲרוֹג וְעֵת לִרְפּוֹא עֵת לִפְרוֹץ וְעֵת לִבְנוֹת׃

² Tiempo de nacer, y tiempo de morir;

tiempo de plantar,

y tiempo de arrancar lo plantado;

³ tiempo de matar, y tiempo de curar;

tiempo de destruir, y tiempo de edificar;

3, 2. El infinitivo לָלֶדֶת significa dar a luz, pero cuando se insiste más en aquello que surge que en aquello que hace que surja se utiliza en el sentido de nacer (cf. Jer 25, 34, con לט, igual a להטבח). Por su parte, *ledah*, Os 9, 11, es el nacimiento, y en asirio la expresión *li-id-tu, li-i-tu, li-da-a-tu* designa la posteridad, *progenies*. Dado que ahora *lālădĕth* tiene como contraste *lāmuth* (עֵת לָלֶדֶת וְעֵת לָמוּת) y no se refiere a los dolores de la madre, sino al comienzo de la vida del niño, la traducción "hay tiempo de nacer" es más apropiada que "nacer tiene su tiempo".

Lo que afirma Zöckler, siguiendo a Hitzig, al decir *que lĕdĕth* implica un הפץ (una tarea, un tipo de acontecimiento expresamente buscado) no resulta exacto, porque la expresión לכל que está al comienzo (en Ec 3, 1) se aplica tanto a la acción como a la pasión (al sufrimiento), incluida la muerte, a no ser que sea por suicidio, de manera que en esos casos (nacer, morir) no estamos exclusivamente ante hechos voluntarios, sino también, con frecuencia, ante sufrimientos inconscientes.

En vez de לטעת לָטַעַת (en cuyo lugar encontramos a veces la forma לטעת, como encontró Abulwalid en un MS correcto de Damasco, *Michlol* 81b., cf. למוט, Sal 66, 9), el lenguaje más antiguo utiliza la forma לנטע, Jer 1, 10. En hebreo moderno la expresión utilizada sería ליטע, i.e., לטע (*Shebith* ii. 1). La palabra עקד tiene

---

11. Los siete versos que siguen (Ec 3, 2-8) aparecen dispuestos en algunos códices y ediciones, lo mismo que en Jos 12, 9 y en Ester 9, 7, en forma de canto, de forma que cada עת (tiempo) se escribe siempre debajo de otra עת, como aparece en Megilla 16b, *Massecheth Sofrim* xiii. 3, pero sin referencia expresa a este pasaje del Kohelet. Por su parte, el códice J tiene una forma distinta de organizar las palabras, como muestran las cuatro primeras líneas que aquí presentamos: *'ēth lāmoth veeth lalĕdĕth 'ēth 'ēth nathu'ă lă'ăqor veeth lathă'ăth 'ēth lirpō veeth lăhărog 'ēth livnoth veeth liphrots.*

aquí su significado más común de desarraigar (denominativo, de raíz עקר), como עקר en 2Re 3,25, donde se utiliza como palabra targúmica para הפיל (talar árboles).

3, 3. El hecho de que la palabra *harog* (לַהֲרוֹג en el sentido de *para matar*) se ponga en oposición a curar, se explica, según dice Hitzig, por el hecho de que *harog* no incluye aquí todas las consecuencias de la acción y puede traducirse también, perfectamente, con "herir", que es lo contrario de curar. Pero el hecho de matar no se aplica nunca con el significado de *infligir daño* o herir, en la línea de matar (de forma que uno que es *harug* solo puede curarse por medio de la resurrección de entre los muertos, como destaca Ez 37, 6).

El contraste entre las dos palabras (לַהֲרוֹג וְעֵת לִרְפּוֹא) no necesita justificarse con distinciones ingeniosas como esas. La destrucción de una vida sana está en contraste con la salvación (curación) de una persona que está en peligro de muerte, y eso es algo que acontece en muchas situaciones, particularmente en tiempos de guerra, en la administración de justicia y en la defensa de los inocentes, en contra de los asesinatos y de las injurias.

El hecho de que aquí no se presenten más detalles de lo sucedido, desde un punto de vista moral, indica que el autor no está hablando de aquello que es moralmente bueno o malo, sino de aquello que está determinado o no por Dios, que es quien gobierna el mundo, el que fundamenta la historia, el que hace que aquello incluso que es moralmente malo esté al servicio de su plan.

Con este par de palabras, γένεσις y φθορά (generación y corrupción) se asocian aquí (en Ec 3, 3) otras dos que no están ya vinculadas con el mundo de las plantas, sino con el de las edificaciones, evocando el tiempo de construir y el de destruir, con פרוץ (sinónimo de הרוס, Jer 1, 10) en oposición a בנות (que es más que גדור), como en 2Cr 3, 25. A partir de aquí, al contraste entre existencia o no existencia sigue el contraste entre formas distintas de existencia.

עֵת לִבְכּוֹת וְעֵת לִשְׂחוֹק עֵת סְפוֹד וְעֵת רְקוֹד: ⁴

עֵת לְהַשְׁלִיךְ אֲבָנִים וְעֵת כְּנוֹס אֲבָנִים עֵת לַחֲבוֹק וְעֵת לִרְחֹק מֵחַבֵּק: ⁵

⁴ tiempo de llorar, y tiempo de reír;
tiempo de endechas, y tiempo de bailes;
⁵ tiempo de esparcir las piedras,
y tiempo de allegar las piedras;
tiempo de abrazar, y tiempo de alejarse.

3, 4. Es posible que el autor haya buscado la consonancia entre *livnoth* y *livkoth* que sigue inmediatamente. Pero la secuencia de los pensamientos esta internamente fundada en el hecho de que la tristeza mata y la alegría da vida, como vemos en Sir 32, 21-24. La palabra סְפוֹד significa, en particular, "lamentación" por los muertos, Zac 12, 10, y la palabra רְקוֹד significa danza (en un lenguaje más moderno la palabra *kirkēr, hhāgăg,* se utiliza para referirse a las celebraciones de matrimonio y a otras ocasiones festivas). Más difícil resulta precisar la razón que ha llevado al autor a formular los dos siguientes pares de contrastes.

3, 5. Quizá existía en tiempos del autor una costumbre de arrojar tres paladas de tierra sobre la tumba, de manera que a partir de ese gesto se empezó a utilizar la frase "echar piedras", הִשְׁלִיךְ אֶבֶן. Pero no es necesario que acudamos a esa posible referencia (echar piedras sobre tumbas), porque el hecho de arrojar piedras sobre un campo es destruirlo (hacer que no pueda producir frutos; al contrario, recoger las piedras de un campo es permitir que pueda dar frutos. Esta imagen (arrojar piedras, recoger piedras) está tomada del mundo de la agricultura, es decir, del cultivo de un campo.

Por otra parte, el hecho de abrazar se hace también con los brazos (como el arrojar y recoger piedras). Abrazar es un gesto de amistad, mientras el hecho de alejarse puede ser un gesto hostil (como arrojar piedras, aunque no en un sentido exclusivo, sino predominante, cf. 2Re 4, 16; Pr 5, 20). De esa forma, se vinculan el cultivo del campo (recoger y arrojar piedras) con el gesto de relación amistosa o rencorosa entre hombres y mujeres.

⁶ עֵת לְבַקֵּשׁ וְעֵת לְאַבֵּד עֵת לִשְׁמוֹר וְעֵת לְהַשְׁלִיךְ:
⁷ עֵת לִקְרוֹעַ וְעֵת לִתְפּוֹר עֵת לַחֲשׁוֹת וְעֵת לְדַבֵּר:
⁸ עֵת לֶאֱהֹב וְעֵת לִשְׂנֹא עֵת מִלְחָמָה וְעֵת שָׁלוֹם: ס

⁶ tiempo de buscar, y tiempo de perder;
tiempo de guardar, y tiempo de desechar;
⁷ tiempo de romper, y tiempo de coser;
tiempo de callar, y tiempo de hablar;
⁸ tiempo de amar, y tiempo de aborrecer;
tiempo de guerra, y tiempo de paz.

3, 6. Vaihinger y otros traducen לְאַבֵּד por perder, en forma *piel,* y entienden la palabra como expresión de un acto consciente (dejar que algo se pierda). Ciertamente, en el lenguaje antiguo esta palabra se entiende solamente en el sentido de arruinar (hacer que algo perezca, devastar, Pr 29, 3). En el lenguaje más moderno, אבד, como en latín *perdere,* tiene el significado de destruir, pero no en sentido transitivo (arruinar), sino intransitivo (dejar que se destruya). Así se entiende אבד,

e. g. en *Tahoroth*; viii. 3: *si alguien/algo se pierde...* (הַמְאַבֵּד; cf. también *Sifri* a Dt 24, 9: "Aquel que ha perdido" מְאַבֵּד, un *shekel*). En ese sentido, el arameo palestino utiliza el *aphel* אובד, e.g., *Jer. Meza* ii. 5: "La Reina había perdido (אובדת) su ornamento, su vestidura". La pérdida intencionada de algo, arrojándola o echándola fuera, se expresa con להש. A continuación, sigue un contraste entre abandonar y preservar artículos de vestido.

3, 7a. *Tiempo de romper y tiempo de coser.* Cuando llegan noticias malas, cuando se anuncian acontecimientos de muerte, es tiempo para desgarrar o descoser las vestiduras (2Sa 13, 31), ya sea como un gesto espontáneo de tristeza o como una costumbre tradicional. Pero cuando pasa ese tiempo de tristeza vuelve a coserse y unirse aquello que antes se había rasgado. En esa línea sigue la segunda parte de este verso.

3, 7b. *Tiempo de callar, tiempo de hablar.* Golpes severos de adversidad hacen que la mente vuelva a sí misma en quietud, de manera que el comportamiento más adecuado de ese tiempo de adversidad es la resignación silenciosa (cf. 2Re 2, 3. 5). Estas son situaciones y circunstancias en las que el hombre puede responder mejor manteniéndose en silencio, ante la predeterminación y providencia de Dios que se muestra en los momentos duros de la vida. El siguiente contraste nos sitúa ante unas circunstancias en las que puede expresarse en nosotros el amor, y ante otras en las que se despierta en nosotros el odio y la ira.

3, 8. *Tiempo para amar, tiempo para aborrecer.* Tanto aquí como en el caso siguiente estas actitudes han de entenderse en sentido social, más que privado, refiriéndose a las relaciones entre pueblos (Sal 120, 7). Pero es muy significativo que los siete contrastes anteriores (Ec 3, 2-8) culminen en una llamada a la reconciliación (al tiempo de paz). Tiempo para amar, tiempo para aborrecer, tiempo para la guerra, tiempo para la paz (לֶשְׂנֹא עֵת מִלְחָמָה וְעֵת שָׁלוֹם). Esta última terminación (tiempo para la paz) tiene sentido enfático, pues la paz no aparece ya como infinitivo (hacer la paz), sino como sustantivo; la expresión final del tiempo de Dios para los hombres es la paz.

⁹ מַה־יִּתְרוֹן הָעוֹשֶׂה בַּאֲשֶׁר הוּא עָמֵל:

⁹ ¿Qué provecho tiene el que trabaja en lo que trabaja?

3, 9. Esta pregunta brota de las reflexiones anteriores: si todo lo que el hombre hace en sus diversos tiempos depende de la providencia de Dios y de su influjo, no de la voluntad y determinación humana ¿qué provecho saca el hombre de todo aquello que hace? Esta es la misma pregunta y lamento que habíamos visto en Ec 1, 3, repetida aquí en forma nueva.

De todos los trabajos que el hombre hace y sufre no brota para él ningún tipo de seguridad ni continuidad, pues todo lo que realiza está condicionado por el cambio de los tiempos y de las circunstancias; todo lo que él hace depende de relaciones que no puede cambiar. En este contexto de debilidad, entre circunstancias que no controla, el hombre sufre una gran miopía, una cortedad de visión, pues solo conoce unas pocas cosas dentro de un inmenso conjunto de realidades para él desconocidas.

10 רָאִיתִי אֶת־ הָעִנְיָן אֲשֶׁר נָתַן אֱלֹהִים לִבְנֵי הָאָדָם לַעֲנוֹת בּוֹ:

11 אֶת־ הַכֹּל עָשָׂה יָפֶה בְעִתּוֹ גַּם אֶת־ הָעֹלָם נָתַן בְּלִבָּם

מִבְּלִי אֲשֶׁר לֹא־ יִמְצָא הָאָדָם אֶת־ הַמַּעֲשֶׂה אֲשֶׁר־ עָשָׂה הָאֱלֹהִים מֵרֹאשׁ וְעַד־ סוֹף:

10 Yo he visto la ocupación que Dios ha dado
a los hijos de los hombres para que en ella se ocupen.
11 Todo lo hizo hermoso en su tiempo;
y aun el mundo [les] entregó a su voluntad,
[de tal manera] que no alcance el hombre
[esta] obra de Dios desde el principio hasta el fin.

3, 10-11. Ciertamente, Dios ha preparado bien todas las cosas de manera hermosa, cada una a su debido tiempo. Pero él ha dispuesto también la eternidad en el corazón de los hombres, de manera que no pueden investigar cada cosa, de principio a fin, no pueden conocer totalmente el conjunto de aquello que Dios realiza. Así como en Ec 1, 14 se decía ראיתי, así también aquí (Ec 3, 10) se emplea esa misma palabra con el sentido de "he visto" (he investigado), recogiendo de esa manera el resultado de la investigación (cf. Ec 2, 24). En esa línea, Kohelet repite la misma idea anterior: él ha considerado con mucho interés el resultado de su investigación, es decir, el sentido del trabajo de los hombres.

Resulta imposible traducir con una sola palabra, o de una sola manera, —tanto en Ec 3, 10 como en Ec 3, 11— el sentido del término הָעִנְיָן (*'inyam*) con sus diversos matices de trabajo duro, esfuerzo, tarea dolorosa o pesada. Así en Ec 1, 13 significaba dura carga; en Ec 2, 26 significaba negocio; aquí en Ec 3, 10 se refiere a una ocupación. Pero la idea de fondo es en los tres casos la misma: una ocupación que causa problemas y fatigas, que exige esfuerzos.

Pues bien, resumiendo todo lo anterior, el discurso de conjunto del Kohelet se puede condensar en tres ideas fundamentales:

(1) Dios (Ec 3, 10-11) ha realizado todas las cosas con belleza, en su justo tiempo. El autor utiliza la palabra יפה (belleza) como sinónimo de טוב (Ec 3, 17); también en otros idiomas la idea de belleza se ha ido generalizando de un modo progresivo. El sufijo de בעתו no se refiere al tiempo de Dios, sino al de las cosas que pasan en su propio momento; esta palabra tiene el mismo sentido que ἐν καιρῷ ἰδίῳ (Símaco), en su propio tiempo (véase Sal 1, 3; Sal 104, 27; Jer 5, 24, etc.), dado que lo mismo que otros casos, la partícula ו, como en יחדו (junto con) y en כלו (cada uno) ya no se toma como sufijo propiamente dicho, sino que forma parte del sentido general de la palabra. Por otra parte, lo mismo que יפה, la expresión בעתו, en su función predicativa, pertenece al verbo: *en su tiempo*, Dios ha realizado todo con belleza; él ha hecho que cada acción y cada realidad acontezca a su debido momento.

La belleza consiste en esto: que cada cosa no se haga ni antes ni después, sino a su debido momento, cuando ella debe acontecer, de tal forma que venga a integrarse como un elemento constituyente de la totalidad de la obra de Dios. Según eso, el pretérito debe interpretarse en su recto sentido: en su plan de conjunto del mundo, Dios ha hecho que todas las cosas sean hermosas, de manera que cada una acontezca en su momento determinado, porque aquello que en este mundo se realiza en su momento ha tenido una existencia ideal previa en el conocimiento de la voluntad de Dios (cf. Is 22, 11; Is 37, 26). Aquello que ahora aparece y se realiza ante el espectador humano existía, Dios existía por encima (antes) de todo previamente.

(2) El mismo Dios (Ec 3, 11) ha puesto el mundo (הָעֹלָם, su conocimiento) en el corazón de los hombres. Gaab y Spohn interpretan la palabra הָעֹלָם en el sentido árabe de *'ilam*, conocimiento, comprensión. Por su parte, Hitz., que vocaliza la palabra como עלם, traduce: "Dios ha puesto también entendimiento en sus corazones (en el corazón de los hombres), sin el cual ellos", etc. La traducción de אֲשֶׁר־עָשָׂה es correcta; pero מב aparece raramente como una *conjunción*, de manera que debería traducirse como *eo quod*, Ex 14, 11; 2Re 1, 3; 2Re 1, 6; 2Re 1, 16. Pero esa traducción no es aquí adecuada, de forma que debe tomarse como una *preposición* que, seguida de *asher*, debe significar "sin lo cual": de manera que sin esto (sin que Dios ponga el mundo en el corazón/entendimiento de los hombres), los hombres no pueden conocer la obra de Dios desde el principio hasta el fin.

El Véneto pone ἄνευ τοῦ ὅτι, *a no ser que*, en el sentido frecuente de כי אפס, e.g. en Am 9, 8. Pero el árabe *'ilam* se distingue bien del hebreo, que no utiliza la raíz עלם en el sentido de elevarse, hacerse visible, ser conocido, como algunos quieren en este caso, identificando el mundo (realidad) con el conocimiento del mundo (idea). Hitzig cree que el hebreo עלם tiene el sentido de sabiduría en Sir 6, 21, donde aparece formando un juego de palabras con נעלם, lo que está oculto, como en la versión griega: σοφία γὰρ κατὰ τὸ ὄνομα αὐτῆς ἐστί, καὶ οὐ πολλοῖς ἐστὶ φανερά (la sabiduría no aparece manifestada a muchos).

En este contexto, Drusius y Eichhorn han insistido en la importancia de la palabra árabe *'ilam* (en el sentido de *mundo,* conocimiento del mundo). Pero Fritzsche les ha contestado con razón: "en el caso de que esta palabra aparezca solo aquí y no se encuentren rastros de ella ni en caldeo, ni en siríaco ni en hebreo rabínico, significa que no debemos utilizarla para interpretar este pasaje". Por su parte, R. Akiva ha utilizado en este contexto, en su *Midrash,* una *scriptio defectiva,* con la anotación שהועלם וגו, "porque el misterioso nombre de Yahvé está oculto para ellos". Hay también otras opiniones sobre el sentido ya más concreto de esta palabra עֹלָם en hebreo; algunos responden que significa "el mundo" (Jerónimo, Lutero, Ewald), otros piensan que es más bien el deseo del conocimiento del mundo (Rashi), o incluso un tipo de "mentalidad mundana" (Gesenius, Knobel). Yo he ofrecido mi respuesta en *Psychologie* p. 406 (2ª ed.):

> En hebreo postbíblico, la palabra 'olam significa no solo eternidad hacia atrás y hacia adelante, sino duración infinita; pero, al mismo tiempo significa el mundo como aquello que dura para siempre, en el sentido de αἰών, seculum; sin embargo, en ese último sentido, el mundo como tal sigue siendo desconocido.

También en fenicio, la palabra *'olam,* tal como se entiende en un período posterior, no se refiere ya a este mundo concreto como tal, sino a la eternidad, al *melek 'olam,* βασιλεὺς αἰῶνος, αἰώνιος (rey eterno...), en un mundo lleno de frutos y bienes que no empiezan ni acaban. En una moneda de acuñada en aquel contexto, el *'olam* (Αἰών) se identifica con el reino que da fruto duradero. En esa línea, el hombre tiende a conocer el mundo, pero es incapaz de abarcar su totalidad, de entenderlo en su plenitud. En sí mismo, el pensamiento de que Dios ha colocado todo el mundo en manos del corazón del hombre no es falso, pues el hombre es en sí, ciertamente un microcosmos en el que se refleja el macrocosmos como en un espejo (Elster). Pero esa interpretación no se debe absolutizar, ni tomarse como única.

El argumento de fondo de este discurso del Kohelet no es solo que el hombre es un miembro o momento del gran universo, ni que Dios ha concedido a cada ser (y en especial a cada hombre) un tiempo/lugar determinado en el conjunto, sino que, en todas sus experiencias, el hombre está condicionado por el tiempo, de manera que en el curso de la historia todo lo que al hombre le acontece, conforme al plan cósmico de Dios, está fijado en un determinado momento y circunstancia. Pero la idea más alta, por la que queda sobrepasado y contenido el tiempo, en su doble acepción de את y זמן, no es ya la idea del mundo (ni el mundo como tal), sino la eternidad, una eternidad con la que el mundo se relaciona como una parte con el todo (Cicero, *De Inventione.* i. 26. 39, *tempus est pars quaedam aeternitatis*).

En el lenguaje de la Misná, *'olam* sigue significando el mundo en sentido antiguo; pero al mismo tiempo va cobrando la acepción nueva de eternidad, especialmente en su forma adverbial עולמית, que significa *eternamente*. Kohelet quiere decir que Dios no solamente ha asignado a los hombres un lugar determinado en la historia —haciendo que cada uno pueda tener una conciencia propia, dentro de la totalidad—, sino que ha puesto también de relieve el hecho de que el hombre lleva dentro de sí un impulso que le dirige más allá de lo temporal hacia aquello que es eterno.

En su misma naturaleza el hombre tiene la certeza de que no está cerrado dentro de los límites de lo temporal, sino que, superando esos límites que le rodean y cierran, él puede romper el cautiverio y escaparse de su limitación, consolándose a sí mismo y sabiendo que, en medio de los cambios incesantes del tiempo, él puede dirigir y dirige sus pensamientos hacia la eternidad. Esta certeza nos muestra que el *desiderium aeternitatis* (deseo de eternidad), implantado en el corazón del hombre, constituye una de las aportaciones más profundas del Kohelet al pensamiento de la humanidad.

Según eso, de hecho, Kohelet muestra que los impulsos más profundos del hombre no pueden quedar limitados por el tiempo, sino que por su naturaleza más profunda están vinculados (abiertos) a la eternidad. Aquello que es pasajero no concede al hombre apoyo duradero ni suficiente, sino que le va llevando como una fuerte corriente de agua y obligándole a buscar y encontrar salvación en el mar acogedor de la eternidad.

En este contexto, el Kohelet pone de relieve no solo el aspecto práctico de su vida, sino más bien su aspecto intelectual, dotándole de su más honda grandeza y dignidad. No basta, por tanto, saber que todo lo que sucede en el mundo tiene su tiempo y lugar divinamente ordenado, sino que en su misma naturaleza el hombre tiene un instinto peculiar que le impulsa a tender más allá de su conocimiento fragmentario, para abrirse y alcanzar la eternidad. Pero, como seguiré indicando este instinto, por sí mismo, acaba siendo insuficiente o vano.

(3) El hombre es incapaz de penetrar totalmente (de principio a fin) en la obra de Dios. Esa obra la está impulsando (está impulsándose a sí misma) en la historia del mundo, una historia en la que cada individuo humano es un fragmento. El Kohelet dice que Dios ha desplegado עשה, esta obra. Dios la había completado en su plan eterno, y ahora la despliega en su "tiempo separado", de principio a fin, en el mundo. De esa forma se vinculan la eternidad del plan de Dios y su obra en el mundo; ellas se relacionan como el despliegue en su camino y la realidad ya desplegada, formando así el *pléroma*, la totalidad, una con la otra. La palabra ימצא tiene un sentido potencial (lo que puede cumplirse) pero, al mismo tiempo, está indicando aquello que ya se ha cumplido, como en Ec 8, 17; Job 11, 7; Job 37,

23. Se trata, pues, de un conocimiento que alcanza su objeto y que lo contiene, lo expresa plenamente, de principio a fin.

Ese es el conocimiento de Dios, pero el hombre es incapaz de comprenderlo y contenerlo en su totalidad (אֲשֶׁר לֹא־ יִמְצָא הָאָדָם אֶת־ הַמַּעֲשֶׂה), porque la eternidad, como indica su nombre *'olam* es lo escondido, de forma que es inconmensurable hacia adelante y hacia atrás. Eso significa que el *desiderium aeternitatis,* inherente al hombre, no puede cumplirse bajo el sol, es decir, en el tiempo de su vida en la tierra. Ese conocimiento elevaría al hombre por encima de los límites de sí mismo (de los límites en los que está ahora confinado); ese conocimiento de la eternidad le llevaría más allá del campo de los objetos aislados, obteniendo un conocimiento de la totalidad de las obras de Dios; pero esa visión abarcadora (en la que todo se contiene) es inalcanzable para el hombre.

Si Kohelet hubiera conocido la existencia de una vida futura habría sabido que este impulso natural del hombre hacia la vida eterna no es una ilusión, de manera que (si creyera en esa vida futura) habría podido plantear el tema de una manera mejor que la que aparece en los siguientes versos.

¹² יָדַעְתִּי כִּי אֵין טוֹב בָּם כִּי אִם־ לִשְׂמוֹחַ וְלַעֲשׂוֹת טוֹב בְּחַיָּיו:

¹³ וְגַם כָּל־ הָאָדָם שֶׁיֹּאכַל וְשָׁתָה וְרָאָה טוֹב בְּכָל־ עֲמָלוֹ מַתַּת אֱלֹהִים הִיא:

¹⁴ יָדַעְתִּי כִּי כָּל־ אֲשֶׁר יַעֲשֶׂה הָאֱלֹהִים הוּא יִהְיֶה לְעוֹלָם
עָלָיו אֵין לְהוֹסִיף וּמִמֶּנּוּ אֵין לִגְרֹעַ וְהָאֱלֹהִים עָשָׂה שֶׁיִּרְאוּ מִלְּפָנָיו:

¹⁵ מַה־ שֶׁהָיָה כְּבָר הוּא וַאֲשֶׁר לִהְיוֹת כְּבָר הָיָה וְהָאֱלֹהִים יְבַקֵּשׁ אֶת־ נִרְדָּף:

¹² [Yo] he conocido que no [hay] mejor para ellos,
que alegrarse, y hacer bien en su vida.
¹³ Y también [he conocido] que [es] don de Dios
que todo hombre coma y beba, y goce el bien de todo su trabajo.
¹⁴ He entendido que todo lo que Dios hace, esto será perpetuo;
sobre aquello no se añadirá, ni de ello se disminuirá;
porque Dios [lo] hace para que ante él teman [los hombres].
¹⁵ Aquello que fue, ya es: y lo que será, fue ya;
y Dios buscará lo que pasó.

3, 12. Este pasaje no implica una llamada a la resignación, pues eso exigiría que לַעֲשׂוֹת טוֹב tuviera el sentido de obrar bien, es decir, de un modo moralmente bueno (LXX, Tárg., Syr., Jer., Véneto), aunque en otro sentido parece que el significado de la frase va en esa línea, esto es, en la línea de la actuación moral, según Ec 7, 20. Pero, con toda razón, Ginsburg ha puesto de relieve que en ningún otro lugar (ni en Ec 2, 24; Ec 3, 22; Ec 5, 17; Ec 8, 15 o Ec 9, 7) una frase como esta puede interpretarse de esa forma, en una línea de exigencia moral (de hacer el bien en la vida).

Lo que está en juego en este pasaje no es hacer el bien, en sentido ético, sino vivir bien, en un sentido *eudaimonista*, lo mismo que en 13 ,3 ,טוב ור, donde unas palabras como estas se entienden *de forma vital* (vivir bien) y *no de forma moral* (hacer el bien). Por otra parte, a fin de precisar el tema, como afirma Zöckler con toda razón, debemos recordar que en el Eclesiastés no hay ningún otro ejemplo en el que la expresión עשות תוב haya de entenderse en el sentido de *estar de buen ánimo* (tener un ánimo bueno, Lutero). No se trata, por tanto, de sentirse bien, ni de actuar moralmente bien, sino de responder al designio de Dios.

Sea como fuere, en cualquiera de esos casos, debemos excluir de la frase un significado ético por exigencia del contexto más cercano y también por los paralelos. Ese sentido moral no es contrario a la visión del Kohelet, pero este no era el lugar apropiado para expresarlo. La palabra בָּם (כִּי אֵין טוֹב בָּם) ha de entenderse en el sentido de *baadam*, Ec 2, 24. El plural abarca a todos los hombres, sin fijarse en detalles individuales. El tema es, por tanto, el gozo de la vida (gozar de ella). Pero este es un gozo que ha de vivirse en medio de las circunstancias de un mundo que el hombre no puede controlar.

3, 13. Esta sentencia está construida de manera inversa, en forma de anacoluto, de un modo muy parecido al de Ec 5, 18. Por su parte, כל־הֹא significa, en sentido propio, la totalidad de los hombres, en un plano de igualdad, como en Sal 116, 11; pero aquí —como en Ec 5, 18 y Ec 12, 13— el autor utiliza las dos palabras שֶׁיֹּאכַל וְשָׁתָה, de tal manera que el segundo miembro del estado constructo sirva para determinar el primero, como ocurre en otros casos (cf. Dt 22, 19). La cláusula de sustantivo, *col-haadam* es sujeto: cada uno de los hombres. En vez de מִיָד, aquí se utiliza מַתַּת (abreviación de מַתְּנַת), como en Ec 5, 18.

La conexión inicial con וְגַם deriva del adversativo precedente, en el sentido de pero también (no obstante) como en Ec 6, 7; Neh 5, 8, cf. Jer 3, 10, donde la partícula gam queda intensificada por bekol-zoth. Y por lo demás, tanto en Ec 3, 13, como en Ec 2, 24-26, en el Kohelet, εὐνοΐα y εὐθυμία se condicionan recíprocamente sin que se pueda sacar una conclusión que justifique la traducción moral de obrar bien. Ciertamente, en el gozo de la vida, el hombre está condicionado por el Absoluto, en un sentido ético, pero el Kohelet no pone aquí de relieve ese sentido ético.

3, 14. Esta es una conclusión que se deriva de hechos de experiencia, una que es válida para el presente y para los tiempos que vienen, de manera que *quidquid facit* se puede cambiar por *quidquid faciet* (pasando de cualquiera que hace a cualquier cosa que haga). Pero el predicado muestra que la expresión ha de entenderse en sentido de futuro, porque הוּ יה לע no significa "esto es para siempre" (Hitz.), lo que tendría que expresarse por una cláusula de sustantivo הוּא לעולם, sino "esto será para siempre" (Zck.), es decir: esto mantendrá su validez para siempre.

Esto que se dice aquí expresa la verdad del Dios que guía los acontecimientos de la naturaleza; la verdad del Dios que dirige con su providencia la historia de los asuntos humanos. Todo esto es algo que los hombres no pueden alterar. El sentido de la frase no es que los hombres no "deben", sino que no pueden alterar lo que está determinado por Dios. No se trata, pues, de que el hombre añada o quite algo a lo que ha sido determinado por Dios (Dt 13, 1; Pr 30, 6), sino de que el hombre es incapaz de hacer algo de ese tipo, pues todo lo que existe está determinado por la idea/voluntad de Dios.

Este carácter incambiable de la disposición de Dios tiene una finalidad: que los hombres teman al Dios que lo condiciona todo, no estando condicionado por nada, pues Dios lo ha hecho todo tal como es, con el fin de que los hombres le teman: cf. שׂ אשׂה, *fecit ut*; cf. Ez 36, 27, ποιεῖν ἵνα, Ap 13, 15: temer ante él o temerlo, como en Ec 8, 12; cf. 1Cr 16, 30 con Sal 96, 9. Este carácter inmutable de la acción de Dios se muestra en el hecho de que a lo largo de la historia se repiten siempre unos fenómenos semejantes, de manera que los principios fundamentales y las normas básicas del gobierno de Dios permanecen siempre idénticas.

3, 15. Las palabras "aquello que fue ya es" (ya es desde tiempo antiguo: מַה־שֶׁהָיָה כְּבָר הוּא) alude a cosas que desde el presente se miran y se entienden como ya pasadas, como fruto de un desarrollo ya cumplido. La frase: *ya han sido* (היה כבר), se aplica también al futuro (ל אשׁר, τὸ μέλλον, véase Gesenius 132, 1), de manera que no puede existir en el mundo nada que sea verdaderamente nuevo. El gobierno de Dios no es para que las cosas cambien y, según eso, no cambian. El poder creador de Dios, su autoridad moral se expresa siempre con las mismas leyes, a través de los mismos fenómenos.

El verso termina diciendo וְהָאֱלֹהִים יְבַקֵּשׁ אֶת־ נִרְדָּף, *y Dios buscará lo que pasó* (lo que ha sido (cf. Ec 7, 7; Ewald, 277d). Hengstenberg traduce esas palabras finales, יְבַקֵּשׁ אֶת־ נִרְדָּף: *Dios busca a los perseguidos* (LXX, Simm., Tárg., Syr.), es decir, les visita con su consuelo y con su ayuda. Según eso, la palabra final, *nirdaph*, se estaría refiriendo a las cosas y personas que han sido perseguidas, oprimidas, de tal forma que han sido arrojadas al pasado y por consecuencia ya no son. En un sentido, ellas forman parte del pasado, pero Dios las busca de un modo intencionado, para traerlas de nuevo al presente, porque su gobierno permanece, y hace que vuelva a existir aquello que ya ha sido.

Así traduce Jerónimo: *Deus instaurat quod abiit* (Dios restaura lo que ha pasado). El autor Véneto pone: ὁ ζεὸς ζητήσει τὸ ἀπεληλαμένον (Dios buscará a los abandonados). Por su parte, entre los autores posteriores a la Reforma, Geier traduce *praestat ut quae propulsa sunt ac praeterierunt iterum innoventur ac redeant* (Dios asegura que las cosas ya sucedidas se renueven y vuelvan).

El pensamiento de fondo se puede interpretar así: Dios busca lo semejante, Dios quiere que vuelva a realizarse lo que es parecido a lo anterior. En árabe una palabra relacionada con otra se llama *muradif*, de la misma raíz que *nirdaph*. En hebreo se utiliza la expresión שמות נרדפים, las cosas que se siguen unas a las otras, siendo semejantes. Pero quizá esta expresión está tomada del árabe. No tenemos ejemplos que prueben lo contrario.

3, 16-22. Los impíos, abandonados a sí mismos; su fin como las bestias

16 וְעוֹד רָאִיתִי תַּחַת הַשָּׁמֶשׁ מְקוֹם הַמִּשְׁפָּט שָׁמָּה הָרֶשַׁע וּמְקוֹם הַצֶּדֶק שָׁמָּה הָרָשַׁע׃

17 אָמַרְתִּי אֲנִי בְּלִבִּי אֶת־ הַצַּדִּיק וְאֶת־ הָרָשָׁע יִשְׁפֹּט הָאֱלֹהִים כִּי־ עֵת לְכָל־ חֵפֶץ וְעַל כָּל־ הַמַּעֲשֶׂה שָׁם׃

16 Vi más cosas bajo del sol:
en el lugar del juicio, allí la impiedad;
y en el lugar de la justicia, allí la iniquidad.
17 Y dije yo en mi corazón:
al justo y al impío juzgará Dios;
porque hay un tiempo [de juzgar] a toda voluntad
y a todo lo que se hace.

3, 16. La estructura del verso es palindrómica, como en Ec 1, 6; Ec 2, 10; Ec 4, 1. Podríamos tomar מקום como caso absoluto, de manera que מְקוֹם הַמִּשְׁפָּט שָׁמָּה se pueda entender como במקום en sentido enfático (Hitz.), con una construcción como la de Jer 46, 5, pero la acentuación no permite interpretar el texto así (cf. Gn 1, 1). De todas formas, quizá es mejor entender la palabra מקום como objeto de רָאִיתִי mientras que las dos palabras siguientes, שמה הרשע, han de entenderse como cláusula atributiva "donde prevalece la maldad", conforme al modelo antiguo de las frases atributivas que son comunes en este libro (véase Ec 1, 13, con *nathan* en el sentido de *nethano*, Ec 5, 12, y *raithi* igual a *reithiha*); pero puede tratarse también de un predicado virtual en acusativo: *vidi locum juris (quod) ibi impietas*, vi que en el lugar del derecho reinaba la impiedad. Cf. Neh 13, 23 con Sal 37, 25.

El lugar de la justicia es el lugar donde debía ser ratificada y ejecutada; *y el lugar del juicio* es el lugar donde debían cumplirse los juicios. Desde este fondo se distingue el sentido de las palabras. *Mishpat* es la norma (de derecho), en sentido objetivo; por su parte, *tsedek* es la propiedad y la forma de actuar de la justicia.

La palabra רֶשַׁע tiene en ambos casos el mismo sentido: es la maldad (cf. Sal 1, 1), aquello que impide que se cumpla el buen juicio, lo contrario de la *tsĕdĕk*, lo que va en contra de la rectitud moral, como algo que fluctúa, sin mantener su rigor, como un tipo de misericordia que va cambiando (cf. Sal 130, 7 y también Pr 21, 21). שָׁמָּה tiene aquí el mismo sentido que שָׁם, como en Sal 122, 5, etc. La partícula locativa final (*ah*) responde a la pregunta ¿dónde? o también ¿adónde? A partir de aquí el autor muestra la forma en la que, ante ese estado de cosas, él llegó a encontrar una respuesta satisfactoria.

3, 17. Dado que el justo הַצַּדִּיק aparece primero, la palabra יִשְׁפֹּט tiene aquí el doble significado de juzgar (como en alemán *richten* en el sentido de alzar, poner en sentido vertical, como en *shofteni*, Sal 7, 9; Sal 26, 1, etc.), pero tiene también el de condenar, y se aplica tanto a los justos como a los culpables.[12]

Dios realizará el juicio que merecen tanto unos como otros. Pero esto no sucede y se realiza de inmediato, sino que debe esperarse su momento, porque hay un tiempo determinado para cada cosa (Ec 3, 1), y porque (con עַל, que en la forma más reciente del lenguaje hebreo puede utilizarse como אֶל y לְ, cf. Jer 19, 15; Ez 22, 3; cf. Ewald, 217i) para cada cosa hay un tiempo determinado. En este caso, la partícula עַל, como saben todos los intérpretes antiguos, no puede tener un sentido temporal como "entonces" refiriéndose al día del juicio, *die judicii* (Jerónimo, Tárg.), sino un sentido consecutivo, cf. Sal 14, 5; Sal 36, 13. En este caso, el texto no se está refiriendo al día concreto del juicio, sino en general al juicio que va unido a cada cosa que se hace.

Ewald traduce la palabra שָׁם refiriéndose al pasado, como si Dios mantuviera siempre activo su juicio sobre las cosas que han sido previamente realizadas. En un sentido, esa actitud de Dios que mantiene por un tiempo escondido su juicio, está indicando que este no va inmediatamente unido a la acción realizada por los hombres, sino que se puede retrasar hasta el momento determinado por el mismo Dios en un mundo en el que cada cosa tiene su tiempo y lugar, dentro del orden de la obra creadora y judicial de Dios.

Eso significa que el juicio de Dios está pendiente para cada cosa que ha sido previamente realizada. El hombre no conoce la relación interna entre las acciones que él realiza y el tiempo en que se ejecuta el juicio final que está determinado exclusivamente por Dios, que es quien lleva en cuenta las acciones de los hombres. Eso significa que hay un tiempo para el juicio de todas las acciones de los hombres,

---

12. La LXX (en la línea de Aquila) pone σὺν τὸν δίκαιον καὶ σὺν τὸν ἀσεβῆ. Conforme a la regla hermenéutica del Talmud, allí donde el objeto designado queda introducido por la partícula אֵת, con la que se designa expresamente y se asocia a otro objeto.

pero un tiempo que no se puede objetivar (ni interpretar) desde una perspectiva humana, sino que pertenece a la vida/voluntad de Dios.

Según eso, las acciones y sanciones de los hombres no pueden juzgarse de una forma independiente de Dios, sino que todo depende de él, y todo se realiza conforme a su decisión. En esa línea, la palabra שׁם se puede entender en un sentido local y temporal, pero solamente en Dios y desde Dios, de manera que estrictamente hablando no hay para el hombre un destino independiente de Dios, ni tampoco un mundo que pueda elevar sus propias leyes frente a Dios. La única ley, el único destino, la única determinación de las sanciones de los hombres es la que está marcada por la voluntad/realidad de Dios. Según eso, el tiempo definido para la sanción de las obras humanas viene marcado por la voluntad de Dios, conforme al orden que ha dispuesto para todas las cosas.

En esa línea ha de entenderse la palabra שׂים שׂום que se utiliza tanto para referirse a las ordenanzas (determinaciones) de Dios en la naturaleza como en la historia (Pr 8, 29; Ex 21, 13; Nm 24, 23; Hab 1, 12, etc.). En esa línea, tanto la palabra asiria *simtuv* como la hebrea שׁימה שׁומה (cf. 2Sa 13, 32) significan *destino*, decreto de Dios.[13] Deteniéndose sobre el retraso de Dios, en un tiempo que está escondido para los hombres, y que solo él conoce, Kohelet reflexiona sobre el tema en el siguiente verso.

18 אָמַ֤רְתִּֽי אֲנִי֙ בְּלִבִּ֔י עַל־ דִּבְרַת֙ בְּנֵ֣י הָֽאָדָ֔ם לְבָרָ֖ם הָאֱלֹהִ֑ים
וְלִרְא֕וֹת שְׁהֶם־ בְּהֵמָ֥ה הֵ֖מָּה לָהֶֽם:
19 כִּי֩ מִקְרֶ֨ה בְֽנֵי־ הָאָדָ֜ם וּמִקְרֶ֣ה הַבְּהֵמָ֗ה וּמִקְרֶ֤ה אֶחָד֙ לָהֶ֔ם כְּמ֥וֹת זֶה֙ כֵּ֣ן מ֣וֹת זֶ֔ה וְר֥וּחַ
אֶחָ֖ד לַכֹּ֑ל וּמוֹתַ֨ר הָאָדָ֤ם מִן־ הַבְּהֵמָה֙ אָ֔יִן כִּ֥י הַכֹּ֖ל הָֽבֶל:

18 Dije en mi corazón,
en orden a la condición de los hijos de los hombres,
(condición) que Dios puede manifestar,
viendo que ellos [son] bestias los unos para los otros.
19 Porque el suceso de los hijos de los hombres,
y el suceso del animal, el mismo suceso es:
como mueren los unos, así mueren los otros;
y una misma respiración tienen todos;

---

13. Véase Schrader, *Keilsch. u. A. T.* p. 105, *simtu ubilsu*, i.e., "el destino se lo arrebató" (hebreo: *simah hovilathhu*), cf. Fried. Delitzsch, *Assyr. Stud.* p. 66s. Elster va en contra de esa traducción y propone otras alternativas, pero la composición de este pasaje, Ec 3, 17, es la misma que la de Ec 10, 20 y Da 2, 17. Mirado así, el sentido de conjunto del texto es claro: Dios ha de juzgar a inocentes y culpables, y lo hará al mismo tiempo, pero no tan pronto como algunos quisieran y como otros juzgaran necesario, porque Dios tiene fijado su tiempo para todas las decisiones judiciales. Él permite que la maldad se desarrolle y espera mucho tiempo antes de responder. Cf. *Comentario* a Is 18, 4.

ni tiene más el hombre que la bestia;
porque todo [es] vanidad.

3, 18. Sobre el sentido de עַל־דִּבְרַת בְּנֵי הָאָדָם, con relación a los hijos de los hombres, cf. Ec 8, 2; ver en *Com.* Sal 110, 4, donde עַל־דִּבְרַת significa "sobre" (κατά) el estado de la cuestión. El infinitivo לְבָרָם no deriva de בּוּר, cf. לָבוּר, Ec 9, 1, que es una forma metaplásica de לבר o de לברר, sino de ברר, cuyo infinitivo puede tomar la forma רד, pisotear, cf. Is 45, 1. La raíz בר tiene en sí, por una parte, la idea primaria de cortar, escoger, vendimiar y; por otra parte, la de aplanar, limpiar, purificar (véase Is 49, 2).

Según el contexto, esta palabra ha de entenderse en el sentido de escoger, vendimiar, separar…, de una forma parecido a la que tiene en לברר, Da 11, 35: aclarar, iluminar, discernir. Esta palabra se puede conectar con el tema de *Shabbath* 138a, 74a, donde tiene el significado principal de aventar, aclarar, purificar el trigo (cf. להבר, Jer 4, 11). En esa misma línea se puede citar la expresión de *Sanhedrin* 7b: "Cuando ves que una palabra es clara y cierta, *brwr*, para ti, es decir, libre de ambigüedad, como la mañana, entonces habla, dila; si no es así de clara no hables, no digas esa palabra".

En la expresión לְבָרָם הָאֱלֹהִים, la palabra הָאֱלֹהִים es, sin duda, el sujeto, como dice Gesenius 133. 2. 3. Pero Hitz. piensa que הָאֱלֹהִים es genitivo, cosa que desde una perspectiva árabe puede ser cierta, pues, según el árabe, se dice también *li-imti-ḥânihim allahi* con sujeto de genitivo, pero ese tipo de expresión árabe no puede aplicarse sin más al hebreo.

El tema de fondo es que Dios puede "zarandear", esto es, castigar de alguna manera a los hombres en este mismo mundo, de forma que sin impedir el libre desarrollo de sus caracteres personales, sin imponerse sobre ellos a la fuerza, él puede permitir que se distingan en este mismo mundo los rasgos y juicios de los buenos y de los malos. Aquellos mismos hombres a los que Dios puede "zarandear" para probarlos en la tierra son los que pueden descubrir si hay diferencia entre ellos y los animales (וְלִרְאוֹת שְׁהֶם־בְּהֵמָה הֵמָּה לָהֶם).

Aben Ezra traduce: para ver "si ellos son como bestias entre sí", unos con otros. El tema de fondo es el de penetrar en la realidad de los hombres para descubrir si ellos son, entre sí, mutuamente, como bestias (como ha traducido Lutero). Se pueden dar y se han dado diversas interpretaciones de esta frase (si los hombres son entre sí como bestias).

Conforme al contexto, tomando en cuenta el significado de Ec 3, 16 (*en lugar de juicio impiedad y en lugar de justicia iniquidad*), debemos entender estas palabras de un modo radical. El Kohelet está poniendo de relieve la posibilidad del embrutecimiento del hombre, allí donde deja a un lado el temor de Dios y de su juicio. Si los seres humanos se miran como simples hombres (desde la perspectiva de su naturaleza), si prescindimos de la idea de una intervención de Dios y de un juicio futuro, desaparece la distinción entre hombres y bestias (de manera que la vida de los hombres se convierte en pura violencia y lucha). En lugar de un mundo de hombres tendríamos un mundo de puros animales (בְּהֵמָה הֵמָּה לָהֶם), todos ellos igualados por la misma violencia y la misma muerte.

3, 19. Como muestra la repetición de la palabra מִקְרֶה, este verso de tres miembros puede tomarse como un proverbio emblemático como, por ejemplo, Pr 25, 25: porque así como es el suceso (la suerte) de los hombres, así también (con *waw* de comparación) es la suerte de los animales. Ambos tienen un mismo destino. Posiblemente, la palabra מִקְרֶה con *segol* no puede entenderse como una forma de conexión entre las frase (Luzz.), porque en casos como este y el de Is 3, 24, la relación que se establece entre las palabras es de aposición (de simple coordinación), no de dependencia o subordinación, con genitivo. Esta forma מִקְרֶה, que aquí aparece tres veces, está ratificada por el Tárgum (y también por el texto veneciano y por diversos manuscritos).

Joseph Kimchi pone de relieve que las tres veces en que se usa la palabra מִקְרֶה tiene *segol*, de forma que aparece en todas ellas en sentido absoluto, no en dependencia o subordinación a otras palabras. Lo que el Kohelet afirma es que los hombres y animales no están definidos en su vida y por su muerte de un modo puramente accidental como por una casualidad propia de ellas, sino que su vida (la de todos) responde a la determinación absoluta de Dios.

Para los hombres, la vida y la muerte no son accidentes externos, algo que les pasa sin más, un efecto de su energía individual, sino que su vida y su muerte dependen de un poder superior, que se expresa en ellos y que les define, tal como Solón dijo a Creso (Heródoto 1, 32): el hombre es radicalmente συμφορή, está determinado por un destino (por un orden divino) que determina su vida, de modo que no puede hacer por sí mismo lo que quiere, sino someterse a lo que está determinado para él.

No se trata, por tanto, de comparar a los hombres con las bestias de un modo aislado accidental. Ni hombres ni bestias son absolutos, ni hombres ni animales pueden entenderse como resultado de un ciego accidente (Hitz.), ni puede añadirse que ellos comparten un mismo tipo de transitoriedad, sino descubrir y aceptar que forman parte de la revelación (realización) del mismo plan absoluto de Dios. Por eso, en un plano radical, tanto los hombres como los animales comparten un mismo destino de dependencia de Dios y, de esa forma, se vinculan.

Así como muere el hombre, así muere el animal. Así como uno tiene aliento (respira), así respira y tiene aliento el otro. Así como el aliento sale de la bestia con la muerte, también el aliento del hombre le abandona con su muerte. Hombre y animal comparten un mismo tiempo de respiración vital, de existencia en el mundo (כְּמוֹת זֶה כֵּן מוֹת זֶה וְרוּחַ אֶחָד לַכֹּל), no por sí mismos —por aislado— sino por determinación de Dios como indican también Ec 6, 5; Ex 14, 20, con la terminación להם (masculino, como género aplicado a todos, separadamente a hombres y animales).

La expresión misnáica במות tiene el mismo sentido que la bíblica כמו (cf. *Maaser Sheni*, v. 2). La palabra כמות indica aquí que los hombres no pueden cambiar ese destino de Dios, ni en la vida ni en la muerte. Por su parte, el término מותר, que en Pr 14, 23 y 21, 5 (no en otros lugares) tiene el sentido de ganancia, aparece aquí en el libro del Kohelet con el sentido de provecho, como sinónimo de יתרון (preferencia, ventaja).

Este es el dato básico: hombres y animales están sometidos por igual a la misma ley de la muerte. De este dato deduce nuestro autor que los hombres no tienen preferencia (superioridad) sobre los animales, porque mueren igual que ellos. Esto significa que en lo referente a la muerte el hombre no tiene superioridad sobre los animales. Kohelet expresa ese dato de un modo general (absoluto), pues la muerte se muestra con tanta importancia que anula o deja en segundo plano todos los restantes elementos que distinguen a hombres de animales.

El hombre aparece así, en unión con los animales, como ser para la muerte, sin poderse encumbrar sobre ellos —en contra de lo que ha puesto de relieve el comienzo de la Torá (Dios sopló en el hombre su aliento). Kohelet se mantiene aquí en el plano exterior de los fenómenos (mueren igual hombres y animales), sin pensar en la línea del salmista que, aunque hombre y animales mueren, sin embargo, hay hombres que no mueren (cf. Sal 49, 9).

Ciertamente, las bestias mueren por necesidad de la naturaleza pero, sobre la necesidad, el hombre mantiene su libertad. De esa manera, conforme a la palabra del Kohelet, todo es vanidad, הבל הכל, ματαιότης, de manera que esa vanidad domina al fin sobre hombres y animales, arrojando su fuerte sombra negra sobre la mente del hombre y la envuelve por completo, pero en los hombres sigue abierto el tema de la libertad.

²⁰ הַכֹּל הוֹלֵךְ אֶל־מָקוֹם אֶחָד הַכֹּל הָיָה מִן־הֶעָפָר וְהַכֹּל שָׁב אֶל־הֶעָפָר:
²¹ מִי יוֹדֵעַ רוּחַ בְּנֵי הָאָדָם הָעֹלָה הִיא לְמָעְלָה וְרוּחַ הַבְּהֵמָה הַיֹּרֶדֶת הִיא לְמַטָּה לָאָרֶץ:
²² וְרָאִיתִי כִּי אֵין טוֹב מֵאֲשֶׁר יִשְׂמַח הָאָדָם בְּמַעֲשָׂיו כִּי־הוּא חֶלְקוֹ כִּי מִי יְבִיאֶנּוּ לִרְאוֹת בְּמֶה שֶׁיִּהְיֶה אַחֲרָיו:

²⁰ Todo va a un lugar; todo es hecho del polvo,
y todo volverá al mismo polvo.
²¹ ¿Quién sabe si el espíritu de los hijos de los hombres suba arriba,
y si el espíritu del animal descienda debajo de la tierra?

²² Así he visto que no [hay] cosa mejor que alegrarse el hombre con lo que hiciere; pues esta es su parte; pues ¿quién lo llevará para que vea lo que será tras él?

3, 20. *Todo va a un lugar, todo viene del polvo, todo vuelve al polvo.* Ese lugar de todo, que es el mismo y único (מָקוֹם אֶחָד, como en Ec 6, 6) es la tierra, la gran tumba que recibe a los vivientes cuando mueren. El artículo que se pone la primera vez que se dice polvo (מִן־הֶעָפָר, que es "del polvo") está indicando el origen universal; el artículo empleado la segunda vez (אֶל־הֶעָפָר) es retrospectivo, volver "al polvo".

En un caso tenemos *el polvo del que el hombre ha brotado* (cf. Sal 104, 29; Sal 146, 4). En el otro caso tenemos *el polvo al que el hombre vuelve*, Gn 3, 19 (cf. Job 34, 15): al polvo has de volver, tú mismo has de volverte de nuevo polvo. Este es el trayecto, *del polvo al polvo* (Sir 40, 11; 41, 10); este es el camino verdadero de todos los vivientes corporales. Ciertamente, aquí queda pendiente la posibilidad de que el espíritu del hombre que muere sea diferente del espíritu de los animales que mueren; esta es una cuestión abierta, como muestra el siguiente verso.

3, 21-22. El carácter interrogativo de העלה y הירדת lo han reconocido todos los traductores antiguos: LXX, Tárg., Syr., Jerónimo, Véneto, Lutero… En contra de esa opinión, entre los modernos Heyder (véase *Psychol.* p. 410) con Hengst., Hahn, Dale y Bullock piensan que la *heth* inicial de esas palabras no es un signo de interrogación, sino artículo determinado, a modo de sujeto: ¿quién conoce el espíritu de los hijos de los hombres *que suben*… y el espíritu de los animales *que descienden*? No se trataría pues de saber si el aliento de los hombres sube y el de los animales desciende (sabiendo que es así: el aliento de unos sube, el de otros desciende…), sino de conocer la identidad de los que suben y la de aquellos que descienden. Pero, en contra de esa nueva opinión, tenemos que defender la antigua, por dos razones principales:

- La nueva traducción no responde al contexto que exige que la cuestión tenga un sentido escéptico. No se pregunta por el conocimiento de los dos espíritus, sino sobre el hecho de si unos suben y otros bajan.
- Tras la interrogación (¿quién conoce? ¿quién sabe…?), en la línea de Ec 2, 19; Ec 6, 12, cf. Jos 2, 14, debemos esperar una continuación interrogativa… Se trata de conocer la identidad y trayectoria de cada espíritu (de los animales y de los hombres), penetrando en la historia (realidad) de cada espíritu, si uno sube y otro baja.

En ambos casos, tanto en lo referente a los hombres como a los animales, la partícula designativa היא tiene la función de precisar la identidad de cada serie de vivientes (hombres, animales, cf. Jer 2, 14), para destacar lo propio de unos y de otros, si suben y si bajan. No se trata de si el hombre conoce a los hombres y animales, sino de si ellos se identifican así, unos subiendo y otros bajando הָעֹלָה o הַיֹּרֶדֶת, o si hay diferencia entre ellos.

El tema fue estudiado por Saadia en *Emunoth* c. vi y por Juda Halevi en *Kuzri* ii. 80 y también por Aben Ezra y Kimchi, desde perspectivas distintas, con matices diferentes, pero con una misma idea de fondo. El problema no es si el hombre conoce, sino si el espíritu del hombre sube y el del animal desciende, es decir, si hay en el hombre algo más que en los simples animales.

La puntuación del texto sigue siendo muy discutida y algunos han querido suprimir la interrogación, הַיֹּרֶדֶת הִיא y הָעֹלָה הִיא, intentando poner lo que se dice en este texto de acuerdo con lo que dice Ec 12, 7. Pero no hay necesidad de cambiarla, porque el problema de fondo de nuestro pasaje, que empieza con יוֹדֵעַ מִי, no se identifica sin más con el que plantea Lucrecio (en Lib. I): *ignoratur enim quae sit natura animai / Nata sit an contra nascentibus insinuetur? / An simul intereat nobiscum morte diremta?* [14]

Ciertamente debemos reconocer que la primera sentencia (*mi yode'a*), que suele traducirse por *ignoratur* (se ignora) no excluye todo tipo de conocimiento sino solo un conocimiento que pretende tener seguridad total. Por otra parte, tanto *interire* (perecer) como הַיֹּרֶדֶת הִיא לְמָטָּה (descender abajo) pueden tener sentidos semejante, pues ninguna de esas dos palabras significa sin más "aniquilación", sino abandono de una existencia individual independiente.

Por otra parte, la cuestión planteada por el Kohelet es muy distinta de la de Lucrecio, porque deja abierta la posibilidad de una vida del espíritu del hombre sobre el espíritu de los animales, es decir, la posibilidad de una distinción entre esos dos principios de vida (la del hombre y la de los animales). En esa línea, el Kohelet no rechaza abiertamente la posibilidad de un ascenso del alma del hombre, frente al descenso del alma de los animales. Da la impresión de que él quiere insinuar esa posibilidad, pero añadiendo que eso no puede demostrarse.

En ese contexto, nos basta con decir que el Kohelet sigue afirmando la necesidad de un juicio final, más allá de la esfera de la vida presente. Por otra parte, en otro contexto, implícitamente, él defiende —como postulado de fe— la existencia del espíritu del hombre que se abre más allá de la muerte, porque busca la eternidad. Este es, como hemos visto, el argumento de fondo de Ec 3, 10-15: *Dios mismo ha puesto en el corazón del hombre el deseo de eternidad.*

En esa línea, debemos afirmar que el Creador ha implantado en los animales los instintos, no para engañarles, sino para abrirles un camino por ellos. De un modo semejante, el *desiderium aeternitatis* (deseo de eternidad) que Dios ha

---

14. Se desconoce cuál es la naturaleza del alma: si nace y se eleva en contra de otros vivientes o si ella perecerá con nosotros, destruida por la muerte.

implantado en los hombres (Ec 3, 11) no lo ha hecho para engañarles, sino para que puedan elevarse más allá de sí mismos (cf. Pr 15, 24).

Ese espíritu puede elevarles hacia arriba, superando las cosas temporales de la tierra, de tal forma que la muerte no pueda entenderse como expresión del fracaso de su intento de elevación, sino más bien como una ayuda para alcanzar esa meta de elevación sobre la muerte. Ciertamente, esta es una prueba indirecta siempre inferior a una directa, fundada en la fuerza de los argumentos, pero es una prueba real, suponiendo que la omnipotencia y sabiduría que han formado el mundo son, al mismo tiempo, principios de amor.

De esa forma, sabiendo que solo la fe puede resolver el dilema, nosotros vemos en Ec 12, 7 que al final la fe ha triunfado en el Kohelet. También el libro del Sirácida mantiene la antigua concepción del Hades como dominante. Pero después de haber dicho que los muertos no alaban al Señor (Sir 17, 24-27), hacia el final del libro, el Sirácida añade que nosotros viviremos como Elías (cf. Sir 48, 11-12).

En este pasaje del Kohelet que estamos estudiando sigue manteniéndonos ante una duda que solo podrá ser resuelta y superada por medio de la fe. De alguna manera, esa cuestión sigue hasta hoy sin respuesta porque, conforme a la concepción bíblica, el alma-vida de todos los seres corpóreos (y en especial, la de los hombres) forma una unidad indestructible, de manera que sus elementos no pueden separarse en dos "esencias" (en un cuerpo-vida mortal y en un alma-espíritu inmortal).

En esa línea, se puede añadir que el "alma de las bestias" (de los animales) y el alma del hombre se vinculan en un tipo de relación solidaria. Sea como fuere, el futuro de la vida presenta ante nosotros una serie de misterios cuya solución está más allá del poder de nuestro pensamiento. Por eso, no es extraño que el Kohelet, hombre de mente sobria —de gran inteligencia— opuesto a todo tipo de fantasía y engaño, haya llegado por la línea del pensamiento/argumento (partiendo de Ec 3, 19) a la afirmación del verso siguiente: *así he visto que no [hay] cosa mejor para el hombre que alegrarse con lo que hiciere; pues esta [es] su parte; porque ¿quién le hará ver lo que será después de él?*

Hengstenberg, que había rechazado el sentido interrogativo de la ה repetida dos veces en Ec 3, 21 (הַיֹּרֶדֶת הָעֹלָה), también ahora tiene una visión distinta sobre aquello que será al final: לִרְאוֹת בְּמֶה שֶׁיִּהְיֶה אַחֲרָיו. Él no traduce *qué le pasará tras la muerte*, sino: ¿qué más se podrá hacer tras el estadio en que los hombres se encuentran ahora? Zöckler empieza traduciendo bien la frase, tanto las dos preguntas con ה como el אחריו, "lo que vendrá tras la separación" (cf. Ec 7, 14; Ec 9, 3; Gn 24, 67), pero después sigue traduciendo en la línea de Hengstenberg, como si el Kohelet no pensara en sí mismo, sino en aquello que sucederá en la tierra tras su partida. Pues bien, en contra de esa visión de Hengstenbrg, la línea de pensamientos que sigue nuestro autor es esta:

- *¿Qué le pasará al espíritu de un hombre cuando él muera?* ¿Quién lo sabe? Nadie lo sabe. Lo que el hombre será tras la muerte está más allá de todo conocimiento humano.
- *Por eso, lo mejor es gozar del tiempo presente,* vinculando así el trabajo y el conocimiento, en la línea de Ec 2, 24. La "porción" (herencia) del hombre es gozar en su trabajo (cf. Ec 5, 18) en este mismo mundo.

Esta es la herencia del hombre: el gozo que brota de su trabajo como de una fuente, y que le acompaña en medio del mismo trabajo (Ec 8, 18). Esta es su porción, esta es su herencia, lo mejor que él tiene en esta vida. La conclusión es gozar ahora, del mismo trabajo —aquí mismo— porque el hombre no sabe lo que será después, no puede alcanzar (conocer) en este mundo lo que pasará más tarde, כִּי מִי יְבִיאֶנּוּ לִרְאוֹת בְּמֶה שֶׁיִּהְיֶה אַחֲרָיו. Esta es una pregunta a la que hay que responder negativamente. Nadie es capaz de llevar al hombre más allá de la muerte para ver lo que pasará después. Por eso, la respuesta es *gozar sanamente en este mundo.* Se trata, pues, de aceptar la vida, de gozarla, no desesperarse… Esta aceptación y gozo de la vida actual es la mayor bendición para el hombre: no desesperarse. No angustiarse ante la muerte, siempre actuando sin imponerse sobre los demás, sin violencia, sin injusticia.

Eclesiastés 4

4, 1-3. Dolores que padecen los hombres por la opresión de unos sobre otros

De cuestiones anteriores sobre la muerte, ahora el Kohelet pasa al tema de la crueldad inmisericorde y arrogante de las numerosas opresiones realizadas por los hombres.

וְשַׁבְתִּי אֲנִי וָאֶרְאֶה אֶת־ כָּל־ הָעֲשֻׁקִים אֲשֶׁר נַעֲשִׂים תַּחַת הַשָּׁמֶשׁ וְהִנֵּה ׀ דִּמְעַת הָעֲשֻׁקִים וְאֵין לָהֶם מְנַחֵם וּמִיַּד עֹשְׁקֵיהֶם כֹּחַ וְאֵין לָהֶם מְנַחֵם: ¹

וְשַׁבֵּחַ אֲנִי אֶת־ הַמֵּתִים שֶׁכְּבָר מֵתוּ מִן־ הַחַיִּים אֲשֶׁר הֵמָּה חַיִּים עֲדֶנָה: ²

וְטוֹב מִשְּׁנֵיהֶם אֵת אֲשֶׁר־ עֲדֶן לֹא הָיָה אֲשֶׁר לֹא־ רָאָה אֶת־ הַמַּעֲשֶׂה הָרָע אֲשֶׁר נַעֲשָׂה תַּחַת הַשָּׁמֶשׁ: ³

¹ Me volví [y] vi todas las violencias que se hacen bajo el sol;
y las lágrimas de los oprimidos, que no tienen consolador;
y la fuerza estaba en la mano de sus opresores, y para ellos no [había] consolador.
² Y alabé [a] los finados que ya murieron,

más que [a] los vivientes que hasta ahora están vivos.

³ Y [tuve por] mejor que ellos ambos al que no ha sido aún,
porque no ha visto las malas obras que se hacen debajo del sol.

4, 1. Y vi de nuevo todas las opresiones… y me torné y miré todas las opresiones… Esta observación es diferente de la de Ec 3, 16, aunque está emparentada con ella, pues dice nuevamente: y de nuevo yo miré…

Esta expresión sigue el esquema sintáctico de Gn 26, 18. Sobre el futuro consecutivo aquí empleado, cf. también Ec 4, 7. La segunda vez en que aparece העש es participio pasivo. El primero, que se parece al de Job 35, 9 y también al de Am 3, 9, es abstracto (en un sentido general), pues vincula varios casos separados bajo una misma idea de conjunto. En un sentido plural, *plurale tantum* (cf. פדויי, *redemti*, Is 35, 10), con *redemtio, pretium redemtionis*, como precio de la redención, cf. Nm 3, 46.

El plural אֲשֶׁר נַעֲשִׂים no resulta extraño, porque también חיים suele conectarse con un predicado plural, cf. Sal 31, 11; Sal 88, 4. La palabra דמעת tiene, como en Is 25, 8 (cf. Ap 21, 4, πᾶν δάκρυον), un sentido colectivo. La expresión כח …ומיד es singular. Conforme a la impresión que produce parece que significa: "de la mano de los opresores no hay poder de liberación (situando al principio el sentido de אין; cf. וּמִיָּד עֹשְׁקֵיהֶם כֹּחַ וְאֵין לָהֶם מְנַחֵם). Pero el paralelismo interior de este verso, construido en forma palindrómica (como en Ec 1, 6; Ec 2, 10; Ec 3, 16), excluye ese sentido.

La palabra כֹּח se utiliza aquí con el sentido del griego βία, es decir, como violencia. Luzzatto prefiere la lectura וביד, en vez de וּמִיָד, pues de esa manera la expresión se situaría en la línea del uso lingüístico normal, pero la forma מיד puede utilizarse también y resulta explicable. La fuerza de los poderosos sale y se expresa de esa forma a partir de sus manos, pero en línea de abuso, tomando la forma de שׁד חזקה, es decir, de opresión contra los débiles. En vista de este dolor que unos hombres producen sobre otros compañeros suyos, la vida ha perdido para Kohelet su valor y su atractivo.

4, 2-3. ושבח no puede tomarse como participio, en la línea de יוקשים igual a מיקשים, Ec 9, 12, pues la *mem* inicial del participio *piel* suele conservarse en la mayor parte de los casos. Solo tenemos el caso contrario en מהר, Sof 1, 14, que quizá tiene el mismo sentido de ממהר, por la misma razón por la que בית־אל (2Re 2, 3) es igual que אל בבית.

En esa línea, al principio de Ec 4, 3, la palabra ושבח, lo mismo que ונתון (Ec 8, 9) está en infinitivo absoluto, con una forma que sirve para continuar —de una manera adverbialmente subordinada— el tema anterior construido con un verbo finito, pero conservando el mismo sujeto, como en Gn 41, 43; Lv 25, 14;

Jue 7, 19. También en 1Cr 5, 20, el sujeto sigue teniendo virtualmente el mismo sentido: *ita quidem ut exaudirentur*, a fin de que sean escuchados.

En esa línea, cf. especialmente Ex 8, 11: "El faraón vio y endureció (והכבד) su corazón". De modo semejante, cf. en nuestro caso ושבח que conecta con וְשַׁבֵּחַ אֲנִי אֶת־... La posibilidad sintáctica del conjunto de la frase puede verse mejor comparándola con Sal 15, 5; Job 40, 2, y también de un modo más lejano con Ez 5, 14.

Sobre el sentido de עדנה (con *segol* bajo la *daleth* y נ *raphatum*), cf. עֲדֶנָה, Kimchi en W.B. bajo la palabra עד. La forma circunstancial de la expresión *prae vivis qui vivi sunt adhuc*, es intencionada: aquellos que están todavía vivos deben ser testigos sufrientes de las múltiples miserias humanas.

No es fácil decidir si con Ec 4, 3 comienza una nueva cláusula (LXX, Syr., y Vénet.) o si continúa la anterior. No se puede negar que את, como el árabe *aiya*, sirve a veces para dar más importancia al sujeto (véase Böttcher 516 y Mühlau, con sus observaciones sobre el tema). Las expresiones misnáicas היום אותו, aquel día, con הארץ אותה, aquella tierra, y otras semejantes (Geiger, 2. 14), presuponen un cierto conocimiento del antiguo lenguaje hebreo.

Por otra parte, al igual que Weiss (*Stud. ueber d. Spr. der Mishna*, p. 112), interpretamos את אשר en el sentido de אותי אשר, *is qui* (aquel, aquellos que). Pero es más natural interpretar esa palabra como acusativo. Ciertamente, aquí no se utiliza la expresión טוב שבח, alabar, proclamar feliz, pero es natural que a la palabra טוב haya que añadirle וקראתי (y llamé).

De acuerdo con eso, Jerónimo traduce *et feliciorem utroque judicavi qui necdum natus est* (y más feliz que a esos dos juzgué a los que aún no han nacido...). Por su parte, הרע tiene un doble *kametz*, como es normal, excepto en casos como Sal 54, 7 y Mi 7, 3 (cf. Heidenheim, *Meor Enajim*, sobre Dt 17, 7). Mejor que el nacido es el no nacido, pues no ha sido testigo de las malvadas acciones que se realizan bajo el sol.

Un pensamiento semejante, con muchas variaciones, aparece en escritores griegos. Sobre las hirientes discordancias y sufrimientos que han venido a expresarse en la vida de los griegos, a pesar del esplendor y gozo que se manifiesta en ellos, cf. mi *Apologetik*, p. 116. En una línea semejante de rechazo de la vida ha concebido el budismo al Nirvana como el mayor de los dioses. Pues bien, en este contexto descubrimos que el Kohelet sigue en Israel un camino semejante (cf. Ec 6, 3; Ec 7, 1).

Esta visión pesimista se debe al hecho de que sitúa el centro de la existencia humana en la vida presente con sus dolores. En lugar de tomar esta vida como pórtico y anuncio de la eternidad, el Kohelet se centra en esta vida y en sus sufrimientos. No puede darse verdadero consuelo para el hombre si su existencia queda cerrada en las miserias del mundo presente.

4, 4-6. Envidias miserables y persecuciones sin descanso

4 וְרָאִ֣יתִי אֲנִ֣י אֶת־כָּל־עָמָל֮ וְאֵת֙ כָּל־כִּשְׁר֣וֹן הַֽמַּעֲשֶׂ֔ה כִּ֣י הִ֤יא קִנְאַת־אִ֖ישׁ מֵרֵעֵ֑הוּ גַּם־זֶ֥ה הֶ֛בֶל וּרְע֥וּת רֽוּחַ׃

5 הַכְּסִיל֙ חֹבֵ֣ק אֶת־יָדָ֔יו וְאֹכֵ֖ל אֶת־בְּשָׂרֽוֹ׃

6 ט֕וֹב מְלֹ֥א כַ֖ף נָ֑חַת מִמְּלֹ֥א חָפְנַ֛יִם עָמָ֖ל וּרְע֥וּת רֽוּחַ׃

⁴ Y he visto que todo trabajo
y toda rectitud de obras
mueve la envidia del hombre contra su prójimo.
También esto [es] vanidad y aflicción de espíritu.
⁵ El loco dobla sus manos y come su [misma] carne.
⁶ Más vale un puño lleno con descanso,
que ambos puños llenos con trabajo y aflicción de espíritu.

4, 4. La הִיא centrada en la envidia se refiere al ejercicio constante y a la gran capacidad de mal que tiene la envidia. La versión griega del Véneto, tanto aquí como en Ec 2, 24, traduce כִּשְׁרוֹן por καθαρότης (limpieza, rectitud) en un sentido ceremonial. Con כי, *quod*, el predicado sigue al objeto, con *min* en מֵרֵעֵהוּ como en *min amatz*, Sal 18, 18, y semejantes, a modo de comparativo, *como aemulatio qua unus prae altero eminere studet* (como envidia por la que uno intenta sobrepasar a otros). La emulación y la envidia se muestran de esa forma, como intento y deseo de sobrepasar a los demás, como una picadura envenenada.

4, 5. Ciertamente, el hombre debe actuar conforme a su llamado o tarea, pues la indolencia implica autodestrucción. El necio dobla sus manos, colocándolas en su seno, en vez de utilizarlas para trabajar y de esa forma se consume, se devora a sí mismo, es decir, atrae la ruina sobre su persona (Sal 27, 2; Mi 3, 3; Is 49, 26), porque en vez de alimentarse a sí mismo con el trabajo de sus manos se alimenta de su propia carne y de esa forma se consume. El énfasis de la frase no recae en el sujeto (en el loco y solo en el loco), sino en el predicado, en la forma que él tiene de consumirse a sí mismo por su desidia.

4, 6. El verso anterior está en relación de contraste con este que sigue. Mendelssohn interpreta Ec 4, 5 como crítica de los laboriosos a los perezosos, mientras que toma a Ec 4, 6 como una contestación de los perezosos. Zöckler comparte esta visión, lo mismo que Hitz., y supone así que este verso ha de tomarse como un diálogo que él mismo rechaza en otros casos, poniendo así de relieve la unidad y la combinación de pensamientos. La palabra נחת no significa aquí (como tampoco en otros casos) el descanso o inactividad del perezoso, sino un tipo de descanso positivo, en oposición a un trabajo que aliena al hombre de sí mismo por andar buscando solo ganancias y honores que no son nunca suficientes, unidos siempre a un tipo de rivalidad por la que un hombre quiere subir siempre más y más, con el fin de quedar así por encima de los otros.

Por el contrario, el descanso del que aquí se trata es un descanso vinculado con el bienestar (Ec 6, 5), con un tipo de suave y tranquila quietud (Ec 9, 17), con un cese de la actividad incesante (Is 30, 15); cf. la expresión postbíblica רוח נחת, satisfacción, agrado, comodidad. En una palabra, *nahath* no tiene aquí el sentido de ser holgazán o perezoso.

La secuencia del pensamiento es la siguiente: el que se entrega a la ociosidad consume su propia fuerza. Pero, en contra de la mala ociosidad está un tipo de quietud verdadera que es mejor que el trabajo sin fin de uno que se esfuerza siempre por rivalizar contra otros, sin dedicar tiempo alguno al descanso. La palabra כַּף significa el hueco de una mano abierta, mientras que חפן (asirio *ḥupunnu*) es la mano cerrada como una bola, es decir, un puño. Las palabras descanso, trabajo y esfuerzo vano son acusativos indicando un tipo de medida de la acción humana (Gesenius 118. 3); esta frase se construye, según eso, con una conexión de acusativo y, en esa línea, el verbo מלא se conecta con aquello de lo que algo está lleno.

Las últimas palabras (aflicción de espíritu) están indicando la razón de fondo de todo. El esfuerzo de un hombre que en el trabajo se busca solo a sí mismo y pierde su vida en labores vanas se parece al de un hombre que no hace más que perseguir al viento, y que no consigue más resultado ni ganancia que la del viento.

4, 7-12. Trabajo sin rumbo y penuria de aquel que está solo

⁷ וְשַׁבְתִּי אֲנִי וָאֶרְאֶה הֶבֶל תַּחַת הַשָּׁמֶשׁ:

⁸ יֵשׁ אֶחָד וְאֵין שֵׁנִי גַּם בֵּן וָאָח אֵין־לוֹ וְאֵין קֵץ לְכָל־עֲמָלוֹ גַּם־[עיניו] (עֵינוֹ) לֹא־תִשְׂבַּע עֹשֶׁר וּלְמִי ׀ אֲנִי עָמֵל וּמְחַסֵּר אֶת־נַפְשִׁי מִטּוֹבָה גַּם־זֶה הֶבֶל וְעִנְיַן רָע הוּא:

⁹ טוֹבִים הַשְּׁנַיִם מִן־הָאֶחָד אֲשֶׁר יֵשׁ־לָהֶם שָׂכָר טוֹב בַּעֲמָלָם:

¹⁰ כִּי אִם־יִפֹּלוּ הָאֶחָד יָקִים אֶת־חֲבֵרוֹ וְאִילוֹ הָאֶחָד שֶׁיִּפּוֹל וְאֵין שֵׁנִי לַהֲקִימוֹ:

¹¹ גַּם אִם־יִשְׁכְּבוּ שְׁנַיִם וְחַם לָהֶם וּלְאֶחָד אֵיךְ יֵחָם:

¹² וְאִם־יִתְקְפוֹ הָאֶחָד הַשְּׁנַיִם יַעַמְדוּ נֶגְדּוֹ וְהַחוּט הַמְשֻׁלָּשׁ לֹא בִמְהֵרָה יִנָּתֵק:

⁷ Yo me volví otra vez, y vi [otra] vanidad debajo del sol.

⁸ El [hombre] solo y sin sucesor;

que ni tiene hijo ni hermano;

mas nunca cesa de trabajar,

ni sus ojos se sacian de sus riquezas [ni piensa]:

¿Para quién trabajo yo, y defraudo mi alma del bien?

También esto [es] vanidad, y duro trabajo.

⁹ Mejores son dos que uno;

porque tienen mejor paga de su trabajo.

¹⁰ Porque si cayeren, el uno levantará a su compañero;

mas ¡ay del solo! que cuando cayere,

no habrá segundo que lo levante.

¹¹ También si dos durmieren [juntos], se calentarán;

mas ¿cómo se calentará uno solo?

¹² Y si alguno prevaleciere contra uno, dos estarán contra él;

y cordón de tres dobleces no presto se rompe.

4, 7-8. La negación וְאֵין, lo mismo que en Sal 104, 25; Sal 105, 34, tiene el sentido de בְּאֵין, *absque, sin.* Nolde ha indicado ya, en su *Concordanz,* que el texto trata de una *solitarius,* alguien que no cuenta con nadie que le acompañe, con ningún *segundo* que esté a su lado, es decir, sin mujer y sin amigos.

Como muestran las palabras que siguen, aquí se alude a un hombre sin hijos ni hermanos. Para la palabra וְאָח, con la que podría haberse vinculado un acusativo de relación (cf. Ec 2, 7, וְצֹאן con *mahpach* y, por otra parte, Ec 2, 23, וְכַעַס con *pashta*), puede verse el Comentario a Sal 55, 10. La partícula *gam* puede interpretarse en el sentido de *también* o *sin embargo* (Ewald, 354a). Resulta preferible la segunda traducción, porque el trabajo incesante incluye un esfuerzo sin descanso para aumentar las posesiones.

El *keré* cambia de forma abrupta el עֵינָיו en עֵינוֹ, pasando de los dos ojos a uno solo, cosa que no es natural, pues el avaricioso devora el oro, la plata y todas las cosas preciosas con los dos ojos, de manera que, por grande que sea la riqueza, él siempre quiere ver cómo se agranda. El predicado singular se construye de la misma manera que en 1Sa 4, 15; Mi 4, 11.

Diciendo אֲנִי עָמֵל, el Kohelet se pone en el lugar del hombre solitario que no tiene amigos ni familia. Este cambio de estilo, de la descripción a la autoconfesión, puede estar ocasionado por el hecho de que el autor, al volverse anciano, se encuentra y se siente ya a solas. En relación con חסר, con acusativo de persona (a la que se refiere el tema) y, con *min,* el tema o materia de la que se trata, cf. *Coment.* a Sal 8, 6. El texto nos muestra que el autor siente simpatía por el hombre cuya condición aquí se expone, como indica al poner de relieve el valor de la compañía, destacando, al mismo tiempo, las miserias del aislamiento.

4, 9-10. Por הַשְּׁנַיִם, *hashshenaim,* el autor se refiere a dos que se unen, formando pareja. La recompensa de vivir en pareja consiste en el hecho de que cada uno tiene la alegría de poder acompañar y ayudar al otro con su trabajo y con su presencia. En este sentido general se entiende la recompensa vinculada al buen acompañamiento, como se describe en Ec 4, 10: "Porque si uno cae...".

Según la Masora, la palabra וְאִילוֹ con *munach* y *rebia* aparece solo cuatro veces en la Biblia (cf. *Masora magna* sobre este pasaje y *Mishpete hateamin* 26a). Pero el Tárgum, seguido por Grtz, confunde esta palabra con אילו. Por su parte, וְאִילוֹ es equivalente a אוי לו (Is 3, 9) o a הוי לו (Ez 13, 18). *Haehhad* (cf. כִּי אִם־ יִפֹּלוּ הָאֶחָד) está en aposición, vinculándose con el sufijo pronominal de una manera que parece poco apropiada como, por ejemplo, en Sal 86, 2. La preposición no está aquí en aposición, sino que se repite a modo normal, cf. Gn 2, 19; Gn 9, 4 (excepciones: Sal 18, 51; Sal 74, 14). La palabra שִׁיפֹל puede traducirse *ceciderit* (cf. Ec 11, 3) o *quum ceciderit* (Jerónimo), da lo mismo. יקים es potencial, en sentido de posible y probable. Si uno cae es posible/probable que el otro le levante, pues se trata de un compañero fiel, טוב חבר, i.e., un verdadero amigo (*Pirke aboth*, ii. 13).

4, 11. No excluye una relación de matrimonio, pero tampoco la explicita. El autor está pensando más bien en dos amigos que, en una noche fría, solo tienen una manta para cubrirse (Ex 22, 26; Is 28, 20), de manera que pueden dormir abrazados calentándose uno al otro. También Rabbi Nathan, *Aboth* 8, habla de dos que duermen juntos como signo de amistad. La *waw* de *wehham* es de tipo consecutivo y, según la norma, falta en Ec 10a, en *haehhad*, porque ella se utiliza comúnmente con un verbo y solo raramente (e. g. Gn 22, 1) con sujeto anterior.

4, 12. La forma *yithqepho* en vez de *yithqephehu* (Job 15, 24), es como *hirdepho* (Os 8, 3), igual a *hirdephehu* (Jue 9, 40). Si tomamos תקף en el sentido de vencer, sobreponerse, el significado es: *un hombre puede vencer a otro que está solo, por el contrario, si los atacados son dos, podrán mantenerse firmes* (Herzf.); pero el hecho de que aquí se utilice dos veces אם (Ec 4, 10 y Ec 4, 11), con el sentido de ἐάν, excluye ese tipo de construcción. De todas formas, el sentido de la frase es claro: dos se defienden mejor que uno. Por otra parte, תקף, que significa defenderse y vencer, puede significar también imponerse y ganar, mediante un ataque súbito sobre otros.

Tanto en hebreo misnáico como en árabe, תקף significa *apoderarse de*, tomar por la fuerza algo. Por su parte, en arameo אתקף tiene el mismo sentido que החזיק, como en Job 14, 20; Job 15, 24 (véase *Coment. a Job*), de manera que esa palabra puede aplicarse a un ataque violento o a un tipo de sometimiento total. Finalmente, נשא significa levantar y llevar, y עמד, *pisar sobre*, mantenerse en pie.

De todas formas, tanto si se entiende de un modo incoativo o no, האחד (el solitario), que ha sido asaltado por alguien cuyo nombre no se dice, si no tiene a nadie a su lado que le ayude, fracasará y será vencido; por eso es importante tener un compañero. La construcción *hithqepho haehhad* sigue el esquema de Ex 2, 6: *le vio,* al niño. En contra de una situación de derrota, que está expresada por תקף, el texto pone la expresión נגד עמד, que significa oponerse a otro con éxito. Por su parte, עמד לפני (2Re 10:4;Sal 147, 17; Da 8, 7), significa mantenerse firme, defender el propio puesto o territorio.

4, 12a. No dice nada de tres que se mantienen firmes. El paso de los dos anteriores a los tres que se mantienen se expone conforme al modelo de los proverbios numéricos (véase *Proverbios*, introducción). Como hemos visto, el hecho de que dos se mantengan unidos aparece como algo bueno. Pero *si son tres los que están unidos, ellos pueden defenderse aún mejor*, como muestra la comparación con una cuerda formada por tres hilos entrelazados que no puede romperse fácilmente. En vez del artículo definido y específico, הח הם utiliza aquí un artículo indefinido: *funiculus triplex difficile rumpitur* (cuerda triple difícilmente se rompe); esta es una de las expresiones más características del Kohelet.

4, 13-16. Entusiasmo y desencanto del pueblo por su nuevo rey

Siguen ahora unas observaciones aforísticas sobre la vida social, mostrando cómo se desvanece la popularidad, y se convierte incluso en su opuesto. El autor, que expone acontecimientos de su tiempo, comienza con una observación general:

¹³ טוֹב יֶ֫לֶד מִסְכֵּן וְחָכָם מִמֶּלֶךְ זָקֵן וּכְסִיל אֲשֶׁר לֹא־יָדַע לְהִזָּהֵר עוֹד:

¹⁴ כִּי־מִבֵּית הַסּוּרִים יָצָא לִמְלֹךְ כִּי גַּם בְּמַלְכוּתוֹ נוֹלַד רָשׁ:

¹⁵ רָאִיתִי אֶת־כָּל־הַחַיִּים הַמְהַלְּכִים תַּחַת הַשֶּׁמֶשׁ עִם הַיֶּלֶד הַשֵּׁנִי אֲשֶׁר יַעֲמֹד תַּחְתָּיו:

¹⁶ אֵין־קֵץ לְכָל־הָעָם לְכֹל אֲשֶׁר־הָיָה לִפְנֵיהֶם גַּם הָאַחֲרוֹנִים לֹא יִשְׂמְחוּ־בוֹ כִּי־גַם־זֶה הֶבֶל וְרַעְיוֹן רוּחַ:

¹³ Mejor es el pobre y sabio,
que rey viejo y loco que no puede ser corregido.
¹⁴ Porque de la cárcel salió para reinar;
aunque en su reino nació pobre.
¹⁵ Vi [a] todos los vivos caminando bajo sol
con el niño que sucederá al rey viejo.
¹⁶ No tiene fin todo el pueblo que va ante ellos;
tampoco los que vendrán después
estarán con él contentos.
También esto [es] vanidad y aflicción de espíritu.

4, 13. Mejor es un hombre pobre y sabio que un rey anciano y necio que no acepta advertencias, es decir, un rey que aumenta sus locuras, "pensando que es sabio ante sus ojos, no ante los ojos de los otros" (cf. Pr 26, 12). En otro tiempo, como muestra עוד, ese rey era en cierto sentido sabio, accesible a la enseñanza de otros, respecto a las cosas que ignoraba. Pero ahora, en su avanzada edad, se ha endurecido en su locura y desafía las advertencias de sus consejeros y así socaba su trono.

La conexión del verbo con *lamed* y con infinitivo (en un contexto en el que en otros casos se utiliza infinitivo, sin *lamed*) constituye una forma favorita de nuestro autor. Eso significa que él conoce bien el tema, cf. Ec 5, 1; Ec 6, 8; Ec 10, 15 y que su exposición se apoya en la experiencia de personas y sucesos.

Como en Ec 12, 12 y Sal 19, 12, נזהר es un *nifal tolerativo*, como su sinónimo נוסר (Sal 2, 10), y se refiere a un hombre que, siendo al principio pobre, puede volverse después sabio, iluminado, aconsejado. Tras este contraste viene a precisarse el sentido de la idea conectada con חכם.

El texto se refiere a un hombre joven (ילד, como en Da 1, 4, pero también como en Gn 4, 23), alguien que (cf. comentario anterior sobre *misken*) tiene más valor que el rey antiguo, necio y creído, que no percibe la necesidad de un cambio básico en el estado presente de los asuntos públicos. En contra del anciano necio, este joven pobre es capaz de elevarse y ocupar el cargo del gobernante anciano que se ha vuelto necio.

4, 14. *Saliendo de la prisión, él empieza a reinar, aunque había nacido como pobre en su reino...* La partícula כי sirve para ratificar las propiedades indicadas de pobre y sabio que se atribuyen a este joven..., una sabiduría que se muestra en la forma en que ha logrado pasar de la prisión al trono. *Harammim* (2Cr 22, 5) tiene el mismo sentido que *haarammim*, cf. 2Re 8, 28, así también *hasurim* tiene el mismo sentido que *haasurim* (en la línea de *masoreth* igual a *maasoreth*, Ez 20, 37). Tanto *beth haasirim* (Keré; *haasurim*), Jue 16, 21; Jue 16, 25 como *beth haesur*, Jer 38, 15, designaba la prisión (cf. *Mod katan*, Ec 3, 1). La forma moderna del lenguaje prefiere este tipo de elisión de la *alef*, א, de forma que אפלו es igual a אף אלו (cf. también אלתר igual a אל־אתר, y בתר igual a באתר, etc.).

Por el perfecto יחא se está indicando que este nuevo rey ha alcanzado el trono de forma que posee ya la preeminencia y que la ha logrado por su sabiduría, a pesar de ser joven, superando de esa forma al rey antiguo que carecía de ella. Él ha salido de la prisión (מִבֵּית הָסוּרִים) para convertirse en rey, aunque en su propio reino había nacido pobre, euq anutrof ed oibmac le olpmeje us noc odnartsom serbmoh sol ed adiv al ne esrad edeup.

Zöckler traduce: "aunque había nacido en su reino siendo pobre", y añade גם כי. Después de la cláusula anterior, estas palabras no han de entenderse como verificación de lo dicho, sino como intensificación del argumento del cambio de suertes de la vida, partiendo de la decisión de Dios y de la sabiduría de los hombres. En este contexto se pone de relieve el hecho de que el prisionero no había caído transitoriamente en ese estado de servidumbre pasajera, sino que había nacido ya en miseria —como pobre, en bajas circunstancias— en su propio reino בֵּם, i.e., en la misma tierra sobre la que vendría a gobernar más tarde como rey.

Las partículas empleadas aquí, גַם כִּי, no se utilizan en ningún otro lugar en el Kohelet en el sentido alemán de *ja auch* (aunque), sino más bien en el sentido de *denn auch* (por lo tanto...), y así aparecen ya en Jer 14, 18; Jer 23, 11. El hecho de ser rey y anciano (con larga experiencia de ejercicio real) no es garantía de dominio permanente...

El niño encadenado y pobre de este pasaje es un ejemplo claro de los cambios de fortuna y de poder que pueden darse en este mundo. Este niño no llegó a ser rey "a pesar" de su prisión y su pobreza, sino más bien precisamente por ella, porque de esa forma y en esas circunstancias actúa la fortuna, esto es, Dios.

Este es para Kohelet un ejemplo claro de la acción de Dios, que es la fuerza decisiva de la historia humana, pero se expresa y actúa a través de la sabiduría de los hombres. Frente a un rey poderoso, pero viejo y poco sabio, se eleva, conforme a ese pasaje, la fortuna sabia del joven prisionero que consigue elevarse y arrebatar el trono. Este es (como seguiremos viendo) un ejemplo histórico, pero más que un hecho concreto que ha podido suceder en aquel tiempo (aludiendo posiblemente a Ciro), a Kohelet le importa que este hecho ha sido y puede seguir siendo contado como expresión de la vanidad de todas las cosas —y signo de la sabiduría de Dios.

4, 15. *Y vi [a] todos los vivientes bajo el sol caminando con el niño.* Este Kohelet narrador dice que ha visto (ha sabido, ha sentido, ha seguido...) el cambio de un reino que ha pasado de estar sometido bajo un anciano necio para ponerse al lado del rey joven, a quien todos siguen. Diciendo "yo vi" el autor se coloca en el tiempo del cambio de gobierno o reinado, cuando el hombre nuevo (una segunda persona, el rey joven) vino a situarse en el lugar del anterior.

Pero el texto hebreo puede traducirse en forma de presente, como si ese cambio de reinado se estuviera dando en el momento actual. Ambas traducciones son en el fondo semejantes, pues las dos indican el cambio que se está realizando sin cesar, por voluntad de Dios, en la vida y reinado de los hombres. Los mismos grandes reinos, los imperios, cambian, no solo por transformación militar de tipo dramático (como en Da 2 o Da 7), sino por un sencillo cambio de fortuna.

La multitud aparece como עַם o pueblo innumerable reunido en torno al sucesor del rey antiguo (אֵין־קֵץ לְכָל־הָעָם), todos caminando bajo el sol, en torno o tras el nuevo rey. Se trata, evidentemente, de una hipérbole, aunque Kohelet se esté refiriendo al gran rey que gobierna sobre el mundo, al rey de Asía (Persia). No se dice su nombre, no importa el caso particular; lo que importa es que este caso de un sabio que consigue el trono es un signo de lo que siempre sucede, refiriéndose posiblemente a Ciro, que toma el trono del rey Astyages, apareciendo así הַשֵּׁנִי, el segundo, tras el primero.

La Biblia cuenta otros cambios de poder. Quizá el más significativo es el del patriarca José, hijo de Jacob, que estaba también en la cárcel pero, siendo liberado, vino a convertirse en "segundo", virey de Egipto, tras el faraón, gobernador de todo el Reino. En este pasaje del Kohelet el segundo, שֵׁנִי, es el nuevo rey, no simplemente "otro", en contraste con el rey anciano que es su predecesor.

La LXX, Jerónimo y el Véneto traducen de un modo menos correcto, como si fuera la multitud la que camina, como sujeto principal de la escena. Pero el sujeto principal es el "segundo", el nuevo rey, que camina con toda la multitud, bajo el sol, una multitud sin fin que le acompaña (לִפְנֵיו פְּנִיהם) y que no podía contarse. Así expresa nuestro texto el cambio de fortunas, de reinos, que se da en este mundo. Así traduce rectamente el Tárgum: el nuevo rey iba a la cabeza de todos (בְּרֵישֵׁיהוּן), marcando la dirección, לִפְנֵי, con יצא ובא (cf. 1Sa 18, 16; 2Cr 1, 10; Sal 68,8, etc.). Todo el mundo se congrega en torno al joven —al nuevo rey— siguiéndole, poniéndose bajo su dirección.

4, 16. Pero esta misma historia, que comienza de un modo tan espléndido, mirada hacia atrás; desde el futuro, viene a presentarse como una escena de esperanzas frustradas, porque *tampoco los que vendrán después estarán con él contentos* (גַּם הָאַחֲ־ רֹנִים לֹא יִשְׂמְחוּ־ בֹו), pues también el triunfo del nuevo rey era vano y aflicción de espíritu (כִּי־ גַם־ זֶה הֶבֶל וְרַעְיֹון רוּחַ).

Los cambios de gobierno, con la creación de nuevos imperios, suelen ser acontecimientos de gozo (y así suele anunciarse en el A.T. la llegada del reino mesiánico). Pero el Kohelet no espera en ese plano la llegada de un tiempo mesiánico definitivo, también ese cambio pertenece a la esfera de la "vanidad de vanidades".

De un modo consecuente, a pesar de todo lo que pudiera esperarse (con *gam* que tiene aquí este significado, como en Ec 6, 7; Jer 6, 15; Sal 129, 2; véase Ewald, 354a), la posteridad, los que vienen después (הָאַחֲרֹנִים como en Ec 1, 11; cf. Is 41, 4) no se alegran tampoco definitivamente con este nuevo rey (לֹא יִשְׂמְ־ חוּ־ בֹו), porque también la llegada del nuevo rey —con su cambio de fortuna y su transformación política— forma parte de la vanidad del mundo.

Las ilusiones que los contemporáneos habían colocado en el joven rey, que se había apoderado del trono y que había conquistado sus corazones se volvieron después desilusiones. De esa forma, la historia de este rey que al principio pareció tan hermosa, para volverse después muy odiosa, contribuyó finalmente a la confirmación de la verdad fundamental del Kohelet según la cual todo es vanidad, pues todo lo que existe bajo el sol es pasajero, no tiene consistencia.

Por lo que se refiere a los recuerdos históricos de este pasaje, podemos empezar recordando algunas hipótesis. Así Hitzig (en su Comentario) piensa que esta es una figura simbólica, construida por el mismo Kohelet, mientras que Grtz, en el comentario de este texto lo mismo que en otros lugares se deja llevar por sueños herodianos, pensando que este nuevo rey que al final desilusiona a sus súbditos es Herodes.

En su comentario, Hitzig empieza evocando por adivinanza a Roboam, que sería el שֵׁנִי יֶלֶד que se rebeló contra Salomón que en su vejez se había vuelto necio. Pero, en otro ensayo titulado, *Zur Exeg. u. Kritik des B. Koheleth* (cf. *Hilgenfeld's Zeitschr*. XIV 566 ss.), él mismo empieza pensando, por el contrario, que el rey anciano y necio es Saúl, mientras David es el joven, pobre sabio, que ascendió al trono, y tomó posesión de todo el reino, pero que en sus días finales experimentó numerosas deserciones y adversidades, pues todos los que vinieron después (los jóvenes) no le quisieron ya más, sino que se rebelaron contra él.

En contra de eso, debemos precisar que ni Saúl, que tomó el trono después de haber sido labrador de arado; ni David, que fue llamado al trono siendo pastor, pueden presentarse como יֶלֶד מִסְכֵּן. Por otra parte, conforme a la historia judía, el rey Saúl, cuya noble identidad estuvo oscurecida por la melancolía, pero que mantuvo su dignidad hasta la muerte, no aparece en ningún momento como וכסיל...מֶלֶך, como rey necio o loco.

En este contexto, tenemos que detenernos en los varios sentidos posibles de la expresión מִבֵּית הָסוּרִים, entendida como cárcel o casa de los prisioneros de donde habría salido el nuevo rey israelita. Ciertamente, סוּר, como participio de perfecto, puede significar aquellos que están o van lejos, manteniéndose a una distancia, como en Is 49, 21; Jer 17, 13. Según eso, al referirnos a los סוּרים, podemos pensar en el pobre conjunto de gentes que se reunió en torno de David en 1Sa 22, 2, un grupo formado por alejados, expulsados de la sociedad honorable. Pero ellos no integraban una "casa", de forma que a partir de ese pasaje no podemos hablar de la casa o grupo de los expulsados sociales de los que habría salido David. Por otra parte, esa expresión (casa de los expulsados) para referirse a los orígenes de David es históricamente extraña, lingüísticamente oscura.

A fin de evitar esa incongruencia, Böttcher afirma que el יֶלֶד que está en el fondo de esta referencia fue el rey sirio Antíoco El Grande, segundo hijo de su padre, que murió en el año 225 a. C. Pero cuando era un joven lleno de esperanzas, de solo quince años, fue expulsado del trono y condenado a un "exilio voluntario" en la parte más lejana de Asia (Asia menor, Antioquía), donde venció a Aqueo —que era su primo mayor y rival— apoyado por Egipto, en una larga guerra, siendo por varios años un hombre estimado como príncipe y general del ejército; pero no logró sus objetivos, de forma que perdió las esperanzas que se habían colocado en él.

De todas formas, aunque admitamos que su exilio voluntario a la zona de Antioquía pueda interpretarse como encarcelamiento (בֵּית הָסוּרִים), este Antíoco no fue nunca un hombre pobre, sino hijo del rey Seleuco Callincus, y su pariente mayor y rival Aqueo quiso ser rey pero ,nunca lo logró. En esa línea, cuando se le llama שֵׁנִי (el segundo) no se le está presentando como joven, segundo hijo de su padre, sino como segundo en la línea del trono, en relación con el rey anterior destronado que aparece de esa forma como el "primero". Por todo eso, lejos de poder probarse a partir este motivo que el libro del Kohelet se originó en el tiempo de los Diádocos, las combinaciones que traza Böttcher para probarlo se apoyan sobre fundamentos muy débiles, de forma que pierden pronto toda su fuerza.

Así termina la sección de Ec 1, 12–4, 16, a la que pusimos como título o *superinscriptio*: *experiencias del Kohelet y sus resultados*. En esa línea, aquí, por vez primera, sobre la base de sus experiencias y observaciones, Kohelet ratifica la vanidad de la vida del hombre en el mundo. Esta serie termina con una cadena de proverbios en los que el "yo" del predicador queda en un segundo plano, situándose detrás de las exhortaciones, reglas y principios deducidos de las experiencias que él ha venido presentando hasta aquí. La primera de esta serie de sentencias que ahora siguen es la más breve, pero también la más completa del libro, por su conexión interna.

Interludio (Eclesiastés 5, 1-7)

Como apéndice e interludio entre la sección anterior y la que sigue, vienen estos proverbios que tratan de la conducta del hombre ante Dios Todopoderoso, aquel a quien todos deben temer. La primera se refiere a la forma de visitar la casa de Dios.

5, 1. Sobre los sacrificios

שְׁמֹר [רגליך] (רַגְלְךָ) כַּאֲשֶׁר תֵּלֵךְ אֶל־ בֵּית הָאֱלֹהִים וְקָרוֹב לִשְׁמֹעַ מִתֵּת הַכְּסִילִים זָבַח כִּי־ אֵינָם יוֹדְעִים לַעֲשׂוֹת רָע:

[1] Guarda tu pie cuando fueres a la casa de Dios,
y acércate con el fin de oír más
que para ofrecer el sacrificio de los necios;
porque no saben hacer lo que [Dios] quiere
(pues no tienen en cuenta que hacen mal).

5, 1. La expresión *casa de Dios* (בֵּית הָאֱלֹהִים) tiene el mismo sentido que *casa de Yahvé* (cf. 2Sa 12, 20; Is 37, 1). Es el templo אל בֵּית־) (אֶל־ בֵּית) como en Sal 73, 17. El *qetub* רגליך puede admitirse, pues también en otros casos ese plural (tus pies) se utiliza en un contexto moral, e.g. Sal 119, 59. De todas formas, se emplea con más frecuencia un singular de tipo genérico, abarcador, como en Sal 119, 105; Pr 1, 15; Pr 4, 26. Y en ese sentido, es preferible el *keré*.

La recta comprensión de lo que sigue depende de כִּי־ אֵינָם יוֹדְעִים לַעֲשׂוֹת רָע. Diversos intérpretes han adoptado aquí todo tipo de visiones imposibles. La traducción de Hitzig (porque no saben cómo estar tristes) ha encontrado por lo menos un imitador que es Stuart; pero עֲשׂוֹת רַע, a diferencia de *'asoth tov* (Ec 3, 12), significa más "hacer lo que no es correcto", lo desagradable, lo malo, como *'asah ra'ah* (2Sa 12, 18).

Gesenius, Ewald (336b), Elster, Heiligst., Burger, Zckl., Dale y Bullock traducen: "no conocen que hacen mal". Pero esa traducción exigiría que las palabras fueran עֲשׂוֹתַם רַע (cf. Jer 15, 15) según la norma del acusativo con infinitivo, en la línea de *se facere malum* —como en 1Re 19, 4. Esa traducción (no conocen que hacen mal) resulta incongruente, pues לָמוּת no significa aquí *se mori*, sino *ut morpretur*. Más incorrecta es aún la traducción de Jerónimo, a quien sigue a Lutero: *nesciunt quid faciant mali*, no saben lo que hacen mal.

Da la impresión de que aquí, lo mismo que en Ec 2, 24, el texto puede estar dañado. Aben Ezra introduce רק antes de לעש, pero Kohelet no utiliza nunca esa partícula limitadora; para eso tendría que haber escrito כי אם־לעשות, en la línea de Esd 3, 12; 8, 15. Todo lo que así se logra no justifica los medios violentos que han de utilizarse para cambiar el texto; por otra parte, la cláusula de ratificación tiene un sentido distinto y no es apropiado lo que se dice de los כסילים (necios, locos) que no se identifican con los mismos *resha'im* y los *hattaim*.

Sería mejor decir: *no saben cómo hacer bien* (así el texto Syr.) o, *no saben si lo que hacen es bueno o es malo,* no tienen sentimientos ni motivos morales (así el Tárgum). Más violenta aún que la transformación del texto es la respuesta de Herzberg, Philippson y Ginsburg, quienes atribuyen a לשמע un tipo de visión subjetiva de la obediencia o escucha de la que habla el texto (השׁמעים): "Porque no comprenden en modo alguno lo que es hacer el mal"; pero para ello se tendría que haber introducido un sujeto distinto, o retomar el inmediatamente anterior que era כסילים.

En ese caso, deberíamos traducir *enam yodim* (אֵינָם יוֹדְעִים) en la línea de Sal 82, 5; Is 56, 10, como expresión completa en sí misma: *ellos, los locos, están desprovistos de conocimiento para hacer el mal,* lo cual supone que hacen el mal sin más, siempre; la misma falta de conocimiento les lleva a eso, a hacer el mal. De forma semejante traduce Knobel: *ellos no se preocupan de eso, es decir, no tienen interés en conocer la forma verdadera y recta de adorar a Dios, de manera que hacen las cosas mal*, de modo que su conducta perversa proviene de su mismo principio malo: no quieren saber la forma recta de adorar a Dios.

Pero ידע לא, en absoluto, no significa despreocuparse, sino ignorar. Rashbam afirma, correctamente, que estos malos creyentes del templo están predispuestos, por su ignorancia, a realizar lo que está mal. Así piensa también Hahn. Por su parte, Mendelssohn traduce: ellos pecan a causa de su ignorancia. Si esta interpretación es correcta, debemos añadir que la palabra לשמע no significa obedecer, como piensa Zöckler (cf. 1Sa 15, 22), sino *escuchar la voz de Dios,* como ha de hacerse en la casa de Dios (lugar que evidentemente ha de mover a la obediencia divina, conforme a la enseñanza de los sacerdotes). La instrucción de los sacerdotes se centra en la información respecto al cumplimiento de leyes que han sido promulgadas por la Escritura (cf. Lv 10, 11; Dt 33, 9) y a la decisión sobre cuestiones planteadas en el plano de la praxis legal (cf. Dt 24, 8; Hag 2, 11).

Pero los sacerdotes no formaban parte de la clase docente, no eran predicadores. La enseñanza no formó nunca parte del culto del templo y solo después del exilio la predicación se vinculó con la oración y el culto de la sinagoga. En el tiempo del A.T., los predicadores eran los profetas, que actuaban por una llamada sobrenatural divina, por impulso inmediato del Espíritu. Sabemos por el libro de Jeremías que los sacerdotes acudían a veces al templo, haciendo que allí se leyeran también los libros de los profetas; pero nuestro autor, al hablar de לשמע no está pensando en la enseñanza de los sacerdotes.

Además de la enseñanza de los sacerdotes —que se refería a cómo llevar a la práctica la letra de la ley y a aprender la enseñanza de los profetas dirigida a la realización del espíritu de la ley— la palabra formaba una parte esencial del culto sagrado del templo, como muestra el hecho de que allí se recitara la Tefilla con la Beraka y se realizara el canto de los Salmos. Por otra parte, en el tiempo del Kohelet, en el templo se realizaba la lectura de ciertas secciones de la Biblia. Así dice el Kohelet: *cuando vayas a la casa de Dios, reflexiona dónde vas y la forma en que allí tienes que aparecer...*

Los que van al templo tienen que saber escuchar, superando el sacrificio de los necios que son ignorantes, precisamente porque no escuchan, y en consecuencia hacen lo que está mal. La מן, *prae* (cf. מתּת הכּסילים), expresa también, sin necesidad de adjetivo, una precedencia en número (Is 10, 10) o en dignidad (Ez 15, 2). Por su parte, קרוב es infinitivo absoluto.

Böttcher quiere subordinar קרוב a שׁמר: *ten cuidado con tu pie y acércate a escuchar más que a...* El cuidado de aquellos que van al templo ha de entenderse desde la perspectiva de los que contemplan y entienden los sacrificios como formas y medios de alabar y temer a Dios. Probablemente, el Kohelet se sitúa en la línea de los profetas que se empeñaron en defender y promover la pureza del culto. El altar del templo era el lugar donde se ofrecían a Dios los sacrificios de animales para indicar de esa manera el sometimiento de los hombres a Dios, tal como lo indica el mismo nombre del altar o מזבח, como lugar donde se ofrecía a Dios (זבח) la carne de los animales sacrificados.

Pero había otros sacrificios, llamados עולה, en los que solo se ofrecía sobre el altar una parte de la carne sacrificada, de manera que el resto (la mayor parte) de la carne se dedicaba a la fiesta o comida sacrificial de los mismos devotos (cf.

Dt 12, 6-27). Estos eran los llamados *shelamim* o sacrificios pacíficos, entendidos básicamente como comidas sagradas (cf. Pr 7, 14).

La expresión זבח נתן indica que en nuestro caso se trataba probablemente de sacrificios vinculados con un tipo de festividades que podían degenerar fácilmente en celebraciones de tipo puramente mundano (cf. *Comentario* a Pr 7, 14). En un plano religioso, las expresiones más apropiadas hubieran sido הקריב o שׁחוט. Pero la palabra תת que aquí se emplea parece que está aludiendo no solo al hecho de ofrecer algo a Dios, sino también a otros seres humanos.

Este libro, Kohelet, que es el más reciente de la literatura de la *hokma*, sigue compartiendo la visión de Pr 21, 3, en la forma de entender los sacrificios, con los riesgos que ellos implican. La gran palabra de Samuel en 1Sa 15, 22 (la obediencia a Dios es mejor que todos los sacrificios) sigue estando en el fondo del conjunto del salterio y de la Escritura hebrea y, en especial, de este libro del Kohelet. En esa línea, los israelitas han tendido a dejar en un segundo plano el culto de los sacrificios.

5, 2-3. Sobre la oración

² אַל־תְּבַהֵל עַל־פִּיךָ וְלִבְּךָ אַל־יְמַהֵר לְהוֹצִיא דָבָר לִפְנֵי הָאֱלֹהִים כִּי הָאֱלֹהִים בַּשָּׁמַיִם וְאַתָּה עַל־הָאָרֶץ עַל־כֵּן יִהְיוּ דְבָרֶיךָ מְעַטִּים:
³ כִּי בָּא הַחֲלוֹם בְּרֹב עִנְיָן וְקוֹל כְּסִיל בְּרֹב דְּבָרִים:

² No te des prisa con tu boca,
ni tu corazón se apresure a proferir palabras ante Dios;
porque Dios [está] en el cielo, y tú sobre la tierra;
por tanto, sean pocas tus palabras.
³ Porque de la mucha ocupación viene el sueño,
y de la multitud de las palabras la voz del necio.

5, 2-3. Como decimos en alemán: *auf Fliegeln fliegen* (volar sobre alas), *auf Einem Auge nicht sehen* (no ver con solo un ojo), *auf der Flöte blasen* (soplar por la flauta), así en hebreo se dice *calumniar con/por la lengua* (Sal 15, 3). Ese es el sentido que tiene aquí esa expresión "el que se apresura con su boca" (el que va por delante con su boca), esto es, aquel que habla antes de pensar. Este mismo uso lo encontramos en el hebreo postbíblico cuando habla por un lado de la התורה שׁבכתב (ley escrita) y por otro lado de התּ שׁבעל־פה (ley oral, es decir, transmitida por la boca, *oralis traditio*, *Shabbath* 31a; cf. Gittin 60b).

El hombre, cuando ora, no debe dar alas a su lengua, multiplicando palabras que se repiten y fórmulas que se conocen de memoria, sabiendo ciertamente que Dios es aquel de quien el orante habla en la oración, y aquel a quien dirige su palabra cuando habla, pero sin advertir que Dios es un ser infinitamente exaltado, a quien uno no debería acercarse de forma apresurada, sin pensar en lo que dice, ni hacerlo de un modo irreverente, sin elevar su corazón.

Como el cielo de Dios, así el trono de Dios está exaltado por encima de la tierra, lugar de habitación de los hombres. De esa manera está exaltado el Dios celeste por encima de la tierra de los hombres. Por eso, las palabras del hombre ante Dios deberían ser pocas y bien escogidas, llenas de reverencia, expresando en ellas toda el alma.

El antiguo lenguaje hebreo no forma palabras plurales a partir de sustantivos como en este caso más reciente en el que מְעַטִּים viene del sustantivo מעט (poco, poquedad) que se utiliza como adverbio. Pero el hebreo más reciente trata a esa palabra como adjetivo y forma a partir de ella el plural מעטים (que aparece aquí y en Sal 109, 8, que se atribuye a David, *le-David*, pero que lleva las marcas del estilo posterior de Jeremías). El hebreo postbíblico coloca en lugar del aparente adjetivo el participio adjetival מוֹעט con el plural מוּעטים מוּעטין, como en *Berachoth* 61a: *que las palabras de un hombre ante el Santo (bendito sea su Nombre) sean siempre pocas*, מוּעט: pocas han de ser las palabras del hombre ante Dios, porque cuando son muchas no falta nunca la necedad.

Así deben entenderse las dos partes de la comparación de Ec 5, 3 que están en una relación mutua más estrecha que la de Ec 7, 1. Esa comparación no ha de tomarse como proverbio meramente sintético, como en Job 5, 7, sino más bien como un proverbio parabólico: de la mucha ocupación viene el sueño, y de la multitud de las palabras la voz del necio.

La ב es en ambos casos una *beth de causa*. El sueño proviene del cansancio…; pero cuando el cansancio es muy grande surgen también fantasías y pesadillas, como cuando se dice ענין ברב. Ciertamente, el trabajo en sí mismo puede producir un tipo de dulce dormir, sin sueños o pesadillas que disturben. Pero cuando el hombre va a dormir muy cansado, los cuidados de su vigilia pueden seguir influyendo en su mente de manera que no sea capaz de descansar tranquilo. En esa línea, se puede afirmar que de los duros trabajos y ocupaciones nacen las pesadillas y los sueños que no nos permiten tener un descanso sosegado.

El hombre que tiene un trabajo que no le perturba ni le saca de sí puede dormir tranquilo, esperando un sueño que no esté perturbado por pesadillas que le intranquilizan y no le permiten descansar. Del trabajo bien hecho y sin preocupaciones nace un sueño tranquilo. Por el contrario, cuando el hombre va a descansar oprimido por pensamientos y ocupaciones que no puede resolver, es incapaz de conciliar el sueño.

Las preocupaciones que así pasan de la vida despierta a la del sueño perturban el mismo sueño con pesadillas y espejismos opresores, llegando a veces a privar al hombre del descanso, no dejándole dormir en modo alguno, como indican Ec 5, 11 y Ec 8, 16, diciendo que los sueños nocturnos evocan todo tipo de trabajos y pesares diurnos, como fantasmas fugaces que pasan dando miedo y visiones aterradoras que emergen en la mente de aquellos que no pueden descansar de un modo sosegado.

Sueños de ese tipo emergen cuando un hombre se fatiga tanto interior como exteriormente a causa de los trabajos del día, de manera que surgen en su cabeza muchas palabras locas, pesadillas, que no le permiten descansar. Hitzig traduce כסיל, en conexión con כ קול como adjetivo pero, mientras que אויל se puede convertir en un adjetivo (*ĕvīli*), כסיל es siempre un sustantivo o, mejor dicho, un nombre que se aplica solamente a los vivientes. Del fondo de la mente de un hombre muy cansado surgen sonidos sin contenido, como bramidos sin mensaje ni idea de fondo. Las palabras de un necio son en sí mismas de este tipo (Ec 10, 14); pero incluso las de un hombre que no es necio (loco) pero habla y habla sin detenerse pueden volverse así expresiones de locura sin contenido alguno, impidiendo de esa forma el descanso del sueño.

5, 4-7. Votos hechos a Dios

4 כַּאֲשֶׁר תִּדֹּר נֶדֶר לֵאלֹהִים אַל־תְּאַחֵר לְשַׁלְּמוֹ כִּי אֵין חֵפֶץ בַּכְּסִילִים אֵת אֲשֶׁר־תִּדֹּר שַׁלֵּם:

5 טוֹב אֲשֶׁר לֹא־תִדֹּר מִשֶׁתִּדּוֹר וְלֹא תְשַׁלֵּם:

6 אַל־תִּתֵּן אֶת־פִּיךָ לַחֲטִיא אֶת־בְּשָׂרֶךָ וְאַל־תֹּאמַר לִפְנֵי הַמַּלְאָךְ כִּי שְׁגָגָה הִיא לָמָּה יִקְצֹף הָאֱלֹהִים עַל־קוֹלֶךָ וְחִבֵּל אֶת־מַעֲשֵׂה יָדֶיךָ:

7 כִּי בְרֹב חֲלֹמוֹת וַהֲבָלִים וּדְבָרִים הַרְבֵּה כִּי אֶת־הָאֱלֹהִים יְרָא:

4 Cuando a Dios hicieres promesa, no tardes en pagarla;
porque no se agrada de los necios.
Paga lo que prometieres.
5 Mejor es que no prometas,
que no que prometas y no cumples.
6 No sueltes tu boca para hacer pecar a tu carne;
ni digas delante del ángel, que fue ignorancia.
¿Por qué enfadar a Dios a causa de tu voz,
destruyendo la obra de tus manos?
7 Porque los sueños abundan,
y las vanidades y las palabras son muchas;
mas [tú] teme a Dios.

5, 4-5. Si, conforme al relato de *Shabbath* 30b, los rabinos se abstuvieron de considerar el libro del Kohelet como apócrifo fue porque comienza con תורה דברי

(cf. Ec 1, 3) y termina de la misma forma, garantizando así que todo lo que queda en medio está formado también por דברי תורה, esto es, por *palabras de la ley*. Pues bien, esto se cumple de un modo especial en este largo pasaje que trata de los votos, un pasaje que por su pensamiento y expresión constituye un eco de Dt 23, 22-24.

De todas formas, en vez de *kaashĕr tiddor* aquí encontramos *ki tiddor*. Por otra parte, en vez de *lelohim* (igual a *lĕĕlohim*, que se refiere siempre al único Dios verdadero), encontramos *lahovah ĕlohĕcha*. La causa de insistir en la parquedad de palabras está, según el Deuteronomio, en el hecho de que "el Señor te pedirá ciertamente cuentas y encontrará en ti pecado".

La razón de fondo es que "el Señor no se complace de los locos" (es decir, de los necios, de los que hablan mucho sin saber lo que dicen). Es evidente que el Kohelet se opone de esa forma a un tipo de "locos", es decir, de necios que hablan en vano, haciendo en su corazón promesas a Dios que después no cumplen. Por eso, Ec 5, 5 dice: mejor es que no prometas, y no que prometas y no pagues (cf. Ewald, 336a).

Esto es lo que dice la tradición: "Si te abstienes de hacer votos, no habrá pecado en ti" (Dt 23, 22). La palabra נדר, conforme a su raíz, significa en principio "realizar un voto de consagración", es decir, de separación (cogn. del árabe *nadar*, separar algo para otro, es decir, para Dios, con נזר, de donde viene נזיר), en el sentido de אסר (cf. Nm 30, 3). Esa palabra se refiere aquí a un voto en un sentido extenso.

De todas formas, en el significado más amplio del término, el autor (tanto aquí como en Deuteronomio) ha podido tener en cuenta el tipo de ley que está al fondo de Ec 5, 2-4, refiriéndose especialmente a los *shalme nĕdĕr*, es decir, un tipo de sacrificios pacíficos que la ley no exige pero que el oferente promete (cogn. de *shalme nedavah*, es decir, cosas que quedan en manos de la libre voluntad de los oferentes, pero que no brotan de la ley ni de una promesa previa del mismo oferente). Estos votos son los que el oferente realiza, por su propia inclinación, teniendo en cuenta la forma en que Dios ha de responderle (cumpliendo o no una determinada petición del hombre).

Además, el verbo שלם no se relaciona por sí mismo con el sacrificio, como sucede con palabras como חטאת, חטא, sino que significa el cumplimiento o realización de algo que está plenamente de acuerdo con lo que se debe. A la expresión חטא ...היה (que aparece dos veces en el pasaje del Deuteronomio arriba referido) se le añade una advertencia: *a fin de que tu boca no haga que tu cuerpo caiga en pecado*. El verbo *nathan* (cf. אל־ תִּתֵּן אֶת־ פִּיךָ) con *lamed* e infinitivo posterior significa conceder, prometer, cf. Gn 20, 6; Jue 1, 34; Job 31, 30.

El infinitivo se traduce en la misma línea: para no caer en castigo. El verbo חטא (cuyo *hifil* sincopado que, conforme a una antigua fórmula favorita del Pentateuco es לחטיא) significa *pecar* (cf. Gn 39, 9; Os 8, 11) y también *expiar* por el pecado. Esa palabra significa *estar cargado por pecados* y las culpas (ser reo del pecado). De un modo incorrecto traducen Ginsburg, Zöckler y otros, por dos razones:

- La fórmula *que la carne peque* no responde a la formación de las ideas de fondo del A.T.; ciertamente el N.T. utiliza la expresión σὰρξ ἁμαρτίας (Ro 8, 3), pero no ἁμαρτάνουσα, pues *aquello que peca no es la carne*, sino el deseo malo que está determinado por la carne, es decir, por la codicia de la carne.

- En este caso, *la boca no es meramente aquello que dirige al pecado, sino la persona entera* que peca a causa de una prisa o ambición instintiva; esta prisa irreflexiva con el deseo vinculado a las promesas hace que el pecado llegue a la carne, le haga sufrir, le haga romper los votos a través de las penas infligidas por Dios.

La boca aparece así, como el ojo y la mano, como un miembro de todo el cuerpo, ὅλον τὸ σῶμα (Mt 5, 24), que aquí se llama בשׂר, pues todo el cuerpo, en su naturaleza sensitiva (en oposición a לב, corazón, Ec 2, 3; Ec 11, 10; Pr 14, 30) tiene que sufrir castigo a causa de lo que la boca ha prometido (ha hablado) en vano. De un modo correcto, Gesenius compara este pasaje con Dt 24, 4, y también con Is 29, 21, porque el sentido de *peccati reum facere*, hacerse reo de pecado, es también semejante.

5, 6. La siguiente advertencia se refiere a la absolución del pecado de un voto rápido que no se ha cumplido, entendido como ofensa que ha de ser expiada: no sueltes tu boca para hacer pecar a tu carne; *ni digas delante del ángel, que fue ignorancia*. Posiblemente, ese ángel (mensajero, *hammălāch*) es el sobrenombre o apelativo especial del *sacerdote*, a quien se concibe en aquel tiempo como enviado y representante de Dios conforme al uso normal del lenguaje, pero el tema debe dilucidarse, como haré a continuación.

A partir de aquí resulta claro el sentido del resto del pasaje, que ha de entenderse en forma de advertencia, pero no se puede concluir sin más (de un modo absoluto), como hacen algunos intérpretes judíos, que el mensajero (*hammălāch*) al que alude el texto es necesariamente el sacerdote. Ese tema debe precisarse.

El *Tárgum* interpreta al mensajero como *el ángel al que se le encarga la tarea del castigo* que ha de cumplirse el día del juicio. Aben Ezra afirma que es el ángel que escribe con palabras las obras de un hombre. Lo mismo piensa Jerónimo, que sigue la opinión de su maestro judío. Al comentar este pasaje, Ginsburg escribe todo un *excursus* sobre los ángeles. La LXX y Syr. traducen "ante Dios", que aparece así directamente, no a través de un ángel, como si las palabras del texto dijeran "ante Dios", אל נגד, Sal 138, 1, como si *hammalach* pudiera significar directamente Dios, presentándose a sí mismo en la historia.

En el caso de que *hammalach* fuera el nombre oficial de un sacerdote, estaríamos forzados a pensar en uno especialmente encargado de la obligación de estudiar y resolver los casos en los que una persona querría que le dispensaran de un determinado voto; esta dispensa o liberación del voto se decía en hebreo bíblico הפיר. Pues bien, no hay evidencia de que los sacerdotes antiguos tuvieran ese poder de dispensar los votos.

Había casos individuales en los que un marido podía dispensar el voto de su mujer, y el padre el voto de su hija, como determina Nm 30. Además de eso, en la ley tradicional encontramos una sentencia que dice: *si un hombre hace un voto y se arrepiente de él, ese voto puede ser dispensado por un hombre sabio* (חכם), y donde no hay ningún sabio puede ser dispensado por *tres laicos* (*Bechoroth* 36b). Aquí no se alude a los sacerdotes en cuanto tales.

Según eso, este pasaje no puede entenderse, en modo alguno, como disolución oficial del voto. Mientras que el Talmud aplica el texto de un modo jurídico (*Shabbath* 32b, etc.), Rashi interpreta la palabra diciendo *hammalach gizbar shĕlhaqdesh*, es decir, aplicándola al tesorero de los ingresos del santuario. Por otra parte, el mismo Rashi en el comentario a Kohelet supone que ha habido alguien que ha resuelto un caso de este tipo, pero que lo ha hecho por caridad/justicia (צדקה), por sí mismo, sin consultar con una autoridad superior, de manera que el representante de la congregación (el *saliah* o delegado, שליח) ha venido a demandarle. Pero este es un caso puramente imaginario. Por eso es preferible que supongamos que las palabras *liphne hammalach* tienen el mismo sentido que *liphne hakkohen*, Lv 27, 8. 11; Nm 9, 6; Nm 27, 2, etc., desde la perspectiva de los pasajes que tratan de la ley del sacrificio, en la línea de Nm 15, 22-26 (cf. *ki shegagah hi*. Nm 15, 25).

Según eso, debemos suponer que aquel que ha hecho un voto y no lo ha cumplido tiene que resolver el tema ante Dios presentando una ofrenda que es más fácil de cumplir o menos costosa que la exigida por el voto originario, de manera que en la confesión (ודוי) que él realiza ante el sacerdote debía explicar que el voto que había ofrecido era una *shegagah*, es decir, una declaración que iba por encima de sus posibilidades, y que no puede cumplirla al pie de la letra. La problemática religiosa que está al fondo de las ofrendas religiosas puede así interpretarse (resolverse) de un modo casi mercantil.

A través de esta declaración, el autor del voto tenía que mostrar que, bajo las nuevas circunstancias, la ofrenda del sacrificio que él había prometido no podía tomarse en modo alguno como acción obligatoria, sino que era contraria a lo que se había pretendido, una נודר: ¿cómo podría Dios enojarse a causa de las palabras por las que vas a excusarte ante el sacerdote, por la que vas a pedirle que te perdone por los pecados de omisión? (véase el sentido de חבל bajo Is 10, 27). A Dios le pides así que no te obligue a cumplir una obra destructora (véase *Coment.* a Sal 90, 17), pues el mismo Dios ha sido quien ha cambiado el sentido de la obra que tú habías propuesto, haciendo imposible lo que tú habías determinado.

Esta propuesta con *lammah* (לָמָּה יִקְצֹף הָאֱלֹהִים עַל־ קוֹלֶךָ) se parece a las de Esdras 7, 22-23 y es del mismo tipo que Ec 7, 16, mostrando que el cumplimiento del voto en las condiciones originarias habría sido una obra de loca autodestrucción, no un servicio verdaderamente religioso (cf. *Coment.* a Jer 44, 7 e Is 1, 5). La admonición que sigue sitúa el voto irreflexivo en el contexto general de las palabras inconsideradas que el oferente ha pronunciado sin verdadero conocimiento de la realidad.

Solo podremos interpretar así el texto de Ec 5, 6-7 si completamos su sentido como hacen la LXX y Syr., lo mismo que el Tárgum, introduciendo *ne credas* (no creas que...) o mejor con Ginsburg, añadiendo היא (esto es) y tomando una de las *waws* en el sentido de *también* o *tampoco* (en este caso en וְאַל־ תֹּאמַר). La partícula hebrea *waw*, como el griego καί y el latín *et*, puede tener un sentido de comparación o intensificación, más allá del puramente copulativo, como muestran Nm 9, 14 y Jos 14, 11.

Ciertamente, en muchos casos, no tenemos necesidad de traducir la *waw* por *también*, pero dado que aquí no es un signo de pura conexión externa, sino que expresa una correlación de cosas que son homogéneas, es preferible traducir esa partícula por "también" o por otra palabra semejante, como hace Jerónimo en Gn 17, 20: *super Ismael quoque*; Ex 29, 8: *filios quoque*; Dt 1, 32: *et nec sic quidem credidistis*; Dt 9, 8: *nam et in Horeb*; cf. Jos 15, 19; 1Sa 25, 43; 2Sa 19, 25; 1Re 2, 22; 1Re 11, 26 (cf. también Is 49, 6: Yo *también* te he dado a ti).[15]

5, 7. Conforme a la puntuación interna (כִּי בְרֹב חֲלֹמוֹת וַהֲבָלִים וּדְבָרִים הַרְבֵּה) וּד הר, tiene que ser predicado, de manera que el texto debe traducirse como hace el Véneto: "porque donde hay muchos sueños y vanidades hay también muchas palabras". De todas formas, podemos traducir estas *waws* (וַהֲבָלִים וּדְבָרִים) como en Ec 10, 11 y Ex 16, 6, a modo de *waw* de apódosis. Pero בְרֹב y lo que sigue no puede tomarse como antecedente virtual. De todas formas, la objeción de Hitzig

15. Hay pasajes en los que la *waw* solo se puede traducir por *también*, aunque no se debe contar entre ellos Sal 31, 12, donde no traducimos "también mis vecinos", ni Am 4, 10, donde las palabras han de traducirse: "y eso en tus narices". Por el contrario, en Is 32, 7 solo se puede traducir por *también/tampoco*: "cuando el pobre cumple *también* su derecho...", lo mismo que en 2Sa 1, 23: "tampoco en su muerte ellos se encuentran divididos". Lo mismo pasa en 2Cr 27, 5, donde las dos *waws* no pueden ser correlativas, sino que tenemos que traducir con Keil: "*también* en el segundo y tercer año". Lo mismo en Os 8, 6, והוא, al menos según la puntuación, tiene que ponerse "también ello", como traduce Jerónimo: *ex Israele et ipse est* (también él es de Israel).

ha de tomarse también en cuenta, lo mismo que el sentido de la disposición de las palabras, como han puesto de relieve Símaco, Jerónimo y Lutero: "Porque allí donde hay muchos sueños hay también muchas vanidades y muchas palabras".

Esa traducción es buena, pero no responde a la conexión de las palabras, porque entre los sueños y las muchas palabras no existe necesariamente una relación de tipo intrínseco. Hitzig, lo mismo que Knobel antes que él, han querido precisar el tema diciendo que "donde hay muchos sueños hay también vanidades", es decir, cosas de las que no se deriva nada, y lo mismo sucede donde hay muchas palabras. Pero esta interpretación es dudosa, pues no parece que responda al sentido que tiene la ב en בְּרֹב, de manera que el sentido principal se vuelve secundario y sitúa en una dirección falsa el argumento de toda la frase.

La relación de estos temas con los de Ec 5, 2 es diferente, porque allí la *waw* es de comparación, y todo el texto que sigue va en esa línea. Posiblemente, el texto ha sufrido algún tipo de dislocación o cambio de palabras (aunque la LXX lo sigue y traduce tal como está ante nosotros). Sabiendo eso, pensamos que el texto original debería construirse como sigue: כי ברב חלמת ודברים הרבה והבלים: "porque en muchos sueños y palabras hay también vanidades", es decir, ilusiones, por las que uno se engaña a sí mismo y engaña a otros. De esa manera, traduce también Bullock, pero sin dar razones para ello.

Lo primero que se nombra son los sueños, y eso se hace por referencia a Ec 5, 2, donde Kohelet ha puesto de relieve que las imágenes falsas provienen del hecho de que un hombre se encuentra externa y mentalmente cansado y ocupado con temas y problemas que llenan su imaginación. En ese sentido, la fuerza principal de la frase se encuentra en ודברים הרבה, es decir, en las muchas palabras, entre las que sobresalen los votos pronunciados de un modo irreflexivo e inconsiderado.

De todas formas, el predicado והבלים se vincula internamente con "vanidad de vanidades", que es el juicio final que el Kohelet pronuncia sobre todas las cosas de la tierra. La כי siguiente se vincula con el pensamiento de fondo de 6a, es decir, con la palabrería. El sentido de todo el argumento es que el mucho hablar tiene que evitarse. En vez del mucho hablar que produce malos sueños lo que el hombre debe hacer es temer a Dios: הַרְבֵּה כִּי אֶת־ הָאֱלֹהִים יְרָא (en latín con *immo*, Simm., ἀλλά). El temor de Dios no se expresa con muchas palabras, sino con aquello que llena el corazón.

3. CATÁLOGO DE VANIDADES
(Ec 5, 8 – 10, 15)

5, 8-9. Opresiones despóticas

Teme a Dios, dice Pr 24, 21, y también al rey. Todo el libro del Kohelet muestra la importancia que su autor ha dado a ese proverbio. Sobre esta base se funda la transición que ahora sigue al nuevo tema. Sin embargo, la forma concreta de gobierno (de Estado) al que el hombre debería estar sometido, responde muy poco a esa idea (de someterse a Dios y al rey) porque, según el Kohelet, la escala ascendente de poderes es principio y causa de una escala ascendente de violencias y opresiones.

אִם־ עֹ֣שֶׁק רָ֠שׁ וְגֵ֨זֶל מִשְׁפָּ֤ט וָצֶ֙דֶק֙ תִּרְאֶ֣ה בַמְּדִינָ֔ה אַל־ תִּתְמַ֖הּ עַל־ הַחֵ֑פֶץ ⁸
כִּ֣י גָבֹ֜הַּ מֵעַ֤ל גָּבֹ֙הַ֙ שֹׁמֵ֔ר וּגְבֹהִ֖ים עֲלֵיהֶֽם׃
וְיִתְר֥וֹן אֶ֖רֶץ בַּכֹּ֣ל [הִיא] (ה֑וּא) מֶ֥לֶךְ לְשָׂדֶ֖ה נֶעֱבָֽד׃ ⁹

⁸ Si en la provincia vieres violencias de pobres,
y extorsión de derecho y de justicia,
no te maravilles de esta licencia;
porque alto está mirando sobre alto,
y uno más alto está sobre ellos.
⁹ Y mayor (más alto) es la tierra;
[mas] el que sirve a la tierra es rey.

5, 8. *Mishpat vatsĕdĕq* (מִשְׁפָּט וָצֶדֶק) son genitivo de objeto, lo mismo que רָשׁ. Robo o violencia de derecho y justicia es una expresión que no se encuentra en ningún otro lugar de la Biblia, pero no de algo imposible, como supone Grtz. La palabra *mishpat* significa derecho, rectitud y la conformidad con la ley; en esa línea, la administración judicial y también el comportamiento social tienen que hacerse conforme a normas del derecho.

Por su parte, גזל es una *privación malvada y vergonzosa del derecho*, una negación de la justicia que se debe cumplir. Si uno ve cosas como estas en una *medinah*, es decir, en un distrito que está bajo el gobierno común de la autoridad, no debería maravillarse del tema. La palabra תמה significa estar sobresaltado, asombrado, maravillado por ello. Esta es la palabra que se utiliza comúnmente en el hebreo moderno.

Por su parte, חפץ tiene aquí un significado descolorido de "cosa" y, en esa línea, traduce el texto siríaco (cf. Ec 1). Todos los intentos por recuperar el sentido original no debilitado de la palabra (*placer, deseo fuerte, gozo…*) carecen de sentido, no son más que una mera sutileza infructuosa. Cf. *Berachoth* 5a, אדם...חפץ לח: si un hombre le compra una cosa a otro…

El sentido de la frase, con la razón que se pone como fundamento, ha de precisarse. Parece que lo que se quiere decir es que sobre un hombre poderoso que oprime a los que están bajo él, hay todavía uno más poderoso que puede castigar al inferior, y que sobre esos, sobre el poderoso y el más poderoso, está el *Altísimo* (el poderosísimo), es decir, Dios, que llamará a cuentas a todos (así Knobel, Ew., Elst., Vaih., Hengst., Zckl.).

Ninguno de los expositores antiguos ha tenido la sospecha de que la palabra גבהים puede ser un plural con el sentido de *Majestad* (referido a Dios); y eso resulta sorprendente, dado que en la interpretación talmúdica de *Menachoth* 110a, se insiste en que incluso לב (cf. Ec 5, 10), puede aplicarse a Dios. Pero el Tárgum traduce el primer גבה por אל אדיר, *Dios fuerte*. Esto era natural en el *usus loquendi* (forma de hablar) porque en el hebreo postbíblico גבה/gbwh es un nombre favorito de Dios, como aparece en *Beza* 20b, *Jebamoth* 87a, y *Kamma* 13a, que se aplica a la mesa de Dios, משלחן גבוה, es decir, al altar (cf. Heb 13, 10; 1Co 10, 21).[1]

Por otra parte, la interpretación de גב, como plural mayestático se apoya en el mismo Kohelet (cf. בוראיך, Ec 12, 1 y el pensamiento de fondo de Ec 3, 17). De todas maneras, está explicación de Ec 5, 7 no está totalmente justificada. Porque, si en una administración de justicia en vez del derecho se impone la violencia, eso parece indicar que sobre aquel que está en lo alto del mundo no hay nadie más alto para vigilarle, de forma que él (el gobernante elevado) no tiene que rendir cuentas a nadie.

---

1. La expresión חלק גבוה se utiliza de un modo normal en el rabinismo para los diezmos y ofrendas, cf. *Nachmani*, Gn 14, 20. Con חלק הגבהה, los sacrificios se llaman también לגבוה (cf. Hurwitz sobre los *Ritos hebreos,* con el título abreviado ש"לה), véase 85b en la edición 1764 y 23b en la edición abreviada de Amsterdam 1707.

Ciertamente, Kohelet sabe que sobre los poderes humanos hay otro mayor ante el que deben rendir cuentas y que puede castigarles. Pero los poderes de este mundo no lo saben o no lo quieren admitir, y por eso se cometen muchas injusticias, tal como suponen de algún modo las palabras anteriores que muchos traducen diciendo "no te extrañes" (cf. 1Pe 4, 12) o no te admires θαυμάσῃς (como la LXX). Kohelet está mostrando que en este mundo no existe un orden legal y que por eso está dominado por un tipo de Estado o poder despótico que es diferente del orden patriarcal antiguo, en el que se suponía que existía una justicia básica para todos. Sin un Dios de ley que esté por encima de los hombres no se puede hablar de derecho y de ley en el mundo. Así, se debe entender la palabra שמר (cf: שֹׁמֵ֔ר וּגְבֹהִ֖ים עֲלֵיהֶֽם כִּ֣י גָבֹ֤הַּ מֵעַ֣ל גָּבֹ֔הַּ), vigilar, que en un primer momento alude a los poderes de la tierra, entendidos como poderes de vigilancia, y que se aplica, por encima de ellos, al Dios grande/elevado (גָבֹ֔הַּ), que todo lo vigila desde arriba, sin que los poderes inferiores puedan invertir la situación y colocarse arriba, por más que así lo quieran.

Esa parece la situación propia del imperio persa, entendido como imperio de vigilancia, desde arriba…, no para ayudar e iluminar a los de abajo, sino para aprovecharse de ellos. Pues bien, sobre todos esos poderes de vigilancia hay uno que es más alto, uno que es el גבהים; el Altísimo, que puede identificarse con Dios. Eso significa que, en este mundo, por encima del ladrón que roba a los pobres y les priva de su derecho y su justicia, hay otro y otro en una escala de vigilancia e imposición cada vez más alta que puede culminar en el imperio persa, pero que por encima de todos está Dios, el Altísimo.

Este era el estado de cosas en el imperio persa en el tiempo del autor de este libro. El sátrapa se hallaba a la cabeza de sus oficiales de Estado. En muchos casos, él empobrecía a la provincia para enriquecerse a sí mismo. Pero sobre el sátrapa estaban los inspectores del rey supremo del mundo, que con frecuencia lograban adquirir fortunas denunciando a los inferiores. Y sobre todos se hallaba el rey o, mejor dicho, la corte con la rivalidad y las intrigas entre los cortesanos y las mujeres del harén real. Las crueles condenas a muerte a las que estaban sometidos los cortesanos eran temerosas.

Había, según eso, una gradación de mal gobierno, una dominación arbitraria desde lo alto a lo bajo y desde lo más bajo a lo más alto, de forma que la palabra más adecuada para definir el gobierno de los persas era שמר, vigilancia mutua, una acechanza constante de espías, buscando su oportunidad para derrumbarse unos a otros. Esta fue la situación dominante en el imperio persa, especialmente cuando empezó su decadencia… Esa era una situación imposible de cambiar, a no ser que por encima de todos, en el principio de la "cadena de vigilancias y poderes", pudiera descubrirse (reconocerse) la autoridad suprema del גבהים, el Altísimo, sobre la cadena de vigilantes de la humanidad.

5, 9. En este momento, en contra de ese sistema de poder opresor que culmina en el Gran Imperio persa, el Kohelet alaba *una forma patriarcal de gobierno compartido de alguna manera por todos los agricultores y fundada en el trabajo del campo,* de manera que el rey no se enorgullece por sus conquistas militares, y por sus caprichos tiránicos, sino por la promoción pacífica del bienestar de su pueblo. Porque la ventaja de un país se expresa en el hecho de que el rey se preocupe ante todo por las tierras de cultivo de todos, y no de sus conquistar militares.

Entre los expositores se han dado, en este contexto, muchas opiniones carentes de sentido, en especial entre los más modernos. Ewald, Heiligst., Elster y Zckl. traducen estos pensamientos en la línea del adagio latino: *rex agro factus - terrae praefectus* (el rey entregado al servicio del campo es como un prefecto, un organizador de la tierra...). Lo más importante en el mundo es la tierra y, lógicamente, la función más significativa del mundo (del rey) será la de estar al servicio de la tierra (es decir, de los habitantes de la tierra que producen alimentos), conforme al sentido de las palabras finales מֶלֶךְ לְשָׂדֶה נֶעֱבָד (הוּא): el Rey está para servir a la tierra.

Ciertamente, la palabra עבד recibe un sentido de "colere" (adorar) cuando se refiere a Dios como objeto de culto religioso. Pero en referencia a un gobernante humano esa palabra no significa adorar, sino servir y, por su parte, נעבד solo puede significar hacer que la tierra sea *dienstbar,* fructífera, estando al servicio de los hombres. Lo que importa es que el gobernante sea un "rey agrícola, un rey al servicio de la tierra", de manera que su mayor honra sea el trabajo de campo y la producción de alimentos para todos.

Ciertamente, el texto hebreo sigue ofreciendo dificultades por su misma estructura y por los cambios entre el *keré* y el *qetub*, pero su sentido básico resulta claro. El mayor bien para un pueblo es un rey que se ponga al servicio de la agricultura, es decir, que procure una adecuada producción de bienes de consumo (de comida, de riqueza) para sus habitantes. Esto es lo que tiene que saber y hacer un rey que está al servicio de שׂדה, es decir, visitar los campos abiertos, salir y caminar a lo largo y a lo ancho de ellos para procurar que produzcan y estén al servicio de los hombres.

En esa línea, la expresión עבד האדמה, significa *servir a la tierra cultivada, labrada y bien aprovechada.* Sigue habiendo elementos problemáticos, pero el sentido de conjunto del texto es claro. Este pasaje nos pone ante un rey "comprometido" (que se ha convertido en siervo de la tierra cultivada...), un rey *agro addictus,* aficionado al campo, como Dathe, Rosenm. y otros han traducido y puesto de relieve. Según eso, este pasaje nos sitúa ante un rey que pone su reinado al servicio de la tierra bien cultivada, que no se dedica a la guerra, que no es adicto a pleitear, que no mantiene sus opiniones con terquedad, sino que pone su placer en el avance pacífico y en la prosperidad de su país, un rey que se interesa vivamente por la ganadería y por el cultivo bien organizado de la tierra. Entendido así, el orden de palabras de este pasaje es parecido al de Ec 9, 2; cf. Is 8, 22; 22, 2.

1. Riqueza incierta y alegre gozo (Ec 5, 10 – 6, 6)

Si fijamos nuestra atención en la palabra תְּבוּאָה (Ec 5, 10) que básicamente significa aquello que entra desde fuera en el granero (Pr 14, 4), este verso parece seguir alabando la ganadería y la agricultura, como han puesto de relieve Aben Azra, Luzzatto, Bardach y otros, pues, ciertamente, el dinero no puede comerse... Pero, en otro sentido, el pensamiento de Ec 5, 10b no puede aplicarse sin más a la agricultura. Por eso, como he puesto de relieve en la introducción, aquí comienza una nueva serie de temas:

5, 10-14. Sobre las riquezas

10 אֹהֵב כֶּסֶף לֹא־ יִשְׂבַּע כֶּסֶף וּמִי־ אֹהֵב בֶּהָמוֹן לֹא תְבוּאָה גַּם־ זֶה הָבֶל:

11 בִּרְבוֹת הַטּוֹבָה רַבּוּ אוֹכְלֶיהָ וּמַה־ כִּשְׁרוֹן לִבְעָלֶיהָ כִּי אִם־ [רֹאִית] (רְאוּת) עֵינָיו:

12 מְתוּקָה שְׁנַת הָעֹבֵד אִם־ מְעַט וְאִם־ הַרְבֵּה יֹאכֵל וְהַשָּׂבָע לֶעָשִׁיר אֵינֶנּוּ מַנִּיחַ לוֹ לִישׁוֹן:

13 יֵשׁ רָעָה חוֹלָה רָאִיתִי תַּחַת הַשָּׁמֶשׁ עֹשֶׁר שָׁמוּר לִבְעָלָיו לְרָעָתוֹ:

14 וְאָבַד הָעֹשֶׁר הַהוּא בְּעִנְיָן רָע וְהוֹלִיד בֵּן וְאֵין בְּיָדוֹ מְאוּמָה:

> 10 El que ama el dinero, no se saciará de dinero;
> y el que ama el mucho [tener], no [sacará] fruto.
> También esto [es] vanidad.
> 11 Cuando los bienes se aumentan,
> también se aumentan los que los comen.
> ¿Qué bien, pues, [tendrá] su dueño,
> sino verlos con sus ojos?
> 12 Dulce es el sueño del trabajador,
> coma mucho o [coma] poco;
> mas al rico no lo deja dormir la abundancia.
> 13 Hay [otra] enfermedad maligna
> que he visto debajo del sol:
> las riquezas guardadas por sus dueños para su mal;
> 14 las cuales se pierden en malas ocupaciones,
> y a los hijos que engendraron nada les queda en la mano.

5, 10. El tema de esta serie de proverbios no deriva directamente del tema de los anteriores, pues de la injusticia pasamos ahora a la codicia y del cultivo de la tierra a la codicia de la riqueza, cuya naturaleza más profunda se identifica con la insaciabilidad: *semper avarus eget, hunc nulla pecunia replet* (al avaro siempre le falta algo, ninguna riqueza le llena). El hecho de que el autor hable de *sacra fames argenti, not auri* (hambre sagrada de plata no de oro) proviene del hecho de que a la moneda no se le llamaba entonces זהב, oro, sino כסף, plata.[2]

Mendelssohn-Friedlader explican así este argumento: aquel que ama la plata no queda nunca satisfecho con plata, pues ella como tal nunca podrá llenarle. Esto es lingüísticamente posible (cf. e. g., Pr 12, 11) teniendo en cuenta el carácter material de la plata; pero si quisiera identificar la plata con aquello que produce siempre insatisfacción, conforme al sentido literal de la palabra, el autor podría haber escrito de manera más precisa מן־הכסף, cf. Ec 6, 3. Sea como fuere, la expresión "no llenarse nunca de dinero" significa según Ec 1, 8 y, especialmente según Ec 4, 8, Hab 2, 5 y Pr 27, 20, *pensar que nunca se tiene dinero suficiente*, deseando tener siempre más.

Lo que ahora sigue en este verso, Ec 5, 10, suscita, conforme a la opinión de Hitz., una pregunta: ¿y cómo podrá tener alegría en abundancia aquel que no tiene nada consigo? Pero, en contra de Hitz, debemos afirmar que este tipo de cuestiones sin respuesta (que deben ser suplidas por el lector) no son del estilo del Kohelet. Para resolver esta cuestión, otros como Zöckler introducen en esta frase la palabra ישבע: *aquel que quiere tener siempre más posesiones nunca podrá tener suficientes (las que él querría)*. Pero esto es poco más que una tautología. Con razón, el Tárgum, Syr., Jerónimo, el Véneto y Lutero toman la palabra *tevuah* (לֹא תְבוּאָה) como respuesta o conclusión: *y quién se aferra a la abundancia de posesiones no logrará tener nunca suficientes* (como en Ec 1, 9; cf. Sal 34, 13): *quien se aferra al dinero no consigue ganar por dinero aquello que pretende*.

La palabra *hamon* (אֹהֵב בֶּהָמוֹן) significa un tumulto, una multitud ruidosa, especialmente una multitud de bienes de la tierra, como en Sal 37, 16; 1Cr 29, 16; Is 60, 5. La conexión de אהב con ב, que aparece solo aquí, se construye en analogía con ב חפץ y de otras frases semejantes. Esa conclusión es sinonímica, *levilti hoil*, cf. Is 44, 10; Jer 7, 8. Todos los códices leen לא (לֹא תְבוּאָה), con el significado de "no", pues en este contexto, לוֹ (para él), no tendría sentido.[3]

Kohelet ha puesto ya de relieve la importancia de la agricultura, pues el labrador goza del fruto de su trabajo, en contra de aquellos que ponen su corazón en el continuo tumulto, en el ruido y la pompa de las riquezas (del dinero, plata) que no ofrece ningún provecho real, ningún gozo pacifico de bienes para

---

2. Una fantasía judía supone que aquí se pone כסף porque va aumentando el valor numeral de las letras (20, 60, 80); por el contrario, las letras de זהב van bajando de valor (7, 5, 2).

3. En *Maccoth* 10a, aparece tres veces en sucesión לוֹ. El Midrash *Wajikra*, c. 22, lee לא, y así aparece siempre, sin *keré* y sin variaciones.

el hombre. Con el aumento de las posesiones crecen también las inquietudes, y el posesor queda de esa forma sin nada para gozar, a no ser que su gozo se centre en la vista vana de las riquezas materiales que atesora, pero sin poder disfrutarlas.

5, 11. El verbo רבה significa aumentar, con רבב, ser muchos. En contra de Bötcher, esta palabra ha de entenderse incoativamente como en Gn 6, 1, y de esa forma ha traducido bien la LXX: ἐπληθύνθησαν. Por eso, el autor no está pensando en un rico miserable y solitario que guarda su dinero en cajas o arcones, y que solo se alimenta a sí mismo, mirando hacia la riqueza sin poderla comer, con las puertas cerradas, como un avaro del estilo del que aparece en Sal 49, 12; Is 5, 8. El autor está pensando más bien en un hombre rico en relación con otras personas de su entorno, que para vivir dependen de algún modo de su riqueza.

Por eso, si los bienes, *hattovah*, de ese hombre rico aumentan, también aumenta el número de gente que él debe alimentar con ellas (בִּרְבוֹת הַטּוֹבָה רַבּוּ אוֹכְ־ לֶיהָ). Con el aumento de riquezas del rico crece igualmente el número de gente que se alimenta y vive de ellas, de manera que aumenta igualmente la inquietud y preocupación del rico, pues se ve obligado a alimentar a los necesitados de su entorno, a quienes debe servir como patrono, preocupándose de ellos. De esa manera, el rico posesor no tiene ninguna ventaja sobre los demás (véase lo dicho sobre *kishron*, arriba y en el comentario a Ec 2, 21), sino solo el saber que tiene dinero, pero sin poderlo disfrutar para sí mismo (con *reith*, *keré*, en vez de *reuth*; cf. caso inverso en Sal 126, 4: teniendo que administrarlo al servicio de los necesitados de su entorno).

La posesión como tal no lleva consigo ninguna felicidad, pues nunca es suficiente para satisfacer el deseo de un hombre, pero es, en cambio, suficiente para llenarle de preocupaciones como, por ejemplo, la de calcular si su dinero basta para alimentar a todos los que vienen a su casa, como clientes a quienes ha de mantener para que le sirvan. En fin, el placer que le aporta su fortuna consiste solo en esto: puede mirar con orgullo y autocomplacencia todo lo que ha acumulado, pero no comerlo pues el dinero no se come. El rico tiene dinero, pero ha de emplearlo al servicio de los pobres de su entorno.

5, 12. *Dulce es el sueño de un trabajador*, aunque haya podido comer poco o mucho; por el contrario, la abundancia no permite dormir al rico, pues sigue estando en la noche lleno de preocupaciones que se apoderan de su mente. La LXX, en vez de trabajador (הָעֹבֵד), utiliza la palabra "esclavo" (δούλου), pero en el texto original no habla de un esclavo que duerme bien, sino más bien de un trabajador.

Como regla general, Kohelet afirma que el sueño sano es la recompensa que el buen trabajador recibe de su fatiga. Ciertamente, hay siervos perezosos (que no trabajan) y señores que son activos y que se esfuerzan por trabajar. Pero, en general, lo que Kohelet pone de relieve es el hecho de que *un trabajador no tiene que pensar en su riqueza, en la forma de no perderla, y de esa forma puede dormir mejor,* con más tranquilidad que un rico que vive preocupado por su fortuna y por la forma de mantenerla y emplearla. El buen trabajo hace posible un buen descanso, pero la preocupación por la riqueza perturba el sueño de los ricos. El texto véneto presenta al trabajador como un tipo de obrero que hace bien su obra (ἐργάτου), interpretando bien la palabra original אדמה עבד (siervo de la *adamah* o tierra). El trabajador, en general, se llama עמל, cf. Ec 4, 8 y Jue 5, 26, que en el hebreo postbíblico significa alguien que realiza trabajos.

En esa línea, el buen servidor, obrero, goza de un sueño dulce, refrescante, aunque su ganancia sea pequeña o escasa, de manera que el trabajo queda recompensado con un dulce sueño, a pesar de su pobreza. Por el contrario, el sueño del rico está impedido y perturbado no solo por su riqueza (cómo administrarla, cómo no perderla), sino por su saciedad, porque está lleno de comida, como pone de relieve Jerónimo: *incocto cibo in stomachi angustiis aestuante,* comida cruda, hirviendo en las estrecheces del estómago.

Ciertamente, también el trabajador come, y lo hace hasta saciarse, pero con resultados distintos, de manera que podemos preguntar: ¿por qué la abundancia de comida produce resultados distintos en uno y otro caso? En el caso del rico estamos ante una comida que sobra, un tipo de suprasaciedad que se vincula con la preocupación por las riquezas, no por el trabajo honrado. En cambio, en el caso del pobre, la comida se utiliza para saciar las necesidades alimentarias sin más preocupación. El pobre come para poder llenarse y trabajar. Al contrario, el rico come en exceso, lo que no necesita. La riqueza de posesiones que el rico tiene a su disposición no le permiten dormir, porque en su interior brota toda una serie de proyectos, de cuidados, de ansiedades que se introducen con él en la noche, impidiendo que su mente se encuentre apaciguada, con tranquilidad, que es la condición para dormir bien.

La expresión לע שׁ'ה es un circunloquio para indicar una relación de genitivo, como חל...לב, Rut 2, 3; נע...אם (LXX, Αμνὼν τῆσ Ἀχινόαμ), 2Sa 3, 2. Heiligstedt afirma que esas palabras están en lugar de שׁבע העשׁיר, que puede entenderse como "abundancia de riqueza". De manera incorrecta, Ginsburg traduce: *aber der Ueberfluss den Reichen - er lässt ihn nicht schlafen* (pero el exceso de riqueza no permite que los ricos puedan dormir). Los bienes dominan sus mentes, no pueden descansar tranquilos con lo que tienen.

5, 13-14. *Riquezas mal guardadas, que hacen daño a quien las posee,* riquezas que son para mal de su dueño, pues no podrá legarlas a sus sucesores. En este contexto, se evoca una gradación de males. חולה רעה (cf. ר רע חלי, Ec 6, 2) no es un mal ordinario, sino un mal que mata, un mal que hiere con mucha intensidad porque es difícil de curar, un mal que lleva el nombre de נַחְלָה חוֹלָה, enfermedad, estar enfermo (cf. Nah 3, 19: רָא ... הִשׁ, como en Ec 10, 5, con cláusula elíptica de relativo; cf. también Ec 6, 1).

El gran riesgo de las riquezas consiste en que, con cierta frecuencia, constituyen un peligro para su poseedor. La expresión (עֹשֶׁר שָׁמוּר לִבְעָלָיו לְרָעָתוֹ cf. לְ שָׁמוּר) puede significar una cosa poseída por o para otro; cf. 1Sa 9, 24. Pero la לְ no puede tener aquí el sentido de מִן, como en griego ὑπό, aunque en griego decimos también πλοῦτος φυλαχθεὶς τῷ κεκτημένῳ, cf. Rost, *Syntax*, 112. 4.

En nuestro caso, "para su daño" significa que las riquezas que han sido adquiridas con esfuerzo y guardadas con mucho cuidado pueden perderse de repente, causando así daño a su poseedor. La explanación de esta frase (para su daño) comienza con la *waw* explicativa de Ec 5, 15: וְאָבַד הָעֹשֶׁר הַהוּא בְּעִנְיַן רָע. La expresión *'inyan ra'* significa *casus adversus*, un tipo de golpe de fortuna como aquel del que se habla en el libro de Job, donde se dice que perdió de repente todas sus posesiones.

El perfecto וְהוֹלִיד בֵּן está indicando que ese hombre que pierde de manera repentina su riqueza puede ser padre de un hijo al que no puede ya legar nada de lo que había reunido para él. Toda la frase está construida, según eso, para poner de relieve el hecho de que *el infortunio de ser pobre es menor que el de haber sido rico y volverse pobre;* pero es aún mayor el infortunio de un padre que, habiendo guardado y asegurado su fortuna para el hijo, descubre al final de su vida que no va a poder legarle nada, sino que debe abandonar este mundo dejando a su hijo con las manos vacías.

Lo que viene después (Ec 5, 15-17) se sigue aplicando al hombre rico de los versos anteriores, pero puede generalizarse y aplicarse a todos los ricos, evidenciando un segundo gran mal: el hombre nace desnudo y de igual manera muere y sale de este mundo, sin poder llevar consigo ninguno de los bienes y riquezas temporales que ha ido adquiriendo en su vida sobre el mundo.

¹⁵ כַּאֲשֶׁר יָצָא מִבֶּטֶן אִמּוֹ עָרוֹם יָשׁוּב לָלֶכֶת כְּשֶׁבָּא וּמְאוּמָה לֹא־ יִשָּׂא בַעֲמָלוֹ שֶׁיֹּלֵךְ בְּיָדוֹ:

¹⁶ וְגַם־ זֹה רָעָה חוֹלָה כָּל־ עֻמַּת שֶׁבָּא כֵּן יֵלֵךְ וּמַה־ יִּתְרוֹן לוֹ שֶׁיַּעֲמֹל לָרוּחַ:

¹⁷ גַּם כָּל־ יָמָיו בַּחֹשֶׁךְ יֹאכֵל וְכָעַס הַרְבֵּה וְחָלְיוֹ וָקָצֶף:

¹⁵ Como salió del vientre de su madre, desnudo, así vuelve, como vino;
y nada tiene de su trabajo para llevar en su mano.

¹⁶ Este también [es] un gran mal, que como vino, así haya de volver.
¿Y de qué le aprovechó trabajar al viento?

¹⁷ Además de esto, todos los días de su vida comerá en tinieblas,
con mucho enojo y dolor e ira.

5, 15. En Ec 5, 13a el autor tenía en su mente el caso de Job en conjunto. Este nuevo verso constituye un recuerdo y actualización de Job 1, 21, si es que dejamos a un lado la dificultad de la palabra שַׁמָּה que allí se encuentra, como ha puesto de relieve Sir 40, 1.

Con la palabra "desnudo" (עָרוֹם) comienza enfáticamente el tema principal. La palabra כְּשֶׁבָּא tiene el mismo sentido que בָּא כַּאֲשֶׁר intensificando de esa forma el *contraste de la comparación*. Hay, por tanto, un contraste entre לכת, salir, *excedere vitae* y בִיא que es entrar en la vida, venir al mundo. La palabra מאומה (conforme al sentido de la raíz y a su uso) tiene el mismo sentido que el francés *point*, como negación enfática (*de ninguna manera*, Olsh. 205a). También aquí, en וּמְאוּמָה לֹא־, esa palabra sirve para intensificar la negación, como en Jue 14, 6 (el énfasis tiene un sentido algo distinto en Sal 49, 18).

Por su parte, נשׂא significa aquí lo mismo que en Ec 5, 18 y Sal 24, 5, *tomar, llevar de aquí*. La ב de בַּעֲמָלוֹ (de su trabajo) no tiene un sentido partitivo (Aben Ezra compara esta expresión con Lv 8, 32). En esa línea, Jerónimo y Lutero traducen la expresión *labore suo*, de su trabajo, pero en este caso con una *beth pretii, beth de precio*, de coste, como en 1Re 16, 34, y así la ha interpretado el texto caldeo. Nolde cita en ese sentido, para la *beth pretii*, otros pasajes como el de Ec 2, 24, pero de un modo incorrecto. שִׁילֵךְ, *quod auferat*, que lleve, que pueda llevar. Esa expresión se puede vocalizar también como hacen la LXX y Símaco, en el sentido de "no llevará nada en su mano", es decir, nada que pueda remediar su pobreza.

5, 16. Sigue el mismo tema: que el hombre tenga que salir de este mundo exactamente como vino, de tal forma que todo su trabajo no haya sido más que esforzarse "para el viento". Como el viento que va y viene sin apoderarse de nada, así el espíritu/viento/aliento del hombre vuelve como ha venido, sin llevar consigo nada de lo que ha trabajado en el mundo.

Sobre כָּל־ עֻמַּת שֶׁבָּא כֵּן יֵלֵךְ hay que tener en cuenta que עֻמַּת significa combinación, grupo de personas (algo que se aplica a muchos, lo mismo a unos que a otros), de manera que no hay distinción, pues todos los que vienen al mundo salen de igual forma del mundo, sin que haya ninguna ventaja para aquellos que se han esforzado y trabajado por conseguir unos bienes. En el fondo, con todos los hombres pasa lo mismo: trabajan para el viento de manera que su trabajo es רוּחַ רְעוּת, como un viento que va y viene sin llevar consigo ningún fruto. Eso significa que la existencia de un hombre que se esfuerza y trabaja para no conseguir nada (para no llevarse nada) es una existencia miserable.

5, 17. La vida entera aparece como un tiempo de tinieblas (comer en oscuridad, בַּחֹשֶׁךְ יֹאכֵל, sin saber para qué sirve la comida, con enojo, dolor e ira). Comer es vivir, pero vivir sin saber por qué ni para qué, con enojo y dolor, con enfado y sufrimiento…, con ira, es decir, con enfrentamiento consigo mismo. Conforme a la vocalización, en vez de "comer en oscuridad" puede ponerse "comer con dolor". Esta es la situación paradójica del hombre, que por una parte "come", y lo hace porque quiere vivir y, por otra parte, no sabe para qué vive. Este es el enigma de fondo del Kohelet. Sin saber por qué, ni para qué, en oscuridad y dolor, así vive el hombre y, sin embargo, pudiendo suicidarse no se suicida; por eso, come y sigue viviendo.

La expresión más fuerte del texto es "comer en oscuridad" (כָּל־ יָמָיו בַּחֹשֶׁךְ י אֹכֵל) todos los días de la vida, no solamente algún día, sino siempre —la totalidad de la existencia— conforme a una imagen común del evangelio, donde los hombres aparecen como ciegos, en sentido físico y mental, sin conocer el porqué ni el para qué de su estancia y camino en el mundo.

"Todos los días…". La vida humana en su conjunto se consume en oscuridad, de un modo sombrío, sin esperanza. Eso significa que, durante todos sus días, el hombre come "un pan de tristeza", se alimenta en dolor, לחץ לחם, sin mesa confortable, sin habitación agradable, sin buena compañía. El hombre vive, según eso, en aflicción, dolor e ira.

La expresión que sigue (וְכָעַס הַרְבֵּה וְחָלְיוֹ וָקָצֶף, *y mucho enojo y aflicción e ira*) puede traducirse de varias maneras, según se vocalicen, se entiendan y se apliquen las palabras que están determinadas en el conjunto del texto por la expresión anterior (comer un pan de oscuridad). De la falta de luz (de comprensión del sentido de la vida) viene el enojo, esto es, el enfado consigo mismo, la ausencia de gozo interior y la violencia constante, un tipo de agresividad frente a todas las restantes cosas y personas.

Aquel que está siempre preocupado por volverse rico —con miedo de fracasar y perder sus riquezas— no solo vivirá deprimido, entristecido por las privaciones que ha de sufrir por su modo de vida, sino que estará lleno de insatisfacciones por no lograr todo aquello que desea, por el fracaso de sus planes, por la envidia ante sus rivales que tienen más éxito que él, de manera que no estará nunca satisfecho de sí mismo ni de la vida de los demás.

Un hombre así será morboso por su misma constitución, enfermo de alma, enfermo de cuerpo, de manera que su constante insatisfacción se traducirá finalmente en un tipo de amargura e ira constante contra sí mismo, contra los otros seres humanos y, finalmente, contra el mismo Dios. Ese hombre estará quejándose constantemente contra todos (contra Dios, contra los demás, contra sí mismo). Esta es la interpretación que Kohelet hace de la humanidad y de su propia vida, entendida como insatisfacción que nace del engaño y mentira de la posesión de riquezas. Los hombres quedan así traspasados de muchos dolores, de forma que son ellos los que se torturan a sí mismos. A partir de aquí se entiende el argumento de conjunto de este libro, tal como lo muestran los últimos versos de este capítulo.

¹⁸הִנֵּה אֲשֶׁר־ רָאִיתִי אָנִי טוֹב אֲשֶׁר־ יָפֶה לֶאֱכוֹל־ וְלִשְׁתּוֹת וְלִרְאוֹת טוֹבָה בְּכָל־ עֲמָלוֹ ׀
שֶׁיַּעֲמֹל תַּחַת־ הַשֶּׁמֶשׁ מִסְפַּר יְמֵי־ [חַיָּיו] (חַיָּו אֲשֶׁר־ נָתַן־ לוֹ הָאֱלֹהִים כִּי־ הוּא חֶלְקוֹ: ¹⁹
גַּם כָּל־ הָאָדָם אֲשֶׁר נָתַן־ לוֹ הָאֱלֹהִים עֹשֶׁר וּנְכָסִים וְהִשְׁלִיטוֹ
לֶאֱכֹל מִמֶּנּוּ וְלָשֵׂאת אֶת־ חֶלְקוֹ וְלִשְׂמֹחַ בַּעֲמָלוֹ זֹה מַתַּת אֱלֹהִים הִיא: ²⁰
כִּי לֹא הַרְבֵּה יִזְכֹּר אֶת־ יְמֵי חַיָּיו כִּי הָאֱלֹהִים מַעֲנֶה בְּשִׂמְחַת לִבּוֹ:

¹⁸ He aquí pues el bien que yo he visto:
Que lo bueno [es] comer y beber,
y gozar [uno] del bien de todo su trabajo
con que se fatiga debajo del sol,
todos los días de su vida que Dios le ha dado;
porque esta [es] su parte.
¹⁹ Asimismo, a todo hombre a quien Dios dio riquezas y hacienda,
también le dio facultad para que coma de ellas,
y tome su parte, y goce de su trabajo; esto [es] don de Dios.
²⁰ Al tal, [Dios] le quitará las angustias comunes [a otros];
pues Dios le responderá con alegría de su corazón.

5, 18. La palabra *ver* (רָאִיתִי) significa *conocer por experiencia*. El esfuerzo del Kohelet ha resultado bien, como hemos podido observar en Ec 5, 17. En esa línea, Ec 5, 18, presenta como resultado de su visión aquello que Kohelet ha reconocido ya en Ec 2, 24 y 12, 3. De esa forma, con הִנֵּה, Kohelet vuelve a lo que ya ha dicho, ratificando las observaciones anteriores y otras del conjunto de su obra. Ninguna otra cosa puede satisfacerle. En lugar de טוֹב אֲשֶׁר־, que aparece aquí y en Ec 6, 6, el autor ha utilizado a menudo las palabras טוב ראה, Ec 3, 13; Ec 2, 24, o בטוב, Ec 2, 1.

En esos casos, רא implica un tipo de apercepción mental; por su parte, לרא está indicando una percepción inmediata, un tipo de experiencia directa, sensible, sin necesidad de reflexión mental. La acentuación de la frase es la que corresponde a los versos especialmente largos, sin *athnach*; cf. Gn 21, 9; Nm 9, 1; Is 36, 1; Jer 13, 13; Jer 51, 37; Ez 42, 10; Am 5, 1; 1Cr 26, 26; 1Cr 28, 1; 2Cr 23, 1.

La sentencia אני ...הנה (*āni pausal*, con *reba*) constituye el comienzo del verso como si fuera una *superinscriptio*; y a partir de aquí se entiende la parte siguiente como si fuera una proposición principal. El texto se divide según los acentos disyuntivos de la siguiente forma: *telisha gedhola, geresh, legarmeh, reba, tebir, tifcha, silluk* (cf. Jer 8, 1, con *pazer* en vez de *telisha bedhola*). Para el resto del verso, la secuencia de los acentos es la misma. Entre los modernos, Hengst. se sirve de los acentos para traducir la frase, lo mismo que hace Tremmelius: "Mira lo que yo he visto, aquello que es hermoso y bueno (Trem. *bonum pulchrum*) para comer". Según eso, la palabra *asher* (אָנִי טוֹב אֲשֶׁר־ יָפֶה לֶאֱכוֹל־ וְלִשְׁתּוֹת) conecta bien con el conjunto.

Lo bueno aparece así, al mismo tiempo, como hermoso, etc. Grtz expone aquí el tema clásico griego expresado por las palabras καλὸν κἀγαθόν. Pero, dentro de la Biblia, el único pasaje al que Kimchi puede referirse en este contexto es el de Os 12, 8 y no puede utilizarlo como prueba, pues no se puede traducir como hace Drusius, *iniquitas quae sit peccatum*, iniquidad que es pecado, sino *qui poenam mereat,* es decir, como *iniquidad que merece castigo,* pues, en otro caso, la acentuación no sería la correcta. El segundo *asher* retoma el motivo del primero, de manera que la traducción propuesta por Dachselt en su *Biblia accentuata* es la buena: *ecce itaque quod vidi bonum, quod pulchrum* (esto es lo que he visto, que es bueno, hermoso, que el hombre coma…).

5, 19. Esta larga frase está construida en forma de anacoluto (sin concordancia entre las partes), pero puede traducirse con facilidad, empezando por "todo hombre al que Elohim le dio riqueza (גַּם כָּל־הָאָדָם אֲשֶׁר נָתַן־לוֹ הָאֱלֹהִים) le dio también autoridad para gozarla; esta expresión de conjunto (el que ha recibido riquezas ha recibido también el poder de disfrutarlas) gobierna y define el conjunto de este verso, concluyendo que esto es don de Dios (זֹה מַתַּת אֱלֹהִים).

Lo más aconsejable para el hombre es gozar del don de Dios. Pero ese gozo no se puede conseguir solamente con la posesión de bienes de la tierra, sino con un bien especial que Dios añade a los hombres: además de riquezas, Dios da a los hombres el poder de disfrutarlas. La palabra *nechasim* que aparece aquí, aparece también en Jos 22, 8 y en la parte caldea del libro de Esdras. Por otro lado, la expresión *hishlit,* conceder poder (empoderar), es también aramea y aparece en Da 2, 38 y 3, 48, lo mismo que en Sal 119, 133 (texto hebreo). El uso abundante de esa raíz verbal, referida a los bienes, constituye también un elemento característico del libro del Kohelet donde, junto a las riquezas, Dios da al hombre la capacidad de disfrutarlas, pues esta es su *helqo,* חֶלְקוֹ, su porción y herencia divina sobre el mundo.

5, 20. El hombre al que Dios concede este gozo puede olvidar (superar) la parte más frágil y tenebrosa de su vida. *Esta alegría es un don de Dios, un regalo que viene de arriba, y el hombre que lo recibe puede disfrutar de los bienes del mundo,* porque el mismo Dios que se los da le concede la capacidad de gozarlos. Ese hombre al que Dios le permite gozar la felicidad de la vida queda así liberado de las reflexiones opresoras sobre el carácter transitorio de la existencia que, de no ser por dicho gozo, le atormentarían.

Hegstemberger ofrece una traducción incompleta del texto diciendo que *el recuerdo y gozo de los bienes de esta vida no duran mucho tiempo,* refiriéndose a la visión de Ewald que, sin embargo, es más acertada: ni siquiera la reflexión constante sobre la brevedad de la vida podrá amargar este gozo que Dios infunde en aquellos a quienes ama, porque él garantiza a los que quiere la alegría del corazón como el mayor de los bienes posibles.

De todas formas, el sentido de este verso sigue siendo complejo y discutido. La LXX traduce: "porque Dios le llena con el gozo de su corazón". Pero eso exigiría que el texto hebreo pusiera מענהו (no מַעֲנֶה). Por su parte, Jerónimo puede interpretar el texto en esa línea, porque él lee בשמהה en vez de בשמחת: *eo quod Deus occupet deliciis cor ejus* (pues Dios llena de delicias su corazón). Pero aún en este caso su explicación de מענה resulta insostenible, porque el verbo causativo ענה ב del que provendría מענה, en el estilo del Kohelet, no significa, en general, ocuparse de algo, sino *cansarse de algo*. Mejor es traducir esta frase a partir de Os 2, 23ss.: *Dios puede hacer que todas las cosas respondan al deseo de felicidad de los hombres, haciéndoles felices*, cumpliendo sus deseos.

Este es, por tanto, el sentido más hondo de la alegría del hombre a quien Dios responde a través del gozo de las cosas, por las que él se goza, etc. El hombre pide a Dios, y Dios le responde con su gozo; como han puesto de relieve Seb., Schmid, Rambam y otros comentaristas: Dios "asiente" al gozo del hombre, Dios le corresponde, de modo que el gozo del hombre no es ya un sentimiento puramente externo, sino un deleite más profundo, que penetra en su corazón y le llena de satisfacciones, como suponen por ejemplo Cnt 3, 11; Is 30, 29; Jer 15, 16. Encontramos una expresión semejante en Ec 5, 9, con אהב ב, Dios responde con su alegría a la alegría del corazón de un hombre que se goza de los bienes del mundo.

Eclesiastés 6

6, 1-3. Hombre rico: cien hijos y larga vida, pero desgraciado

יֵשׁ רָעָה אֲשֶׁר רָאִיתִי תַּחַת הַשָּׁמֶשׁ וְרַבָּה הִיא עַל־הָאָדָם: [1]

אִישׁ אֲשֶׁר יִתֶּן־לוֹ הָאֱלֹהִים עֹשֶׁר וּנְכָסִים וְכָבוֹד וְאֵינֶנּוּ חָסֵר לְנַפְשׁוֹ ׀ מִכֹּל אֲשֶׁר־יִתְאַוֶּה וְלֹא־יַשְׁלִיטֶנּוּ הָאֱלֹהִים לֶאֱכֹל מִמֶּנּוּ כִּי אִישׁ נָכְרִי יֹאכְלֶנּוּ זֶה הֶבֶל וָחֳלִי רָע הוּא: [2]

אִם־יוֹלִיד אִישׁ מֵאָה וְשָׁנִים רַבּוֹת יִחְיֶה וְרַב ׀ שֶׁיִּהְיוּ יְמֵי־שָׁנָיו וְנַפְשׁוֹ לֹא־תִשְׂבַּע מִן־הַטּוֹבָה וְגַם־קְבוּרָה לֹא־הָיְתָה לּוֹ אָמַרְתִּי טוֹב מִמֶּנּוּ הַנָּפֶל: [3]

[1] Hay [otro] mal que he visto bajo el sol,
y muy común entre los hombres:
[2] El hombre a quien Dios dio riquezas, y hacienda,
y honra, y nada le falta de todo lo que su alma desea;
mas Dios no le dio facultad de comer de ello,
sino que los extraños se lo comen.

Esto vanidad es, y enfermedad maligna.
³ Si el hombre engendrare cien [hijos],
y viviere muchos años,
y los días de su edad fueren numerosos;
si su alma no se sació del bien,
y también careció de sepultura,
yo digo que el abortivo es mejor que él.

6, 1. *Un mal que he visto bajo el sol y que es común a muchos...* El autor presenta el resultado de su observación personal, pero lo hace de forma abierta, como si presentara ante los ojos del lector una escena general. Una introducción semejante con יֵשׁ, pero sin el *asher* innecesario, se encuentra en Ec 5, 12; Ec 10, 5. Sobre la palabra בָּה, véase Ec 8, 6; la partícula עַל (וְרַבָּה הִיא עַל־הָאָדָם) tiene un sentido que tiende a ser universal y se refiere a un mal grande, que viene a presentarse como amenaza para los hombres. No es un mal que brota de la humanidad como tal, sino que depende de la situación en que vienen a colocarse ciertos hombres. En esa línea, por ejemplo, cuando el reino de los cielos se compara con un mercader (Mt 13, 45), la comparación de la parábola no se dirige a todos los hombres, sino a la conducta y forma de vida de algunos mercaderes.

6, 2. Las palabras עֹשֶׁר וּנְכָסִים, como aparecen también en 2Cr 1, 11, indican que a la riqueza, se le añade como tercera palabra significativa: כָּבוֹד, gloria. Las palabras siguientes no se traducen "y no hay nada que le falte" porque אֵינֶנּוּ con el sufijo pleonástico no puede traducirse "y no hay nada que", pues eso no lo exige Gn 39, 9, de manera que no tiene que traducirse diciendo "y no escatima para su alma nada de lo que desea" (cf. LXX, καὶ οὐκ κ.τ.λ).

La palabra חסר es adjetivo, y tiene el sentido de *necesitando, careciendo de*, como en 1Sa 21, 1-15; 1Re 11, 22; Pr 12, 9, con לנפשו, "para su alma", "para su persona", pues alma y persona se identifican entre sí en el hebreo tardío. La partícula מן (a diferencia de su uso en Ec 4, 8) tiene aquí un sentido partitivo, como en Gn 6, 2.

El נכרי o extraño a quien viene a parar la gran hacienda de este hombre rico, a pesar de su dudosa condición moral, no es el heredero legal, lo que podría significar un tipo de infortunio, pero que cabía perfectamente en el orden de conjunto, dentro de un plano legal (cf. Ec 5, 13). Esa palabra no se refiere, por tanto, a un heredero, ni siquiera a un simple forastero, sino a un extranjero que no tiene ningún derecho a la herencia, como Burger dice: *talis qui proprie nullum habet jus in bona ejus cui dicitur,* un *nokri,* un hombre que está fuera del círculo de vida de un grupo, alguien que no tiene ningún derecho a la hacienda de los que forman parte del grupo o pueblo del Kohelet (cf. נכריה, mujer no casada de Proverbios).

6, 3. *Un hombre con cien hijos...* La acentuación de 3a es como la de 2a. La disyuntiva sigue al *athnach*, como en 2Re 23, 13, con la única diferencia de que aquí *telisha gedhola* ocupa el lugar de *pazer*. Hitzig encuentra irregularidades en ‎וגם־... לֹו, y piensa que se trata de una glosa marginal a 5a, introducida aquí en un lugar equivocado. Pero precisamente la forma inesperada del texto con su naturaleza accidental de anécdota (más que la necesidad interna de sus rasgos) nos lleva a concluir que el autor está evocando unos hechos históricos para así construir un relato de carácter más fantasioso.

La palabra ‎מאה (cien) ha de completarse obviamente con ‎ובנות בנים hijos e hijas. El Tárgum y el Midrash identifican a este hombre con Cain, Ahab, Haman..., mostrando así que sus autores amplían el contexto histórico de esta narración hasta el tiempo de los persas. La expresión ‎וְשָׁנִים רַבּוֹת hace juego con el número grande de años de ‎הֹר שֵׁן, Ec 11, 8, como en Neh 11, 30. A fin de poner de relieve enfáticamente la longitud de la vida de este hombre, el autor insiste no solo en sus años, sino en los días de su edad, que son muchos (Heiligst.: *multum est quod*), cf. ‎ימי ויהיו, y fueron sus días..., Gn 5.

Con *venaphsho* (‎וְנַפְשׁוֹ לֹא־ תִשְׂבַּע מִן־ הַטּוֹבָה וְגַם־, *pero si su vida/alma no se sació de bien...*) comienza la otra parte de la vida de este hombre de muchos años con muchos hijos: (1) si su alma no se ha satisfecho, es decir, si no ha gozado de lo bueno (con *min*, como en Sal 104, 13), de todas las cosas que ha poseído, si no ha sido feliz...; (2) si no se le ha garantizado un entierro honorable, sino que su cuerpo ha sido arrojado a la tierra, como el cadáver de un asno (‎קב חם, Jer 22, 19), sin verdadera sepultura (como en el caso de Artajerjes Ochus, cuyo cuerpo fue comido por unos gatos), mejor hubiera sido que fuera un aborto, no un hombre).

Como dice Elster, Kohelet está destacando el valor de una tumba honorable, que se vincula con un recuerdo también honorable. En contra de lo que podía esperarse, este hombre tan rico, con tanta abundancia de hijos y con una vida tan larga, no ha podido gozar de sus riquezas, ni ha tenido la gloria de merecer un entierro honorable. Siendo así, dice Kohelet que hubiera sido mejor un aborto que una vida como esa, a pesar de los cien hijos, los muchos años y las grandes riquezas.

En esa misma línea, ocupándonos de la ambigüedad de las riquezas, en el comentario a Ec 6, 14, pondremos de relieve la relación entre Kohelet y Job. También es muy probable que en este caso esté al fondo la experiencia de Job 3, 16. ‎נפל es el aborto, el feto que sale sin vida del vientre de la madre.

6, 4-6. Mejor la suerte de un aborto

4 ‎כִּי־ בַהֶבֶל בָּא וּבַחֹשֶׁךְ יֵלֵךְ וּבַחֹשֶׁךְ שְׁמוֹ יְכֻסֶּה׃

5 ‎גַּם־ שֶׁמֶשׁ לֹא־ רָאָה וְלֹא יָדָע נַחַת לָזֶה מִזֶּה׃

6 ‎וְאִלּוּ חָיָה אֶלֶף שָׁנִים פַּעֲמַיִם וְטוֹבָה לֹא רָאָה הֲלֹא אֶל־ מָקוֹם אֶחָד הַכֹּל הוֹלֵךְ׃

⁴ Porque en vano vino, y a tinieblas va,
y con tinieblas será cubierto su nombre.
⁵ Aunque no haya visto el sol, ni conocido [nada],
más reposo tiene este que aquel.
⁶ Porque aunque [aquel] viviere mil años dos veces
y no gozó del bien,
ciertamente ambos van al mismo lugar.

6, 4. Se compara al hombre rico del pasaje anterior con un aborto que no ha visto la luz y que ha entrado en el mundo como cadáver (en vano), precisamente en el momento en que debía haber comenzado su vida. Ha entrado en la vida de la tierra y ha salido de ella en oscuridad, בַּחֹשֶׁךְ, en toda quietud, sin ningún tumulto ni ceremonia y, según eso, ha sido cubierto en oscuridad, sin haber recibido ni siquiera un nombre, de manera que ha llevado una existencia sin identidad, como si nunca hubiera sido. Pues bien, este aborto tiene ventaja sobre el hombre que ha tenido cien hijos y muchos años, pero que no ha logrado disfrutar de la vida.

El aborto ha entrado en una existencia real, como viviente, de manera que por eso (*gam*) es también feliz porque no ha visto la luz del día, ni ha conocido al sol, ni le han nombrado, de manera que ha sido liberado del conocimiento de todas las vanidades y males, de las decepciones y tristezas que existen bajo el sol. Cuando Kohelet compara el destino de este aborto con la vida de aquel hombre (con riquezas y cien años, pero sin gozo), la conclusión es clara: נחת... מ, *plus quietis est huic quam illi*, ha habido más tranquilidad y descanso para el aborto que para el hombre rico. Esta idea de ventaja y descanso del aborto puede compararse con la de Job 3, 13, en el sentido de *melius est huic quam illi* (es mejor la suerte de este que la de aquel: זה... זה, como en Ec 3, 19).

Esta idea ha sido generalizada en la Misná, por ejemplo, cuando dice נוח לו לאדם: "es mejor para un hombre arrojarse en un horno de cal que…". A partir de esta aplicación, Símmaco toma נחת... מ como objeto de ידע לא, y traduce: οὐδὲ ἐπειράθη διαφορᾶς ἑτέρου πράγματος πρὸς ἕτερον; y Jerónimo dice por su parte: *neque cognovit distantiam boni et mali* (ni conoce la distancia/diferencia, entre bien y mal). Pero esta traducción ha de ser rechazada, porque va en contra del sentido de la comparación final de 5b: "más reposo tiene este que aquel".

6, 5. Ciertamente, este final contiene un pensamiento con el que no es fácil reconciliarse porque, aun suponiendo que la vida de un hombre no es siempre un bien (frente a la no-existencia), apenas puede darse una vida que no tenga ningún tipo de gozo. Y, por otra parte, un hombre que ha llegado a ser padre de cien hijos ha debido buscar y encontrar el gozo de la vida en el amor sexual que él ha tenido que gozar con abundancia.

Más aún, si consideramos la vida de un hombre como este, sus hijos (aunque quizá no todos, al menos en parte) han debido ser para él una fuente de gozo. ¿Puede una vida como la suya, tan extensa y rica en bendiciones, haber tenido solo espinas sin rosas? Y, por otra parte, ¿cómo se puede comparar así la vida de un hombre que ha vivido muchos años, que ha sido rico y que ha tenido cien hijos, con la suerte de un aborto que no ha vivido, que no ha podido ni siquiera moverse, ni reflexionar, ni sentir? Esta meditación del autor no puede tomarse en ningún sentido como expresión o prueba de un pensamiento auténtico.

En general, podemos afirmar que Kohelet ha dicho todo lo anterior para expresar este pensamiento: *es mejor no vivir que vivir una vida sin gozo*, terminando además de una forma deshonrada, sin sepultura justa. Por otra parte, todo este discurso puede tomarse como una forma de concretar la afirmación general de Ec 4, 2: que la muerte es mejor que la vida y que el no haber existido es mejor que el haber vivido sin gozo. El autor no comprende el hecho de que la vida terrenal tiene su verdadera finalidad y su sentido más allá de ella misma; en esa línea, su falso *eudemonismo* es incapaz de penetrar en la raíz profunda de la fuente de la auténtica felicidad que es independiente de la suerte exterior de la persona; eso le ha llevado a plantear una serie de preguntas exageradas e ingratas sobre la vida terrenal del hombre.

6, 6. Una vida que se extendiera incluso más de mil años, pero sin gozo le parece a Kohelet carente de valor. Aunque viviera más de dos veces mil años, una vida sin gozo, tendría el mismo valor que la vida más corta posible de un aborto, pues ambos van al mismo lugar, es decir a la noche del Seol, de manera que la vida larga de uno no tiene ventaja alguna sobre la más corta del otro si es que le falta el gozo de la vida, es decir, un tipo de felicidad. Esta expresión sería correcta si el bien del que aquí se trata se entendiera solo como un bien puramente humano. Pues bien, aunque el Kohelet sepa que el bien del hombre es más que puramente material, él desconoce que la comunión con Dios es por sí misma el bien más real y bendito, es decir, el más alto de todos los posibles.

Un pensamiento como este —sobre la falta de sentido de una vida sin gozo— aparece también en la Tefilá litúrgica más antigua, lo mismo que en la oración *Nishm.ath* (véase Baer, *Siddur*, en *Abodath Jisrael*, p. 207). Se puede vivir mil años (pero sin gozar en ninguno de ellos), se pueden haber tenido cien hijos (el mayor de los tesoros para un israelita) sin haber sentido gozo por ninguno de ellos, el gozo de los hijos que, en general, para los israelitas, es mayor que el gozo por las mujeres.

La expresión פ ...אלף está expresando dos veces mil años, como la vida de Adán una y otra vez, aunque Aben Ezra traduce de un modo distinto: serían mil años al cuadrado, multiplicados por sí mismos, esto es, un millón de años, como en פְּעָמִים עֶשְׂרִים, cf. Tárgum Is 30, 26, que traduce שִׁבְעָתַיִם por 343, es decir, el resultado de 7 x 7 x 7. Quizá esta traducción es la buena, pero ¿por qué no se ha utilizado aquí directamente la expresión שָׁנָה אֲלָפִים, mil años? Incluso la vida que se extendiera por un millón de años carecería de valor, porque al final termina en nada. La vida vale únicamente en la medida en que implica gozo. Se pueden tener cien hijos sin haber sentido ningún gozo, se pueden vivir dos mil años o un millón sin gozo alguno. Una vida así sin gozo, carece de sentido para el Kohelet.

כָּל־ עֲמַל הָאָדָם לְפִיהוּ וְגַם־ הַנֶּפֶשׁ לֹא תִמָּלֵא: 7

כִּי מַה־ יּוֹתֵר לֶחָכָם מִן־ הַכְּסִיל מַה־ לֶּעָנִי יוֹדֵעַ לַהֲלֹךְ נֶגֶד הַחַיִּים: 8

טוֹב מַרְאֵה עֵינַיִם מֵהֲלָךְ־ נָפֶשׁ גַּם־ זֶה הֶבֶל וּרְעוּת רוּחַ: 9

⁷ Todo el trabajo del hombre [es] para su boca y,
con todo, su deseo no se sacia.
⁸ Porque ¿qué más tiene el sabio que el necio?
¿Qué [más tiene] el pobre que supo caminar entre los vivos?
⁹ Más vale gozar del bien presente que el deseo errante.
Y también esto [es] vanidad y aflicción de espíritu.

6, 7. El alma del hombre nunca se llena, de manera que nunca tiene suficiente; o quizá mejor "el alma nunca se llena, de tal forma que ya no desee nada más". La palabra נמלא (llenarse) se utiliza de un modo tan apropiado para el alma como para el oído (cf. Ec 1, 8). Algunos piensan, en esa línea, que la boca y el alma se sitúan frente a frente, como órganos opuestos de gozo. El gozo más transitorio se expresaría por *la boca*, es decir, por la comida, y el más profundo y espiritual se expresaría por *el alma*, por la que se obtiene el más puro y duradero de los gozos. Así lo dice Zöck., pero él introduce en el texto lo que él quiere que diga.

נפש y פה (boca y alma) no se toman aquí como realidades opuestas, en contraste; ni aparecen así en Pr 16, 26; Is 5, 14; ni en Is 29, 8. En vez del alma se podría haber nombrado aquí el estómago, como expresión del hombre que desea comida, apareciendo así como medio de autopreservación, de manera que se puede hablar de נפש יפה, "alma hermosa" (cf. *Chullin* iv. 7), alma llena de un apetito que no es fastidioso, pues puede ser contentado y tranquilizado con la comida. La palabra גמו se ha traducido en la LXX καὶ ὅμως ὅμως δέ (y con todo no se satisface, cf. Ec 3, 13; Sal 129, 2).

El autor quiere decir que todo el trabajo del hombre está al servicio de la boca, es decir, del impulso de autopreservación. Pues bien, a pesar de poner a su servicio todos los impulsos del hombre —que busca su autopreservación— la boca, así entendida, no se sacia nunca, ni consigue dar satisfacción plena al deseo. Esto proviene de un hecho que ha de tomarse como central: la vida puede entenderse desde diversas perspectivas pero, conforme a todas ellas, el hombre es un deseador que nunca queda plenamente satisfecho.

6, 8. Los traductores antiguos no aportan nada para la interpretación de este versículo, sino que defienden el texto tradicional. Jerónimo, al igual que el texto siríaco —que traduce libremente— siguen al *Midrash* (fijado según el Tárgum), que entiende a los הַחַיִּים, en contra del espíritu del libro, como los bienaventurados. El tema resultaría más fácil si, con Bernstein y Ginsburg, pudiéramos introducir un *min* comparativo antes de יוֹדֵעַ; en ese caso, *el que conoce* (el sabio) caminaría delante del "vivo", como persona que participa en la vida social pública, pero esta sería una designación extraña para referirse a personas distinguidas.

Según eso, tal como está el texto, יוֹדֵעַ ha de tomarse como atributo de לֶעָנִי: ¿qué diferencia hay entre un pobre que no sabe y un hombre que entiende (con יוֹדֵעַ en vez de הַיּוֹדֵעַ, cf. *Coment.* Sal 143, 10) o uno que es inteligente (Aben Ezra)? La palabra יוֹדֵעַ no se refiere, como en Ec 9, 11, a una idea que se entiende por sí misma, sino que se aplica a lo que sigue, como en לֶעָנִי יוֹדֵעַ לַהֲלֹךְ: al pobre que supo caminar… (cf. Ec 4, 13-14).

No está claro por qué la LXX traduce πορευθῆναι κατέναντι τῆς ζωῆς (caminar delante de la vida) y el Véneto ιέναι ἀντικρὺ τῆς ζωῆς (estar/ir frente a la vida). Tampoco se entiende por qué Grtz, con Mendelsohn, traducen: *aquel que va en contra* (נֶגֶד, como en Ec 4, 12) *de la vida, para oponerse a ella*. En ese sentido, el texto estaría refiriéndose a los que se ejercitan en la autonegación y en la paciencia, porque *luchar con la vida* es una expresión que ha sido acuñada en tiempos más recientes, pues no se encuentra en la colección de los salmos.

Por su parte, הַחַיִּים significa aquí *los vivientes*, no *la vida*. Además, en contra de Ewald, no podemos separar יוֹדֵעַ del infinitivo que sigue, לַהֲלֹךְ: ¿qué provecho tiene entonces el sabio, el inteligente, el paciente por encima del necio que camina delante del viviente? La ventaja que tiene el sabio podría ser esta: que no sufre teniendo que destruir la ansiedad del deseo para así dominarlo, sino que está satisfecho viviendo una vida de quietud. Pero ese significado de una vida tranquila tampoco responde a las palabras del texto hebreo, יוֹדֵעַ לַהֲלֹךְ נֶגֶד הַחַיִּים, conocer cómo se ha de caminar delante de los vivos, es decir "entender la forma recta de vivir" (Elst.), poseer el arte de *savoir vivre* (Heiligst.), estar experimentado en el arte de la vida.

Según eso, la cuestión de fondo se plantea de la siguiente manera: ¿qué ventaja tiene el sabio sobre el loco y qué ventaja tiene el sabio sobre el pobre que, a pesar de ser pobre, sabe mantener su posición social? El tema de fondo es, por tanto, el de la condición o naturaleza del deseo sensual, encontrando la forma de saber controlarlo.

La ventaja del sabio sobre el pobre es esta. El sabio conoce la manera de controlar ese deseo, y lo hace de verdad, mientras que el pobre solo conoce la forma de disimularlo, buscando un tipo de restricciones que le permitan presentarse como alguien que sabe actuar por sí mismo, pero sin saber hacerlo de verdad. Ciertamente, el deseo está presente en los dos, tanto en el sabio como en el necio. Pero hay una diferencia: el sabio puede controlar de verdad el deseo, mientras el pobre y el necio no pueden hacerlo; simplemente disimulan. Pues bien, dicho todo eso, hay que añadir que, a fin de cuentas, disimulen o no, la condición de todos es la misma. Pero la verdad de fondo de todos, del loco y del sabio, es la misma: el gozo y la satisfacción están por encima de sus posibilidades, pues ni unos ni otros son capaces de alcanzar aquello que pretenden: el gozo completo, la superación de la muerte.

6, 9. *Mejor es la visión de los ojos* (טוֹב מַרְאֵה עֵינַיִם) *que el vagar del alma* (מֵהֲלָךְ־ נֶפֶשׁ), *como seguimiento sin fin de los deseos, pero también esto es vanidad.* Así lo vemos desde la segunda parte del verso מֵהֲלָךְ־ נֶפֶשׁ (el alma que vaga sin lograr lo que desea): lo que importa es la posesión actual de aquello que se ve: טוֹב מַרְאֵה עֵינַיִם.

Ciertamente, el hombre es un viviente de deseos y de búsqueda, pero la posesión real de aquello que se ve y se tiene está por encima de todos los deseos. Por eso, lo que importa de verdad no es el objeto (la cosa), sino la acción del hombre, que se expresa en la búsqueda de aquello que no tiene (cf. Ec 11, 9, así en el Tárg.). Todos los hombres, sabios o necios, buscan algo que no pueden alcanzar, están movidos por un deseo de infinito (de vida) que les sobrepasa. Pero esto no significa una simple *grassatio*, es decir, una simple apetencia, un *pitimi animae appetentis*, ὁρμὴ τῆς ψυχῆς (cf. Marco Aurelio, iii. 16), *un simple impulso del alma*, que Knobel, Heiligst. y Ginsburg comparan con una especie de contagio de fuego, un incendio que se apodera del alma y la arrastra sin cesar.

Más que un simple deseo que jamás se cumple (deseo de infinito), la vida de los hombres —sabios y/o necios— puede compararse con un caminar errante, una *erratio*, siempre de un sitio hacia otro, vagando sin cesar (cf. הֹלֵךְ, uno que vaga), como si uno fuera llevado por ῥεμβασμὸς ἐπιθυμίας (Sab 4, 12), arrastrado siempre por sus deseos, de aquí para allá, sin descanso. Una *pitimia* o deseo superior, nunca cumplido, eso es la vida errante de los hombres, que se opone al descanso verdadero que se busca.

Ese descanso es el sino y destino del alma, que va sin cesar de un lado para otro, sin quedar nunca llena o satisfecha, de manera *que busca, pero no alcanza nunca su objetivo en este mundo*. Esta insaciabilidad —que es la característica del alma—, este movimiento sin fin, pertenece por tanto a las miserias de la vida en el mundo, de manera que el ver, tener y gozar de lo presente es mejor que este movimiento constante del que tiene siempre hambre y no consigue nunca alcanzar y poseer lo que desea (es decir, *hungern und lungern*, hambriento e insatisfecho).

Mejor es ver con los ojos y tener algo, aunque sea poco, que andar siempre buscando y deseando sin alcanzar nunca el objeto del deseo. Esto es lo que dice el v. 9a y no hay que andar buscando más, en contra de lo que supone Elster: "el único gozo duradero de la vida consiste en gozar de una contemplación tranquila de aquello que es agradable y gozoso (hermoso), sin que este gozo mental se mezcle con un tipo de satisfacción sensual".

Ciertamente, Elster idealiza y presenta de manera muy hermosa esta visión beatífica de los ojos (esta contemplación superior del alma), pero eso va más allá de las posibilidades del hombre en un mundo en el que no se puede alcanzar el cumplimiento tranquilo, inmóvil y eterno del deseo. En el caso de tomar el v. 9a como un proverbio moral, la traducción de Lutero sigue siendo la mejor: "Mejor es gozar del bien presente que andar pensando en otros bienes".

2. Debilidad y cortedad de visión del hombre contra su destino (Ec 6, 10-12)

El futuro hacia el que el alma se esfuerza por llegar (un futuro que al fin pueda satisfacerle) no está en manos del hombre; hay un poder superior que determina su realidad, un poder contra el que el hombre no puede alzarse.

מַה־ שֶּֽׁהָיָ֣ה כְּבָר֙ נִקְרָ֣א שְׁמ֔וֹ וְנוֹדָ֖ע אֲשֶׁר־ ה֣וּא אָדָ֑ם וְלֹא־ יוּכַ֣ל לָדִ֔ין עִם [שהתקיף] (שֶׁתַּקִּ֖יף) מִמֶּֽנּוּ׃ [10]

כִּ֛י יֵשׁ־ דְּבָרִ֥ים הַרְבֵּ֖ה מַרְבִּ֣ים הָ֑בֶל מַה־ יֹּתֵ֖ר לָאָדָֽם׃ [11]

כִּ֣י מִֽי־ יוֹדֵעַ֩ מַה־ טּ֨וֹב לָֽאָדָ֜ם בַּֽחַיִּ֗ים מִסְפַּ֛ר יְמֵי־ חַיֵּ֥י הֶבְל֖וֹ וְיַעֲשֵׂ֣ם כַּצֵּ֑ל אֲשֶׁ֣ר מִֽי־ יַגִּ֣יד לָֽאָדָ֔ם מַה־ יִּהְיֶ֥ה אַחֲרָ֖יו תַּ֥חַת הַשָּֽׁמֶשׁ׃ [12]

[10] Aquel que es, y que su nombre ha sido ya nombrado,

se sabe que es hombre, y que no podrá litigar con otro que es más fuerte que él.
[11] Sin duda, las muchas palabras multiplican la vanidad.

¿Qué más tiene el hombre?
[12] Porque ¿quién sabe cuál es el bien del hombre en la vida,

todos los días de la vida de su vanidad,

los cuales el hace [que sean] como sombra?

Porque ¿quién enseñará al hombre qué será después de él debajo del sol?

6, 10. Lo que un hombre está siendo ha sido ya nombrado hace tiempo, y está determinando lo que ha de ser, y no puede disputar con Aquel que es más fuerte que él. Conforme al uso temporal de los verbos, sería más correcto traducir así: aquello que ha aparecido ya (en cualquier tiempo que haya sido) ha sido ya nombrado; su realidad y su forma de ser han sido determinadas hace tiempo, es decir, han sido ya formuladas. La expresión שֶׁהֲיָה כְּבָר no puede entenderse como paralela a היה כבר, Ec 1, 10, porque no se sitúa en la línea de lo que ha sucedido, sino en la línea de lo que está ya predestinado y, desde ese fondo, ha de entenderse וְנוֹדָע אֲשֶׁר־הוּא אָדָם, y se sabe lo que ha sido, un hombre.

En contra del orden de los acentos, dividiendo el texto en períodos y perdiendo la visión de conjunto (de אדם a אשר), Hitzig traduce: "es un hecho conocido que si uno es hombre no puede disputar...". Esta traducción es imposible porque אדם הוא no puede ser cláusula condicional inserta en medio de la frase: אשר...יוכל. Obviamente, en caso contrario, ונודע no sería más que un gasto inútil de palabras, en contraste con שמו נקרא, con el sentido de *conocido*, previamente conocido, como pasivo de ידע, como en Zac 14, 7 (cf. Sal 139, 1). Rectamente, Bullock compara este pasaje con Hch 15, 18.

Tras ידע, la palabra *asher*, igual que *ki* —que se utiliza con más frecuencia— no puede significar *que* (cf. Ec 8, 12; Ez 20, 26), pues ni *este es un hombre* (Knobel, Vaih., Luzz., Hengst., Ginsb.), ni *este es el hombre* (Ewald, Elst., Zckler.), ofrecen un sentido consistente. Lo mismo que *mah* después de *yada'* significa *quid*, así también *asher* puede significar que esto es igual a aquello (cf. Da 8, 19), en el sentido de *id quod homo est* (esto que el hombre es...).

En esa línea, podemos condensar ya el pasaje: *todo lo que es un hombre, sea este o aquel otro, en todos los tiempos o lugares posibles, es (está siendo) previamente conocido.* Sobre esta sentencia sustantiva, de contenido pregnante, cf. Ec 12, 13. El hombre no puede decir ni argumentar nada sobre esta forma de ser de su naturaleza y de su destino, pues su realidad está previamente definida.

Este pensamiento de 10b es el mismo que aparece en Is 45, 9; Ro 9, 20. Puede admitirse el *qetub* שהתקיף, en el sentido de aquel que es más fuerte que el hombre, מנה...מרי. En conclusión, el hombre, sea quien fuere, haya nacido como haya nacido, no puede litigar en modo alguno en contra de Aquel (Dios) que le sobrepasa, y que manifiesta su ascendencia por encima de él. En esa línea, debe entenderse התקיף, refiriéndose a Aquel que sobrepasa al hombre.

6, 11. La disputa u objeción que se pone a todo lo anterior, דין, es una disputa entre palabras, pues דברים no significa aquí *cosas* (Hengst., Ginsb., Zckl., Bullock, etc.), sino *palabras*. Dado que todo combate o disputa contra la decisión de Dios y contra su providencia es vana y carece de todo valor, entonces no queda para el hombre más salida que someterse a Dios y reconocer su propia limitación, en forma de "temor de Dios". Por eso, en este contexto pueden darse muchas palabras, pero ellas no hacen otra cosa que multiplicar las vanidades que existen en el mundo, dado que ellas (palabras, vanidades) no llevan a ningún resultado, no ofrecen para el hombre ninguna ventaja, no pueden ayudarle en modo alguno.

Rectamente, Elster encuentra aquí una alusión al influjo de la enseñanza de *las escuelas judías* que existían ya en el tiempo del Kohelet. Sabemos por Josefo que el problema de la libertad humana y del carácter absoluto de Dios había sido motivo de controversia entre diversos partidos judíos: *los saduceos* destacaban de tal manera la libertad humana que no solo excluían todo tipo de predeterminación, sino incluso la cooperación de Dios con los hombres (*Ant.* xiii. 5. 9; *Bell.* ii. 8. 14). Por el contrario, *los fariseos* suponían que había una interconexión entre la predeterminación divina (εἱμαρμένη) y la libertad humana (*Ant.* xiii. 5. 9, xviii. 1. 3; *Bell.* ii. 8. 14).

El Talmud nos permite penetrar de algún modo en estas controversias y adquirir cierta visión de ellas. En esa línea, es importante la afirmación de *Berachoth* 33a, y de otros pasajes donde se dice que *todo está condicionado* por el poder de Dios manifestándose en la historia, pero defendiendo, al mismo tiempo, *la libertad de determinación religioso-moral de los hombres*. En un contexto semejante se sitúa Pablo en Ro 9. En esa línea, el Kohelet suscribiría la visión de Pablo conforme a la cual el temor de Dios (la aceptación de su voluntad) es la clave y guía (*kern und Stern*), centro y sentido de toda esta obra.

6, 12. Conforme a todo lo anterior, el hombre tiene que temer a Dios y también someterse a él, sin disputa ni murmuración, aceptando su dominio, porque ¿quién conoce lo que es bueno para el hombre durante el número de los días de su vana vida que se apaga como sombra? Nadie puede decir al hombre lo que vendrá después de él bajo el sol, por eso él tiene que someterse a lo que hay.

En esa línea, traducimos אשר de un modo implícito, como si fuera un "pues" (en hebreo *ki*), ciertamente… Esta cláusula con *asher* (וְיַעֲשֵׂם כַּצֵּל אֲשֶׁר מִי־ יַגִּי), cf. Ec 4, 9; Ec 8, 11; Ec 10, 15; Cnt 5, 2), tiene el mismo sentido que una cláusula con *ki*, a modo de prueba. Para saber y decir lo que es bueno para el hombre, esto es, para saber lo que él debe hacer, en casos de dificultad y de importancia, deberíamos ser capaces no solo de conocer su futuro, sino en general todo el futuro de las cosas. Pero como gotas arrastradas por la corriente así somos nosotros, seres encerrados en nuestro pequeño presente, en manos de un Dios que nos sobrepasa.

Sobre el acusativo de duración (בְּחַיִּים מִסְפַּר יְמֵי־ חַיָּי), referido a la brevedad de la vida humana, cf. *Coment.* a Ec 2, 3. Con הבלו, se atribuye a la vida humana el carácter transitorio y fugaz del aliento. Como indica el nombre de Abel, segundo hijo de Adam; los días del hombre son como sombra fugaz (הֶבְלוֹ וְיַעֲשֵׂם כַּצֵּל).

Los días del hombre se comparan, por tanto, con una sombra que no tiene consistencia, ni ser en sí mismo, sino que pasa, como el tiempo (en el sentido de ποιεῖν χρόνον, Hch 15, 33; cf. Pr 13, 23, LXX, y también en latín *facere dies*,

Cicerón, etc.). Conforme a todo esto, el hombre no puede decir qué es ventajoso para él en este mundo, pues para eso tendría que conocer lo que va más allá de los límites de su vida individual y de su tiempo, pues él no es más que un pequeño miembro dentro de un gran todo. El hombre individual, dentro del paso del tiempo, no sabe por qué ni para qué vive.

Eclesiastés 7

3. Sobre cosas mejores, que se suponen mejores, con buenos y malos días (Ec 7, 1-14)

Hemos llegado a la mitad del texto. Ec 7, 10 es el libro, y con Ec 7, 1 comienza el tercero de los cuatro *sedarim* en los que la Masora divide el Kohelet. La serie de proverbios que ahora siguen (Ec 7, 1-10) comienzan con טוֹב que anuncia el motivo principal de lo que viene, retomando el tema básico de Ec 6, 12 (*mah tov*). De todas formas, en otro sentido, los tres primeros versos no solo conectan con lo anterior en sentido externo, sino que retoman la baja y oscura visión de la vida que ofrecían los versos anteriores, visión que continúa en los tres versos siguientes.

7, 1-4.

¹ שֵׁם מִשֶּׁמֶן טֹוב וְיֹום הַמָּוֶת מִיֹּום הִוָּלְדֹו׃

² טֹוב לָלֶכֶת אֶל־ בֵּית־ אֵבֶל מִלֶּכֶת אֶל־ בֵּית מִשְׁתֶּה בַּאֲשֶׁר הוּא סֹוף כָּל־ הָאָדָם וְהַחַי יִתֵּן אֶל־ לִבֹּו׃

³ טֹוב כַּעַס מִשְּׂחֹק כִּי־ בְרֹעַ פָּנִים יִיטַב לֵב׃

⁴ לֵב חֲכָמִים בְּבֵית אֵבֶל וְלֵב כְּסִילִים בְּבֵית שִׂמְחָה׃

¹ Mejor [es] buen nombre que buen ungüento;
y el día de la muerte que el día del nacimiento.
² Mejor es ir a la casa del luto que a la casa del convite;
porque la muerte es fin de todo hombre;
y el que vive queda entregado a la preocupación de su corazón.
³ Mejor [es] el pesar que la risa;
porque con la tristeza del rostro se enmendará el corazón.
⁴ El corazón de los sabios [está] en la casa del luto;
mas el corazón de los locos, en la casa del placer.

7, 1. Mejor es buen nombre que ungüento precioso. Tanto ראה y ירא, como שמן están entre sí en relación de paronomasia (véase Cnt 1, 3). Lutero traduce: *Ein* *gut Gercht ist besser denn gute Salbe*, un buen olor (buena reputación) es mejor que una buena unción. Para que esa traducción fuera perfecta deberíamos decir que *wolgeruch* (buen olor) es mejor que *duft* (perfume), destacando así la paronomasia…

En la frase טוב שם, la palabra *tov* debería entenderse como adjetivo de *shem* (una buena reputación/nombre es mejor que un perfume gozoso); pero al estar al principio de la sentencia, *tov* ha de entenderse como predicado, es decir, como palabra absoluta, un bien en sí mismo, como en Pr 22, 1, que es de tipo cognitivo. El buen nombre que es mejor que un buen ungüento es un nombre honorable, por no decir venerable; cf. *anshē¯hashshem,* Gn 6, 4; *veli-shem,* sin nombre, Job 30, 8.

En la segunda parte del dístico el autor ofrece el reverso fuerte y duro de la primera: el día de la muerte es mejor que el día en que uno (un hombre; el hombre) ha nacido. Para esta forma de entender el pronombre, cf. Ec 4, 12; Ec 5, 17. Este mismo lamento aparece en Ec 4, 2, que suena menos extraño en la boca de un griego que de un israelita. De hecho, una tribu de los tracios, los *truasi* celebraban el día del nacimiento como día de tristeza y el de la muerte como día de regocijo (véase Böhr *Germania*, traducción de Heródoto, cf. Ec 4, 4). Entre el pueblo de la antigua alianza, una valoración tan negativa de la vida parecía imposible. Una palabra como esta de Ec 7, 1 no responde al espíritu de la revelación del A.T. y de su religión. De todas formas, es significativo el hecho de que esta palabra se encuentre en el A.T. sin haber sido expulsada de allí.[4]

7, 2. Una palabra como esta se encuentra también en el borde del N.T. o, mejor dicho, en la frontera entre los dos testamentos. Aquí se evoca una casa en la que domina la tristeza a causa de una muerte. El tiempo de lamentación se extendía a lo largo de siete días (Sir 22, 10) y, a veces, continuaba durante treinta días, como en el caso de la muerte de Aarón y Moisés. La práctica posterior distinguía entre lamentaciones (אנינות) por los muertos que duraban hasta el tiempo del entierro y los llantos (אבלות) que seguían a lo largo de siete y de veintitrés días, de mayor o menor lamento.

A la vuelta del entierro se daba un *trostmahl* (un refrigerio o banquete de consuelo), a cuya celebración debían contribuir, como indica una antigua costumbre, los que participaban en el duelo (Jer 16, 7; Os 9, 4; Job 4, 17). En esa línea se decía *funde vinum tuum et panem tuum super sepulchra justorum* (derrama/

---

4. Hitzig, en sus "Reflexiones sobre el Kohelet" (Süddt. ev. protest. Woch. Blätt, 1864, No. 2) afirma que esta palabra proviene de un tiempo en que los israelitas, retomando el contenido de su poderoso pasado religioso, corrieron el riesgo de caer en el escepticismo, por razón de la dureza y tristeza de su situación, con riesgo de perder sus certezas, abandonando la fortaleza de la fe que había sido el primer rasgo de la religión de los profetas.

consume tu vino y tu pan sobre los sepulcros de los justos, cf. Hamb., *Real Encyc. fr Bibel u. Talmud* (1870), articulo *Trauer*).

Esta fiesta de la muerte/entierro del proverbio que acabamos de citar deja a un lado el contraste entre la casa del gozo y la casa de la tristeza, aunque añadiendo que en la comida de los funerales la bebida debe tomarse con moderación, y no hasta la embriaguez (cf. Maimuni, *Hilchoth Ebel*, iv. 7, xiii. 8.). El hecho de acudir a la casa de llanto se toma como visita de simpatía a la familia del difunto, para ofrecer consuelo en los primeros siete días de lamentación (Jn 11, 31). En esa línea, ir a la casa del llanto y mostrar simpatía con los que lloran es mejor que ir a una casa donde se ríe y se bebe, porque la casa donde se llora por los muertos nos sitúa mentalmente ante el fin del hombre, recordándonos que, inevitablemente, todos tenemos que morir.

Esta palabra y advertencia del Kohelet debe completarse con la palabra donde el mismo Kohelet dice que en este mundo no hay nada mejor que comer y beber (Ec 2, 24, etc.). Los talmudistas se han mostrado a veces perplejos ante estos dos gestos o palabras del Kohelet que, por un lado, insiste en la necesidad de comer, beber y alegrarse y que, por otro lado, dice a sus lectores que es mejor la casa de llanto de los muertos que la de alegría de los que comen y beben. *Manasse ben-Israel,* cabalista de origen hispano, escribió un libro titulado el *Conciliador* (1632) donde intentó compaginar, con largas disquisiciones, las diversas posturas, en apariencia opuestas, sobre la alegría y la tristeza en la Biblia (traducción inglesa, Londres 1842, vol. ii. pp. 306-309).

La solución de esta dificultad y oposición parece fácil. La recomendación de comer, beber y alegrarse no está indicando la búsqueda de un gozo incondicional por la vida de este mundo, sino la de un gozo moderado, con temor de Dios. Cuando un creyente se enfrenta con la muerte debe tener en cuenta las dos cosas: por un lado, tiene que gozar de los bienes de esta breve vida en el mundo pero, al mismo tiempo, debe gozar de esos bienes de un modo que sea responsable ante Dios.

7, 3-4. El gozo de la vida no se expresa en forma de alboroto y tumultos exteriores, sino con una alegría temperada por la seriedad. El dolor y la tristeza (כעס, sea por nuestra causa o por causa de otros) es mejor (moralmente mejor) que un tipo de alegría extravagante. Con la tristeza del rostro mejora el corazón (כִּי־ בְרֹעַ פָּנִים יִיטַב לֵב), como indica también Jer 7, 6 (cf. ר פָּן, Gn 40, 7; Neh 2, 2).

La seriedad del rostro es mejor que la risa, que solo sirve para enmascarar el sentimiento de disgusto interior de los hombres, como dice Pr 14, 13. En otros casos, la expresión לב טב tiene el sentido de *corazón de buen ánimo,* como en Ruth 3, 7; Jue 19, 6. En nuestro caso, está indicando también una experiencia gozosa que resulta adecuada para un ser humano de profundidad religiosa. Sea como fuere, es mucho mejor un rostro triste vinculado a un buen corazón que un rostro alegre en medio de una compañía bulliciosa.

Lutero tiene básicamente razón cuando, siguiendo a Jerónimo que en parte sigue a Símmaco, afirma: *el corazón se vuelve mejor por la tristeza*. El bienestar aparece aquí en forma de reflejo de un bien moral, en el sentido latino de *bene se habere*, sentirse bien, pues la tristeza que penetra en el corazón eleva el pensamiento hacia lo alto, purifica y transforma al hombre.

Según eso, de forma consecuente, el corazón del sabio se hace presente y se manifiesta mejor en una casa donde abunda la tristeza. En contra de eso, los necios prefieren acudir a las casas donde reina la alegría bulliciosa; el impulso del corazón les lleva a lugares donde predomina la alegría externa, pues en ellos se sienten como en su propio hogar. Una casa de alegría es aquella donde se dan fiestas continuas, con júbilo que no cesa, sin tener en cuenta el dolor de la vida.

El texto de Ec 7, 4 no está dividido por un *athnach*, sino por un *zakef*, y eso se debe al hecho de que, entre las palabras que siguen a אבל, no hay ninguna de tres sílabas, en contra de lo que sucede en Ec 7, 7. A partir de aquí se rompe y cesa la relación interna de los contenidos, de manera que la serie de dichos que ahora siguen puede entenderse como un despliegue y consecuencia de los dichos de la sección anterior, es decir, de Ec 6, 1-12.

⁵ טֹ֤וב לִשְׁמֹ֨עַ גַּעֲרַ֣ת חָכָ֑ם מֵ֝אִ֗ישׁ שֹׁמֵ֥עַ שִׁ֣יר כְּסִילִֽים׃

⁶ כִּ֣י כְקֹ֤ול הַסִּירִים֙ תַּ֣חַת הַסִּ֔יר כֵּ֖ן שְׂחֹ֣ק הַכְּסִ֑יל וְגַם־זֶ֖ה הָֽבֶל׃

⁷ כִּ֥י הָעֹ֖שֶׁק יְהֹולֵ֣ל חָכָ֑ם וִֽיאַבֵּ֖ד אֶת־לֵ֥ב מַתָּנָֽה׃

⁵ Mejor oír la reprensión del sabio,
que la canción de los necios.
⁶ Porque la risa del necio [es]
como el estrépito de las espinas debajo de la olla.
Y también esto [la risa o la prosperidad del loco] [es] vanidad.
⁷ Ciertamente la opresión hace enloquecer al sabio;
y la dádiva corrompe el corazón.

7, 5. Este es el cuarto proverbio sobre una cosa que es mejor que otra (מן טוב), poniendo de relieve la forma en que se contraponen necios y sabios, unos contra otros. Mejor es oír el reproche de los sabios que la canción de los locos, porque como el estrépito de espinas (*nesseln*) que arden bajo el caldero (*kessel*), así es la risa de los locos, que está vacía y es vana, no calienta de verdad.

Como en Pr 13, 1 y Pr 17, 10, la expresión גערה se refiere a las palabras serias del sabio que reprueban de un modo exigente y que alarman (amenazan) de un modo saludable a los hombres que escuchan la sabiduría. Por sí misma, la palabra שיר solo significa *canto* (excluyendo los cantos de lamentación, es decir, las elegías o quinas). El canto de los necios, aunque no sea inmoral es moral y espiritualmente vacío, superficial, sin sensibilidad, está lleno de locura desenfrenada.

En vez de מֹשֵׁמַע, aquí se utiliza la expresión מָאִישׁ שֹׁמֵעַ (hombre que escucha) de manera que se pone de relieve la acción del que canta y la acción del que escucha cosas vanas. Un fuego de ramas espinosas chisporrotea rápidamente y crepita como si fuera con alegría, pero se agota rápidamente (Sal 118, 12), sin calentar lo suficiente, ni hacer hervir la carne del caldero.

Compartimos con Knobel la conveniencia de destacar la paronomasia (*Nessel-Kessel*, הַסִּירִים֙ תַּחַת הַסִּיר שֹׁחֵק הַכְּסִיל). De un modo equivocado, Zöckler afirma que el fuego en las espinas no chisporrotea, pero con solo hacer la prueba él descubrirá que eso es falso si quema espinas secas al fin del verano. Este fuego rápido y aparatoso de las espinas es muy distinto del fuego y calor intenso y duradero de la buena madera. La risa de los necios es vana como el crepitar del fuego de espinas.

7, 6. Conexión. Aquí se da un hiato entre Ec 7, 6 y Ec 7, 7, que comienza con כִּי הָעֹשֶׁק יְהוֹלֵל, pero ningún intérprete ha podido precisar todavía la forma en que los dos versos están relacionados. Hitzig piensa que Ec 7, 6 retoma el motivo de Ec 7, 5, pero 6b no puede entenderse como respuesta al tema anterior, ni tampoco como introducción para lo que sigue. Elster traduce: "pero la injusticia enloquece a un sabio", no diciendo prudentemente nada sobre la palabra añadida (pero...).

Zöckler piensa, con Knobel y Ewald, que la idea que subyace a los dos versos (6 y 7) y que los vincula puede formularse así: la vanidad de los locos es capaz de enloquecer a los mismos sabios. Pero el pensamiento clave de esos versos no es la vanidad o locura de los locos en general, sino el hecho de que ellos canten y rían sin mesura... Sea como fuere, las opiniones sobre el tema continúan repitiéndose de forma inagotable, sin encontrar ninguna que convenza a todos.

Por eso, renunciamos a seguir presentando opiniones sobre la unión de esos versos. Solo añadimos que, conforme a nuestra opinión, Ec 7, 6 es la segunda mitad de un tetrástico, cuya primera mitad se ha perdido, y que debía comenzar con *tov*. La primera mitad tenía que ser prácticamente la misma de Sal 37, 16 o, quizá mejor, la misma de Pr 16, 8, proverbio que en su totalidad sería así: בחדקה מעט טוב משפט בלא תבואות מרב. Después seguiría Ec 7, 7 tal como aparece en nuestro texto, en forma de dístico que terminaba con חכם. En ese sentido, seguimos suponiendo que tras la primera mitad del tetrástico se había perdido la expresión "también esto es vanidad", que se ha añadido a Ec 7, 6 para formar una conexión con עשק: también esto es vano, etc. (con כי, que tiene el sentido de *asher*, Ec 8, 14).

7, 7. *La opresión enloquece al sabio, y la dádiva corrompe al corazón...* Así traducimos ese verso sin resolver el misterio del כי con el que comienza: כִּי הָעֹשֶׁק. La opresión enloquece al sabio, y la corrupción destruye su corazón, su entendimiento. Por el sentido de conjunto de este verso, da la impresión de que trata de las sentencias de un juez, en cuyas manos está la vida y propiedad de los hombres. Su segunda mitad es como un eco de Ex 23, 8; Dt 16, 19.

El sentido de שׂחד es aquí el mismo que tiene en Pr 15, 27, tal como lo indica מתנה; por su parte, עשׁק se refiere a la opresión ejercida por aquellos (jueces) que se dejan sobornar con presentes (regalos) para realizar su juicio. Este tipo de "perversión" (aunque no vaya quizá directamente en contra del sentido general de la justicia) enloquece a los mismos sabios, pues se opone la justicia, haciendo que ella se ponga al servicio de los ricos, de manera que termine utilizándose como una forma de pagar los beneficios que se hacen en los tribunales a un tipo de personas.

Así, la justicia actúa para bien de los ricos, es decir, de aquellos que, de un modo u otro, pueden pagar los favores que la justicia les brinda. Ese principio de "pago" (justicia al servicio del dinero) enloquece al sabio (con הולל, como en Job 12, 17; Is 44, 25), pues cada vez aumenta más la cantidad de aquello que se debe pagar a los jueces, como agradecimiento por su justicia, destruyendo de esa forma el sentido y finalidad de la retribución (de una forma que ha sido radicalmente criticada por Jesús, cuando dice "no juzguéis" (Mt 7, 1), en un contexto escatológico).

Esta forma de compensar a los jueces por su forma de juzgar al servicio de los ricos destruye el corazón y pervierte la sabiduría de los mismos jueces (cf. Os 4, 11, *Bereschith rabba*, cap. LVI.), porque va en contra de la justicia, embota la conciencia y hace que el hombre se convierta en esclavo de su pasión.

Planteado así el tema, la conjetura de Burger —que siguiendo a Ewald pone העשׁר, riquezas, en vez de הָעֹשֶׁק (que significa opresión cf. 7, 7: כִּי הָעֹשֶׁק יְהוֹ־ לֵל חָכָם)— resulta innecesaria y, además, va en contra del paralelismo. Ciertamente, lo que oscurece y perturba la justicia de los jueces es la riqueza (העשׁר), pero en el fondo de ese "soborno" mediante riqueza está la opresión de los pobres.

La palabra הולל no significa "dar lustre" (Desvoeux), hacer que brille (Tyler), sino más bien "corromper". Ese cambio de significado no mejora la conexión entre Ec 7, 7 y Ec 7, 6. El Véneto traduce de un modo excelente: ἐκστήσει. Por su parte, Aben Ezra supone que מתנה es aquí igual a דבר מת. Mendelssohn repite esa misma traducción a fin de que pueda cumplirse la norma sintáctica de Gesenius 147a. De todas formas, el sentido de la frase (כִּי הָעֹשֶׁק יְהוֹלֵל חָכָם, el dinero-opresión corrompe al sabio) es claro. La sabiduría salvadora del hombre puede ser destruida, corrompida por el dinero, como sabe y dice Jesús en Mt 6, 24.

7, 8-10.

8 טֹוב אַחֲרִית דָּבָר מֵרֵאשִׁיתֹו טֹוב אֶרֶךְ־רֻוּחַ מִגְּבַהּ־רֻוּחַ׃

9 אַל־תְּבַהֵל בְּרוּחֲךָ לִכְעֹוס כִּי כַעַס בְּחֵיק כְּסִילִים יָנֻוּחַ׃

10 אַל־תֹּאמַר מֶה הָיָה שֶׁהַיָּמִים הָרִאשֹׁנִים הָיָוּ טֹובִים מֵאֵלֶּה כִּי לֹא מֵחָכְמָה שָׁאַלְתָּ עַל־זֶה׃

⁸ Mejor [es] el fin del negocio que su principio;

mejor el sufrido de espíritu que el de espíritu altivo.

⁹ No te apresures en tu espíritu a enojarte;

porque la ira reposa en el seno de los locos.

¹⁰ Nunca digas: ¿por qué los tiempos pasados fueron mejores que estos?

Porque nunca de esto preguntarás con sabiduría.

7, 8. Aquí sigue un cuarto (o quinto) proverbio que empieza con *tov*: mejor el fin de una cosa que el principio... (טוֹב אַחֲרִית דָּבָר מֵרֵאשִׁיתוֹ). Mejor el sufrido que el engreído. La primera parte de Ec 7, 8 puede discutirse, porque a veces no es mejor llegar hasta el final de un asunto que es malo (cf. Pr 5, 4; 23, 32). Pero en una cosa que no es intrínsecamente mala el fin es mejor, porque hasta que no se complete su proceso de realización no se sabe si un asunto terminará bien o mal. Un ejemplo de esto es lo que le responde Solón a Creso cuando le dice que una fortuna solo es buena cuando el rico puede morir en posesión de ella (Heródoto i.32).

Ec 7, 8b se vincula con 8a, y el tema que plantea continúa en Ec 7, 9. En sí mismo, un largo y tedioso proceso que lleva del comienzo al fin requiere paciencia. Pero es bueno para el hombre conseguir que un asunto pueda llegar a cumplirse hasta el final, de forma que ese hombre sea אֶרֶךְ־רוּחַ, sufrido/largo de espíritu (paciente), de manera que espere con autocontrol, con toda quietud hasta que culmine su realización; por el contrario רוח גבה, el altivo de espíritu estará nervioso y agitado hasta que todo se cumpla, de manera que querrá apresurar con medios violentos la llegada del fin.

El hombre altivo, el hombre sin paciencia, piensa que todas las cosas han de ir en la línea de su deseo y, por ello, supone y quiere que todos los demás lo pongan todo a su servicio. Así podríamos traducir con Hitzig: "Mejor es la paciencia (ארך, ser largo en esperar) que la altivez" (גבה, infinitivo, como שפל, Ec 12, 4; Pr 16, 19). Pero no hay razón para ello, pues גָּבַהּ־ no ha de tomarse como en Pr 16, 5, ni como forma conectiva de גבה. El tema de fondo es la comparación entre esos dos tipos de personas, los pacientes (que esperan) y los altivos (que quieren imponerse de inmediato, por la fuerza).

7, 9. El autor va en contra del orgullo o pasión de aquellos que, cuando una cosa es contraria a lo que piensan, se acaloran y caen en un estado de excitación apasionada, de ruda violencia, queriendo anticipar por sí mismos el resultado. אַל־תְּבַהֵל, no te apresures, no quieras adelantarte, como dice Ec 5, 1. En este caso, se utiliza la expresión ברוחך, en tu espíritu, y no בנפשך o בלבך (en tu alma o en tu corazón, como he mostrado en *Psychologie*. pp. 197-199). La excitación apasionada se apodera del espíritu de un hombre, conforme a la representación bíblica de la identidad de la humanidad, cf. Pr 25, 28, de manera que así, a través del espíritu, se expresa aquello que está en el corazón y en la disposición interior de las persona; cf. Pr 15, 13. La palabra כַּעַס es un infinitivo como יְשֵׁן, Ec 5, 11.

Esta advertencia se funda en el hecho de que la ira apasionada (כעס, tomada en sentido potencial más que actual) descansa en el "vientre" (interior) de los necios, de manera que allí se mantiene y aumenta, como si fuera un demonio malvado que se apodera de la casa/interioridad de esas personas, descansando allí para actuar al final (con ינוח, como en Pr 14, 33).

De esa manera, el hombre orgulloso y apasionado —aquel que habla de un modo violento— se comporta como un loco, es decir, como alguien que, a causa de su ira, está lleno de las contradicciones que perturban la limpidez de su alma. Así, el hombre airado destruye su salud, pues pierde su ecuanimidad y destruye el equilibrio de su propia vida siempre que algo que se oponga a sus deseos. En este momento, el proverbio deja de utilizar la forma "mejor… que", pero mantiene la palabra *tov*, bueno (que vuelve a aparecer en el verso siguiente: הָיוּ טוֹבִים מֵאֵלֶּה). Este ha sido un proverbio centrado en el riesgo de la ira, que el sabio debe superar siempre.

7, 10. Kohelet va ahora en contra de aquellos que dicen que todo tiempo pasado fue mejor. En este contexto, pueden recordarse unas líneas de Horacio que decía: *Difficilis, querulus, laudator temporis acti, se puero, censor castigatorque minorum* (el hombre difícil, quejumbroso, es alabador de los tiempos pasados. Se porta como un niño, censor y castigador de los menores… *Poética* 173, 4). Un hombre como ese piensa que los tiempos anteriores —no solo los descritos por la historia (cf. Dt 4, 32), sino también aquellos que él ha vivido anteriormente (cf. 2Cr 9, 29)— habían sido mucho mejores que los presentes. En contra de eso, responde Kohelet: "Nunca digas… Porque nunca de esto preguntarás con sabiduría".

Kohelet piensa que esa pregunta no proviene de la sabiduría, מֵחָכְמָה como se dice en hebreo misnáico, חכמה מתוך, o como en Neh 1, 2: עַל שָׁאַל. Por su parte, עַל־זֶה se refiere a esta cuestión en forma de contraste y de exclamación de admiración. La partícula כִּי no quiere decir que la diferencia entre el tiempo presente y los gloriosos tiempos pasados sea fácil de resolver, pero muestra que la suposición de la diferencia negativa entre el pasado y el presente no se puede absolutizar, porque tanto en el pasado como en el presente hay aspectos luminosos y otros que son oscuros.

Por otra parte, esta división entre la luz (propia del tiempo pasado) y la oscuridad (que sería propia del presente) está indicando una falta de entendimiento de los signos de los tiempos y de los caminos de Dios (como indica Jesús en el evangelio, cuando afirma que el tiempo presente es tiempo del Reino de Dios). Este proverbio no ofrece ningún punto de partida para precisar el tiempo en que ha surgido el Kohelet. Pero se entiende mejor en el caso de que haya sido escrito en el último siglo de la dominación persa, tiempo en el que ha crecido el descontento ante la situación social, política y religiosa de los justos. En ese contexto del final del imperio persa puede situarse la decepción ante la situación de los justos, en contra de la visión unilateral de aquellos que consideran el presente como época oscura, frente a un pasado idealizado como un tiempo brillante.

7, 11-14.

¹¹ טוֹבָה חָכְמָה עִם־ נַחֲלָה וְיֹתֵר לְרֹאֵי הַשָּׁמֶשׁ׃

¹² כִּי בְּצֵל הַחָכְמָה בְּצֵל הַכָּסֶף וְיִתְרוֹן דַּעַת הַחָכְמָה תְּחַיֶּה בְעָלֶיהָ׃

¹³ רְאֵה אֶת־ מַעֲשֵׂה הָאֱלֹהִים כִּי מִי יוּכַל לְתַקֵּן אֵת אֲשֶׁר עִוְּתוֹ׃

¹⁴ בְּיוֹם טוֹבָה הֱיֵה בְטוֹב וּבְיוֹם רָעָה רְאֵה גַּם אֶת־ זֶה לְעֻמַּת־ זֶה עָשָׂה הָאֱלֹהִים עַל־ דִּבְרַת שֶׁלֹּא יִמְצָא הָאָדָם אַחֲרָיו מְאוּמָה׃

¹¹ Buena [es] la ciencia con herencia;
y [es] la excelencia de los que ven el sol.
¹² Porque en la sombra de la ciencia,
y en la sombra del dinero [reposa el hombre];
pero la sabiduría (conocimiento) es mayor que la riqueza,
pues da vida a sus poseedores.
¹³ Mira la obra de Dios; porque
¿quién podrá enderezar lo que [él] ha torcido?
¹⁴ En el día del bien goza del bien;
y en el día del mal abre los ojos [y aprende].
Dios hizo también esto (el día de mal) delante de lo otro,
a fin de que no quede para el hombre ningún mal para después de su muerte.

7, 11. Sigue ahora un proverbio centrado en la sabiduría, donde se pone de relieve su bondad en comparación con una herencia (עִם־ נַחֲלָה), pero añadiendo que la sabiduría, como tal, es mejor que el dinero y las posesiones. La sabiduría es buena, unida a las posesiones familiares, y constituye una ventaja para los hombres. Ella es como una refrescante sombra en un día de sol, como también el dinero, que es un buen descanso.

Esta es la ventaja de la sabiduría: ella preserva la vida de aquellos que la poseen. La mayoría de los intérpretes ingleses, desde Desvoeux a Tyler, traducen así el verso: *la sabiduría es un bien, lo mismo que si fuera una herencia.* Bullock traduce "la sabiduría es buena, con una herencia", añadiendo que la diferencia entre la sabiduría y una herencia no es solo material, pues su misma realidad de fondo es diferente. En contra de eso, Zckl. responde que tanto aquí como en Ec 2, 16 (cf. *Coment*), la partícula עם (cf. עִם־ נַחֲלָה) significa *aeque ac*. Pero:

- Ese sentido de עם como *aeque ac* (así como, lo mismo que...) no ha sido aceptado por ningún traductor antiguo, ni por el Véneto ni por Lutero, ni por Syr., que traducen, "mejor es la sabiduría que las armas" (מאנא זינא).
- En vez de decir que la sabiduría es tan buena como la riqueza sería preferible afirmar que ella es mejor que la riqueza, tal como se dice, por ejemplo, en Pr 8, 11. Este proverbio tiene la misma composición de Aboth ii. 2: "Bueno es el estudio, si está vinculado con un trabajo que produce medios de vida o algo semejante".
- Ciertamente, "el sabio muere con (o como) el loco, lo mismo que el loco". Pero no tiene sentido decir que la sabiduría es buena con la riqueza, ni tampoco *es tan buena como* la riqueza", ni en comparación con la riqueza (Ewald, Elster), sino solo *en conexión con* la riqueza (con las posesiones).

Aeque ac puede traducirse *una cum* (en unión con) de manera que las dos palabras aparezcan como sujeto común de acción y pasión, pero no en forma de frase predicativa, con un sustantivo como sujeto y un adjetivo como predicado, sino en forma de *juicio categórico sobre la sabiduría y la riqueza heredada y hereditaria* (cf. Pr 20, 21). Estas reflexiones que prueban este verso no ofrecen una comparación, sino una conexión entre la sabiduría y la herencia (o la riqueza como herencia). De lo contrario, la expresión tenía que haber sido עם־עשר.

De esa manera, puede explicarse la expresión ויתר (וְיֹתֵר לְרֹאֵי הַשָּׁמֶשׁ): *esta es la excelencia o grandeza de aquellos que ven el sol*). Esa palabra no significa que la sabiduría es mejor que una buena herencia en sentido comparativo, sino en sentido de plenitud, de "añadido", de forma que el verso puede traducirse así: lo mejor es la sabiduría (*hokma*), pero una sabiduría con "herencia", con los bienes entendidos como herencia, como don recibido por tradición/familia, no por lucha y conquista sobre el mundo, es lo mejor que existe bajo el sol.

En este contexto, los hombres aparecen como aquellos que viven bajo el sol. Esta es su definición, esta su identidad. Ellos son, por tanto, "seres subsolares, esta es su identidad, la luz del sol les define. Algunos autores como Herzf., Hitz. y Hengst. siguen traduciendo "y mejor que la sabiduría, la riqueza". Pero, en contra de eso, debemos destacar que יותר no significa nunca ganancia, sino compañía, en forma de complementariedad. En ese sentido, *aquí se alude a la sabiduría que se acompaña de herencia*.

Los hombres son, por tanto, aquellos que ven el sol, como les describe Homero: "Seres que ζώειν, que viven y están iluminados por el hecho de ver/contemplar la luz del sol (ὁρᾶν φάος ἠελίοιο), con una sabiduría que está vinculada a una herencia de vida que nos ha sido transmitida por los antepasados".

7, 12a. *Ver el sol* implica haber entrado en una tierra en la que, junto a la sabiduría, ha de aceptarse/valorarse todo tipo de herencia. En esa línea, la sabiduría ofrece al hombre más protección que la riqueza entendida en forma de herencia. Hasta aquí, el mensaje de este versículo es claro.

Pero queda un problema pendiente: ¿cómo debe entenderse el sentido de conjunto de Ec 7, 12? Knobel, Hitz. y otros toman la doble ב de ־בְּצֵל הַחָכְ מָה בְּצֵל הַכָּסֶף como *beth essentiae*: una sombra (protección ante el sol), es la sabiduría, una protección como es el dinero. Esta es una traducción muy expresiva, pero va en contra de la armonía del conjunto de la frase y del mismo ritmo del pensamiento dentro del estilo del Kohelet. Además, esa doble *beth* resulta aquí no solo inútil, sino engañosa.

(1) Hengstenberg traduce "a la sombra de la sabiduría". Ciertamente, desde nuestra visión de Ec 7, 11, la sombra de la sabiduría no se identifica con la sombra del dinero pero, respondiendo al sentido ya indicado de עם, hay que decir que tanto la sabiduría como el dinero ofrecen un tipo de sombra, es decir, de descanso y respiro a los hombres.

(2) Pero esa interpretación va más allá de los límites y posibilidades de una braquilogía (acortamiento expresivo) de los discursos gnómicos. Nosotros interpretamos más bien la frase diciendo: porque en la sombra (בצל, como בְּצֵל, cf. Jon 4, 5) hay sabiduría, en la sombra hay dinero…

De todas formas, esta interpretación exige una gran licencia y libertad poética. Teniendo en cuenta el estilo de la frase, podemos decir que su sentido de fondo es este: *el que posee sabiduría se encuentra a la sombra; el que posee una herencia/dinero se encuentra igualmente a la sombra,* esto es, en un lugar seguro y agradable. Encontrarse a la sombra de la sabiduría y del dinero significa lo mismo que encontrarse bajo la protección que ambas cosas —sabiduría y dinero— ofrecen. Se trata, por tanto, de una vinculación de ambos bienes (de la sabiduría y del dinero), en una línea que ha sido radicalizada y superada por Jesús cuando proclama bienaventurados (sabios) a los pobres (cf. Lc 6, 20-22), elevando su lamentación sobre los ricos (ay de vosotros…).

7, 12b. Desde ese fondo se entiende el sentido de 7, 12b, conforme a la construcción de los acentos: *la ventaja de la sabiduría consiste en esto: en que ella preserva la vida de aquellos que la poseen.* El Tárgum toma estas palabras (דעת y החכמה) como si fueran una construcción de genitivo. Ciertamente, eso es posible (cf. Ec 1, 17; Ec 8, 16), pero es muy improbable. Todas las veces que el Kohelet emplea la palabra דעת como sustantivo lo hace de un modo independiente, en conexión coordinativa con הַחָכְמָה, como en Ec 1, 16. Por eso, la frase completa: דַּעַת הַחָכְמָה תְּחַיֶּה בְעָלֶיהָ

no se puede traducir *la sabiduría da vida a sus posesores* (LXX, Jerónimo, Véneto, Lutero); porque חיה solo puede significar revivir (así Hengst., conforme a Sal 119, 25; cf. Sal 71, 20) o *mantenerse en* vida. Por eso, la frase entera debe traducirse así: *la sabiduría-conocimiento da vida a los hombres.*

En esa línea, se puede y se debe añadir que la sabiduría conserva la vida, no por medio de sentencias fuertes o de duras denuncias (un sentido que está en el fondo de Ec 7, 10), sino porque ella evita que el hombre se destruya a sí mismo a través de vicios, pasiones y duras emociones como la ira (Ec 7, 9), que consumen la vida de aquellos que se dejan poseer por ella. La sabiduría ofrece a los hombres una sombra en la que puedan mantenerse sanos y salvos. Esa es una sombra que el dinero, el capital (alemán: *das geld, der capital*) no puede ofrecer, sino que a veces tiene un efecto contrario, pues lleva a la muerte a los hombres.

7, 13. Sigue ahora un proverbio de devota sumisión bajo la providencia de Dios y que se vincula con Ec 7, 10: רְאֵה אֶת־ מַעֲשֵׂה הָאֱלֹהִים (considera la obra de Dios... pues ¿quién puede enderezar lo que él ha torcido?). En otros lugares (cf. Ec 1, 10; Ec 7, 27. 29), la expresión ראה tiene el mismo sentido que הנה (y también el de "gozar", cf. Ec 9, 9), aquí significa contemplar con una profunda visión mental.

La partícula כי antes de מי (cf. כִּי מִי יוּכַל.) no puede significar *quod,* como *asher,* Ec 6, 12, ni tampoco *quoniam* (porque). Esta frase (considera la obra de Dios) significa "reconoce el gobierno de Dios en todo lo que él hace". Según eso, ninguna creatura tiene motivos ni posibilidad para poner en cuestión el sentido de la obra de Dios (cf. Ec 6, 10 y Ec 1, 15). Nadie puede enderezar su obra aunque nos parezca que va en contra de lo que sería justo (Job 8, 3; Job 34, 12); nadie puede rectificar lo que nos parece que él ha dejado torcido (Sal 146, 9).

7, 14a. Esta llamada es paralela a la de Sir 14, 14 (Fritz.): "no te evadas cuando llegue un buen día y no dejes de participar en un gozo justo". La ב de בטוב no es *eth essentiae* como tampoco en בצל. No es una designación de cualidad, sino de condición (en lo bueno, en algo agradable). Aquel que es, como en Jer 44, 17, personalmente bueno, בָּטוֹב, personalmente *tov,* aquel que es alegre, gozoso (*tov lev*), ese es *betov* (cf. Sal 25, 13, también Job 21, 13).

Como reverso de esta invitación, Ec 14a no puede traducirse: *pero sufre o soporta el mal día* (Ewald, Heiligst.), porque en ese sentido se emplea la expresión רעה ראה (cf. Jer 44, 17), no ברעה ראה, que significa más bien, como en Abd 1, 13, una forma de mirar hacia el infortunio de los extraños, aunque en un caso (Gn 21, 16), ב ראה, tiene el sentido de mirar de un modo compasivo, de simpatía.

Por otra parte, el paralelo רעה ביום no es designación de objeto, sino de tiempo (en sentido adverbial). Por eso, no se puede traducir "estate atento" (Salomón), ni "sopórtalo con paciencia" (Burger), porque ראה no puede tener por sí mismo ese sentido,[5] sino que ha de entenderse más bien como sigue: en el día del infortunio observa, percibe, reflexiona. Dios ha hecho también esas cosas. Quizá el tema de más dificultad en este verso sea la forma en que se mezcla de parte de Dios el bien y el mal en la vida de los hombres.

Literalmente, las últimas palabras מְאוּמָה שֶׁלֹּא יִמְצָא הָאָדָם אַחֲרָיו, significan *de manera que el hombre no encuentre nada tras él.* Esta es una traducción literal, pero no tiene sentido. La mayoría de los intérpretes traducen: *para que el hombre no pueda investigar (conocer) nada de lo que existe más allá de este tiempo*; es decir, de forma que el hombre no pueda conocer nada de lo que está o viene tras él, en su futuro. En esa línea, Ewald y Heiligst. explican: *para que el hombre no pueda tomar (llevar) con él nada tras la muerte.* Pero esa interpretación no puede aplicarse aquí (cf. Ec 5, 14).

Resulta mejor la traducción de Hitzig: *porque Dios quiere que el hombre quede liberado de todas las cosas tras la muerte.* Dios dispuso para el hombre todos los males en esta vida, unos males alternados con bienes, pero lo hizo de manera que no se puede hablar de males tras la muerte. Esta es una buena interpretación de las palabras (cf. Ec 3, 18): *idcirco ut non inveniat homo post se quidquam, scil quod non expertus sit* (a fin de que el hombre no encuentre tras esta vida nada malo que él no haya experimentado). La traducción es buena, pero la explicación que Hitzig ofrece no es la del Kohelet, que debe entenderse en esta línea: Dios quiere que el hombre lo experimente todo en este mundo, no quiere que parta de este mundo sin haberlo experimentado.

4. Continuación. Experiencias y resultados (Ec 7, 15 – 9, 12)

Las secciones anteriores vienen ahora seguidas por unas *secciones-yo* (en primera persona) en las que Kohelet ofrece diversos consejos vinculados a hechos de experiencia por los que él viene a presentarse en el primer plano del texto.

7, 15-18. El daño que producen los excesos

15 אֶת־ לָךְ יְתִיאָךְ יָמִיב שֶׁ יֶלֶבָה קִידַצ דְּבָא וְלֹקְדַצֵּב שֶׁנֵי עֹשָׁר דְּיִרָאַם וְתַעֲרָב:

16 לֹא־ יִהָּצ קִידַצ הַבְּרֵה לֹאן־ פֹּכַחְתָּת רֹתֵוי הַמָּלָ מִמּוֹשֶׁת:

17 לֹא־ עֹשַׂרְתְּ הַבְּרֵה לֹאן־ יְהָּצ לְכֵס הַמָּלָ תוּמָת אִלָּבְ דְּתָע:

18 טֹוב אֲשֶׁר תֶּאֱחֹז בָּזֶּה וְגַם־ מִזֶּה אַל־ תַּנַּח אֶת־ יָדֶךָ כִּי־ יְרֵא אֱלֹהִים יֵצֵא אֶת־ כֻּלָּם:

---

5. De un modo semejante, cf. también, *Sohar*, הוי וגו, מחור, en el sentido de *cave et circum spice*, "ten cuidado", míralo bien, no caigas bajo juicio.

¹⁵ Todo [lo] he visto en los días de mi vanidad.

Hay justos que perecen por su justicia

e impíos que por su maldad alargan [sus días].

¹⁶ No seas demasiado justo ni te esfuerces demasiado

por ser sabio [a tus propios ojos] ¿por qué te destruirás?

¹⁷ No seas pronto a condenar, ni seas loco:

¿por qué morirás en medio del hilo de tus empresas?

¹⁸ Bueno es que tomes de esto,

y también de aquello no apartes tu mano;

porque el que a Dios teme, saldrá con todo.

7, 15. El primero de estos consejos nos pone en guardia ante los extremos, tanto por el lado del bien como por el lado del mal: הַכֹּל רָאִיתִי בִּימֵי הֶבְלִי, *todo tipo de cosas he visto desde mi vanidad.* Uno de los intérpretes ingleses más originales del libro del Kohelet, T. Tyler (1874) encuentra en los pensamientos y en la forma de expresión de este libro —compuesto conforme a su juicio en torno al 200 a. C.— una serie de referencias a la filosofía postaristotélica, y en particular al estoicismo, entreverado de varias formas con un pensamiento oriental.

Pero aquí, en Ec 7, 15-18, descubrimos no tanto los principios de la ética estoica (τῇ φύσει ὁμολογουμένως ζῆν, vivir conforme a la naturaleza), sino los de la ética aristotélica, conforme a la cual, la virtud consiste en mantener el término medio entre dos extremos (μέσως ἔξηειν).[6] Según eso, no podemos hablar de un contraste entre fariseísmo y saduceísmo (Zckl.), entre grupos que empezaban a crecer en Israel en tiempos de nuestro autor. De todas formas, conforme a la conjetura de T. Tyler, se podría decir que los saduceos irían más en la línea del epicureísmo, mientras que, conforme a Josefo (*Vita.* c. 2), "la doctrina de los fariseos se acerca más los estoicos".

De todas maneras, ni la צדקה ni la רשעה se pueden atribuir a ninguno de esos dos partidos, pues la ley de los fariseos no se situaba en un plano moral, sino más bien ceremonial. La referencia a la sabiduría de la vida, tal como se entiende desde una perspectiva helenista, no nos ayuda a entender mejor este pasaje, pues Kohelet parte del hecho de que los "santos" (escritores) del A.T. no habían logrado ofrecer las bases para fundar una teodicea satisfactoria.

La expresión בִּימֵי הֶבְלִי (en los días de mi vanidad, cf. Ec 6, 12) se refiere a los largos años de vida de su autor en los que, según él, no había recibido una respuesta que fuera satisfactoria. Por su parte, la expresión *'et-hakol* (אֶת־הַכֹּל) no significa "todas las cosas posibles", de un modo general (Zckl.), sino más bien aquellas que aparecen en este verso. Como buen observador y sabio, el Kohelet pide

6. Cf. Luthardt, *Vorträge über die Moral des Christenthums*, 2ª ed. p. 218.

moderación a todos sus lectores y oyentes, en contra de los posibles extremismos que parece ir descubriendo en algunos grupos israelitas de su entorno. Tanto la justicia como la sabiduría han de mantenerse en un justo medio, siempre al servicio de la vida de los hombres, en la línea de un Dios que no quiere ni impone imposibles. Tanto en la búsqueda del bien como en la condena de aquello que puede parecer malo ha de actuarse con mesura. Un tipo de bien inmoderado puede convertirse en lo contario. Y una condena sin cautela de aquello que se tiene por malo puede conducir también a lo opuesto, pues condenando el mal de un modo impositivo uno puede volverse igualmente malo.

7, 16. La justicia recibe la promesa de una larga vida como recompensa pero, aunque esto sea verdad como regla general, tiene excepciones, y de ellas deduce el autor la doctrina según la cual no se puede exagerar en ese tema, ni buscar la justicia de forma inmoderada, pues también los justos mueren. Esto sucede, en primer lugar, en aquellos casos en los que la práctica de la justicia va más allá de la recta medida y de los justos límites. La visión relativa de las palabras הרבה y יותר (vinculadas al principio de la recta medida, esto es de la moderación) tiene el mismo sentido que en latín *nimis*, nada demasiado.

La palabra חתחכם (וְאַל־ תִּתְחַכַּם יוֹתֵר) puede significar "jugar a ser sabio". Pero ese significado, en la línea de ser más o menos sabio, resulta cuestionable. Esa palabra significa más bien, como en Ex 1, 10, actuar sabiamente, astutamente (cf. Sal 105, 25). Por su parte, תִּשּׁוֹמֵם, que significa en todos los demás lugares estar internamente aletargado, estar como asombrado, fuera de sí; significa aquí situarse uno mismo en un estado de entumecimiento, volverse pasivo, estar desconcertado. Esta forma תשומם está sincopada, como תָּךְ (Nm 21, 27). Por otra parte, la pregunta לָמָּה, tanto aquí como en Ec 7, 17, es del tipo de Ec 5, 5. Lutero, dulcificando el sentido de la frase, pone: *a fin de que no te destruyas a ti mismo.*

7, 17. Hasta aquí, el asunto resulta claro. La justicia y la sabiduría son buenas y saludables, y es bueno esforzarse por ellas. Pero incluso, en este caso, es posible ir más allá de la recta medida (Lutero recuerda en este contexto el adagio latino *summa justitia summa injuria,* la justicia mayor se vuelve mayor injusticia); una actitud como esa puede ser destructiva para los hombres, volviéndose una caricatura de sí misma, porque va más allá de los extremos y provoca la ira de otros.

Pero en este caso, es extraño que el autor se ponga en guardia frente a una maldad excesiva, más allá de lo que parece loable y recomendable, tanto más cuanto que la advertencia "no seas loco" va en contra de "no seas demasiado sabio". Parece que, según el contexto, la advertencia tendría que haber sido "pero no seas un malvado" (una frase que se opone de un modo comprensible a "no seas demasiado justo").

Zöckler piensa que esta dificultad se resuelve diciendo: "Kohelet no pide que actuemos con moderación en el tema de la maldad como si ello fuera recomendable, sino solo porque, de hecho, todo ser humano es en algún sentido un malvado". El significado sería por tanto este: *la vida del hombre no está libre de maldad, pero tú no seas demasiado malvado.*

De todas formas, aun traduciendo la frase de esa forma, no se supera el carácter ofensivo de esta recomendación, pues el verso siguiente, Ec 7, 18, recomienda que tengamos algo de maldad en la vida para evitar males mayores, pero siempre con temor de Dios. En un mundo lleno de maldades no se puede vivir de una manera absolutamente recta. Debemos asumir, por tanto, un tipo de maldad, pero siempre dentro del recto temor de Dios. No obstante, el sentido verdadero de la frase puede, quizá, encontrarse mejor si sustituimos אַל־ תִּרְשַׁע הַרְבֵּה (תרשע, no te hagas excesivamente malo, רשע) por תחטאאל, de manera que la frase signifique: no peques de un modo irreparable. Si tomamos esta palabra tal como actualmente se encuentra en el texto debemos confesar que no tiene sentido, no puede aceptarse en un contexto bíblico, porque es inmoral, porque el hecho de pecar es en todas las circunstancias un acto que lleva en sí mismo una sentencia de condena.

Por eso, esta palabra tiene que interpretarse desde una perspectiva de injusticia legal (no moral). El mal que aquí se recomienda no es el mal en cuanto tal, en sí mismo, en sentido estricto, sino un tipo de mal entendido en la línea de algunos rigoristas ultra religiosos o de unos que solo tienen en cuenta un tipo de ley injusta. En esa línea, el autor no recomienda el mal, sino que va en contra de la visión del mal que tienen algunos ultra religiosos que condenan toda forma de alegría, todo tipo de gozo juvenil, todo placer de la vida (cosas que el Kohelet va recomendando a lo largo de su libro). Por tanto, Kohelet va en contra de un tipo de conciencia escrupulosa, encerrada en la letra de la ley, y, de esa forma quiere superar un tipo de escrúpulo de conciencia de tipo rigorista, legalista y enfermizo.

Kohelet está recomendando a sus lectores que no sean estrechamente rigoristas, que no sean necios, que no busquen un tipo de disciplina y de cumplimiento legal en contra del gozo de la vida. En esa línea, les dice que aprendan a gozar con libertad y temor de Dios, que no se destruyan a sí mismos ni se maten por escrúpulos falsamente religiosos, es decir, que no pierdan y malgasten su vida de un modo inútil (cf. Sal 34, 33; Pr 10, 21). Con esa misma idea, un antiguo proverbio de *Sota* 3a, dice: "Un hombre no comete transgresiones a no ser que le domine previamente un espíritu de locura".

7, 18. Es bueno que tomes de esto (de la justicia y la sabiduría) y que no apartes tu mano de lo otro (que admitas una conducta que es buena, aunque algunos piensan que se trata de malvada), porque el que teme al Señor cumple el bien, pero sabe gozar también de la vida, aunque otros lo tomen como malo.

En contra de la Vulgata, Lutero traduce: porque el que teme a Dios escapa (se libera) de todo (*entgehet den allen*; "de todos los males"). Pero ¿de qué males? Tyler, Bullock y otros responden: "De todas las perplejidades de la vida". Pero el texto no dice nada de eso, aunque el libro del Kohelet aluda a muchas perplejidades. Mejor traduce Zöckler: "Dios libera de unas perplejidades y de otras: de las que derivan de la falsa justicia y de las que provienen de la atrevida maldad". Pero, al final de las cosas, todo da lo mismo: tanto el que actúa de una forma como el que actúa de la otra, todos perecen en manos de la destrucción, אבד.

Ginsburg y Hitzig traducen: "Aquellos que temen a Dios recorrerán su camino en medio de (a pesar de) esas dos perversidades". Jerónimo ofrece una traducción poco precisa, pero que en el fondo es buena por su significado, traduciendo יחא... ה, *egressus est urbem*, salió de la ciudad (Gn 44, 4, cf. Jer 10, 20), una frase que utiliza también la Misná, יצא את־ידי חובתו, con el sentido de "ha cumplido su deber, ha quedado liberado de su deber".

En la mayor parte de los casos, יצא tiene simplemente ese sentido: ha cumplido su deber, mientras que א יצ לא significa "no lo ha cumplido" (cf. Berachoth 2, 1). Desde ese fondo se entiende אֶת־כֻּלָּם, *ëth-kullam*, como en Mt 23, 23: esto había que haber cumplido, sin haber dejado aquello. Según eso, el que tema a Dios quedará libre, logrará cumplirlo todo, manteniéndose en el buen camino de la *via media*.

7, 19-22. ¿Qué protege a quien, a pesar de su justicia, no está libre de pecado?

הַחָכְמָה תָּעֹז לֶחָכָם מֵעֲשָׂרָה שַׁלִּיטִים אֲשֶׁר הָיוּ בָּעִיר: ¹⁹
כִּי אָדָם אֵין צַדִּיק בָּאָרֶץ אֲשֶׁר יַעֲשֶׂה־טּוֹב וְלֹא יֶחֱטָא: ²⁰
גַּם לְכָל־הַדְּבָרִים אֲשֶׁר יְדַבֵּרוּ אַל־תִּתֵּן לִבֶּךָ אֲשֶׁר לֹא־תִשְׁמַע אֶת־עַבְדְּךָ מְקַלְלֶךָ: ²¹
כִּי גַּם־פְּעָמִים רַבּוֹת יָדַע לִבֶּךָ אֲשֶׁר גַּם־[את] (אַתָּה) קִלַּלְתָּ אֲחֵרִים: ²²

¹⁹ La sabiduría fortifica al sabio
más que diez poderosos príncipes que haya en la ciudad.
²⁰ Ciertamente no hay hombre justo en la tierra,
que haga [el] bien y nunca peque.
²¹ Tampoco apliques tu corazón a todas las cosas que se hablaren,
para que no oigas a tu siervo que dice mal de ti;
²² porque tu corazón sabe que tú también hablaste mal de otros muchas veces.

7, 19. *La sabiduría protege al sabio más que diez hombres fuertes que habiten en la ciudad.* Tenemos que distinguir como en Sal 31, 3 entre el verbo עזז, ser fuerte, y עוז, huir al refugio. תָּעֹז es el futuro del primer verbo (ser fuerte), mientras que

מעז es una fortaleza, un refugio, un lugar de protección; esta última palabra con ל, significa no solo ser fuerte, sino mostrarse fuerte, como en Ec 9, 20. Tiene, según eso, un sentido transitivo (fortalecerse), como aparece en Sal 68, 29. Pero aquí se utiliza más bien como intransitivo: la sabiduría se muestra fuerte para el hombre sabio, le concede fortaleza.

Los diez *shallithim* (שַׁלִּיטִים) no tienen que multiplicarse, como hace Ginsburg, de manera que puedan significar muchísimos hombres fuertes. Tampoco es necesario decir que se trata de diez jefes, comandantes de las tropas, incluyendo sus grupos de soldados o destacamentos sobre los que tienen poder, como piensan Desvoeux, Hitz., Zckl. y otros. El autor está pensando, quizá, en un arreglo más político que militar, refiriéndose a diez arcontes o jefes, como los *salat* de Asiria, que eran una especie de viceregentes, como los arcontes o príncipes de algunas ciudades griegas.

Los שַׁלִּיט de los reyes asiáticos no ostentaban ni ejercían un trabajo de tipo propiamente militar. Ellos ofrecían a la ciudad una protección que no era simplemente militar para casos de guerra, sino también una protección contra otro tipo de peligros o riesgos de carácter comercial, contra enfermedades infeccionas, desastres y amenazas de la naturaleza.

En esa línea, se pueden entender las palabras del Isaías II (Is 60, 17) cuando dice a Jerusalén: *yo haré que tus administradores sean "paz" y tus gobernantes "justicia"*. De un modo semejante, el Kohelet afirma aquí que un hombre sabio ofrece a una ciudad una protección tan grande como la de un cuerpo de decuriones (diez arcontes). Así dice Pr 24, 5: "Un hombre sabio es *baoz*", esto es, poderoso.

7, 20. *Porque no hay entre los hombres uno que sea justo…* El pasaje original del que proviene esta sentencia se encuentra en la plegaria de Salomón en la consagración del templo (1Re 8, 46) que aquí está abreviada. Aquí las palabras podrían ser וגו צַדִּיק אָדָם אֵין, *no hay un hombre justo…* El hombre (אָדָם) aparece en este caso como representante de la especie humana, como cuando decimos en alemán: *menschen gibt es keine gerechten auf Erden* (no hay ningún hombre justo sobre la tierra). En ese sentido, cf. Ex 5, 16: "No había paja sobre la tierra".

Esta sentencia (no hay un hombre justo…) podría en principio tomarse como verificación de la sentencia del verso anterior, pues la afirmación de que todos son pecadores no va en contra de Ec 7, 7. En esa línea, resulta extraño el hecho de que algunos como Mercer y Grtz, con Aben Ezra, tomen Ec 7, 20 como verificación de Ec 7, 16, mientras que otros conecten este verso con Ec 7, 21 y Ec 7, 22, traduciendo: *dado que no hay nadie que sea justo, por eso no se debe prestar atención a todas las palabras,* etc.

Sea como fuere, todas estas son interpretaciones forzadas, de manera que parece necesario admitir que este verso venía en principio después de Ec 7, 22, de manera que ahora se encuentra separado de su lugar original. Pero el sentido del texto puede entenderse partiendo de Ec 7, 20, suponiendo que los dos versos siguientes (Ec 7, 21 y Ec 7, 22) han de entenderse como consecuencia o explicación de Ec 7, 20.

En esa línea, puede ser correcta la interpretación de Hitzig: "Pues bien, dado que todos los hombres, incluso los sabios, pecan, la virtud que les ha abandonado no puede protegerles, mientras que la sabiduría podría haber sido su medio de defensa". Zöckler responde: "Nadie puede escapar de la justicia judicial de Dios, por lo que no podemos apelar ni siquiera a la posesión personal de la justicia".

Sea como fuere, conforme a todo esto, debemos tener en cuenta las dolorosas consecuencias que una mala acción de los hombres puede tener en otros planos morales de su vida, evitando así las peligrosas consecuencias que una mala acción puede tener en la vida de unos hombres y otros. Pues bien, en esas circunstancias, lo único que puede proteger y liberar a los hombres es la sabiduría.

De un modo distinto traduce Tyler que entiende la עז (ayuda o protección que la sabiduría ofrece a los hombres) como un poder más alto que les protege de todos los males que les amenazan, incluso a los sabios. Pero el pecado al que se alude en Ec 7, 20 es un pecado inevitable, de manera que nada puede proteger al hombre frente a ese pecado, ni siquiera la sabiduría.

En ese caso, Kohelet conoce un medio para liberar al hombre del mal que le amenaza. Por eso, en Ec 7, 21 ha introducido la partícula *gam*, en el sentido de tampoco (גַּם לְכָל־ הַדְּבָרִים אֲשֶׁר יְדַבֵּרוּ אַל־ תִּתֵּן לִבֶּךָ): *tampoco tú* ofrezcas en tu corazón (tampoco tú creas ni aceptes) todas las cosas que se digan; lo primero que tienen que hacer los hombres para superar el mal es no escuchar, no acoger en el corazón todas las cosas que hablaren unos en contra de otros.

7, 21-22. *Por eso, no acojas en tu corazón todas las cosas que tu siervo diga en contra de ti… porque tú también conoces en tu corazón que has hablado muchas veces en contra de otros.* Aquí no se habla solo de las posibles habladurías de los siervos en contra de sus amos, sino que se está hablando en general de las habladurías de unos contra otros, de las habladurías y críticas en general.

Un hombre no debe centrar su corazón en esto, no puede aceptar las habladurías (con נתן ...ל, como en Ec 1, 13. 17; Ec 8, 9. 16). Un hombre no debe prestar atención a las críticas de unos contra otros, a fin de que *no tengas que oír que tu siervo te maldice* (ne audias servum tuum tibi maledicere, con לֹא אֲשֶׁר en el sentido de פֶּן, partícula que no aparece en el libro del Kohelet). El que, según este texto, escucha habladurías no escucha las que directamente dicen sus siervos, sino que le han dicho "que sus siervos le maldicen". El texto no dice como en la LXX: … τοῦ δούλου σου καταρωμένου σε (que tu siervo te maldice), sino τὸν δοῦλόν σου καταρᾶσθαι σε (que tu siervo te ha estado maldiciendo).

Aquel que se ocupa de oír lo que otros dicen acaba descubriendo que algunos están hablando mal de él. Uno debería olvidar de raíz esas murmuraciones, no escucharlas nunca y, en caso de haberlas oído, fingir que no lo ha hecho. Tenemos que actuar como si no hubiéramos oído esas murmuraciones, pues nosotros mismos hemos hablado con frecuencia mal sobre otros.

La expresión וגו ידע (también tú eres consciente de…) es parecida a la de פער (1Re 2, 44). La forma de superar este mal es no entrar en discusiones sobre lo que se dice o no se dice. No convertir la vida en una discusión sobre discusiones, no entrar en litigios judiciales para resolver los temas a través de juicios. Es mejor pasar de largo, como si no se hubiera escuchado nada en contra de uno mismo.

7, 23-29. Lo no encontrado y más que se encuentra: una mujer

²³ כָּל־ זֹה נִסִּיתִי בַחָכְמָה אָמַרְתִּי אֶחְכָּמָה וְהִיא רְחוֹקָה מִמֶּנִּי:

²⁴ רָחוֹק מַה־ שֶׁהָיָה וְעָמֹק | עָמֹק מִי יִמְצָאֶנּוּ:

²⁵ סַבּוֹתִי אֲנִי וְלִבִּי לָדַעַת וְלָתוּר וּבַקֵּשׁ חָכְמָה וְחֶשְׁבּוֹן וְלָדַעַת רֶשַׁע כֶּסֶל וְהַסִּכְלוּת הוֹלֵלוֹת:

²⁶ וּמוֹצֶא אֲנִי מַר מִמָּוֶת אֶת־ הָאִשָּׁה אֲשֶׁר־ הִיא מְצוֹדִים וַחֲרָמִים לִבָּהּ אֲסוּרִים יָדֶיהָ טוֹב לִפְנֵי הָאֱלֹהִים יִמָּלֵט מִמֶּנָּה וְחוֹטֵא יִלָּכֶד בָּהּ:

²⁷ רְאֵה זֶה מָצָאתִי אָמְרָה קֹהֶלֶת אַחַת לְאַחַת לִמְצֹא חֶשְׁבּוֹן:

²⁸ אֲשֶׁר עוֹד־ בִּקְשָׁה נַפְשִׁי וְלֹא מָצָאתִי אָדָם אֶחָד מֵאֶלֶף מָצָאתִי וְאִשָּׁה בְכָל־ אֵלֶּה לֹא מָצָאתִי:

²⁹ לְבַד רְאֵה־ זֶה מָצָאתִי אֲשֶׁר עָשָׂה הָאֱלֹהִים אֶת־ הָאָדָם יָשָׁר וְהֵמָּה בִקְשׁוּ חִשְּׁבֹנוֹת רַבִּים:

²³ Todas estas cosas probé con sabiduría, diciendo:
Me haré sabio; pero la sabiduría se alejó de mí.

²⁴ Lejos está lo que ha sido; y lo muy profundo ¿quién lo hallará?

²⁵ Yo he rodeado con mi corazón por saber, y examinar,
e inquirir la sabiduría, y la razón;
y por saber la maldad de la locura, y el desvarío del error;

²⁶ y he hallado más amarga que la muerte [a] la mujer
cuyo corazón es redes y lazos; [y] sus manos ligaduras.
El que agrada a Dios escapará de ella;
mas el pecador quedará preso en ella.

²⁷ He aquí, esto he hallado, dice el Predicador,
[pesando las cosas] una por una para hallar la razón;

²⁸ lo que aún busca mi alma, y no encuentro:
un hombre entre mil he hallado;
mas mujer de todas estas nunca hallé.

²⁹ He aquí, solamente he hallado esto:
que Dios hizo al hombre recto,
mas ellos buscaron muchas perversiones.

7, 23. Todas estas cosas probé con sabiduría. Yo dije "seré sabio". Pero la sabiduría quedó lejos de mí. La ב en בחכמה, como en Ec 1, 13, está designando el medio por el que se alcanza y se define la sabiduría. Eso significa que el Kohelet tuvo sabiduría en cierto grado, la tuvo en parte. Pero su propósito, condensado en una palabra (אחכמה) era poseer sabiduría de forma total y completa.

Su propósito no era solo recoger algunas observaciones y comunicar algunas advertencias a otros, sino ajustar y resolver todas las contradicciones de la vida para exponer los misterios del tiempo y de la eternidad; para resolver de un modo total las cuestiones de más peso e importancia, aquellas que mantienen perplejos a los hombres. Pero esa sabiduría quedó muy lejos de él, a inmensa distancia.

Esta era la sabiduría que había intentado encontrar Job (cf. Job 28), investigando en todas las regiones del mundo, entre todas las creaturas, para descubrir al fin que Dios solo ha concedido a los hombres un conocimiento limitado de la sabiduría. En esa línea, Kohelet condensa brevemente las enseñanzas de Job 28, 12-22 en las palabras que siguen.

7, 24. ¿Quién hallará lo que está lejos y aquello que es muy profundo?

Knobel, Hitz., Vaihinger y Bullock traducen: aquello que es remoto y profundo ¿quién podrá encontrarlo (investigarlo)? Pero la expresión *mah-shehayah,* מַה־שֶּׁהָיָה *(aquello que es)* parece el comienzo de una idea independiente con el sentido *id quod fuit,* o *id quod exstitit* (aquello que fue o aquello que existió, Ec 1, 9; Ec 3, 15; Ec 6, 10), de manera que la frase, tras la palabra inicial רָחוֹק (lejos), parece estar diciendo que *la esencia de la sabiduría yace muy lejos del conocimiento humano.*

En esa línea, si מה־שהיה es una idea completa en sí misma, resulta evidente que ella (la sabiduría) no es algo del tiempo pasado (así, por ejemplo, Rosenm. *quod ante aderat,* lo que antes existía), porque en ese caso se estaría dando una limitación del pensamiento, cosa que aquí no es apropiada. Según eso, la sabiduría no es algo del pasado, sino algo que ha venido a la existencia y que sigue estando presente, pero que se encuentra muy lejos.

De una forma exacta traduce Hengst., tras la expresión anterior (lejos), afirmando que la sabiduría es conocimiento de aquello que son las cosas, pues ella es τῶν ὄντων γνῶσις ἀψευδής, *conocimiento sin engaño de las cosas,* Sab 7, 17. En esa línea, el mismo Hengst. compara este texto con Jue 3, 11 (la obra que Dios hace) y con Ec 8, 17 (la obra realizada bajo el sol). Según eso, después de afirmar que la sabiduría está lejos, Kohelet añade que ella es el conocimiento de la totalidad de la obra histórica del mundo, es decir, de la totalidad de lo que existe.

Pues bien, esa totalidad (su conocimiento) permanece muy lejos de la mente humana. Ella es, por sí misma y para todas las creaturas, demasiado profunda (así se dice repitiendo la palabra, עמק עמק, pues esta es la forma antigua con que se indicaba el superlativo).

Esta es la pregunta: ¿quién puede alcanzar todo esto (todo lo que existe) de manera comprensible (con ימץ, de מצא, alcanzar de un modo inteligible, como en Ec 3, 11;Ec 8, 17; cf. Job 11, 7)? Kohelet se ha venido mostrando en este libro como un maestro de sabiduría y, sin embargo, confiesa ahora, en este momento (enfáticamente), la limitación de su conocimiento, y esta conciencia de su limitación le sobreviene e inunda en medio de su enseñanza.

7, 25. *Yo apliqué mi corazón para entender...* Reconociendo las limitaciones de su conocimiento, Kohelet ofrece honestamente el testimonio de que ha querido entender el fundamento de las cosas. *Yo me volví, y he querido discernir y explorar buscando sabiduría, y el resultado de mi investigación ha sido que he percibido la maldad como locura, y la locura como insensatez.* Por lo que respecta a *sabbothi* (סַבּוֹתִי), cf. Ec 2, 20, debemos recordar que esa palabra tiene el sentido de rodear, de estudiar un tema con seriedad, alejándose de la superficialidad y de la frivolidad.

La mayor parte de los intérpretes, con la ayuda de los acentos, conectan y traducen las dos palabras (אֲנִי וְלִבִּי) en el sentido de *"yo y mi corazón"*, pero esa traducción no capta el sentido psicológico de la fórmula de la que no hay ningún otro ejemplo en hebreo, de manera que muchos códices (28 de Kennicott y 44 de Rossi) no leen וְלִבִּי (yo y mi corazón), sino בלבי (yo con mi corazón). Pero esa eliminación de la *waw* (como hace, por ejemplo, en Lutero: "yo apliqué mi corazón) exigiría que se cambiara al mismo tiempo la palabra סבותי, poniendo en su lugar הסבות.[7]

Por su parte, *tur* (cf. וְלָתוּר וּבַקֵּשׁ) tiene un sentido intelectual de sentir, sentido, como en Ec 1, 13. La palabra *hĕshbon* (וְחֶשְׁבּוֹן) unida a *hokma* (sabiduría), la hemos traducido como en alemán *rechenschaft, ratio,* dar razón de (resolver algo): adquirir un conocimiento bien fundado y exacto, un conocimiento que puede probarse y razonarse. Se trata, por tanto, de calcular, de tener en cuenta todas las circunstancias relacionadas con el tema, en el sentido de נתן חשבין, como en las formulaciones misnáicas, que pueden compararse con las del N.T. donde se dice λόγον ἀποδιδόναι, dar razón de algo.

Los dos acusativos de Ec 7, 25 que siguen a לדעת (cf. לָדַעַת וּבַקֵּשׁ) se están refiriendo a fundar una conducta que se separa de Dios y de su ley, indicando que esa conducta se está volviendo *kĕsĕl*, locura y necedad (pues, como Sócrates decía,

---

7. Tárgum, Jerónimo y Véneto traducen la palabra en la línea de Lutero, בלבי. Por el contrario, la LXX y el Syr. la traducen de la otra manera (yo y mi corazón, ולבי). Ciertamente, también esta lectura es aceptable si entendemos אני como disyuntivo (yo mismo) y tomamos ולבי de forma consecuente: *yo*, es decir, "mi corazón", en el sentido de *mi afán y mi esfuerzo por discernir* (Aben Ezra, Herzf., Stuart), como cláusula de sustantivo y no como cláusula verbal, como si dijera את־לבי ונתתי, Ec 1, 13, Ec 1, 17.

todos los pecados se fundan sobre un falso conocimiento, es decir, sobre un tipo de ignorancia, de tal forma que el hombre, volviéndose ignorante, se vuelve pecador).

De esa manera, la palabra *hassichluth* (וְהַסִּכְלוּת הוֹלֵלוֹת), locura, desvarío, *stultitia* (véase *sachal*, cf. Ec 1, 17), ha de traducirse (en oposición a כֶּסֶל) como una especie de torpeza o ceguera moral que nos lleva a vivir solo para lo inmediato, haciéndonos caer en un tipo de demencia, en la línea del hebreo *holeloth*, un tipo de furia, de enajenación, por la que los hombres quedan fuera de sí mismos, dominados por una forma de rabia, entendida como enfermedad física y mental.

En esa línea, esforzándose por alcanzar sabiduría, Kohelet vino a desembocar al final de su investigación en una renuncia a toda verdad transcendental, terminando en manos de un error, de una enfermedad práctica, vinculada con el engaño y la falta de conocimiento. Pues bien, ahora, culminando ese camino, en este momento decisivo, él expresa con la palabra clave ומוצא (וּמוֹצֶא, he encontrado) el resultado de su investigación y de su sabiduría, ha venido a encontrar algo que es más amargo que la muerte (Ec 7, 26).

Este es el resultado de su investigación, de aquello que es (que tiene que ser) muy importante (¡más importante que la muerte!), respondiendo al valor que se le ha dado en todo este verso (Ec 7, 25) al camino o proceso de búsqueda: lo más importante (y peligroso, más amargo que la misma muerte) es la "mujer". Más desabrido, más peligroso que la muerte, el final donde termina toda búsqueda de sabiduría es la mujer (מַר מִמָּוֶת אֶת־הָאִשָּׁה); la primera amargura del hombre es la muerte; pues bien, más amarga que ella es la mujer.

Según eso, lo más peligroso para el ser humano no es la muerte, sino la mujer, en forma absoluta (אֶת־הָאִשָּׁה). Aquí la encontramos, aquí emerge ella, al final del camino que debía desembocar en la sabiduría más alta, es decir, en la sabiduría *metafísica* (en alemán: *metaphysische*). Ella, la mujer, es el peligro supremo para el hombre, la amargura metafísica por excelencia. El Kohelet descubre así que cuanto más cerca parece haber estado de la sabiduría más lejos de ella se encuentra. Se ha esforzado por encontrar la diferencia entre el bien y el mal, y lo que ha encontrado, lo más amargo de todo (lo desabrido por excelencia) es *das weib*, אֶת־הָאִשָּׁה, la mujer.

7, 26a. De esa manera, como א וש en Ec 4, 2, también aquí, וּמוֹצֵא אֲנִי (y encontré yo) tiene un sentido pasado.[8] En un caso como este, la cláusula de participio no tiene ya un sentido subordinado o circunstancial (cf. Gn 14, 12), sino que es la principal (Gn 2, 10), dentro de un contexto histórico. El predicado anterior, מר, aparece así en su forma básica masculina, siguiendo la norma, cf. Gesenius, 147; מַר

8. Con referencia a este pasaje, tanto aquí como en Pr 18, 22, cuando un hombre se casaba, en Palestina, era normal preguntar al hombre מצא או מוחא, es decir: ¿feliz o infeliz? *Jebamoth* 63b.

מְמָּוֶת אֶת־ הָאִשָּׁה, más amarga que la muerte es la mujer, ella es la amargura suprema para el ser humano, entendido en su forma central como varón.

Sobre la construcción de esta cláusula de relativo, Hitzig opina correctamente que הִיא es la cópula entre el sujeto y el predicado para indicar su contraste, dando énfasis a la afirmación anterior (אֲשֶׁר־ הִיא מְצוֹדִים). Este הִיא no puede ser un nominativo que debía estar suprimido por el sufijo posterior de "su corazón" לִבָּה, pues siendo לִבָּה el sujeto, הִיא no debería aparecer. Según eso, asher no es aquí una conjunción. Por eso, la partícula הוּא הִיא, que en la mayor parte de las cláusulas sustantivas de relativo representa la cópula, suele ir separada de asher, como en Gn 7, 2; Gn 17, 12; Nm 17, 5; Dt 17, 15. Sea como fuere, asher hu (hi) no es nunca sujeto, tal como lo exige la construcción de conjunto y los acentos, מְצוֹדִים וַחֲרָמִים לִבָּה: quae quidem retia et laquei cor ejus (cuyo corazón son redes y lazos), con el sentido cujus quidem cor sunt retia et laquei (cuyo corazón son ciertamente redes y lazos, Heiligst.), y cuyas manos son ligadura (אֲסוּרִים יָדֶיהָ).

La palabra מצוֹד es un instrumento, utensilio para descubrir o cazar, y tiene aquí el sentido de red del cazador: מְצוֹדִים (red de cazar, mitsodah, Ec 9, 12). También puede significar bloqueo, máquina de asedio, baluarte (Ec 9, 14). En nuestro caso, esa palabra aparece en plural (הִיא מְצוֹדִים), en su sentido primitivo de instrumento de caza. La mujer aparece así, como "cazadora", principio de amargura para los hombres/varones, más perniciosa que la muerte.

Por su parte, חרם, palabra empleada en Hab 1, 14; Ez 26, 5, etc. (en el sentido de perforar), es uno de los muchos sinónimos empleados para indicar la red de pesca. Por su parte, אסוּרים son los grilletes, las manos (brazos que voluptuosamente abrazan). Su forma primera, según Jer 37, 15, es אסוּר, cf. אב, אבוס, Job 39, 9. De las tres cláusulas que vienen después de asher (מְצוֹדִים וַחֲרָמִים לִבָּה אֲסוּרִים) la waw aparece en la segunda y falta en la tercera, como en Dt 29, 22; Job 42, 9; Sal 45, 9; Is 1, 13; cf. Is 33, 6. Tienen un sentido semejante estos versos latinos, de estilo leonino, rotundos, contundentes: femina praeclara facie quasi pestis amara, et quasi fermentum corrumpit cor sapientum.[9]

7, 26b. Muestra que el autor está hablando en serio al proclamar este duro juicio en contra de la mujer. Solo aquel que es bueno ante Dios escapa de este mal fermento de la mujer (así lo muestra el futuro de consecuencia, יִמָּלֵט מִמֶּנָּה), pero el pecador (חוֹטֵא) será cazado por ella o, mejor dicho, en ella, מִמֶּנָּה, es decir, en la mujer, a quien aquí se compara con una red para pescar (cf. Sal 8, 16; Is 24, 18). De todas formas, este duro juicio no se puede aplicar a la mujer como tal

9. La mujer, de rostro preclaro, como peste amarga / como mal fermento, corrompe el corazón de los sabios (significativamente, la parábola de la mujer que fermenta la masa de pan va en contra de esta visión de la mujer del Kohelet en Mt 13, 33).

(en sentido plenamente metafísico), sino a la mujer tal como ella existe de hecho, históricamente, con pocas excepciones. Entre mil mujeres, el Kohelet no ha encontrado ninguna que responda a su ideal de mujer.

7, 27-28. *Esto es lo que he encontrado*, dice el Predicador, contando una por una a las mujeres para presentar el resultado: *un hombre* (אָדָם אֶחָד) *entre esos mil, ninguna mujer entre ellos* (וְאִשָּׁה בְכָל־אֵלֶּה לֹא מָצָאתִי). Este es un resultado averiguado, asegurado, introducido por las palabras más solemnes de este verso. Los traductores han querido descubrir la construcción femenina que estaría al fondo de este pasaje, en este contexto, pues el texto actual dice: אָמְרָה קֹהֶלֶת (con el verbo en femenino, como si Kohelet fuera sujeto femenino). Otros cambian la palabra אָמְרָה y la ponen en masculino, entre ellos Ginsburg. Otros afirman en fin que, siendo denominación personificada de la sabiduría, el autor está suponiendo que Kohelet tiene un sentido femenino.

Todas esas y otras soluciones pueden discutirse, pero es preferible pensar que esa forma femenina es un simple error de transcripción, como hoy se dice en general, de manera que en la línea de Ec 12, 8 (en vez de אָמְרָה קֹהֶלֶת, hay que leer: אָמַר הַקּוֹהֶלֶת). Errores de transcripción semejantes se encuentran en 2Sa 5, 2; Job 38, 12. El femenino de este pasaje tiene que tratarse de un error, en un texto tan antifemenino como es este.

En contra de eso, Hengst. supone que Kohelet se presenta aquí expresamente en femenino, porque la verdadera Sabiduría, representada por Salomón aparece en forma filosófica como femenina. Pero esta opinión se apoya en el falso fundamento según el cual la mujer aparece aquí como herejía personificada. En este caso no es pertinente la observación que sigue, según la cual "no hay en el canon del A.T. ni en el del N.T. ningún escrito que se encuentre avalado por una autoridad femenina".

Pero eso no es cierto, y para demostrarlo basta con recordar el canto triunfante de Débora, el canto de Ana y el *Magnificat* de María. La absurdidad de la condena a la mujer aparece fuera de la Biblia en las Pseudoclementinas, donde la mujer viene a presentarse como carne y sangre: *pulchra quamvis pellis est mens tamen plena procellis* (aunque su/la piel sea hermosa, su mente está llena de tormentas). Por otra parte, el Kohelet no es la Sabiduría encarnada, sino el nombre oficial de un Predicador, como en idioma asirio, donde los חזנרם o *hazanâti* son los procuradores, los supervisores (cf. Fried. Delitzsch, *Assyr. Stud.* 1874, p. 132).

La partícula זה, del principio de Ec 7, 27 (רְאֵה זֶה) se vocaliza como en Ec 1, 10, introduciendo lo que sigue. El Kohelet ha buscado, ha investigado, sobre todos los seres humanos, uno tras otro (אַחַת לְאַחַת, cf. Is 27, 12), de manera que su conclusión es una *summa summarum*, como si fuera una fórmula completa de tipo aritmético y dialéctico, que aquí se subordina al verbo מצא, buscar, contar, en un contexto en el que debe suplirse una palabra como לקוח (buscando y anotando todas las cosas/personas), sumándolas todas para חשבון, es decir, *para hallar la razón*, la conclusión —el balance final, la suma de todo— y poderlo así presentar como resultado del largo trabajo anterior. En esa línea, Kohelet aparece así, como investigador del conjunto de los seres humanos para alcanzar un *facit*, un resultado (cf. *Aboth* iv. 29, וגו ליתן, "para dar cuenta de" (וגו הכל), para exponerlo todo según los resultados).

A partir de aquí sigue aquello que el Kohelet descubre y presenta a modo de resultado de todo su estudio, llegando, en lo referente a la mujer, a una experiencia totalmente negativa: lo que mi alma buscó una y otra vez no lo encontré; lo que encontré fue precisamente esto: que no hay ni una mujer entre mil seres humanos entre los que estuve buscando (וְאִשָּׁה בְכָל־ אֵלֶּה לֹא מָצָאתִי:).

Esas palabras son como una *superinscriptio* (un título final con el resultado de la búsqueda del Kohelet). Esta es la razón última, el resultado de toda su búsqueda (לִמְצֹא חֶשְׁבּוֹן). Ginsburg piensa que el Kohelet sigue buscando, pero su conclusión es incorrecta: "Eso es lo que mi alma sigue aún buscando...". Esa traducción exigiría que el texto hubiera sido מבקשת, en forma de pretérito de בקשה (con ק y sin *dagesh*, como en Ec 7, 29), con un texto de sentido retrospectivo, abierto hacia el futuro, con עוד, de עוד, que significa *redire*, ir nuevamente, una y otra vez, como en Gn 46, 29. El texto de hecho dice que el Kohelet buscó y que no encontró, de forma que no puede ya seguir buscando, pues su búsqueda ha terminado en el fracaso.

Lo que el texto actual dice, en Ec 7, 28 es que Kohelet, después de haber buscado, con deseo urgente y apasionado (אֲשֶׁר עוֹד־ בִּקְשָׁה נַפְשִׁי), una mujer, tal como debería ser, no ha encontrado ninguna. Uno de mil he encontrado, una de mil no he encontrado. Con razón el texto pone un acento *garshayim* para *adam* (אָדָם אֶחָד). Ese acento se encuentra, lo mismo que en Ec 7, 20 indicando que esa expresión (Adam Uno, un Adam) es un denominador común, un indicador de todos los seres humanos. Así tenemos la secuencia de acentos (*geresh, pashta, zakef*), como en Gn 19.

Esa expresión (uno entre mil) nos recuerda la de Job 33, 23, cf. Ec 9, 3. Los intérpretes antiguos (cf. Dachselt, *Bibl. Accentuata*), refiriéndose a esos textos paralelos, vinculan a este "hombre entre mil" con Jesucristo, utilizando una serie de argumentos que no son probativos. En este caso, *Adam,* lo mismo que *hombre*, en las lenguas latinas, significa solo el ser humano *varón,* en contraste con *mujer* (que es el ser humano femenino). Según eso, Adam es, según eso, el ser humano varón —en sentido general— ideal, como *ish*, hombre-varón, en 1Sa 4, 9, en oposición a אשה, la mujer.

Esto no significa que el autor niegue a la mujer la perfección de la naturaleza humana. Por eso, incluso la explicación de Burger (un ser humano, sea varón o mujer) resulta innecesaria. El hombre se llama aquí Adam, κατ᾽ ἐξ (es decir, por excelencia), conforme a su primitivo "derecho histórico", "porque el hombre no proviene de la mujer, sino la mujer del hombre" (1Co 11, 8). Según eso, el sentido de la frase no es que entre mil seres humanos solo encontró un varón verdadero, pero ninguna mujer (Hitz.), porque en ese caso los mil tenían que estar incluidos bajo un denominador común, como בני אדם, varones o mujeres. Lo que el texto dice es que entre mil personas de sexo masculino el Kohelet solo encontró un hombre como ha de ser; por el contrario, entre mil personas de sexo femenino no encontró a ninguna. Eso significa que entre los varones es muy difícil encontrar un varón ideal; entre las mujeres eso es mucho más difícil, prácticamente imposible.

7, 29. *Dios hizo al hombre recto, mas ellos buscaron muchas perversiones.* También aquí se invierte el orden de la palabra זה, que pertenece como objeto a מצ (he encontrado), y cuyo sentido, restringida por לבד, se ha unido con ראה (זֶה רְאֵה־לְבַד: mira, solo esto…). Lo que el autor quiere decir es: solo esto (*solummodo hocce*) es lo que yo he encontrado. La partícula verbal ראה es una interjección: *mira bien, anota.*

La expresión "Dios ha hecho al hombre יָשָׁר" (recto) es dogmáticamente significativa. El hombre, tal como vino de la mano del Creador, no fue colocado en un estado de decisión moral (para tener que decidirse), ni siquiera en un estado de absoluta indiferencia entre el bien y el mal; no era ni bueno ni malo, sino que era טוב o, lo que es lo mismo, era normal, en todos los planos, de manera que podía desarrollarse normalmente, partiendo de su fundamento positivamente bueno.

Pero, al decir que era יָשָׁר (עָשָׂה הָאֱלֹהִים אֶת־הָאָדָם יָשָׁר), el Kohelet no estaba pensando exclusivamente en su origen sino, al mismo tiempo, en su continuidad posterior, en la propagación de sí mismo, no sin el concurso de su creador. De esa forma, incluso después de la caída, se puede afirmar que estas palabras eran verdaderas: Dios hizo al hombre recto (יָשָׁר עָשָׂה), de manera que el hombre posee todavía la capacidad moral de no dejarse arrastrar por los afectos pecadores que lleva dentro, ni de dejar que esos afectos puedan convertirse en acciones pecadoras.

Pero las afecciones pecadoras propias de la naturaleza innata del hombre débil se han convertido en un fuerte elemento de su libertad, de forma que el poder de su voluntad ha venido a ser muy débil frente al poder de su naturaleza, de manera que el dominio del pecado, a no ser que haya sido combatido por la gracia de Dios, ha terminado siendo tan poderoso que el Kohelet no ha tenido más remedio ni más salida que lamentarse porque los hombres de todos los tiempos y de todos los círculos del mundo (como Lutero ha visto bien) han caído en manos del mal: han buscado muchas artes (formas) de mal, cálculos, invenciones, engaños (*hhishshevonoth,* חִשְּׁבֹנוֹת) como se dice también en 2Cr 26, 15. De esa manera, en vez de seguir el camino del bien, los hombres se han desviado cayendo en manos de abominaciones diversas.

En otras palabras: en vez de avanzar por una vía de simplicidad moral o ἁπλότης (2Cr 11, 3), de hecho, los hombres han caído en manos de un tipo de perversidad moral. Algunos piensan que el Kohelet ofrece solo una caricatura de la perversión humana, sobre todo cuando habla de las mujeres. Pero podemos responder que la perversión humana aparece atestiguada en todas las naciones. Esto viene confirmado por la misma historia primitiva en la que la mujer aparece como la primera que ha sido seducida y que se ha convertido en seductora (cf. *Psychol.* pp. 103-106).

Un antiguo proverbio judío dice: "Las mujeres llevan en sí mismas una mente frívola", *Kiddushin* 80b (cf. Tendlau, *Sprichw.* 1860, No. 733). Se puede añadir que, cuando una mujer ha caído en el mal, supera al hombre en un plano de maldad diabólica. Teniendo en cuenta este pasaje, el Midrash afirma que hay quince tipos de cosas, cada una peor que la otra: la maldad número 13 es la muerte; la maldad número 14 es una mala mujer (cf. Duke, *Rabb. Blumenl.*, 1844, No. 32).

Hitzig supone que, al presentar así la maldad de la mujer, el Kohelet tiene ante sí como modelo a Agatocrea, que era ministro del Ptolomeo Filopator IV. Pero la historia de la corte persa ofrece también terribles ejemplos de la verdad de este proverbio: *ay de aquella edad que está gobernada por una mujer* (ibíd. 118). Generalmente, el harén suele ser una cueva o caverna de maldad femenina.

Eclesiastés 8

La primera sentencia que sigue canta la alabanza de la sabiduría y, de esa forma, retoma la temática de los versos anteriores en los que el autor, desde Ec 7, 23, ha intentado presentar el sentido y alcance de la búsqueda de sabiduría en la medida en que puede ser alcanzada por el hombre. A partir de aquí, en los versos que siguen, el autor quiere poner de relieve la incomparable superioridad del sabio.

מִי כְּהֶחָכָם וּמִי יוֹדֵעַ פֵּשֶׁר דָּבָר חָכְמַת אָדָם תָּאִיר פָּנָיו וְעֹז פָּנָיו יְשֻׁנֶּא: [1]

[1] ¿Quién como el sabio?
¿Y quién [como] el que sabe la interpretación de las cosas?
La sabiduría de [este] hombre hará relucir su rostro,
y la tosquedad de su semblante se mudará.

8, 1. Esta sentencia se distingue de Ec 24, 3, de las de Jer 11, 11 y Sal 107, 43 con las que ha sido comparada por Hitzig y otros. Esta expresión "quién como el sabio" significa ¿quién es igual a él? Esta pregunta, siguiendo el esquema de מִי־כָמֹכָה, Ex 15, 11, presenta al sabio como alguien que no tiene igual entre los hombres.

En vez de la partícula כה se podría haber utilizado la expresión כחכם después de לחכם (Ec 2, 16, etc). Aquí se omite la síncope, lo mismo que en Ez 40, 25, lo que sucede con frecuencia, particularmente en los libros más recientes del A.T.: Ez 47, 22; 2Cr 10, 7; 2Cr 25, 10; 2Cr 29, 27; Neh 9, 19; Neh 12, 38. El hecho de que se ponga un *dagesh* a כ después de מי, con *jethib* y no con *mahpach*, aparece también en Ec 8, 7. Aquí se trata de un *jethib* disyuntivo.

La segunda pregunta no es כיודע, sino יודע ומי, que no significa "quién es como el hombre de entendimiento", sino "quién entiende como hace el sabio". De esta manera, se pone de relieve la excelencia incomparable del sabio. Muchos intérpretes (Oetinger, Ewald, Hitz., Heiligst., Burg., Elst., Zckl.) piensan que דבר פשר está refiriéndose al entendimiento del que se habla en Ec 8, 1b. En esa línea, dice Hitzig que la ausencia de artículo no puede llevarnos a confundir un proverbio con el siguiente. De un modo más exacto, Gesenius afirma que este pasaje ofrece una explicación del tema de fondo (*explicationem ullius rei*) mejor que el de Ec 7, 8: *cujusvis rei*.

Ginsburg compara נבון דבר, con 1Sa 16, 18 donde, sin embargo, no se está aludiendo a aquel que tiene conocimiento de las cosas, sino a un hombre que sabe utilizar bien las palabras. De todas formas, también aquí, la idea principal de פשר nos lleva ante todo al significado de *verbum*, es decir, de palabra, conforme a lo cual la LXX, Jer., Tárg. y Syr. traducen lo mismo que el Véneto, ἑρμηνείαν λόγου. Pero, dado que el desarrollo de la explicación (*pēshěr*) se refiere al contenido de la cosa a la que se está hablando, la palabra empleada y la cosa aludida se identifican. El hombre sabio es aquel que conoce cómo se explican las cosas difíciles, cómo se desentrañan temas misteriosos.

En resumen: sabio es aquel que conoce la manera en que puede llegarse a los fundamentos de las cosas (y en esa línea, este tipo de investigación, en forma de פשר ha venido a convertirse más tarde en la literatura judía posterior, en un tipo de interpretación específica y de conocimiento detallado de los textos bíblicos).

Lo que se dice en Ec 8, 1b (חָכְמַת אָדָם תָּאִיר פָּנָיו, la sabiduría de este hombre hará brillar su rostro) es un tema que debería estar introducido por la partícula כי con carácter de confirmación, pero aquí se expresa en forma de paralelismo sinonímico (viene a presentarse en paralelo con la frase anterior de Ec 8, 1a, en un mismo plano, con un mismo mensaje).

Según eso, Ec 8, 1 presenta al sabio como un hombre elevado y de gran importancia, de forma que ninguno es capaz de asemejarse a él, contemplando y descubriendo el sentido interior de las cosas. Este es el pensamiento básico, el poder que tiene el hombre sabio de penetrar en la realidad más profunda de las cosas.

Profundizando en esa línea, la segunda mitad del verso, Ec 8, 1b, afirma que el sabio tiene un rostro que brilla, de manera que la primera manifestación de su sabiduría se expresa y refleja en su mismo rostro antes que en su palabra.

Este pasaje nos sitúa ante una reflexión profunda sobre la fisiognómica, es decir, sobre el estudio y manifestación del carácter de una persona a través de sus rasgos fisionómicos, especialmente de su rostro, sin necesidad de adornos o embellecimientos exteriores.

El rostro es, según eso, la expresión del alma, es decir, de la intimidad de una persona. Este es un tema que ha de entenderse en paralelo con Sal 119, desde la perspectiva del rostro de Moisés en el que venía a manifestarse el brillo de la gloria de Dios —tema que Pablo ha desarrollado en 2Co 3 desde una perspectiva cristiana—. La sabiduría arranca el velo que tapa el rostro de los hombres, de manera que ese rostro queda luminoso, resplandeciente. Eso significa que ella se opone a la locura, lo mismo que la luz se opone a la oscuridad (según Ec 2, 13).

El contraste entre עזו... יֹשׁ (y la rudeza de su rostro queda transformada), indica que aquí no se trata simplemente de una iluminación exterior, sino de una transfiguración total de la persona en un plano intelectual y ético al mismo tiempo. Eso significa que el hombre sabio, aunque no está dotado externamente de hermosura física como hombre educado, lleno de entendimiento, se eleva sobre el plano normal de los restantes hombres ordinarios.

Así podemos traducir con Ewald el texto central: תָּאִיר פָּנָיו וְעֹז פָּנָיו יְשֻׁנֶּא, *aumenta y se dobla el brillo de su rostro*. Ciertamente, la palabra יְשֻׁנֶּא (וְעֹז פָּנָיו) puede significar como el árabe *yuthattay, duplicatur* (se doblará); sin embargo, la palabra עֹז no puede tener aquí el sentido de brillo (brillo doble), ni por sí misma ni en relación con פָּניו. Según eso, la expresión וְעֹז פָּנָיו ha de entenderse en el sentido de *az panim* (Dt 28, 50; Da 8, 23) y de *hĕ'ēz panim* (Pr 7, 13), o *bephanim* (Pr 21, 29). En esa línea, עֹז פנים tiene el mismo sentido que el postbíblico פנים עזּות, rudeza, dureza, falta de expresión y de transparencia en el rostro, carencia de humanidad y comunicación en la mirada como se dice, por ejemplo, en Shabbath 30b, donde encontramos una oración con estas palabras: "Guárdame este día de la פנים עזי (de la rudeza del rostro) y de עזות פ (y de un rostro duro e inexpresivo); que yo no pueda caer en una de esas cosas o en la otra".

Por su parte, el Talmud, *Taanith* 7b, explicando este mismo tema, dice: "A todo hombre que tiene rudeza de rostro (que es de rostro inexpresivo) se le puede odiar, pues así lo dice la Escritura יְשֻׁנֶּא...וְעֹז" (Ec 8, 1b, que estamos estudiando). En esa misma línea, la LXX traduce μισητηήσεται (un hombre así debe ser odiado, y lo mismo hace el texto sirio). Eso significa que ambos, la LXX y el Tárgum sirio han leído el mismo texto de fondo que el Talmud (no un rostro de brillo expresivo, sino un rosto endurecido, que en sí mismo es expresión de brutalidad, pero que queda transformado, iluminado por la sabiduría interior).

Por eso no es necesario hacer lo que hacen Hitzig y Zirkel, que leen la palabra como *yshane'*, traduciendo: *pero la rudeza desfigura el rostro*. Ciertamente, si aquí solo tuviéramos la partícula עֹז, con el sentido de rudeza, sería posible esa traducción pero es innecesaria, pues la expresión del verbo en pasivo permite que tengamos una interpretación perfecta del tema: *la rudeza de fondo del hombre cambia el sentido de la mirada; por el contrario, la mirada del sabio está llena de inteligencia, de comprensión, de humanidad,* como han traducido con matices algo distintos Böttch., Ginsburg y Zckl. Por tanto, el verbo שנא, שנה (Lm 4, 1), significa lo mismo que en Mal 3, 6: "cambiar, volverse diferente".

El *piel* שנה (Jer 52, 33; שנא 2Re 25, 29) está indicando en este contexto un cambio *in melius*, esto es, una mejora, lo mismo que el proverbio del texto griego de Sir 13, 24: Καρδία ἀνθρώπου ἀλλοιοῖ τὸ πρόσωπον αὐτοῦ ἐάν τε εἰς ἀγαθὰ ἐάν τε εἰς κακά (el corazón del hombre hace que cambie su rostro, tanto para bien como para mal). Ese mismo es el sentido del texto original hebreo que aquí encontramos: el corazón modela y cambia el rostro del hombre, para bien y para mal.

De esa manera, el corazón del hombre sabio se muestra y revela en la bondad de su rostro. Esta experiencia ha sido expresada incluso por Ovidio cuando dice: *emollit mores nec sinit esse feros* (la sabiduría suaviza las costumbres e impide que los hombres sean feroces). La sabiduría interior dignifica el rostro de los hombres, los cambia, los convierte en distintos, וְעֹז פָּנָיו יְשֻׁנֶּא. Una noble expresión es signo de hombre sabio.

La sabiduría da brillo a los ojos del hombre y hace que tenga un rostro gentil. Una expresión digna afina y dignifica la apariencia externa y el comportamiento del hombre sabio. A través de la sabiduría, los hombres que antes eran rudos, de fiera mirada y conducta arisca, vienen a transformarse, se mudan y se vuelven distintos de lo que eran. La verdad del hombre se expresa en su mirada.[10]

2 אֲנִי פִּי־ מֶלֶךְ שְׁמֹור וְעַל דִּבְרַת שְׁבוּעַת אֱלֹהִים:

2 Yo [te aviso] que guardes el mandamiento del rey
y la palabra del pacto [que hiciste] con Dios.

8, 2. Kohelet declara aquí que la fidelidad de los súbditos constituye un deber religioso. Por eso pide a los hombres que cumplan el mandamiento del rey a causa

---

10. Ec 8, 1b (todo Ec 8, 1) no ha de tomarse como un proverbio independiente, sino como prólogo de todo lo que sigue. Lutero y otros interpretaron Ec 8, 1 como epílogo y conclusión de los versos anteriores, y textos paralelos como el de Os 14, 9 hacen que eso pueda ser probable. Pero esa visión no es del todo adecuada, porque las palabras que dan sentido y todo a este verso son מִי כְּהֶחָכָם וּמִי. Nadie puede compararse con el sabio, un hombre que expresa su sabiduría y su carácter por la misma mirada. En esa línea, el mayor tesoro del hombre es la mirada. Desde este principio, se entienden los versos que siguen. Ellos muestran la forma en que la sabiduría viene a expresarse como liberación respecto de un tipo de fiera rudeza, pues el hombre sabio se vuelve inteligente, acomodándose de un modo claro al tiempo y circunstancia en la que vive.

del juramento de Dios (וְעַל דִּבְרַת שְׁבוּעַת אֱלֹהִים). Pasamos de esa forma del tema del rostro del sabio al tema de su comportamiento social en relación con el rey.

Este es un verso difícil de traducir y da la impresión de que el autor no puede haberlo escrito tal como aparece aquí, con אני como sobrevolando, apareciendo de repente, sin sujeto previo. Hitzig entiende este pasaje como Jerónimo, y piensa que aquí en todo lo que sigue, en Ec 8, 2-4, el verbo שָׁמוֹר (guarda, cumple, obedece) es la expresión de una persona servil (sometida, rastrera) que se vela y esconde a sí misma bajo un manto de religión, sometiéndose sin más al mandamiento externo del rey.

Ciertamente, puede dar la impresión de que tanto aquí como en lo que sigue, en Ec 8, 5-8, el Kohelet nos invita a mantener una forma de vida y conducta corrupta ante el mandamiento del rey, obedeciéndole en todo. Pero, como vengo poniendo de relieve, Ec 8, 2 ha de entenderse en la línea de Ro 13, 5, de manera que no puede tomarse en modo alguno como expresión de una visión esclavizadora del poder y del sometimiento de los súbditos, sino como aceptación recta y responsable de la autoridad.

En esa línea, Lutero traduce: "Yo guardo la palabra del rey", y según eso introduce la palabra אֲשֶׁר; lo mismo hace *Jer. Sanhedrin* 21b y *Kohelet rabba*, cuando se ocupan de este pasaje: *yo observo el mandamiento del rey*. Sea como fuere, ese pasaje no se refiere directamente a Dios, pues las palabras que siguen (y esto a causa del juramento de Dios) lo vuelven imposible como ha puesto de relieve Hengst., aunque apelando a razones que a nuestro juicio no son pertinentes:

(a) En contra del uso bíblico, Hengst. piensa que el *juramento de Dios* es un juramento que se proclama ante la presencia de Dios en el templo.
(b) A su juicio, el A.T. no dice nunca que la obediencia a los gobernantes sea un deber religioso en sí mismo. Pero, en contra de eso, debemos afirmar que los profetas condenaron y castigaron sin vacilación rupturas de fidelidad que los israelitas cometían en contra de los opresores asirios o caldeos (cf. Is 28, 15; Is 30, 1; Ez 17, 15; Jer 27, 12).

Kohelet recuerda esta exigencia de fidelidad al rey de la tierra, y de ella deduce advertencias y admoniciones para los hombres; pero en ningún momento interpreta la fidelidad al rey como si fuera por sí misma un ejemplo de virtud religiosa. En esa línea, debemos entender el imperativo parenético שָׁמוֹר (guarda, cumple el mandato del rey), con el principio del versículo, אֲנִי פִּי־מֶלֶךְ: la primera palabra es *ani*, pronunciada de un modo elíptico, como equivalente enfático de "yo digo lo que sigue".

Este es un *aní*, yo, que puede compararse con la expresión que aparece durante el éxodo פרעה אני (con un yo enfático del faraón). También en este caso

(Ec 8, 2), nos hallamos ante unas palabras del sabio que se presenta a sí mismo como "yo con autoridad", diciendo a sus discípulos que escuchen y cumplan la palabra del rey.

De esa manera, el mismo Kohelet, tomándose a sí mismo como rey (en nombre de Salomón) y además como sabio, haciendo uso de su autoridad más alta como persona, ofrece una norma de conducta propia de hombres sabios. Según eso, la ו explicativa que viene después en וְעַ֣ל דִּבְרַ֖ת שְׁבוּעַ֥ת אֱלֹהִֽים (véase Ewald, 340b), no es meramente un apéndice, sino la razón y principio de la admonición que sigue. Kohelet manda que se escuche y cumpla la palabra "a causa del juramento hecho ante Dios".

El Kohelet no es un cortesano judío, servil, del tiempo de los ptolomeos de Alejandría, alguien de carácter sumiso y miedoso ante la autoridad del rey, sino un hombre libre que acepta la autoridad del rey en virtud de una palabra (וְעַ֣ל דִּבְרַ֖ת) de juramento que ha hecho ante Dios, aceptando la legitimidad del juicio del rey (como Pablo en Ro 13). Los israelitas han jurado ante Dios que serán fieles al rey que les acepta como tales, como israelitas, y lo han hecho no solo ante el soberano persa, sino ante sus sucesores, los reyes helenistas. Tanto aquí como en Sal 45, 5; Sal 79, 9, etc., עַל־דִּבַר significa "a causa de", por razón de, en el sentido de *propter rationem, naturam*, שׁב אל (es decir, por el juramento de Dios, אֱלֹהִים שְׁבוּעַת).

Ciertamente, aquí (para los israelitas) Dios es Yahvé, de forma que en el fondo del texto podríamos poner שׁב יה, como en Ex 22, 10. Pero ante los gentiles, el Dios Yahvé se identifica con *Elohim*. Esta expresión se refiere, por tanto, a un juramento de obediencia, un juramento entre el Rey y los súbditos de su reino, tomados como totalidad y como individuos. Aquí no se precisa si el rey es israelita o extranjero, pues lo que se dice en este pasaje vale lo mismo tanto en un caso como en el otro. Tanto Daniel como Nehemías y Mardoqueo, en el libro de Ester, actuaron de acuerdo con las palabras de Kohelet, de forma que los juramentos de vasallaje que los reyes de Israel y de Judá hicieron a los reyes de Asiria y de Babilonia se tomaron como juramentos que vinculan en sentido religioso. En esa línea, se mantienen las palabras de Pablo en Ro 13.

³ אַל־תִּבָּהֵ֤ל מִפָּנָיו֙ תֵּלֵ֔ךְ אַֽל־תַּעֲמֹ֖ד בְּדָבָ֣ר רָ֑ע כִּ֛י כָּל־אֲשֶׁ֥ר יַחְפֹּ֖ץ יַעֲשֶֽׂה׃

³ No seas ligero a rebelarte contra él,
ni en cosa mala persistas,
porque hará lo que quisiere.

8, 3. La advertencia o mandato anterior de Ec 8, 2 se expande en las exhortaciones que ahora siguen. El israelita no puede pasar por alto el deber de servicio y homenaje que debe al rey: *no te apresures en apartarte de él* (en no cumplir sus mandamientos, no persistas en obrar el mal, porque él ejecuta todo aquello que desea). Sobre la conexión de los dos verbos con una misma idea, tal como aparece en אל־...תלך, cf. por ejemplo: Zac 8, 15; Os 1, 6 (véase Gesen. 142. 3b). En lugar de esta sentencia, podríamos utilizar otra semejante como אל־תבהל ללכת מפניו, cf. *Aboth* v. 8: "Un sabio no interrumpe a otro, ni se apresura a contestar, ni responde de inmediato". La expresión מפניו הלך significa *apartarse de él,* tal como se expresa en Ec 10, 4, abandonar el puesto que uno ocupa, negar el servicio que uno debe al rey (cf. Os 11, 2): "Los israelitas fueron llamados por los profetas, pero se separaron de ellos".

Es posible que en la elección de esta frase (תִּבָּהֵל מִפָּנָיו, נבהל מפני), que en el fondo implica una rebelión contra el rey, haya podido influir la expresión de Job 23, 15. Por otra parte, la expresión indefinida o genérica de בְּדָבָר רָע, *por un tema de mal,* por un asunto malo (cf. Dt 17, 1; Dt 2, 10; 13, 12; 19, 20; 2Re 4, 41, etc.), puede referirse —como dicen Rosenm., Knobel, Bullock y otros— a situaciones en las que los súbditos se resisten a cumplir la voluntad del rey, situaciones que pueden culminar en una conspiración en contra del trono y de la misma vida del rey (Pr 24, 21).

La expresión ב אל־תעמד puede significar "no persistir en ello". Pero esa advertencia no supone que la rebelión contra el rey haya comenzado ya, sino que es una advertencia para un momento en el que pudiera surgir una situación de rebelión o guerra abierta contra el rey, como en el caso de las guerras antioqueñas. Es evidente que, conforme a esta palabra, el Kohelet no aceptaría en principio la solución militar propuesta por los rebeldes macabeos en torno al 167-165 a. C., cuando ellos se rebelaron militarmente en contra del rey Antíoco de Siria.

El texto del Kohelet implica "no entrar, no ir, no comprometerse en una rebelión", como en el caso de *amad bederek,* Sal 1, 1; *amad babrith,* 2Re 23, 3 (cf. Sal 106, 23; Jer 23, 18). De un modo semejante, el árabe *'amada li* tiene el sentido de *intendit, proposuit sibi rem,* expresión que se utiliza en general con el sentido de "tender hacia algo, inclinarse hacia algo". De una forma algo distinta traducen Ewald, Elst., Ginsburg y Zckl.

Por su parte, Hitzig traduce de un modo más preciso: *no te opongas ni a un mal mandamiento,* no dudes incluso en hacer algo malo, si es que el rey lo manda, pues él hace todo lo que le place. Estas palabras suelen utilizarse solo para referirse al Dios Todopoderoso y bueno de Israel (cf. Jn 1, 14; Sal 33, 9, etc.), de manera que Hengst., Hahn, Dale y otros piensan que este pasaje se está refiriendo solo al Dios celestial, a quien el hombre no debe (no puede) oponerse, incluso en aquellas circunstancias en las que pudiera parecerle que Dios le manda a hacer algo malo.

Pero otros proverbios que se refieren a los reyes de la tierra dicen exactamente lo mismo así (por ejemplo, Pr 20, 2) igual que la Misná, *Sanhedrin* ii. 2, a la que se refiere Tyler: "El rey no puede ser juez de sí mismo, ni puede ser juzgado por nadie. Él no tiene que dar razones de lo que hace, ni hay nadie que pueda elevar alguna evidencia en contra de él para juzgarle". En esa línea, se establece la soberanía del rey en los versos siguientes.

4 בַּאֲשֶׁר דְּבַר־מֶלֶךְ שִׁלְטוֹן וּמִי יֹאמַר־לוֹ מַה־תַּעֲשֶׂה:

5 שׁוֹמֵר מִצְוָה לֹא יֵדַע דָּבָר רָע וְעֵת וּמִשְׁפָּט יֵדַע לֵב חָכָם:

⁴ porque la palabra del rey [es su] potestad
y ¿quién le dirá ¿qué haces?
⁵ El que guarda el mandamiento no experimentará mal;
y el corazón sabio conoce el tiempo y el juicio.

8, 4-5. La palabra del rey establece el poder y nadie puede decirle ¿qué estás haciendo? Lo mismo se aplica a Dios en Job 9, 12; Is 45, 9; Da 4, 32; Sab 12, 12 y algo parecido se dice también del rey, especialmente en una monarquía donde el rey tiene un poder ilimitado, de tipo despótico.

La expresión *baasher*, בַּאֲשֶׁר, sirve para verificar lo dicho, lo mismo que בְּשׁ en Ec 2, 16 (cf. Gn 39, 9. 23). En griego se dice ἐν ᾧ y ἐφ' ᾧ. Burger traduce de un modo arbitrario: *quae dixit* (con דְּבַר): *rex, in ea potestatem habet*: el rey tiene potestad en las cosas que él dice. La palabra del rey es שִׁלְטוֹן (tiene el poder), de la misma raíz que *sultan*, como adjetivo impersonal, con el sentido de *potestatem habens*. En el Talmud y en el Midrash, la palabra *shilton* tiene el mismo sentido que el asirio *siltannu*, que significa *gobernante* (cf. Fried. Delitzsch, *Assyr. Stud.* p. 129s.).

Lo que viene en el verso siguiente (Ec 8, 5) no es, como supone Hitzig, una voz de sentido opuesto que aquí se deja oír como desde fuera, sin influir en el sentido del texto (como en Ec 8, 2), sino que es una sentencia propia del Kohelet que puede compararse con Ro 13, 5, al igual que Ec 8, 5 puede compararse con Ro 13, 3: *quien permanece fiel a los mandamientos no experimentará mal alguno* (שׁוֹמֵר מִ מִצְוָה לֹא יֵדַע דָּבָר רָע); *el corazón del hombre sabio conocerá el tiempo y decisión del juicio*.

La palabra מצוה no se refiere aquí a los mandamientos de Dios (o al menos no inmediatamente) como en Pr 29, 16 (Ewald), sino a los del rey y, más en general, a las decisiones y determinaciones de una autoridad superior, tal como puede verse por el contexto, que no trata de Dios, sino de la palabra propia de los gobernantes del Estado.

Knobel y otros explican: aquel que observa los mandamientos no se implica en ningún mal, y la mente del sabio conoce el tiempo y el derecho. Pero la palabra ידע no se utiliza nunca en ese sentido (para este, el autor utiliza normalmente la expresión ב עמד), y el mismo sentido ha de aplicarse a la repetición de

ידע, que significa llegar al conocimiento de una determinada cosa. En el primer caso significa sufrir, Ez 25, 14 (cf. Is 9, 8; Os 9, 7). En el segundo caso significa experimentar: Jos 24, 31; Sal 16, 11.

Ciertamente, el texto puede traducirse según Ec 9, 12: *un hombre sabio conoce tiempo y juicio* (וְעֵת וּמִשְׁפָּט יֵדַע לֵב חָכָם:), sabiendo que su momento no fallará. Pero nosotros no traducimos: *un hombre sabio* (Knobel), aunque esta traducción es posible (cf. 1Re 12; Sal 90, 12), sino más bien *el corazón de un hombre sabio*, expresión que es más natural si comparamos el texto con Ec 10, 2; Pr 16, 23.

Este verso se refiere *al corazón de un hombre sabio,* que no abandona ni rechaza la opresión dinástica de un poder regio para caer en manos del olvido del deber, sino que, actuando con fidelidad, cumple el deber de obediencia al rey, manteniendo en ese sentido su verdad. En esa línea, este verso se refiere al corazón de un hombre que se mantiene en quietud y en esperanza (Lm 3, 26) aguardando la manifestación de Dios, un hombre que sabe que hay un *eth* (וְעֵת) es decir, un tiempo en el que la opresión llegará a su fin, de manera que se realizará el *mishpat,* con el castigo de los culpables.

Este sentido del tiempo apropiado y del juicio (וְעֵת וּמִשְׁפָּט) ha sido bien formulado por *Elia Levita* en su *Tishbi,* diciendo que זמן (la otra palabra para tiempo) corresponde a la palabra alemana *zeit* y a la italiana *tempo,* mientras que עת corresponde al alemán *ziel* (meta) y a la palabra romance *término* (final). La LXX traduce καιρὸν κρίσεως (kairos del juicio) y expresan el infinitivo activo de עת ום en forma de endíadis, es decir, en la división de un concepto en sus dos partes. El corazón de un hombre sabio permanece fiel a su deber, de manera que podrá aprender que hay un término para todo, una decisión judicial para cada cosa, porque cada una tiene un fin cuando está madura para el juicio que llega especialmente para los pecadores.

8, 6-9.

⁶ כִּי לְכָל־ חֵפֶץ יֵשׁ עֵת וּמִשְׁפָּט כִּי־ רָעַת הָאָדָם רַבָּה עָלָיו:

⁷ כִּי־ אֵינֶנּוּ יֹדֵעַ מַה־ שֶׁיִּהְיֶה כִּי כַּאֲשֶׁר יִהְיֶה מִי יַגִּיד לוֹ:

⁸ אֵין אָדָם שַׁלִּיט בָּרוּחַ לִכְלוֹא אֶת־ הָרוּחַ וְאֵין שִׁלְטוֹן בְּיוֹם הַמָּוֶת וְאֵין מִשְׁלַחַת בַּמִּלְחָמָה וְלֹא־ יְמַלֵּט רֶשַׁע אֶת־ בְּעָלָיו:

⁹ אֶת־ כָּל־ זֶה רָאִיתִי וְנָתוֹן אֶת־ לִבִּי לְכָל־ מַעֲשֶׂה אֲשֶׁר נַעֲשָׂה תַּחַת הַשֶּׁמֶשׁ עֵת אֲשֶׁר שָׁלַט הָאָדָם בְּאָדָם לְרַע לוֹ:

⁶ Pues para toda voluntad hay tiempo y juicio
porque el mal del hombre es grande sobre él;
⁷ porque no sabe lo que será;
ni cuándo haya de ser ¿Quién se lo enseñará?

⁸ No hay hombre que tenga potestad para retener el espíritu,
ni potestad sobre el día de la muerte;
y no valen armas en [tal] guerra;
ni la impiedad librará al que la posee.
⁹ Todo esto he visto,
y he puesto mi corazón en todo lo que se hace bajo el sol,
en el tiempo en que el hombre se enseñorea del hombre para mal suyo.

8, 6. *Porque hay un tiempo y una decisión para cada cosa* porque la maldad del hombre se ha vuelto demasiado grande. A partir de Ec 8, 6 siguen cuatro cláusulas con כִּי. Por la repetición monótona de esa y la misma palabra, el autor hace que la exposición sea difícil, de manera que la כִּי puede entenderse como una partícula de confirmación, pero también como de coordinación o de subordinación respecto a las cláusulas anteriores que comienzan también con כִּי.

Presuponiendo que nuestra exposición de Ec 8, 5 haya sido correcta, la frase de Ec 8, 6a con כִּי, puede traducirse como paréntesis (porque para toda voluntad hay tiempo y juicio), mientras que la de Ec 8, 6b puede traducirse en forma de hipótesis (suponiendo que la maldad del hombre se ha vuelto grande sobre él, es decir, si el peso de su culpa ha alcanzado su plena medida).

Según eso, suponemos que רַבָּה (que por el acento en la última sílaba podría ser un adjetivo) puede ser también tercera persona del pretérito, dado que ante ע el tono ha pasado hacia atrás, colocándose antes de la h final (cf. Gn 26, 10; Is 11, 1), para evitar que pueda prescindirse de ella. Pero, en general, la acentuación de ese tipo de formas de עע varía entre la penúltima y la última sílaba, como en Sal 69, 5; Sal 55, 22; Pr 14, 19.

El sentido de עליו pasa al final a האדם sin distinción de persona, tal como aparece en el texto paralelo de Ec 6, 1, de manera que se supone que un gran mal o רעה recae finalmente sobre el hombre en forma de castigo. Pero de esa manera se pierde la relación entre las frases, dado que no se consigue que haya conexión con Ec 8, 7. Por eso, es preferible pensar que la relación entre las diversas frases que empiezan con כִּי es de coordinación, como si las cuatro fueran miembros de una cadena de pruebas que llega a culminar en Ec 8, 8 de la siguiente manera:

1. *El corazón de un sabio verá el tiempo y el juicio de un gobernante,* contra el que ha tenido la tentación de rebelarse, porque como el autor ha dicho ya en Ec 3, 17: "Dios juzgará tanto a los justos como a los malvados, porque en él hay un tiempo para toda finalidad y para toda acción".
2. *La maldad de un hombre que, como ha mostrado Ec 3, 9, suele crecer en los déspotas, se vuelve con gran fuerza contra ellos,* de manera que repentinamente les sobrevendrá el juicio de Dios para destruirles.

3. *Pero el malvado no sabe lo que acontecerá, de manera que nadie le podrá decir cómo (quomodo) han de ser para él las cosas en el futuro,* de forma que no podrá anticiparlas. Según eso, el juicio recaerá sobre él de modo inesperado e inevitable, porque la maldad no puede salvar a los suyos.

8, 7-8. En estos dos versos continúan las razones anteriores vinculadas a la partícula "porque" (כִּי): él no conocerá aquello que puede sucederle porque ¿quién podrá decirle lo que será? No hay hombre que tenga poder sobre el viento, nadie que pueda detenerlo; ni hay nadie que tenga autoridad sobre el día de la muerte, y no hay ninguna posibilidad de liberarse del mal por medio de la guerra, pues la maldad no salva a los suyos.

El hombre que ha cometido los pecados los lleva sobre sí mismo y tiene que cargar con ellos. Y en el momento en que ha alcanzado la plena medida de los pecados (se ha colmado de pecados), de pronto le sobreviene el castigo, pues un gran peso le oprime (Hitzig, en *Coment.* a Is 24, 20) hasta que viene a destruirle. Así le sobreviene de improviso el castigo que va unido a sus pecados, de manera que no conoce *id quod fiet* (aquello que vendrá), ni la forma en que sucederá, es decir, *quomodo fiet* (וְלֹא־ יְמַלֵּט רֶשַׁע אֶת־ בְּעָלָיו).

Así, por ejemplo, el tirano no sabrá si morirá por asesinato, y nadie podrá decirle cómo sucederá, de forma que no podrá tomar medidas para protegerse del peligro. De manera justa traduce la LXX diciendo simplemente κατηὼς ἔσται: "será como ha de ser". En un sentido parecido, Tárgum, Hitzig y Ginsburg dicen que "será cuando haya de ser". El Véneto pone ἐν ᾧ, como si el texto hebreo fuera באשר, aunque pone כאשר que significa *quum*, "a quien deba suceder", cf. Ec 5, 1. 3; Ec 8, 16, pero no *quando*.

Ahora llega la conclusión de los cuatro כי, con la que culmina el tema que había comenzado en Ec 8, 5. Aquí se enumeran cuatro cosas imposibles, la cuarta en forma de conclusión, a modo de proverbio numérico:

1. *No hay hombre que tenga poder sobre el viento* (ruah), es decir, autoridad para penetrar en el sentido del viento (Espíritu). Ewald, Hengst., Zckl. y otros entienden רוּחַ, *ruah*, lo mismo que el Tárg., Jerónimo y Lutero, como si se tratara del Espíritu de la vida (חיים רוח). Pero el hombre puede poner un límite a ese espíritu de vida física suicidándose; y puede dirigir también y dominar (organizar) ese espíritu por medio de una educación moral como supone Pr 16, 2; Pr 25, 28. Por el contrario, *el viento cósmico es incalculable,* no se puede medir, ni dominar, como sabe Ec 11, 5. El viento o espíritu es inmenso, y solo la divina omnipotencia (ningún hombre) puede dirigirlo (Pr 30, 4). La transición a la segunda imposibilidad ha de entenderse a partir de

aquí, pues conforme al lenguaje de la Biblia el aliento de los animales y el aliento de los hombres se encuentran internamente vinculados con el aliento/viento de toda la naturaleza.

2. *Nadie tiene poder sobre la muerte natural,* pues ella sobreviene sobre un hombre sin que él sea capaz de contemplar de antemano su venida ni de influir en ella para que no venga. Con la palabra שַׁלִּיט se intercambia aquí שִׁלְטוֹן, que la LXX y el texto sirio traducen de un modo abstracto. Pero tanto Da 3, 2 como el texto anterior de Ec 8, 4, entienden esta palabra de un modo concreto, y del mismo modo ha de entenderse en este pasaje, como han visto el Talmud y el Midrash, con el sentido de שִׁלְטָן, según las formas דִּרְבָּן, אַבְדָּן, etc. (cf. *Bereshith rabba,* c. 85, extr.): "Cada rey y gobernante que no tenía שׁוּלְטָן, es decir, dominio en la tierra, decía que esta situación no le satisfacía… Por el contrario, el rey de Babilonia tenía en la zona un destacamento militar (es decir, un poder…). Sobre la distinción entre שִׁלְטוֹן y שִׁלְטָן (cf. Baer, *Abodath Jisrael,* p. 385). Según eso, ningún hombre tiene poder sobre la muerte. Es decir, nadie puede gobernar sobre ella. De esa forma, se establece un tipo de relación entre la ley inevitable de la muerte y la inexorable severidad de la guerra. Los hombres poderosos pueden ganar muchas guerras, pero no pueden vencer sobre la muerte (dominarla, negarla) ni aunque tengan gran poder incluso militar sobre la tierra, como seguiremos viendo.

3. *No hay superación, ni dispensa, ni excepción en caso de guerra,* ni por un tiempo determinado (*missio*), ni para siempre (*dimissio*), pues, conforme a la norma persa (a diferencia de la ley israelita de Dt 20, 5-8), la guerra se conduce y realiza de un modo inexorable, sin posibilidad de poder evitarla, ya que no hay nada ni nadie que pueda oponerse a la venganza divina. Según eso, los hombres de este mundo estamos condenados a la guerra.

4. *La maldad no puede salvar* (con מלט, causativo) *a quienes la ejercen* (cf. el proverbio: "La infidelidad se eleva en contra de su dueño"), de manera que ellos —es decir, los malvados— cuando llegue el día malo, estarán perdidos sin esperanza. Grtz. quiere imponer la lectura עשׁר en vez de רשׁע; pero el destino de los רשׁע בעל o el de los רשׁע (malvados) aparece en el fondo de la concatenación de pensamientos del texto a partir de Ec 8, 6 como muestra el acento disyuntivo colocado al final de las tres primeras cláusulas de Ec 8, 8. En esa línea, las בעל רשׁע (no los בעלי) están refiriéndose a un rey despótico (בעליו, como en Ec 5, 10. 12; Ec 7, 12; Pr 3, 27; cf. Comentario a Pr 1, 19), como lo muestra sin duda el verso siguiente del epiloguista.

8, 9. *Esto es lo que he visto, y a esto he aplicado mi corazón,* para investigar toda obra que se hace bajo el sol, en un tiempo en que un hombre gobierna sobre otro para hacerle daño. La relación entre las frases ha sido mal señalada por Jerónimo, Lutero, Hengst., Ginsburg y otros, que comienzan una nueva cláusula a partir de עֵת אֲשֶׁר. Por otra parte, Zöckler se aventura a interpretar עת וגו como genitivo exegético כל־מע וגו (de toda obra que se realiza bajo el sol). Por su parte, la cláusula ונתון es una subordinada adverbial (véase en Ec 4, 2), con el sentido de *advertendo quidem animum.* Por su parte, עת es acusativo de tiempo, como en Jer 51, 33 (cf. Sal 4, 8). La relación entre *'eth asher* es como la que hallamos en מק שׁ, Ec 1, 7; Ec 11, 3.

El autor (Kohelet) ha visto de todo: la sabiduría de la fidelidad paciente al deber, el carácter pernicioso del egoísmo revolucionario, la llegada repentina del juicio (ha visto todas las acciones que se hacen bajo el sol) y lo ha visto con sus propios ojos, *en un tiempo en que unos hombres gobiernan sobre otros para mal,* לו לרע, no para mal de los que gobiernan (Símaco, Jerónimo), sino para injuria y mal de los dominados (cf. LXX, Teodocion, τοῦ κακῶσαι αὐτόν, y así el Tárgum y Syr.). El hombre que gobierna sobre otro hombre para su mal es un tirano. En esa línea, toda esta sección que comenzaba en Ec 8, 1 trata de la recta sabiduría de la vida en un tiempo en el que se impone para mal un gobierno tiránico.

8, 10-15. Para todos lo mismo. Por eso, lo mejor es gozar mientras se viva

Ese es el tema: impíos y justos mueren lo mismo. Pero queda al final la pregunta: ¿y entonces? De esa forma, pidiendo a los justos que gocen mientras puedan, el Kohelet se opone a la igualdad del destino de los justos y de los pecadores, apelando a la conciencia del gobierno moral inapelable de Dios sobre el mundo. Esta oposición viene a mostrarse bajo el infeliz gobierno tiránico del que trata la sección que sigue.

8, 10-11.

‎¹⁰ וּבְכֵ֣ן רָאִ֣יתִי רְשָׁעִ֣ים קְבֻרִים֮ וָבָאוּ֒ וּמִמְּק֤וֹם קָדוֹשׁ֙ יְהַלֵּ֔כוּ וְיִשְׁתַּכְּח֥וּ בָעִ֖יר אֲשֶׁ֣ר כֵּן־עָשׂ֑וּ גַּם־זֶ֥ה הָֽבֶל׃

‎¹¹ אֲשֶׁר֙ אֵין־נַעֲשָׂ֣ה פִתְגָ֔ם מַעֲשֵׂ֥ה הָרָעָ֖ה מְהֵרָ֑ה עַל־כֵּ֡ן מָלֵ֣א לֵב־בְּנֵֽי־הָאָדָ֛ם בָּהֶ֖ם לַעֲשׂ֥וֹת רָֽע׃

¹⁰ Entonces vi también que [los] impíos sepultados vinieron [aún en memoria];
más los que frecuentaban el lugar santo,
fueron [luego] puestos en olvido en la ciudad
donde con rectitud habían obrado.
Esto también es vanidad.

¹¹ Porque no se ejecuta en seguida [la] sentencia sobre la mala obra,
el corazón de los hijos de los hombres
está en ellos lleno para hacer mal.

8, 10. Así dice Ec 8, 10: *y he visto malvados enterrados, yaciendo con descanso.* Pero vi que los que habían actuado rectamente habían tenido que ir lejos del lugar santo, siendo olvidados en la ciudad. La doble partícula בכן (que tiene el mismo sentido que la expresión misnáica בכך) significa *de esta manera* o bajo tales circunstancias, y puede utilizarse para introducir una observación que surge a partir de lo que precede. Tiene un sentido parecido al del latín *inde* y sirve para formular una nueva observación sobre el gobernante, con el matiz temporal de "entonces", que es igual al de אז, conforme al cual lo hemos traducido tal como aparece en el Tárgum (véase Levy, *Wörterbuch*; cf. וכן 2Cr 32,31; Ewald, 354a; Baer, *Abodath Jisrael*, pp. 384, 386).

Aparentemente, esta observación se está refiriendo a dos clases diferentes de personas aludiendo a su destino que, conforme a la apariencia, va en contra de la rectitud de Dios. En oposición a los רש (malvados) aparecen aquellos a los que se describen como אֲשֶׁר כֵּן־ עָשׂוּ גַּם־, *los que han practicado aquello que va en dirección recta* (véase en lo referente a כן, el comentario a Pr 11, 19), aquellos que han practicado lo que es moralmente recto, con fidelidad y honor (כן עשה, como en 2Re 7, 9).

Kohelet ha visto que hay malvados que reciben entierros honrosos. La palabra ראה va seguida por un predicado de objeto, lo mismo que שמע (Ec 7, 21); pero la palabra קבורים no va seguida de ובאים (palabra que, además de no estar bien precisada como participio de perfecto, podría ser participio de presente, como en Neh 13, 22). De todas formas, en la transición normal del participio en una forma verbal de finito, conforme ha puesto de relieve Gesenius 134. 2, la palabra וָבָאוּ como verbo finito puede tener el significado de *entraron en la paz*, tomaron parte del descanso de los muertos (como en Is 47, 2, cf. Zunz, *Zur Gesch. u. Literatur*, pp. 356-359).

Las palabras siguientes, a partir de וּמִמְּקוֹם קָדוֹשׁ, no se refieren ya a los malvados, en contra de lo que han pensado en la LXX, Aquila, Simm., Teod. y Jerónimo, que traducen con ἐπῃνέθησαν, *laudabantur* y así leen en hebreo ישתבחו (con *hitpael*, Sal 106, 47, en sentido pasivo). Esta es una palabra que se utiliza en el Talmud y en el Midrash, *Tanchuma*. El Talmud, *Gittin* 56b, aplica este pasaje a Tito que tomó los vasos sagrados del templo para gloria de su ciudad Roma y humillación de los judíos.

La expresión מק קד, "el lugar de la santidad", es equivalente a מקום קדוש, como aparece también en Lv 7, 6. Ewald piensa que se trata del lugar de enterramientos. Los impíos eran arrojados fuera del lugar santo de las tumbas. Así piensa también Zckl., que traduce la frase diciendo que *se fueron lejos del lugar santo de las tumbas*. Pero esta manera de expresarse no forma parte de las diversas designaciones que se emplean para indicar los lugares de enterramiento entre los judíos. El tema vuelve en Ec 12, 5 (cf. *Hamburger's Real-Encykl. für Bibel und Talm.*, artículo "Grab"). La tierra de enterramiento se llama el "buen lugar", pero no el "santo lugar" o camposanto, como entre los cristianos.

El lugar santo no es Jerusalén como tal, pues en Is 48, 2 —al igual que en Nehemías y Daniel— se llama '*ir haqqodesh* (ciudad santa, y en este tiempo se llama *el-kuds*). Por su parte, el lugar santo es el τόπος ἅγιος (Mt 24, 15), como traducen también Aquila y Símaco. Pues bien, si en nuestro caso encontramos la *min* conectada con el verbo *halak* (וּבָאוּ וּמִמְּקוֹם קָדוֹשׁ יְהַלֵּכוּ), podemos suponer que la partícula está designando el punto de partida como en הֻשְׁלַךְ מִן (cf. Is 14, 19). Por eso, aquí no se habla de pasar y perecer, con el verbo יהלכו, como suponen algunos autores.

El tema es la expulsión del lugar santo, pero no como si יהל fuera causativo en el sentido de יוליכו, como en latín *ejiciunt*, con un sujeto indefinido (Ewald, Heiligst., Elst., cf. también Ec 4, 15; Ec 11, 9, donde el verbo está en *kal* con sentido intensivo). En contra de eso, conforme al sentido de Sal 38, 7; Job 30, 28 y Job 24, 10, la palabra יהל está indicando la forma de caminar meditativa, oscura, lenta, propia de aquellos que están obligados, en contra de su voluntad, a separarse del lugar que ellos aman (Sal 26, 8; Sal 84, 2), como expulsados (desterrados) de la tierra de Israel o de Jerusalén.

Ellos (los expulsados) deben marcharse; no se dice dónde, pero probablemente a un país extranjero (cf. Amós 7, 17), siendo así muy pronto olvidados en su propia ciudad santa, de manera que la nueva generación que surge después no sabe nada de ellos, de forma que no queda ni siquiera una piedra de tumba que sirva de recuerdo para ellos.

Pues bien, también esto, el mismo destierro, es vanidad, como las otras vanidades que el autor ha ido registrando en su libro: mientras siguen viviendo en el mundo los malvados poseen su suelo nativo sagrado, mientras que los justos son obligados a abandonarlo, siendo después olvidados en su propia tierra. De esa forma, queda borrada (negada) la justicia divina. Ciertamente, esa justicia existe y es reconocida por algunos, pero no se muestra cuando podríamos esperarla, ni aparece de inmediato como salvadora.

8, 11. *Dado que no se ejecuta pronto la sentencia contra una obra mala, el corazón de los hombres tiende a realizar el mal.* La cláusula del principio va conectada con el final del verso anterior (גַּם־זֶה הָבֶל). De esa manera, en este mundo malo, conforme a su naturaleza invertida (*inversus ordo*), los acontecimientos van también en contra de la justicia (con *asher*, como en Ec 4, 3; Ec 6, 12; cf. Dt 3, 24).

Pero la cláusula siguiente, que comienza con *'al-ken* (עַל־ כֵּ֣ן מָלֵ֤א לֵב־ בְּנֵי־), toma esa sentencia como antecedente, de manera que el *asher* del comienzo del verso tiene el sentido de *'al-asher*. En ese contexto, se introduce la palabra פִּתְגָ֣ם (con ג *raphatum* en los códices más antiguos, como también en Est 1, 20; Da 3, 16), una palabra que aparece en los libros postexílicos con el sentido de *decreto, ley establecida*.

Esta palabra aparece en persa como *paigam*, en armenio como *patgam*, y se deriva del antiguo persa *paiti-gama,* con el sentido de algo que ha sucedido, de noticias, de novedades. El hebreo ha aceptado esta palabra con el sentido general de *sentencia*, norma de vida o decreto. En nuestro texto significa la declaración o sentencia de un juez, lo mismo que la palabra persa originaria y que la árabe *nabazn*, y se utiliza principalmente para referirse a los dichos de un profeta a quien se le llama *peighâm-bar* (el hijo de la sentencia).

Zirkel piensa que esta palabra tiene el mismo sentido que el griego φθέγμα, asemejándose también a palabras como אזמל, אפריון (que tienen ciertas similitudes de sonido con σμίλη φορεῖον, sin haber sido tomadas en préstamo del griego). Como he mostrado en Ec 1, 20, la *a* larga de פִּתְגָ֣ם permanece invariable a través de sus derivaciones. También aquí, פִּתְגָ֣ם se encuentra en estado constructo y se construye en femenino. El problema así planteado es fundamental no solo para el Kohelet, sino también para todo el pensamiento y religión de los hombres: *al no cumplirse instantánea y automáticamente la sanción para las obras de los hombres, se plantea la pregunta por el sentido de la moralidad y surge la tendencia al mal en un tipo de hombres malvados.*

Se ha discutido intensamente sobre el sentido masculino o femenino de las palabras siguientes (מַעֲשֵׂ֥ה הָרָעָ֖ה מְהֵרָ֑ה) a partir de las anteriores (אֵין־ נַעֲשָׂ֣ה). Normalmente, las palabras extranjeras, entre las que se encuentra פִּתְגָ֣ם, al igual que *firdans*, παράδεισος, pueden construirse con género masculino o femenino (Ewald, 174g); pero también es posible que el femenino נעשה haya surgido por atracción ocasionada por הרעה, como supone Kimchi, *Michlol* 10a (cf. además comentario a Ec 10, 15).

Según eso, la palabra מעשה ha de tomarse en estado constructo, gobernada por *phithgam*, mientras que *hara'ah* aparece como objeto en genitivo. La LXX, Syr. y Jerónimo leen מעשי, lectura que solo sería posible en el caso de que *phithgam min* (פִּתְגָ֣ם מֵעֲשֵׂה) se entendiera en sentido análogo al de la frase hebreo-aramea *niphra' ('ithpera') min*, con el sentido de "tomar lo debido de otro" (tomar venganza de otro, es decir, castigarle, ejecutando el castigo en el mismo día). Pero como Jerónimo ha traducido rectamente, *phithgam* no puede tomarse como venganza, sino como sentencia judicial, *me'ose hara'ah*, sentencia contra malos.

En ese contexto, se ha seguido discutiendo sobre el orden y valor de los acentos que quizá no se entiendan aquí como señales de interpuntuación, sino de división de las sílabas. La LXX traduce bien: por tanto, *los corazones de los hombres (de estos hombres) están totalmente inclinados a realizar cosas malas*, pues no existe castigo inmediato por las obras que realicen.

En esa línea ha traducido Jerónimo, siguiendo a Símaco: *absque timore ullo filii hominum perpetrant mala* (sin temor ninguno, los hijos de los hombres realizan cosas malas). El corazón de estos hombres está totalmente determinado para hacer cosas malas, es decir, está lleno de audacia para hacerlas (cf. Luzzatto, 590: *gli blast l'animo*, les estalla el ánimo, como si el corazón les explotara para hacer el mal). Cf. Est 7, 5: ¿dónde está el hombre cuyo corazón está totalmente determinado para realizar un tipo de cosas buenas?

El sufijo בהם (de ellos) resulta en sí mismo innecesario, pero se utiliza para poner de relieve el poder de destrucción interna de los perversos (véase *Psychol.* p. 151s.). La sentencia de castigo no tiene efecto *mehera*, rápidamente (acusativo adverbial en lugar de *bimherah*, en el día, Ec 4, 12). Por eso, los hombres se sienten seguros, de manera que se dedican a realizar obras malas, con toda impunidad —sin vergüenza alguna— plenamente decididos a realizar aquello que es malo. El autor confirmará más tarde esta visión de los perversos, pero lo hará diciendo que esa forma de conducta va en contra de los que actúan de esa manera, que caen así en manos de su propio juicio.

¹² אֲשֶׁר חֹטֶא עֹשֶׂה רָע מְאַת כִּי גַּם־ יוֹדֵעַ אָנִי אֲשֶׁר יִהְיֶה־ טוֹב לְיִרְאֵי הָאֱלֹהִים אֲשֶׁר יִירְאוּ מִלְּפָנָיו:

¹³ וְטוֹב לֹא־ יִהְיֶה לָרָשָׁע וְלֹא־ יַאֲרִיךְ יָמִים כַּצֵּל אֲשֶׁר אֵינֶנּוּ יָרֵא מִלִּפְנֵי אֱלֹהִים:

¹² Aunque el que peca haga mal cien veces,
y le sea prolongado [el juicio],
con todo yo también sé que [les] irá bien
[a] los que temen a Dios,
los que temieren ante su presencia;
¹³ y que al impío nunca le irá bien,
ni le serán prolongados los días, [que son] como sombra,
porque no temió delante de la presencia de Dios.

8, 12-13. Aunque el pecador peque cien veces y siga viviendo, Kohelet sabe que será castigado, y que no vivirá largo tiempo, sino que será como una sombra, porque no ha tenido temor de Dios. Ewald, a quien siguen Heiligst., Elst. y Zckl., igual que otros antiguos entre los que se cuenta Mendelssohn, traducen así Ec 8, 12: "Aunque un pecador peque cien veces y viva mucho tiempo, sin embargo, yo sé que…".

El comienzo resulta problemático. Ciertamente, es posible que una frase comience con *asher* (cf. Lv 4, 22; Dt 18, 22), pero en nuestro caso ese comienzo no parece aceptable. En primer lugar, *asher* como antecedente no significa "aunque", sino "teniendo en cuenta que…". Por eso, debemos suponer que en lugar de *asher* podía o debía haberse hallado aquí una expresión concesiva como גם כי, con el significado de "sin embargo" (*gam*, ὅμως, con un *ki* afirmativo). Sea como fuere, el sentido de la frase es el siguiente: el pecador que hace lo malo y siempre lo malo, sin recibir castigo alguno por ello, sino gozando siempre de los placeres de una larga vida, se siente reforzado para seguir pecando.

מאת tiene el mismo sentido que פעמים מאה, cien veces, como אחת, Job 40, 5, que tiene el mismo sentido que אחת פעם. Hengst. y otros traducen de un modo inexacto "un ciento (o cientos) de veces", lo que hubiera exigido que se pusiera la palabra מאתים. También traduce mal Ginsburg, con el Tárgum, poniendo "un ciento de años", lo que hubiera exigido que el texto pusiera מאה שנה (Gn 17, 17). Como dice Jerónimo, en hebreo, una centena tiene el sentido redondo de "una multitud de cosas", como en Pr 17, 10 y lo mismo con frecuencia en el Talmud y en el Midrash, e.g., *Wajikra rabba*, c. 27: "un centenar de hondos suspiros (מאה פעיות) dio la madre" (cf. Jac. Reifmann, 1874, המגיד, p. 342).

El significado de וּמַאֲרִיךְ לוֹ resulta en general claro: *sin embargo, el que obra así llega a ser anciano, aunque sea malo.* Jerónimo traduce, de un modo improbable: *et per patientiam sustentatur* (es sostenido por la paciencia de Dios), lo mismo que Mendelssohn: el pecador experimenta la longanimidad de Dios. Pero, para traducir así, ellos introducen en el texto una palabra distinta *pow* (Is 48, 9), tomando a Dios como sujeto de toda la frase.

Sea como fuere, לוֹ ha de tomarse como dativo ético, mientras que la acción de realizar el mal se expresa con עֹשֶׂה רָע. Pero deberíamos esperar que en esas dos palabras se diera una retrogresión de tono, lo mismo que en Gn 31, 12; sin embargo, en nuestro caso, no tenemos tal retrogresión con *mercha* antes de *tifcha* y *pashta* (cf. Gn 47, 3; Ex 18, 5; Dt 4, 42; Dt 19, 4).

El malvado practica el mal durante mucho tiempo sin ser castigado… Quizá podría suplirse la palabra ימים que aparece después de Ec 8, 13, de manera que האריך signifique "vivir durante mucho tiempo", como en Pr 28, 2. Sea como fuere, el malvado está pecando sin motivo alguno y sin recibir castigo, de forma que llega a ser anciano con buena salud. Y lo mismo pasa a los pueblos: hay pueblos o grupos humanos que actúan en contra de lo que es justo y, sin embargo, siguen viviendo.

Este es el estado actual de la cuestión que el autor no puede ocultar; aunque, por otra parte y a modo de limitación, añade כִּי גַּם־ יוֹדֵעַ אָנִי, *pero yo en cambio sé…*, indicando que, a pesar de todo, existe un gobierno moral en el mundo, un gobierno que al fin ha de prevalecer.

No debemos traducir: *las cosas deberían ir bien, sin embargo…* El futuro no puede interpretarse como puro indicio de lo que vendrá al fin, cumpliéndose la justicia de Dios, sino que ese futuro es más bien un postulado de la conciencia y así lo formula (lo postula) en este momento Kohelet. Aquello que ahora existe (lo que ahora sucede con hombres y pueblos…) va en contra del postulado de la conciencia del autor quien, a pesar de ello, se mantiene firme en su afirmación de triunfo futuro de la justicia de Dios.

En esto se funda el hecho de que el autor añada la frase אֲשֶׁר יִירְאוּ מִלְּפָנָיו explicando y repitiendo lo ya dicho, pero introduciendo una categoría nueva de personas, los יִירְאוּ מִלְּפָנָיו (יִירְאוּ), *los temerosos de Dios*. Estos temerosos de Dios, es decir, aquellos que respetan a Dios (מלפני, como en Ec 3, 14) son aquellos en los que se cumple el sentido de la frase. Ellos son la expresión y garantía del triunfo de Dios, son la base y fundamento de la religión universal de la humanidad.

En Ec 8, 13, Hitzig, seguido por Elster, Burg. y Zckl. coloca la división en la palabra *yammim* (וְלֹא־ יַאֲרִיךְ יָמִים כַּצֵּל); aquel que no teme a Dios es como sombra que pasa. Desde el punto de vista de la sintaxis no se puede decir nada en contra de esta traducción (cf. 1Cr 29, 15), aunque la expresión כצל אֲשֶׁר, "como sombra es aquel que…" resulta un poco dura desde la perspectiva del estilo. Pero el autor no utiliza esa expresión (como sombra) de un modo duro, y así lo muestra el pasaje paralelo de Ec 6, 12, donde כצל (como sombra) se refiere rectamente a ימים. El hombre es como una sombra y, por eso, no se prolongan sus días. Hay que recordar que la sombra no se prolonga más que un día. La sombra es de corta duración, ימים קצר ימים קצר, porque su tiempo de existencia no alcanza ni siquiera un día.

En general, la expresión *qe-tsel*, ὡς σκιά, como sombra, se aplica a la vida de todos los hombres (Sal 144, 4; Sab 2, 5, etc.), pero se atribuye de un modo especial a los malvados, si es que tenemos en cuenta el resultado y juicio de la justicia divina. En ese sentido, la vida del impío es como una sombra que pasa, porque ellos no tienen temor de Dios, de manera que a causa de ello su vida se acorta por el castigo que Dios les impone por sus pecados. Así, en este contexto, se utiliza la palabra *asher* (en Ec 8, 13), al igual que en Ec 8, 11 y Ec 8, 12 actúa en forma de conjunción de relativo.

Después de haber presentado la realidad del gobierno moral del mundo como un hecho inalienable de la conciencia humana y, en particular, de la suya, Kohelet expone en contra de eso el estado particular de las cosas que, al menos en parte, van en contra de ese postulado de la conciencia moral.

יֶשׁ־ הֶבֶל אֲשֶׁר נַעֲשָׂה עַל־ הָאָרֶץ אֲשֶׁר‍ יֵשׁ צַדִּיקִים אֲשֶׁר מַגִּיעַ אֲלֵהֶם כְּמַעֲשֵׂה הָרְשָׁעִים [14] וְיֵשׁ רְשָׁעִים שֶׁמַּגִּיעַ אֲלֵהֶם כְּמַעֲשֵׂה הַצַּדִּיקִים אָמַרְתִּי שֶׁגַּם־ זֶה הָבֶל:

וְשִׁבַּחְתִּי אֲנִי אֶת־ הַשִּׂמְחָה אֲשֶׁר אֵין־ טוֹב לָאָדָם תַּחַת הַשֶּׁמֶשׁ כִּי אִם־ לֶאֱכוֹל וְלִשְׁתּוֹת [15] וְלִשְׂמוֹחַ וְהוּא יִלְוֶנּוּ בַעֲמָלוֹ יְמֵי חַיָּיו אֲשֶׁר־ נָתַן־ לוֹ הָאֱלֹהִים תַּחַת הַשָּׁמֶשׁ:

¹⁴ Otra vanidad se hace sobre la tierra:

hay justos que son pagados como [si hicieran] obras de impíos;

e impíos, que son pagados como [si hicieran] obras de justos.

Digo que esto también [es] vanidad.

¹⁵ Por tanto alabé yo la alegría;

que no tenga el hombre otro bien debajo del sol,

sino que coma y beba, y se alegre;

y que esto le quede de su trabajo los días de su vida

que Dios le dio debajo del sol.

8, 14. La "limitación" formulada en los versos anteriores (Ec 8, 12; Ec 8, 13, *ki gam*) sigue influyendo también aquí en Ec 8, 14. Sobre el sentido הגיע, acontecer, he tratado ya al ocuparme de los versos anteriores, estudiando la palabra נגע.

Jerónimo ha traducido כְּמַעֲשֵׂה הָרְשָׁעִים de la siguiente manera: *quasi opera egerint impiorum* (como si realizaran obras propias de los impíos) y כְּמַעֲשֵׂה הַצַּדִּי־ קִים *quasi justorum facta habeant*; pero en vez de *facta* (hechos) tendría que haber puesto *opera* (obras), indicando así el modo de actuar de unos y de otros, de los justos y de los pecadores, pues lo que al Kohelet le importa es la actuación —las obras— de unos y otros.

Sea como fuere, el texto nos sitúa ante la distribución contradictoria del destino de los hombres, y nos conduce al error. Esta distribución pertenece a la parte sombría de la vida, de manera que puede interpretarse como "vanidad", *hebel*. La cláusula conclusiva de este verso es la siguiente: yo dije que también esto es vano. Esta conclusión es un resumen que recoge lo que el Kohelet considera que es la consecuencia de las observaciones anteriores, y viene a ser retomada en el verso siguiente.

8, 15. *Y entonces yo alabé la alegría, porque no hay para el hombre cosa mejor bajo el sol que comer y beber y estar alegre.* Hemos encontrado ya esta conclusión de forma semejante en Ec 2, 24; Ec 3, 12. 22 (cf. Ec 5, 17). Con יל (וְהוּא יִלְוֶנּוּ בַעֲמָל) (ו puede comenzar una nueva cláusula, de manera que el futuro ha de entenderse como yusivo (que esto le acompaña); o puede entenderse también como cláusula subordinada a los verbos infinitivos anteriores, de manera que el futuro se convierte en subjuntivo: *et ut id eum comitetur* (y que esto le acompañe).

La LXX y otras traducciones griegas ponen, de manera menos apropiada, καὶ αὐτὸ συμπροσέσται αὐτῷ (y esto se le añadirá). Así traducen también Ewald, Hengst., Zöckl., pero esta traducción supone un texto hebreo diferente, como וה חלקו לו יתרון והוא o וה חלקו. El verbo לוה (raíz לו, rodear) no significa aferrarse a cosas semejantes para permanecer, sino adherirse a, seguir, acompañar (cf. Baer, *Abodath Jisrael*, p. 39).

8, 16-17. La infructuosidad de todo esfuerzo filosófico

Como la distribución del destino, también la del trabajo y el esfuerzo le parecen a Kohelet carentes de sentido, vinculadas a una serie inexplicable de misterios. Pero nuestro autor no deduce de eso unas consecuencias ateas (contrarias a Dios), sino que descubre que es una consecuencia de la acción de Dios, resultado de un hondo plan divino. Ciertamente, el hombre no puede resolver el sentido de las cosas de su trabajo y de su esfuerzo, pero sigue siendo una tarea abierta a su investigación.

¹⁶ כַּאֲשֶׁ֨ר נָתַ֜תִּי אֶת־לִבִּ֣י לָדַ֣עַת חָכְמָ֗ה וְלִרְאוֹת֙ אֶת־הָֽעִנְיָ֔ן אֲשֶׁ֥ר נַעֲשָׂ֖ה עַל־הָאָ֑רֶץ
כִּ֣י גַ֤ם בַּיּוֹם֙ וּבַלַּ֔יְלָה שֵׁנָ֕ה בְּעֵינָ֖יו אֵינֶ֥נּוּ רֹאֶֽה׃

¹⁷ וְרָאִ֘יתִי֮ אֶת־כָּל־מַעֲשֵׂ֣ה הָאֱלֹהִים֒ כִּי֩ לֹ֨א יוּכַ֜ל הָאָדָ֗ם לִמְצוֹא֙ אֶת־הַֽמַּעֲשֶׂה֙ אֲשֶׁ֣ר נַעֲשָׂ֣ה
תַֽחַת־הַשֶּׁ֗מֶשׁ בְּ֠שֶׁל אֲשֶׁ֨ר יַעֲמֹ֧ל הָאָדָ֛ם לְבַקֵּ֖שׁ וְלֹ֣א יִמְצָ֑א וְגַ֨ם אִם־יֹאמַ֤ר הֶֽחָכָם֙ לָדַ֔עַת
לֹ֥א יוּכַ֖ל לִמְצֹֽא׃

¹⁶ Por lo cual yo di mi corazón a conocer sabiduría,
y a ver la ocupación que se hace sobre la tierra
(porque [hay quien] ni de noche ni de día ve sueño en sus ojos).
¹⁷ Y he visto acerca de todas las obras de Dios,
que el hombre no puede alcanzar (entenderé)
la obra que se hace debajo del sol;
por mucho que trabaje el hombre buscándola, no la hallará;
aunque diga el sabio que sabe, no [la] podrá alcanzar.

8, 16-17. *Apliqué mi corazón* a conocer sabiduría y a ver la ocupación que se hace sobre la tierra, porque hay alguien que ni de día ni de noche duerme con sus ojos. Entonces he visto toda la obra de Dios, obra que ningún hombre es capaz de descubrir a través de aquello que se hace bajo el sol. Por eso, un hombre se fatiga en buscar y, sin embargo, no encuentra.

"Y aunque un hombre sabio decida conocer es incapaz de encontrar". Kohelet se ha ocupado de buscar, sin un plan premeditado. Tal como yace ante nosotros, ese plan se encuentra dividido en dos mitades por medio de la *waw* de *veraithi* (Ec 8, 17: וְרָאִיתִי֮ אֶת־כָּל־ מַעֲשֵׂ֣ה הָאֱלֹהִים֒). Kohelet se ha esforzado en ver y ha visto, y puede así condensar todo aquello que ha visto como apódosis que culmina y se expresa en Ec 8, 17.

Comenzamos así ocupándonos primero de la prótasis, con el paréntesis en la que termina (aunque hay alguien que ni de día ni de noche deja de mirar..., Ec 8, 16). La frase נָתַ֤תִּי אֶת־לִבִּ֣י לָדַ֣עַת חָכְמָ֗ה, entregué mi corazón para conocer sabiduría, ha venido apareciendo en formas semejantes desde Ec 1, 13. A partir de aquí, el intento del autor ha sido doble:

1. Conocer la sabiduría (cf. Ec 1, 17), es decir, conseguir el conocimiento de aquello que debe ser tomado como sabiduría, un conocimiento sólido de lo que constituye la esencia, causas y finalidad de las cosas.
2. A través del conocimiento de la sabiduría en sí misma, el Kohelet ha querido ver (=conocer) el sentido del trabajo del hombre sobre la tierra. Este conocimiento brota del esfuerzo por comprender la labor del hombre de acuerdo a las exigencias de la verdadera sabiduría, desde el punto de vista de su fundamento y su finalidad. Sobre el sentido de 'inyan, véase *Coment.* a Ec 3, 10.

Con רֹאֶה אֵינֶנּוּ בְּעֵינָיו שֵׁנָה וּבַלַּיְלָה בַּיּוֹם גַם כִּי, comienza una cláusula de paréntesis (aunque ni de día ni de noche...). Ciertamente, *ki* puede traducirse también como en Ec 8, 17: "el trabajo en la tierra que él..." (Zckl.). Esta falta de descanso, que lleva incluso a renunciar al sueño, pasa de esa forma al primer plano del texto como objeto especial de וְרָאִיתִי (de manera que Ginsburg introduce aquí la pregunta ¿cómo puede ser esto?). Por eso es mejor traducir la cláusula a partir de *ki gam*, insistiendo en el hecho de que aquí estamos ante un caso de 'inyan, es decir, de trabajo sin descanso que atormenta al hombre sobre la tierra. De esa forma, se explica también con más facilidad la palabra איננו, que no debe entenderse a partir de *laadam*, Ec 8, 15 (como dice Hitz.), aunque es evidente que *inyan* se refiere especialmente a los hombres.

Por su parte, וּבַלַּיְלָה בַּיּוֹם גַם כִּי tiene el mismo sentido que גם בי גם בל, tanto por el día como por la noche, con un resultado negativo (cf. Nm 23, 25; Is 48, 8): ni de día ni de noche; no solo por el día, sino también por la noche. La frase "ver el sueño" (רֹאֶה אֵינֶנּוּ בְּעֵינָיו שֵׁנָה), aparece solo aquí en la Biblia. Consultar la expresión de Terencio (*Heautontim.* iii. 1. 82): "no logré ver durante toda la noche el sueño". Así traducimos la frase: "En toda esta noche mis ojos no han visto el sueño".

Esta expresión (no tener deseo de dormir o no ser capaz de dormir) se utiliza según eso como hipérbole que indica la limitación del ser humano en ese sentido. Así lo formula también Cicerón (*ad Famil.* vii. 30): *fuit mirifica vigilantia, qui toto suo consulatu somnum non vidit* (tuvo una vigilancia tan intensa que durante todo el tiempo de su consulado no pudo ni dormir).

Con ור, *entonces yo he visto*, comienza la apódosis: *vidi totum Dei opus non posse hominem asequi* (vi que el hombre no puede alcanzar, comprender, toda la obra de Dios). De esa forma, aquí, lo mismo que en Ec 2, 24, el autor coloca en primer plano el objeto de su reflexión que sigue expresándose en el predicado (para otros ejemplos de esta figura literaria llamada *apódosis*, véase *Coment.* a Gn 1, 4).

El autor descubre así, en el trabajo que él debe realizar aquí abajo, una parte de la obra que Dios va desplegando a través de esta confusión sin fin, y la interpreta, al igual que en Ec 3, 11 (aunque con un tipo diferente de conexiones), como objeto de conocimiento que se sitúa más allá de las posibilidades del ser humano como algo que el hombre no puede captar.

El hombre es incapaz de comprender el sentido de este trabajo sin fin. No puede entenderlo, como indica la palabra מצא. Eso significa que el hombre se esfuerza buscando, pero no logra encontrar el sentido de su trabajo y de su vida. Este pasaje nos sitúa, por tanto, ante un tipo de obra que el hombre no puede comprender a pesar de todos sus esfuerzos. Ewald enmienda el texto poniendo אֲשֶׁר בכל en vez de בְּשֶׁל אֲשֶׁר, conforme al texto que tenemos ante nosotros: por todo esto el sentido de *quantumcunque* (Ewald, 362c), ha sido aceptado por la LXX, con Syr. y Jerónimo.

El acento que divide el texto se encuentra en *yimetsa* (וְלֹא יִמְצָא) porque hasta aquí se extiende la primera parte de la apódosis, y la segunda comienza con *vegam* (וְגַם אִם־ יֹאמַר הֶחָכָם): *y aunque afirme el sabio que sabe, él no podrá alcanzar la sabiduría.* La expresión *gam im* (וְגַם אִם־) tiene el mismo sentido que εἰ καί o ἐὰν καί (y aunque). Por su parte יאמר ha de entenderse en la línea de אם אח, Ec 7, 23: porque aunque el hombre sabio diga que conoce no puede alcanzar aquello que debe ser conocido.

La señal característica del sabio no es, por tanto, la posesión de la verdad, sino el hecho de tender de manera constante hacia ella. El sabio se esfuerza por alcanzar el conocimiento, pero la mayor parte de los problemas más altos permanecen para él sin resolver, de manera que el ideal del conocimiento perfecto permanece sin alcanzarse.

Eclesiastés 9

El poder del destino: la mejor cosa posible para el hombre es su deseo de libertad. El hombre no puede alcanzar la libertad, porque Dios ha puesto un límite para sus pensamientos y acciones.

> ¹ כִּי אֶת־ כָּל־ זֶה נָתַתִּי אֶל־ לִבִּי וְלָבוּר אֶת־ כָּל־ זֶה אֲשֶׁר הַצַּדִּיקִים וְהַחֲכָמִים וַעֲבָדֵיהֶם
> בְּיַד הָאֱלֹהִים גַּם־ אַהֲבָה גַּם־ שִׂנְאָה אֵין יוֹדֵעַ הָאָדָם הַכֹּל לִפְנֵיהֶם:

¹ Ciertamente a todo esto di mi corazón, para declarar todo esto:
que los justos y los sabios y sus obras [están] en la mano de Dios;
y que no sabe el hombre ni el amor ni el odio por todo lo que [pasa] ante él.

9, 1. En otras palabras: "todos los hombres están en la mano de Dios", pero ellos no saben si son objeto de amor o de odio (הָאָדָם הַכֹּל לִפְנֵיהֶם). El hombre está delante de Dios, pero solo Dios puede conocer su destino. Kohelet retoma así el argumento de

Ec 8, 17, descubriendo que el hombre está de tal forma condicionado que ignora el sentido final de las cosas. Este condicionamiento forma parte de la identidad de su corazón (Ec 7, 2), que está definido por sentimientos más que conocimientos, de manera que es incapaz de lograr claridad sobre el sentido de las cosas.

La expresión וְלָבוּר אֶת־ כָּל־ זֶה) וְלָבוּר, y para declarar todo esto), no es aquí infinitivo absoluto, sino que debe entenderse como frase adverbial subordinada (*et ventilando quidem et investigando*). Este es el sentido de la frase: *operam dedi ut ventilarem* (*excuterem*, dediqué mi trabajo a investigar), o de un modo más preciso, estuve investigando, *ventilaturus fui,* para descubrir (para discernir) si los hombres son objeto del amor o del odio de Dios. Sobre el significado de la forma לבוּר, y sobre la doble acepción de *ventilare* (cernir, *discerni*, limpiar con el viento la era), véase el comentario a Ec 3, 18.

En hebreo postbíblico, las palabras להעמיד על בוריו tendrían el mismo sentido que aquí tiene la expresión más simple לבוּר, como en בוריו דבר על (de לברי, según la forma de חלי, pureza, véase Buxtorf, *Lex. Talm.* col. 366). La LXX y Syr. han leído ראה ולבי en vez de ולבור, aparentemente porque no podían entender bien la expresión: "Y mi corazón ha visto todo esto".

Como veremos, el tema de fondo no es conocer lo que Dios siente o piensa de nosotros, sino lo que nosotros podemos pensar y sentir. Los justos y sabios, y sus obras, están en manos de Dios, es decir, en su poder (Sal 31, 16; Pr 21, 1; Job 12, 10, etc.), tanto las personas como sus acciones, pues todo está condicionado por la causa última de toda realidad, que es Dios como gobernador del mundo y formador de la historia. En esa línea, tanto los justos como los sabios tienen que aprender a sentir y admitir su dependencia, no solo en su ser y en aquello que les acontece, sino también en su forma de actuar y en su conducta. Por eso, ellos no son capaces de comprender el último sentido de la realidad, pues no son suficientes en sí mismos, es decir, no poseen la realidad de Dios (no forman parte de su divinidad), de manera que no pueden conocer su condición más honda, ni saben si son capaces de amar o de odiar.

El tema no es, por tanto, si Dios conoce a los hombres, sino si los hombres se conocen a sí mismos. En esa línea, la expresión que ahora sigue no puede significar que el hombre no sabe si es objeto o sujeto del amor o del odio de Dios. El hombre no sabe, por tanto, si proviene de una *naturaleza feliz* que procede del amor de Dios o de una *naturaleza infeliz* que procede del odio de Dios (cf. J. D. Michaelis, Knobel, Vaih., Hengst., Zckl.). No tratan del amor-odio de Dios hacia el hombre, sino del amor-odio del hombre hacia sí mismo. Así lo han mostrado, de un modo justo, tanto Hitz., como Ewald: "Como el hombre no tiene poder sobre sus acciones, él no sabe si amará o si odiará".

Estas palabras no hablan, por tanto, de la capacidad de Dios (si ama o si odia a los hombres), sino de la capacidad del ser humano, si será capaz de odiar o de amar. El tema de fondo es aquello que el hombre puede hacer (amar u odiar) dentro de un mundo y en unas circunstancias que parecen determinados por Dios.

Ciertamente, estas palabras suenan de un modo determinista, pero ¿no es cierto que las simpatías y antipatías de las que provienen el amor y el odio anticipan el conocimiento y deseo del mismo ser humano? Por otra parte ¿no es cierto que el amor de un hombre hacia otros seres humanos cambia sin que el mismo hombre lo advierta, por medio de causas inesperadas, de manera que el amor va convirtiéndose en odio, y el odio en amor? Ni el amor ni el odio son producto de la autodeterminación del hombre, sino que la autodeterminación —y con ella la misma libertad humana— comienzan a partir de disposiciones previas que surgen de las mismas raíces de su vida sin que él mismo lo advierta.

Así lo expresan las últimas palabras de este verso, con la verdad general que ellas ofrecen, גַּם־אַהֲבָה גַם־שִׂנְאָה אֵין יוֹדֵעַ הָאָדָם הַכֹּל לִפְנֵיהֶם: *tanto el amor como el odio anteceden al hombre, están antes que él,* determinando así su vida. La palabra לִפְנֵי no tiene aquí un sentido ético, sino más bien local: delante de él (del hombre), lo mismo que *prae* que significa *penes eos* (véase Cnt 8, 12). Odio y amor y, en general, todas las cosas están delante del hombre, de forma que Dios mismo hace que el hombre se encuentre con ellas (este es el sentido de הקרה). En esa misma línea, el amor y el odio forman parte del futuro, pero de tal manera que están más allá del poder del sujeto humano, así que el hombre no puede definir por sí mismo si su vida estará marcada por el amor o por el odio.

Así han entendido el texto el Tárg., Simm. y la mayor parte de los intérpretes modernos. Kleinert traduce: "el hombre no logra discernir ni el amor ni el odio de las cosas que tiene ante sus ojos", aunque esa traducción hubiese exigido que el texto hebreo fuera diferente, con unas palabras como estas: לפניו גם הכל אשר. En una línea convergente, Tyler traduce el texto: "el hombre no discierne ni el amor ni el odio en todas las cosas que están ante él", como si el texto fuera אשר בכל.

El futuro se puede designar con לפנים y el pasado con אחרית, pero conforme al modo más natural de representación (véase Orelli, *Synon. der Zeit,* p. 14), el futuro es aquello que yace delante de un hombre, y el pasado aquello que está detrás. Desde ese fondo se plantea la pregunta de más importancia: ¿cuál de esas dos palabras debe aquí ser acentuada?

Si el acento recae en לפנים entonces el significado de la frase es que *todas las cosas, todos los acontecimientos, yacen delante de los hombres,* de tal forma que es Dios quien determina lo que ha de sucederles a esos mismos hombres. Este es el sentido que responde mejor al orden de las palabras y al proceso de los pensamientos del autor. Todas las posibles cosas que al hombre le acontezcan, todo lo que le sucederá está determinado por la providencia de Dios. Esa determinación no depende de la condición moral de los hombres (de que sean buenos o malos), sino de la voluntad de Dios, de tal forma que una cosa (la moralidad del hombre) no puede llevarnos a determinar con precisión la otra, es decir, su futuro, pues ese futuro no depende de la voluntad y bondad o maldad del hombre, sino de la acción de Dios.

הַכֹּל כַּאֲשֶׁר לַכֹּל מִקְרֶה אֶחָד לַצַּדִּיק וְלָרָשָׁע לַטּוֹב וְלַטָּהוֹר וְלַטָּמֵא וְלַזֹּבֵחַ וְלַאֲשֶׁר אֵינֶנּוּ זֹבֵחַ כַּטּוֹב כַּחֹטֶא הַנִּשְׁבָּע כַּאֲשֶׁר שְׁבוּעָה יָרֵא:

² Todo [acontece] de la misma manera a todos;
un mismo suceso tiene el justo y el impío;
el bueno y el limpio y el no limpio;
el que sacrifica, y el que no sacrifica;
como el bueno, así el que peca;
el que jura, como el que teme el juramento.

9, 2. Todas las cosas acontecen de igual manera a todos. Hay una misma respuesta para el justo y para el malvado, para el bueno y el puro y para el impuro, para aquel que sacrifica y para aquel que no sacrifica. Como sucede al bueno, así sucede al pecador, al que jura y al que rechaza el juramento. Es lo mismo lo que espera a todos.

Hitzig traduce: *todos son semejantes, un mismo destino sobreviene sobre ellos.* En este contexto debemos añadir la advertencia de que, haga el hombre lo que haga, todo tiene el mismo resultado, con מקרה אחד. Ciertamente la traducción del texto resulta difícil. Quizá es mejor traducir con Ewald: *todo acontece como si todo tuviera un mismo destino de muerte.*

Pero ¿por qué se empieza con la expresión innecesaria הַכֹּל כַּאֲשֶׁר לַכֹּל מִקְרֶ ה (*vanidad es todo lo que define a toda palabra/hecho*) que oscurece el despliegue del pensamiento? Tanto la LXX como Syr. y Aq. juntan el final de Ec 9, 1 y el comienzo de Ec 9, 2, y el mismo Jerónimo acepta esa forma de entender el texto traduciendo *sed omnia in futurum servantur*), de manera que para el futuro todas las cosas permanecen inseguras (lo que es הבל, vanidad, הַכֹּל כַּאֲשֶׁר לַכֹּל).

En esa línea, compartiendo la visión de Ewald y la de Knobel, Zckl. y otros, aceptamos el sistema de acentos, tal como aparece en el texto actual (הַכֹּל כַּאֲשֶׁר לַכֹּל), que es una cláusula aparentemente sin sentido, *omnia sicut omnibus*, a no ser que dividamos la palabra latina *sicut* en dos palabras (*sic* y *ut: sic ut omnibus*). Esta división produce un sentido conciso breve pregnante: *todo es así, tal como sucede a todos,* como podría formularse también en hebreo (הַכֹּל כַּ אֲשֶׁר לַכֹּל).

Todo es, según eso, igual para todos... No hay, por tanto, un tipo de experiencia y finalidad distinta entre personas: todas las cosas suceden de la misma manera y del mismo modo a todos los hombres. Los hombres se clasifican conforme a diferentes tipos: los buenos y puros se oponen a los impuros. טמא son, según eso, los manchados (cf. Os 5, 3; Ez 36, 25) en cuerpo y alma.

El autor tiene aquí presente los preceptos de la ley sobre los puros y los impuros, como muestra el contraste siguiente entre aquel que ofrece sacrificios y el que no los ofrece, es decir, aquel que no solo no ofrece sacrificios voluntarios, sino que tampoco ofrece los que son obligatorios (de forma que no es religioso según ley).

Finalmente, el texto nos pone por un lado ante aquellos que juran y, por otro, ante aquellos que no juran. En esa línea, Zac 5, 3 sitúa al que jura al lado de aquel que roba. Ciertamente, en sí mismo, el hecho de jurar no es pecado; más aún, en determinadas circunstancias (cf. Ec 8, 2) resulta incluso necesario un juramento solemne (Is 65, 16). Pero el texto de Zacarías se está refiriendo a un juramento de tipo injusto, a un juramento que no es necesario, sino que se realiza incluso para confirmar una mentira o falsedad (cf. Ex 20, 7 y también Mt 5, 34).

El orden de las palabras centrales (שְׁבוּעָה יָרֵא חטא ירא) es como el de Nah 3, 1; Is 2, 2 y Ec 5, 8. Un mismo tipo de acontecimiento vincula a todos estos hombres, aunque ellos sean de características y conductas diferentes, sin necesidad de apelar aquí a la muerte (cf. Ec 3, 19; Ec 2, 14). Las experiencias a las que alude el Kohelet no son básicamente de tipo moral, sino que se refieren a condiciones humanas. Esta igualdad de destino entre los hombres muestra la falta de interconexión entre el orden físico y el orden moral de la realidad y constituye en sí mismo y, en sus consecuencias, un elemento importante del mal.

זֶהוּ רָע בְּכֹל אֲשֶׁר־נַעֲשָׂה תַּחַת הַשֶּׁמֶשׁ כִּי־מִקְרֶה אֶחָד לַכֹּל ³
וְגַם לֵב בְּנֵי־הָאָדָם מָלֵא־רָע וְהוֹלֵלוֹת בִּלְבָבָם בְּחַיֵּיהֶם וְאַחֲרָיו אֶל־הַמֵּתִים: ⁴
כִּי־מִי אֲשֶׁר [יבחר] (יְחֻבַּר) אֶל כָּל־הַחַיִּים יֵשׁ בִּטָּחוֹן כִּי־לְכֶלֶב חַי הוּא טוֹב
מִן־הָאַרְיֵה הַמֵּת:

³ Este mal hay en todo lo que se hace bajo el sol,
que todos tengan un mismo suceso,
y también que el corazón de los hijos de los hombres
esté lleno de mal, y de enloquecimiento de corazón durante su vida;
y después la muerte.
⁴ Porque hay esperanza para todo aquel que está [aún] entre los vivos,
pues mejor es perro vivo que león muerto.

9, 3. Este es un mal que se produce en todas las cosas que existen bajo el sol, que exista un mismo suceso o resultado para todas, de tal manera que el corazón de los hombres esté lleno de maldad y locura, mientras viven y que, después de eso, vayan todos de igual forma a la muerte. Lo mismo que en Ec 9, 1, la partícula inicial זֶה se está refiriendo al *asher* que sigue, donde se despliega su sentido, aquí con *asher*, y allí con *ki*.

Esta es la peor de todas las cosas que pueden suceder (Jerónimo: *hoc est pessimum*), un mal que, según Jos 14, 15; Jue 6, 15; Cnt 1, 8, tendría que haberse expresado con las palabras בכל הרע. Ciertamente, el autor no dice que la igualdad ante el destino sea el mayor de todos los males posibles, sino que es un mal que está mezclado con todos los acontecimientos de la tierra; este es un mal que tiene consecuencias profundamente desmoralizadoras para los hombres. Aquí hay un choque entre dos visiones de la vida: (a) por un lado, está la experiencia y tarea moral de los hombres que les divide en buenos y malos; (b) por otro lado, está el destino de la muerte que les iguala a todos.

El autor repite aquí lo dicho en Ec 8, 11, pero con una referencia especial: *dado que el mal no se castiga visiblemente en el mundo*, los hombres terminan confiando en lo que hay, sin más, y se vuelven audaces en su forma de pecar. La expresión *wegam* (cf. וְגַם לֵב בְּנֵי־ הָאָדָם) se refiere a toda la cláusula a cuyo comienzo se coloca, conectando con la expresión *zeh ra'* (זֶה רָע) que está al principio del verso, mostrando el sentido del mal con todas sus posibles influencias. מלא puede ser un adjetivo (como en Jer 6, 11) con acusativo, como en Dt 33, 23.

Pero como aquí no se habla de una afirmación general, sino de un hecho, el verso está en forma finita, como en Ec 8, 11. Así Jerónimo, siguiendo a Símaco, traduce: *sed et cor filiorum hominum repletur malitia et procacitate juxta cor eorum in vita sua* (y por eso el corazón de los hijos de los hombres está lleno de malicia y perversidad, en relación con sus corazones a lo largo de su vida).

Dejando a un lado la palabra *sed* (pero) esta traducción corresponde a los acentos del texto hebreo que pone un *kadma* conjuntivo encima de (זֶה וָרָע) רע. A partir de aquí, con והו comienza, sin duda, una cláusula independiente de sustantivo "y después de eso, ellos van donde los muertos", ellos, los que han empleado su vida para realizar el mal y se han empeñado en disfrutar los placeres corporales y han buscado la seguridad en los bienes que provienen de la carne.

La mayor parte de los intérpretes (Hitz., Ew., etc.) traducen *aharav* (וְאַחֲ־ רָיו אֶל־ הַמֵּתִים:), en la línea de Jer 51, 46, de un modo adverbial y con el sufijo entendido como neutro. Ellos pasan así su vida, pero no logran vivir para el futuro, sino que vuelven al pasado de la muerte del que provienen. De esa forma, la vida del hombre malvado queda prendida en su pasado, allí donde terminan y se acaban todos los gozos y placeres que ha buscado a lo largo de su vida.

9, 4. Todo es al fin lo mismo (todos mueren igual), pero los que están unidos a todos los vivientes (אֶל כָּל־ הַחַיִּים), formando parte de ellos, tienen esperanza (יֵשׁ בִּטָּחוֹן) porque un perro vivo es mejor que un león muerto. La forma interrogativa מי אשר, *quis est qui* (quién es aquel que…) cumple aquí una función de relativo: *quisquis* (*quicunque*, cualquiera que), y puede interpretarse también en la línea de Ex 32, 33; 2Sa 20, 12, lo mismo que aquí (cf. el simple *mi* de Ec 5, 9).

El *qetub* יבחר no tiene ningún sentido posible que responda al uso normal del lenguaje. Elster lee אשר מי (¿quién tiene la suerte de…?). Pero esta traducción no tiene conexión con lo que sigue, de forma que rompe la secuencia de pensamientos. Muchos intérpretes, en oposición al *usus loq.* (uso normal del lenguaje), leen יבחר o יבחר y traducen: *¿quién es o (más correctamente) quién podrá ser exceptuado?* Otros traducen: ¿a quién habrá que preferir:a los vivos o a los muertos? El verbo בחר significa escoger, elegir, seleccionar. Y la elección puede tomarse como excepción o como preferencia. Pero, en sí mismo, ese verbo no significa elegir ni preferir.

Todos los intérpretes antiguos prefieren el *keré* (יְחֻבַּר) y el Syr. traduce de un modo correcto palabra por palabra: *para todos aquellos que están unidos con los vivientes existe esperanza.* Esta traducción es más probable que la de Símaco (¿quién continuará viviendo siempre?) y la de Jerónimo (*nemo est qui semper vivat et qui hujus rei habeat fiduciam,* no hay ningún hombre que viva para siempre y que tenga esta confianza).

En esa línea, podemos seguir preguntando *¿quién es el que está unido con el todo,* con la vida absoluta, es decir, con el conjunto de todos los vivientes? : אֶל כָּל־ הַחַיִּים ¿Quién puede mantenerse unido a todos ellos? La expresión יֵשׁ בִּטָּ no se conecta de forma fácil y directa con estas dos últimas traducciones. Por eso nos parece más correcta la que hemos adoptado: *solo aquel que es recibido en comunión con Dios (con todos los vivientes) puede tener esperanza de alcanzar la vida plena (en la eternidad).* El verdadero significado de conjunto del texto es el siguiente: *solo aquellos que estén siempre unidos (por nacimiento o por preservación de vida) con todos los seres vivientes, sean ellos los que fueren, podrán tener plena confianza, esperanza y alegría.* Y así se puede seguir diciendo que *un perro vivo es mejor que un león muerto.*

Símaco traduce: κυνὶ ζῶντι βέλτιόν ἐστιν ἤ λέοντι τεθνηκότι (perro vivo es mejor que león muerto) y Rosenm., Herzf. y Grtz. aprueban esa traducción, porque *un león muerto no es ni bueno ni malo* (véase, sin embargo, Ec 6, 5), aunque para tener ese sentido, las palabras deberían haber sido: *chĕlĕv hai tov lo min ha'aryēh hammeth*; un perro vivo es mejor que un león muerto; eso significa que mejor es un animal inferior que vive que un animal más noble pero muerto.

El perro a quien la Biblia solo presenta con cierta dignidad como perro de pastor (Job 30, 1), aparece en el conjunto de la Escritura como bestia inmunda y voraz, vagando en el entorno, sin un dueño. Así entendido, el perro es en la Biblia un signo de algo de baja condición, despreciable (cf. 1Sa 17, 43, véase también "cabeza de perro", 2Sa 38; perro muerto, 1Sa 24, 15; 2Sa 9, 8; 2Sa 16, 9). Por el contrario, el león aparece como rey o según dice Agur (Pr 30, 30): *como el héroe entre los animales.* Pero cuando muere pierde toda dignidad y fuerza, por eso es preferible la existencia de un perro vivo sobre un león muerto.

Kohelet, que en otros lugares prefiere la muerte y la no existencia a la vida (Ec 4, 2; Ec 7, 1), parece que ha caído aquí en contradicción consigo mismo. En ese sentido, en otros lugares, toma la vida como una experiencia infeliz, mientras que aquí la mira como un bien que ofrece la posibilidad de gozar. Desde la perspectiva de Kohelet, no es posible encontrar un adecuado punto medio entre la tristeza de este mundo y el placer vinculado a la búsqueda de sentido de su vida. De todas formas, aunque postule la posibilidad de una retribución eterna, Kohelet se muestra incapaz de describirla y anticiparla, yendo más allá de la vida sin consuelo del Hades.

5 כִּי הַחַיִּים יוֹדְעִים שֶׁיָּמֻתוּ וְהַמֵּתִים אֵינָם יוֹדְעִים מְאוּמָה וְאֵין־ עוֹד לָהֶם שָׂכָר כִּי נִשְׁכַּח זִכְרָם:

6 גַּם אַהֲבָתָם גַּם־ שִׂנְאָתָם גַּם־ קִנְאָתָם כְּבָר אָבָדָה וְחֵלֶק אֵין־ לָהֶם עוֹד לְעוֹלָם בְּכֹל אֲשֶׁר־ נַעֲשָׂה תַּחַת הַשָּׁמֶשׁ:

⁵ Porque los que viven saben que morirán;
pero los muertos nada saben, ni tienen más paga;
porque su memoria es puesta en olvido.
⁶ Aun su amor, y su odio y su envidia, fenecieron;
ni tienen ya más parte en el siglo,
en todo lo que se hace debajo del sol.

9, 5-6. La certeza final de los vivos es que han de morir. Este es su conocimiento más hondo. Solo saben de verdad que han de morir, pero al menos saben algo, y ese conocimiento es para ellos signo de vida. Los muertos en cambio no conocen nada y no tienen ni siquiera recompensa posible, porque su memoria ha perecido, y con ella han perecido ellos.

La descripción de los muertos empieza siendo sarcástica y después recibe tonos de elegía. Ellos no tienen recompensa en este mundo superior de la tierra, porque muy pronto quedan olvidados, como si no hubieran existido, pues no hicieron nada digno de ser recordado. Parece que el Kohelet, desde su perspectiva cargada de nubes oscuras, puede suponer que, incluso Dios, ha olvidado a los muertos (cf. Job 14, 13). El olvido se define así como "no Dios", como muerte pura y total, sin que quede experiencia ninguna de nada del pasado.

El sufijo de אַהֲבָתָם שִׂנְאָתָם קִנְאָתָם tiene un sentido subjetivo, propio de algo que ha pasado ya, de forma que los muertos no son objeto de amor, de odio o de envidia, pues esos mismos afectos han cesado para ellos (Rosenmeyer, Hitzig, Zckl., etc.). Los muertos, como tales, son los que se han ido absolutamente, pues no forman parte de la historia que se desarrolla en la parte superior de la tierra. En esa línea, los muertos están privados no solo de conocimiento, sino de sentimientos y deseos.

Esta representación del estado de vida de los muertos carece de todo consuelo. Porque en otros lugares se nos dice que los hombres que han vivido en el mundo siguen teniendo una tumba, es decir, continúan teniendo en el Sheol un tipo de vida de sombra, de manera que aparecen como *rephaim* (Is 14, 9, etc.), manteniéndose de alguna forma debajo del mundo superior separados del amor y la alabanza de Dios (Sal 6, 3; Sal 30, 10), en un tipo de vida que carece de toda perspectiva de futuro (Job 7, 7; Job 14, 6-12; Job 18, 11-13), vida en la oscuridad, como sombras.

Eso significa que, en el Hades, el alma, aunque no haya sido aniquilada, sino que se mantiene en un sueño perpetuo, se encuentra en estado de muerte (al igual que el cuerpo en la tumba). Entendida así, la muerte no es una aniquilación completa de la individualidad, de manera que en el conjunto del Kohelet, en el fondo de la muerte, podemos hallar un rayo de luz.

El libro posterior de la Sabiduría de Salomón, que distingue entre un estado de bienaventuranza y un estado de miseria que sigue a la muerte, ha sobrepasado en este plano al libro canónico del Kohelet. En vano intentan mitigar algunos tárgumes, como el Midrash y los antiguos intérpretes cristianos, lo que aquí se dice de los muertos, aplicándolo solo a los muertos malvados.

En una línea distinta, otros intérpretes toman el Kohelet como una introducción o preparación del discurso de los ateos (como hace, por ejemplo, Oetinger), y piensan que este libro ha nacido de una monstruosa autodecepción del autor (cf. Ec 9, 7), añadiendo que el conjunto del libro puede tomarse como la voz del espíritu (Hengst.), oponiéndose a la voz de la carne (queriendo de alguna forma superarla).

Pero la explicación es más sencilla. El Kohelet no hace aquí nada más que expresar —de una forma especialmente rugosa y áspera— la visión de la muerte y del Hades que es predominante en el A.T. La revelación bíblica ha permitido que permanezca y se mantenga en la Biblia esta forma de entender la muerte, pero teniendo al mismo tiempo en cuenta que, con el avance del tiempo, *la conciencia religiosa ha tendido de una forma cada vez más decidida hacia la conclusión de que el hombre que está unido plenamente a Dios alcanzará (conservará) un tipo de vida.*

En esa línea, tras la introducción del pecado en el mundo, la vida del hombre en Dios solo podrá alcanzarse superando este tipo de vida presente, es decir, a través de una unión más perfecta con Dios que incluya —y al mismo tiempo supere— el destino de la muerte. Es como si Dios, asumiendo el destino de muerte de los hombres, pudiera superarlo con su propia vida (como supone la experiencia cristiana de la resurrección de Jesús, que el Kohelet no ha podido asumir ni formular aún).

La confusión sobre el Hades, propia del A.T., que vemos aquí en el Kohelet, permanece todavía en el libro de Ben Sirach, donde sigue proyectando sus sombras más profundas (Sir 17, 22s.). Solo más adelante, por vez primera, el N.T. superará esa confusión e inclinará la balanza a favor de una visión de la muerte desde la perspectiva de la luz, es decir, de la vida de Dios. En esta historia de las ideas de la eternidad, moviéndose hacia adelante, hacia la visión del N.T., en medio de una serie de grandes fluctuaciones, ocupa un lugar importante Kohelet. Ciertamente, el intérprete cristiano no puede allanar ni ocultar las imperfecciones de un autor como Kohelet que fue incapaz de superar su pesimismo.

Kohelet solo ha podido superar parcialmente ese pesimismo a través de un tipo de eudemonismo propio de esta tierra sin conocer una vida futura (y sin desearla, como hacen algunos pesimistas modernos). A diferencia de ellos, el Kohelet recomienda un gozo agradable de (en) la vida presente, en la medida en que eso sea moralmente posible.

7 לֵךְ אֱכֹל בְּשִׂמְחָה לַחְמֶךָ וּשֲׁתֵה בְלֶב־טוֹב יֵינֶךָ כִּי כְבָר רָצָה הָאֱלֹהִים אֶת־מַעֲשֶׂיךָ׃

8 בְּכָל־עֵת יִהְיוּ בְגָדֶיךָ לְבָנִים וְשֶׁמֶן עַל־רֹאשְׁךָ אַל־יֶחְסָר׃

[7] Anda, y come tu pan con gozo, y bebe tu vino con alegre corazón;
para que tus obras sean agradables a Dios en este tiempo.
[8] En todo tiempo serán blancos tus vestidos,
y nunca faltará ungüento sobre tu cabeza.

9, 7. *Para que tus obras sean agradables a Dios / porque Dios acepta ahora tus obras.* De estas dos formas puede traducirse este pasaje. Hengstenberg percibe en este verso y en los siguientes el contrapunto de los valores espirituales de la vida. Por el contrario, Oetinger y Mendelssohn descubren también aquí, por primera vez, de un modo recto, la expresión de un pensamiento epicúreo. Pero, de hecho, este pasaje lleva, de principio a fin, la nota distintiva del lenguaje más propio del autor, su *ceterum censeo*, ofreciendo un resumen de todo lo anterior, un tipo de conclusión de pensamiento ya formulado.

Esos pensamientos pueden recapitularse como sigue: *hay un mismo destino, un acontecimiento final que es el mismo para todos los seres humanos*, sin que pueda darse distinción entre unos y otros, por razón del carácter o condición moral de cada uno. Este es un descubrimiento conflictivo, es decir, peligroso, maléfico, pues inclina a los hombres a la maldad, a la cortedad de mente, como si todo valiera lo mismo en este mundo. Pero, bien entendido, este descubrimiento de la superioridad de Dios sobre las obras de los hombres ofrece un principio de nueva y más alta revelación de vida.

El camino de todos, sin distinción alguna, conduce a la muerte, y en ella acaban y se superan (se niegan) todos los demás principios y proyectos de vida, porque solo los vivientes (los que están vivos en el mundo), pueden tener un espíritu gozoso, un espíritu activo. Ciertamente, en un sentido, los seres vivos de condición más baja (como el perro) tienen un valor más grande que los muertos nobles (como el león), pues la muerte es el fin de todo conocimiento y de todo sentimiento, porque corta y anula la vida de todos los vivientes bajo el sol.

El mismo Dios, a quien debemos la vida, se goza de que nosotros gocemos dentro de los límites morales que él mismo ha prescrito, porque esta limitación viene dada según su mandato y ha sido aprobada por él. De un modo incorrecto, Tárg., Rashi, Hengst., Ginsb. y Zckl. explican el texto así: *porque tu conducta moral y tu esfuerzo han complacido a Dios desde hace tiempo.* En contra de eso, con Grotius y otros, debemos traducir: *quia Deus favet laboribus tuis h.e. eos ita prosperavit, ut cuncta quae vitam delectant abunde tibi suppetant* (porque Dios favorece tus trabajos, de forma que te acontezcan aquellos que alegran tu vida).

Este pensamiento responde plenamente a la línea de las reflexiones de Kohelet, porque a su juicio el fruto y el gozo del trabajo es un don que viene de arriba, como sabemos por Ec 2, 24; Ec 3, 13, etc. Esto es, conforme a la visión del Kohelet, lo que Dios quiere para los hombres, porque él ha puesto el sello de su aprobación sobre el gozo que ellos encuentran en la comida y también en la bebida con alegre corazón. Todo conduce en un sentido a la muerte; pero todo tiene, en otro sentido, al mismo tiempo, un gran valor porque el hombre puede alcanzar un tipo de satisfacción muy honda por sus obras sobre este mismo mundo.

Esta razón "teológica" no es solo una llamada al placer, una invitación a la alegría, sino que constituye una consagración (santificación) del gozo humano. Si la voluntad de Dios es que gocemos la vida, resulta evidente que debemos gozarla como él quiere que hagamos. El premio y gozo de Dios es nuestra misma alegría.

9, 8. *Que en todo tiempo sean blancos sus vestidos, que nunca falte ungüento en tu cabeza.* Los vestidos blancos están aquí en contraste con los negros de luto, siendo así expresión de la alegría festiva y de la felicidad a la que Dios nos llama en la vida. El negro y el blanco son, para los antiguos, colores simbólicos, signo de la tristeza y la alegría, y ellos responden a la luz (blanco) y a la oscuridad (negro).[11] *Más allá de la dualidad moral* (bien y mal), plantea y expone aquí el Kohelet el motivo vital del gozo y la tristeza, de la alegría y la pena.

11. Así dice *Shabbath* 114a: "No me entierres con color blanco ni con negro, porque quizá yo no sea uno de los bienaventurados, de manera que aparezca como un novio de boda entre plañideras. Ni me entierres con color negro, porque quizá yo puedo ser uno de los bienaventurados, y no quiero aparecer como plañidero en medio de novias". Así dice *Semachoth* ii.:10: "A los que no forman parte de la congregación no se les entierra con solemnidad. Pero sus hermanos y parientes lleven velos blancos", cf. *Joma* 39b. También el blanco es el color de la inocencia, mientras que según *Shabbath* 153a, y el *Midrash* de Pr 16, 11 el negro es color de culpa (cf. *Kiddushin* 40a, etc.).

En un sentido, en reflexiones anteriores, Kohelet ha puesto de relieve la prioridad de la tristeza (mejor es entrar en casa de luto que en casa de fiesta…), pero ahora, de un modo lógico y consecuente, invierte esa valoración insistiendo en el gozo como "prueba" del sentido de la vida, de la acción positiva de Dios.

En esa línea, el aceite perfumado es, según Pr 27, 9 una de las cosas que alegran el corazón. Tristeza y unción con perfume se excluyen mutuamente (2Sa 14, 2), mientras que alegría y perfume están en relación muy estrecha (cf. Sal 45, 8; Is 61, 3). El perfume suaviza el cabello y hace que brille el rostro (cf. *Coment.* Sal 104, 15). Nunca debe faltar unción, perfume de vida en la cabeza (וְשֶׁמֶן עַל־רֹאשְׁךָ), de forma que el hombre pueda mantener sin interrupción su felicidad.

⁹ רְאֵה חַיִּים עִם־ אִשָּׁה אֲשֶׁר־ אָהַבְתָּ כָּל־ יְמֵי חַיֵּי הֶבְלֶךָ אֲשֶׁר נָתַן לְךָ תַּחַת הַשֶּׁמֶשׁ כָּ
ל יְמֵי הֶבְלֶךָ כִּי הוּא חֶלְקְךָ בַּחַיִּים וּבַעֲמָלְךָ אֲשֶׁר־ אַתָּה עָמֵל תַּחַת הַשָּׁמֶשׁ:
¹⁰ כֹּל אֲשֶׁר תִּמְצָא יָדְךָ לַעֲשׂוֹת בְּכֹחֲךָ עֲשֵׂה כִּי אֵין מַעֲשֶׂה וְחֶשְׁבּוֹן וְדַעַת וְחָכְמָה בִּשְׁאוֹ
ל אֲשֶׁר אַתָּה הֹלֵךְ שָׁמָּה:

⁹ Goza la vida con una mujer que amas,
todos los días de vida de vanidad,
que te son dados bajo del sol;
porque esta es heredad en la vida,
y en el trabajo en que trabajas bajo del sol.
¹⁰ Todo lo que te viniere a la mano para hacer,
hazlo con [todas] tus fuerzas;
porque en el sepulcro donde vas, no hay obra,
ni industria, ni ciencia, ni sabiduría.

9, 9. *Goza la vida con una mujer a la que amas.* Muchos comentaristas traducen: "Goza la vida con *la mujer* a la que amas", pero Kohelet no dice האשה (*la mujer*, con artículo), sino אשה (simplemente "mujer", *una mujer*) y, por otra parte, no utiliza la palabra חיים (vida sin más), sino החיים (vida, con artículo), lo cual es significativo. Esta frase pone de relieve la felicidad que implica compartir la vida con una mujer (que no aparece necesariamente como esposa, en sentido legal).

Esa frase invita a experimentar lo que significa convivir con una mujer; a conocer la felicidad que supone compartir la vida con aquella a quien amas (Jerónimo: *quaecunque tibi placuerit feminarum*, con aquella mujer a la que amares, עִם־ אִשָּׁה אֲשֶׁר־ אָהַבְתָּ). Esta expresión pone de relieve la posibilidad de escoger a la mujer a la que amas, superando de esa forma la visión crítica del sexo femenino (cf. Ec 7, 26-28), pues aquí viene a ponerse de relieve el punto de vista *eudemonista* de la vida, insistiendo en el amor, no en el placer, a diferencia de lo que decía Ec 1-2.

La designación temporal (con acusativo): "todos los días de tu vida de vanidad", es decir, de tu vida/vanidad (כָּל־יְמֵי חַיֵּי הֶבְלֶךָ) es la misma que aparece en Ec 6, 12 (cf. Ec 7, 15). Aquí repite la fórmula "en todos los días de tu vanidad". La primera vez dice כָּל־יְמֵי חַיֵּי הֶבְלֶךָ; en la segunda se dice כָּל יְמֵי הֶבְלֶךָ, omitiendo solo la expresión חַיֵּי. Posiblemente se trata de una repetición innecesaria (por eso se ha omitido en la LXX, Tárg. y Syr.), lo mismo que en Sal 45, 5. Quizá no es más que una diptografía o repetición mecánica del copista.

De todas formas, Hitzig ha dado mucho énfasis a esta repetición, pues ella se refiere a *los días que Dios* (הָאֱלֹהִים, cf. Ec 9, 7) te ha concedido bajo el sol. La partícula *hu* en Ec 9, 9 (כִּי הוּא חֶלְקֶךָ) se introduce por atracción de חֶלְקֶךָ (Jerónimo: *haec est enim pars*), lo mismo que en Ec 3, 22; Ec 5, 17, cf. Ec 7, 2. Sea como fuere, aceptándose o rechazándose la repetición de esas palabras, es evidente que el gozo, especialmente el gozo con la mujer, forma parte de la vida y del trabajo que tú debes realizar bajo el sol.

Este es un tema que aquí queda abierto y que, sin embargo, ha sido desarrollado en el Cantar, que encuentra aquí su anclaje en Kohelet. Este es el gozo real que tú puedes y debes asumir (poner de relieve y cultivar) a lo largo de los días de tu vida en vanidad bajo el sol. El gozo no es un hecho sin más, que se canta, es un mandato, un deber que responde a la creación de Dios, esto es, a la experiencia originaria de la vida. Sin esta experiencia (camino y mandato de amor, mirada aquí desde el varón) pierde su sentido el conjunto (el despliegue) de vida de Kohelet.

9, 10. *Todo lo que te viniere a la mano para hacer, hazlo con [todas] tus fuerzas; porque en el sepulcro, adonde tú vas, no hay obra, ni industria, ni ciencia, ni sabiduría.* Ciertamente, el autor no recomienda ningún *dolce far niente* (dulce hacer nada), una vida de vagancia, sin utilidad, sin provecho, sino justamente lo contrario. Quiere que el hombre se dedique a una obra útil. *Junto a la vida con su mujer, el gozo del hombre es su trabajo*, que no es castigo (con el sudor de tu frente, como en Gn 2-3), sino que es principio de identidad y de felicidad.

El hombre no es simple frente que suda por el trabajo, sino "mano que hace", que expresa y despliega su sentido "realizando cosas" que no son externas a él, sino que le definen. Así dice Kohelet: "lo que encuentres a tu mano para hacerlo, hazlo con fuerza" (כֹּל אֲשֶׁר תִּמְצָא יָדְךָ לַעֲשׂוֹת בְּכֹחֲךָ עֲשֵׂה). En ese sentido, el ser humano no es solo lo que ama (con su mujer), sino lo que hace (hombre o mujer) con su fuerza, בְּכֹחֲךָ. El hombre deviene así liberado para pensar/hacer, y en el fondo para hacerse.

En esa línea, ofrece Kohelet su más honda definición del ser humano, entendido como alguien que puede hacer y hace cosas, haciéndose a sí mismo, porque esa es su/tu obra y función y conocimiento y sabiduría, מַעֲשֶׂה וְחֶשְׁבּוֹן וְדַעַת וְחָכְמָה (cf. 1Sa 10, 7; Lv 12, 8). Esta es una de las formulaciones esenciales no solo de la

Biblia, sino de toda la cultura de la humanidad. El hombre se define por lo que hace, lo que hacen sus manos; esa es no solo su obra, sino su función-conocimiento-sabiduría. El hombre es (sabe, conoce) lo que hace.

La forma de acentuar el texto resulta ingeniosa. Si el autor quisiera decir "hazlo con todo tu poder (Jerónimo: *instanter operare*), debería haber escrito *bechol-kohhacha* (Gn 31, 6). Tal como están escritas y acentuadas en el texto actual, las palabras quieren decir "no te quedes corto en las obras que puedes realizar en la medida de tu fuerza, tensando hasta el máximo, llevando hasta el fin tus capacidades de acción". El hombre está hecho para hacer-hacerse (es un sentido que Pablo ha discutido y querido superar en Gálatas y Romanos, insistiendo en la gracia sobre las obras).

Sea cual fuera el sentido más hondo de este "mandato" (todo lo que puedas hacer, hazlo...), Ec 9, 10b, pone de relieve su razón: en el lugar al que vas (*iturus es*) no hay obra, trabajo, conocimiento ni sabiduría (véase Baer, en Abulwald, *Rikma*, p. 119, nota 2), pues cesa allí para siempre el conocer y hacer de los hombres.

Esta es, pues, la conclusión: goza aquí en el mundo, pero no dejes de trabajar antes de que llegue la noche, cuando ya no puedas realizar obra ninguna. De esa forma habló Jesús (Juan 9), pero de un modo diferente al Kohelet. La noche al que alude el Kohelet es la terminación de la presente vida. Entonces no habrá ya más acción en este mundo, pues habrá cesado todo lo que se hace, habrá terminado sin alcanzar sentido alguno.[12]

9, 11-12. No son calculables los resultados ni la duración de la vida

Estos versos ofrecen otra reflexión vinculada de algún modo a los motivos anteriores sobre los resultados (el éxito) de la vida, un tema que se relaciona de un modo especial con la Sabiduría.

11 שַׁבְתִּי וְרָאֹה תַחַת־הַשֶּׁמֶשׁ כִּי לֹא לַקַּלִּים הַמֵּרוֹץ וְלֹא לַגִּבּוֹרִים הַמִּלְחָמָה
וְגַם לֹא לַחֲכָמִים לֶחֶם וְגַם לֹא לַנְּבֹנִים עֹשֶׁר וְגַם לֹא לַיֹּדְעִים חֵן כִּי־עֵת וָפֶגַע
יִקְרֶה אֶת־כֻּלָּם:

12 כִּי גַּם לֹא־יֵדַע הָאָדָם אֶת־עִתּוֹ כַּדָּגִים שֶׁנֶּאֱחָזִים בִּמְצוֹדָה רָעָה וְכַצִּפֳּרִים הָאֲחֻזוֹת
בַּפָּח כָּהֵם יוּקָשִׁים בְּנֵי הָאָדָם לְעֵת רָעָה כְּשֶׁתִּפּוֹל עֲלֵיהֶם פִּתְאֹם:

12. Este pasaje puede compararse con el final de 1Co 13 (canto al amor) donde, recorrido el camino, se dice que llega el amor "cara a cara", pues conoceremos como somos conocidos (nota del traductor).

> [11] Me volví y vi bajo el sol,
>
> que no es de los ligeros la carrera,
>
> ni la guerra de los fuertes,
>
> ni aun de los sabios el pan,
>
> ni de los prudentes las riquezas,
>
> ni de los elocuentes la gracia;
>
> sino que tiempo y ocasión acontece a todos.
>
> [12] Porque el hombre tampoco conoce su tiempo.
>
> Como los peces que son presos en la mala red,
>
> y como las aves que se prenden en lazo,
>
> así son enlazados los hijos de los hombres en el tiempo malo,
>
> cuando cae de repente sobre ellos.

9, 11. *Me volví y vi bajo el sol que la carrera no la ganan los sabios.* El caso más parecido al del comienzo de este verso (שַׁבְתִּי וְרָאֹה) *me volví y vi* es Ec 8, 17. En lugar de *redii et videndo quidem rursus vidi* (me volví y virando nuevamente vi…, cf. Ec 8, 9 y también Ec 9, 1), tenemos en Ec 4, 1 la expresión más simple de *redii et vidi* (me volví y vi).

En este verso se repite cinco veces la partícula "no", no para negar algo que parece obvio (no ganan los ligeros la carrera, ni los fuertes la guerra, etc.), sino para indicar que hay algo por encima de las habilidades o capacidades de los hombres. La victoria no la ganan los rápidos (con מרוץ, masculino, en vez de מרוצה, que aparece solo aquí); la rapidez de los veloces no es garantía de que ellos lograrán alcanzar la meta.

Lutero traduce este proverbio de un modo libre: *das zu laufen nicht hilft schnell sein* (el hecho de correr no implica ser rápido o ganar la carrera, sino que la ganancia pertenece a la ayuda del Señor). Por su parte, la victoria en la guerra no la consiguen los héroes (valientes, *gibborim*, cf. 1Sa 17, 47), solo Dios la concede (cf. Sal 33, 16).

De un modo semejante, el hecho de ganar (conseguir) mucho pan, riquezas o favores (influencia, reputación) no depende de la sabiduría, de la prudencia, del conocimiento de uno mismo; al contrario, el hecho de alcanzar o no alcanzar esas metas depende de tiempos y circunstancias que están fuera del control del hombre, pues, en último término, están condicionados por Dios (cf. Ro 9, 16).[13]

El éxito al que se refiere este pasaje está determinado por el tiempo y el destino, pues depende de Dios y resulta inexplicable para los hombres. De un modo característico, este pasaje comienza poniendo de relieve una especie de

---

13. El texto de Jer 9, 22 no puede entenderse en este sentido, como quiere Bernstein, pues se sitúa en un contexto diferente.

supuesta superioridad de algunos (cf. fuertes, sabios, prudentes, elocuentes...) para negarla después, pues todo depende en otro plano más hondo del tiempo propicio y de las circunstancias, como muestran y dicen de formas diversas Ec 9, 1; Ex 36, 4; Est 1, 13, etc.

Este es el tema de fondo de los cantos de mujeres de la Biblia (Myriam en Ex 15; Ana en 1Sa 2; María, en Lc 1). Pero tanto Myriam como Ana y María ponen de relieve la intervención directa de Dios que ayuda a los pobres, mientras que el Kohelet insiste, de un modo más reservado, en el tiempo y en las circunstancias, sin apelar directamente a la acción de Dios que ayuda a los pobres.

En este contexto se habla del tiempo, עֵת, entendido como una circunstancia muy especial que marca de manera poderosa el éxito o la falta de éxito de las tareas de fondo de la vida humana en las que Dios influye de una manera que los hombres no pueden entender. Esta limitación del hombre que, a pesar de todos sus esfuerzos, no logra conocer el sentido de sus esfuerzos y la meta de su vida, depende de su limitación, esto es, del hecho de que no es dueño y señor de su propia vida.

9, 12. *Porque el hombre tampoco conoce su tiempo. Como peces presos en la red, y aves prendidas del lazo... así son los hombres cuando llega para ellos el tiempo malo.* Esta es la razón de su desventura: el hombre no conoce su tiempo ni su circunstancia. En este contexto, se repiten estas dos imágenes fundamentales: como peces atrapados en la red, como pájaros caídos en un lazo.

Las partículas גַּם כִּי no están aquí conectadas de un modo tan preciso como en Ec 4, 14, pero el tema de fondo es claro: el hombre no es señor de su tiempo, ni dirigente absoluto de su persona y de su vida. Tiene que obrar, como ha mostrado el verso anterior, pero no es "dueño" (responsable absoluto, agente total) de sus obras, a pesar de que algunas veces lo parezca, porque el tiempo propicio puede cambiar rápidamente.

El hombre tiene que obrar, y su obra le define. Pero no es dueño absoluto de lo que hace, ni responsable total de su destino, pues hay circunstancias que definen su vida y pueden cambiar rápidamente, como muestra la comparación con los peces que se movían con toda libertad por el agua hasta que, en un momento dado, de repente, quedan prendidos, apresados por la red del pescador.

De un modo semejante, de pronto, puede caer sobre los hombres un tipo de catástrofe como la que sobreviene también a las aves que caen en una trampa. En el fondo, estas dos imágenes (pez inmovilizado en una red, ave presa en una trampa) resultan conocidas en el entorno de Israel desde tiempos antiguos, como puso de relieve el profeta Habacuc 1, 14.

De forma particular, se suele poner de relieve la imagen de los pájaros (צִפֳּרִים) que destacan por su debilidad, de manera que suelen presentarse también como símbolos de ternura o debilidad en el amor. En este contexto, los hombres no pueden presentarse como dueños de su destino, sino que están en manos de tiempos y de circunstancias que les amenazan.

La segunda parte del verso comienza con כהם, como peces y pájaros en riesgo de caer en red o trampa son los hombres (כְּהֵם יוּקָשִׁים בְּנֵי הָאָדָם לְעֵת רָעָה), y así caen en los tiempos malos. Da la impresión de que todo este pasaje está evocando el riesgo de una gran catástrofe que puede caer sobre los hombres, una catástrofe que no es simplemente la guerra e invasión, como en los textos clásicos de la literatura apocalíptica (cf. Daniel), sino otro tipo de calamidades y riesgos. El hombre aparece en esta línea como un viviente que corre el peligro de caer pescado en una red, cazado en una trampa, bajo peligros de tipo indeterminado que puedan sobrevenir y destruirle. Como peces y pájaros, así son pescados-cazados los hombres en tiempos de infortunio.

5. Desarrollo posterior, con proverbios incluidos (Ec 9, 13 – 10, 11)

¹³ גַּם־ זֶה רָאִיתִי חָכְמָה תַּחַת הַשָּׁמֶשׁ וּגְדוֹלָה הִיא אֵלָי:

¹⁴ עִיר קְטַנָּה וַאֲנָשִׁים בָּהּ מְעָט וּבָא־ אֵלֶיהָ מֶלֶךְ גָּדוֹל וְסָבַב אֹתָהּ וּבָנָה עָלֶיהָ מְצוֹדִים גְּדֹלִים:

¹⁵ וּמָצָא בָהּ אִישׁ מִסְכֵּן חָכָם וּמִלַּט־ הוּא אֶת־ הָעִיר בְּחָכְמָתוֹ וְאָדָם לֹא זָכַר אֶת־ הָאִישׁ הַמִּסְכֵּן הַהוּא

¹³ También vi esta obra de la sabiduría bajo el sol,
la cual es importante (grande):
¹⁴ una pequeña ciudad, y pocos hombres en ella;
y viene contra ella un gran rey, y la cerca,
y edifica contra ella grandes baluartes;
¹⁵ y se halla en ella un hombre pobre, sabio,
el cual libra la ciudad con su sabiduría;
y nadie se acordaba de aquel pobre hombre.

Con las palabras "también yo vi" (גַּם־ זֶה רָאִיתִי), Kohelet introduce un hecho que ha observado: que no siempre un hombre de sabiduría es honrado como conviene, ni ocupa un lugar importante en la sociedad. Desde ese fondo, narra una experiencia que muestra la poca importancia que se concede a un hombre sabio, a pesar del carácter extraordinario que produce su obra.

9, 13. *He contemplado una obra de sabiduría que me ha parecido importante...* El traductor Véneto interpreta de forma equivocada: *también he visto esto: sabiduría bajo el sol...* Del mismo modo traduce Hitzig que lee* זה *en neutro, como en Ec 7, 27. No hay razón ninguna para dividir (romper) la sentencia que narra la experiencia siguiente. Pues bien, esa partícula *zoh*, זֹה, está conectada con *hhochmah* (גַּם־זֶה רָאִיתִי חָכְמָה), pero no en la forma en que Lutero traduce: "Yo he visto también esta sabiduría", pues ello hubiera exigido que las palabras fueran חָכְמָה זֹאת, con un texto como el que supone Jerónimo cuando traduce: *hanc quoque sub sole vidi sapientiam* (esta sabiduría he visto...).

El caso que Kohelet cuenta a continuación sirve para poner de relieve la grandeza de la sabiduría cuando actúa en el mundo. Este es un texto que puede compararse con Esther 10, 3 donde a Mardoqueo se le llama "grande entre los judíos", a los que salva con su sabiduría a través de Ester.

Pues bien, en nuestro caso, lo que es grande es la misma Sabiduría, no un hombre como Mardoqueo. Así dice Kohelet que la sabiduría que se le ha mostrado ha sido grande para él: וּגְדוֹלָה הִיא אֵלָי (con אֵלַי, en el mismo sentido que en otros lugares donde se dice בְעֵינֵי o לְפָנֵי). A partir de aquí, cuenta Kohelet la experiencia que sigue, una experiencia que aparece, sin embargo, con rasgos luminosos y oscuros: una sabiduría que resuelve un gran problema y que, sin embargo, solo recibe ingratitud como respuesta.

9, 14-15. Había una pequeña ciudad con pocos habitantes, y vino un gran rey para luchar en ella, levantando grandes baluartes... Pero había en ella un hombre pobre y sabio que logró salvar la ciudad con su sabiduría, aunque nadie había pensado en él. En la introducción de este libro he presentado ya lo que se puede decir históricamente de este hecho (ciudad sitiada y salvada por un hombre pobre, en quien nadie se había fijado).

El gran rey que viene a luchar contra la ciudad es probablemente un monarca asiático, un rey persa. Jerónimo traduce al pie de la letra: *civitas parva et pauci in ea viri, venit contra* (una ciudad pequeña y en ella pocos varones, vino contra ella...). Primero se presenta el tema, luego el predicado. Primero se cita el objeto (la ciudad que un rey quiere tomar); luego se cuenta lo que sucedió con ella. La estructura de la sentencia es fundamentalmente la misma que la de Sal 104, 25.

La expresión וּבָא־אֵלֶיהָ מֶלֶךְ גָּדוֹל (vino contra ella un rey grande) puede utilizarse para aludir a cualquier ciudad y a cualquier rey que quiere conquistar una ciudad, con las mismas palabras que se utilizan en Gn 32, 9 para aludir a una invasión militar hostil. El tema del asedio de la ciudad y del ataque militar contra ella se suele indicar con עַל, como en 2Re 16, 5; Is 7, 1.

Dos códices de la colección de Rossi ponen מצורים en vez de מְצוֹדִים, pero este es un error de transcripción. El plural de מצור es femenino (cf. Is 29, 4). Esa palabra, מצודים, como en Ec 7, 26, es plural de מצוד (de צוד, estar al acecho, sitiar). Aquí, como en los demás lugares, בחן y דיק se refieren a las torres de asedio edificadas sobre el suelo en la misma muralla con el fin de vigilar la ciudad sitiada y luego poder asaltarla.

Las palabras siguientes בה ומצא, han sido traducidas por Syr., Jerónimo, texto árabe y Lutero: *se encontró en ella*. La mayoría de los intérpretes explican el texto vinculándolo con Ec 1, 10, יאמר (alguien del que se puede decir). Pero la expresión con מץ (וּמָצָא בָהּ אִישׁ) está evocando solo el hecho de que unos posibles superiores (hombres más importantes de la ciudad) encontraron en la ciudad a un hombre pobre pero sabio que frustró el intento del rey poderoso que quería asaltarla y conquistarla. A este hombre se le llama simplemente חכם, identificándole con el *miskēn* del que hablan otros textos de Sabiduría (cf. 2Cr 2, 13).

Amenazada por el poderoso rey asaltante, con el cual no podía entrar en batalla, la pequeña ciudad abandonada por los hombres que podían llevar armas en ella se encontró en el mayor de todos los apuros, pero cuando todo se podía dar ya como perdido, fue salvada por la sabiduría de un pobre (quizá de un modo semejantes al de la ciudad de *Abel-beth-maacha*, 2Sa 20, salvada por la sabiduría de una mujer).

Pues bien, una vez realizada su obra (salvada la ciudad), este pobre sabio vino a ser de nuevo apartado del poder, de manera que nadie se acordó de él, y no fue recordado más como salvador de la ciudad. Seguía siendo pobre y así permaneció, como dice el proverbio: *pauper homo raro vivit cum nomine claro* (hombre pobre raramente tiene un nombre preclaro).

Hengst. afirma que ese hombre pobre con sabiduría es el pueblo de Israel, que puede salvar a la humanidad. Así generaliza Wangemann (1856) este pasaje entendiéndolo como parábola: "La ciudad sitiada es la vida de cada individuo; el gran rey que pone sitio a la ciudad es la muerte y el juicio del Señor". Pero es más seguro y apropiado el comentario de Lutero: *est exemplum generale, cujus in multis historiis simile reperitur* (este es un ejemplo general, de forma que pueden citarse muchas historias semejantes). Y en esa línea añade: *Sic Themistocles multa bona fecit suis civibus, sed expertus summam ingratitudinem* (Temístocles realizó muchas obras buenas a favor de sus ciudadanos, recibiendo solo una gran ingratitud). Kohelet está narrando aquí una historia de su tiempo por la que ha querido poner de relieve las grandes obras que puede realizar la sabiduría pero, por otra parte, ha querido insistir en el ejemplo de ingratitud de sus ciudadanos.

16 וְאָמַרְתִּי אָנִי טוֹבָה חָכְמָה מִגְּבוּרָה וְחָכְמַת הַמִּסְכֵּן בְּזוּיָה וּדְבָרָיו אֵינָם נִשְׁמָעִים׃

17 דִּבְרֵי חֲכָמִים בְּנַחַת נִשְׁמָעִים מִזַּעֲקַת מוֹשֵׁל בַּכְּסִילִים׃

18 טוֹבָה חָכְמָה מִכְּלֵי קְרָב וְחוֹטֶא אֶחָד יְאַבֵּד טוֹבָה הַרְבֵּה׃

16 Entonces dije yo: Mejor [es] la sabiduría que la fortaleza;
aunque la ciencia del pobre sea menospreciada,
y no sean escuchadas sus palabras.

¹⁷ Palabras del sabio con reposo son oídas,
más que clamor del señor entre necios.
¹⁸ Mejor es la sabiduría que las armas de guerra;
pero un pecador destruye mucho bien.

9, 16. *Mejor es sabiduría que fuerza.* Con la sentencia "yo vi", el autor introduce sus observaciones, y con "yo dije" comienza sus reflexiones. La sabiduría es mejor que la fuerza o *gebura* (מְגְבוּרָה) porque la sabiduría está a favor de los hombres, por medio de un hombre sabio, más que la fuerza física de diez hombres fuertes (cf. Ec 7, 19). Pero el hombre sabio y rico es respetado, mientras que el sabio y pobre cae en el desprecio al que la misma pobreza le expone.

Cuando surge una necesidad extrema se puede acudir a la ayuda de un sabio pobre, como muestra la historia anterior pero, por regla general, las palabras de un sabio pobre no son escuchadas ni aceptadas. A estas lecciones que Kohelet expone por su experiencia se añaden algunos proverbios instructivos de contenido semejante.

9, 17. Las palabras del sabio son oídas con reposo más que el grito de aquel que gobierna entre locos. En vez de *tovim min, mejores que,* aquí se pone solo *min, prae, más que,* como en Ec 5, 1, con el fin de indicar la superioridad de uno sobre el otro. Hitzig encuentra en este proverbio la misma enseñanza que ha mostrado la historia anterior del sabio que salva la ciudad, pues las palabras del sabio — escuchadas con tranquilidad— son superiores, más valiosas que los gritos de un gobernante que manda sobre locos. Pero la relación entre נחת y זעקת requiere que la tranquilidad se aplique al hombre sabio que habla y no a sus oyentes. Además, מו בך no se refiere a un hombre que gobierna sobre locos, pues en ese caso se podría pensar que el que gobierna sobre locos es un loco (cf. Job 41, 26), sino uno que gobierna sobre fieras (cf. 2Sa 23, 3, מו ב, como en Pr 30, 30, גב ב, en el sentido de héroe entre fieras, es decir, alguien que, viviendo en un grupo de locos toma el puesto del jefe de los locos).

Las palabras del sabio pobre no reciben atención, no son escuchadas, porque él no posee una autoridad impositiva externa con gran apariencia, de manera que los oyentes pueden valorar sus palabras conforme a su esplendor externo. Por el contrario, el hombre sabio no intenta ganar estima (audiencia) por medio de un comportamiento pomposo y violento; por eso, sus palabras han de ser escuchadas con calma (בְּנַחַת נִשְׁמָעִים), en quietud (cf. Cnt 2, 12; Is 30, 15).

Por eso, el verdadero sabio, confiando en el poder interior de su convencimiento, y dejando el resultado de su enseñanza en manos de Dios, desprecia la pompa externa, la fuerza para convencer, apela a un tipo de métodos propios de poderes de la tierra (cf. Is 42, 2; Mt 12, 19). Pues bien, esas palabras del sabio, que han de ser escuchadas en quietud, sin apasionamiento, son más valiosas que todos los gritos y voces por las que quiere imponerse el necio como rey entre locos. En esa línea, el archiloco que intenta ser rey (מוֹשֵׁל) entre locos quiere obligar a golpe de falsa trompeta su sabiduría falsa, imponiéndose a la fuerza sobre los necios.

9, 18. *La sabiduría es mejor que las armas de guerra,* mientras que un pecador (וְחוֹטֶא אֶחָד) destruye mucho bien. La historia anterior ha mostrado, a modo de ejemplo, que la sabiduría consigue más que las armas de guerra. La expresión כְּלֵי קְרָב (armas de guerra) tiene el mismo sentido que *kele milhama* (Assyr. *unut tahazi*, cf. Delitzsch, *Assyr. Stud.* p. 129), y se refiere a todos los utensilios, armas y demás preparativos e instrumentos de guerra.

Pero el bien superior que el sabio está consiguiendo o ha conseguido por sus buenos consejos y ejemplos puede destruirlo un pecador (חוטא) a través de la traición o la calumnia, dejándose llevar simplemente por el placer malvado de realizar el mal. Aquí tenemos, según eso, un tipo de paralelismo sintético: así como la sabiduría puede conseguir (realizar) algo que es muy bueno, así también la maldad de un pecador puede destruir las obras buenas.

Eclesiastés 10

זְבוּבֵי מָוֶת יַבְאִישׁ יַבִּיעַ יֶקֶר שֶׁמֶן רוֹקֵחַ מֵחָכְמָה מִכָּבוֹד סִכְלוּת מְעָט: ¹

> [1] Las moscas de muerte hacen que apeste
> y produzca olor malo el ungüento del perfumador;
> así una pequeña locura hace que apeste aquel
> que era estimado por su sabiduría y honra.

10, 1. La segunda parte del verso anterior (Ec 9, 18) introduce el pensamiento del nuevo verso (un pecado que hace mucho mal): "Las moscas muertas (envenenadas) estropean, fermentan, el aceite del perfume". Más que la sabiduría y el honor, se extiende un poco de locura, como el olor ponzoñoso del aceite con moscas podridas.

No necesitamos cambiar מות זבובי (moscas de muerte) por *mocas muertas* como quiere Luzzatto, poniendo las dos palabras en plural. Ese cambio es poco probable porque el estilo del Kohelet no suele adornarse con arcaísmos de tipo elevado que son además innecesarios, porque un concepto plural formulado en singular viene seguido con frecuencia de un predicado en singular, como en Gn 39, 22; Jl 1, 20; Is 59, 12, etc.

Böttcher piensa que se trata de moscas de la basura, pero parece que esa expresión no puede aplicarse a las moscas que se posan sobre cuerpos muertos. En contra de eso, la expresión "moscas de muerte" se aplica con facilidad a las moscas que suelen estar cerca de cuerpos muertos y que, en este caso, caen en el aceite con el que se prepara un perfume, muriendo allí ahogadas, pudriéndose y, no solo contaminando el ungüento, sino haciendo que huela mal y estropee todo su aroma.

Así ha interpretado el texto la LXX, traduciendo μυῖαι θανατοῦσαι, *moscas que mueren en el aceite perfumado y lo estropean*. De esa manera, se menciona mejor la figura de la locura que corresponde al hecho ya evocado (los cadáveres de moscas muertas que caen y quedan atrapadas en el aceite para el perfume). La secuencia de ideas del aceite de perfume que se infecta con el cadáver de las moscas y produce un fuerte mal olor resulta totalmente natural.[14]

Luzz., como ya habían hecho Aben Ezra, Grotius, Geiger, Hengst. y los comentaristas ingleses más recientes, transfieren los verbos de Ec 10, 1 en forma de zeugma a Ec 10, 1: *similiter pretiosum nomine sapientiae et gloriae virum foetidum facit stoliditas parva* (de un modo semejante, una pequeña locura hace que el nombre precioso de la sabiduría y de la gloria de los hombres se vuelva fétido). Pero la palabra יביע impide que se haga esta transferencia, y además la expresión מן יקר (honrado a causa de) constituye una expresión improbable.

Ya Rashi había explicado rectamente el tema, tomando יקר (Syr. *jaḳîr*, árabe *waḳur, waḳûr*) en su significado primitivo como sinónimo de כבד: *más pesado que*, es decir: *un poco de locura es de más influjo y más consecuencia que la sabiduría y el honor*. En esa línea, Kohelet nos recuerda que un solo acto de locura puede hacer que la sabiduría y el honor de un hombre se conviertan en lo contrario, destruyendo ambas virtudes, como si nunca hubieran existido (cf. 1Co 5, 6).

Esta afirmación es cierta, tanto en un plano intelectual como en referencia a la vida moral. La sabiduría y el honor desaparecen a causa de un brote de locura, es decir, de necedad. Eso significa que una pequeña dosis de locura hace que la sabiduría y el honor de un hombre se pierdan. Esa pequeña locura destruye la vida de un hombre, definiéndole como necio a pesar de la sabiduría y dignidad que en otros planos había mostrado. En este contexto, suele utilizarse la expresión שֶׁמֶן רוֹקֵחַ para referirse al hombre que trata con perfumes, *pigmentarius*, indicando que los perfumes corrompidos no sirven para nada.

De un modo semejante, la sabiduría que tenía un hombre, el honor del que hasta ahora ha gozado, pierde todo su valor cuando empieza a entrar en su

14. La LXX cambia el texto de Ec 10, 1: τίμιον κ.τ.λ (un poco de sabiduría ofrece más honor que una gran gloria de locura, cf. יקר מעט חכמה מכבוד סכלות רב, con כבוד en el sentido de gran multitud). Con מכבד, en la *Biblia rabb.* 1525, 1615, Génova 1618, Plantin 1582, Jablonski 1699 y también en Hooght y Norzi. En las ediciones de Venecia 1515, 1521, 1615, ומכבוד aparece con la waw copulativa, lectura adoptada por la edición de Michaelis. Así aparece en las concordancias rabínicas, pero esta palabra ha sido después corregida por מכבוד, aunque en algunos MS se le añade una nota, introducida en la lectura Masorética marginal, que pone מכבוד כן קבלתי מני שמשון.

vida un poco de locura —como ingrediente de su personalidad— haciendo que aparezca como loco, lleno de deshonra. Knobel construye bien la frase, pero su explicación, lo mismo que la de Heiligst., Elst., Ginsb. (una pequeña dosis de locura se muestra frecuentemente más eficaz que la sabiduría de un hombre sabio y honrado), tiende a introducir en la frase un tipo de subordinación vinculada al מִן y que se opone al sentido y figura de una persona sabia.

² לֵב חָכָם לִימִינוֹ וְלֵב כְּסִיל לִשְׂמֹאלוֹ׃

³ וְגַם־ בַּדֶּרֶךְ [כשהסכל] (כְּשֶׁסָּכָל) הֹלֵךְ לִבּוֹ חָסֵר וְאָמַר לַכֹּל סָכָל הוּא׃

² El corazón del sabio [está] va por su mano derecha;
pero el corazón del necio va por la mano izquierda.
³ E incluso yendo de camino, le falta cordura;
y dice a todos [que] es loco.

10, 2. *El corazón del sabio está a su derecha, el del loco a su izquierda.* Este es un doble proverbio que trata de la diferencia entre el sabio y el loco, pues al loco, incluso cuando va caminando, le falla el corazón y dice a todos que está loco, hasta por la misma forma en que camina.

La mayoría de los intérpretes traducen: el corazón del sabio está a su derecha, es decir, en el justo lugar. Pero esta forma de hablar, aunque se entienda en sentido figurativo, tomada de un modo anatómico, sería de mal gusto.[15] En contra de eso (cf. Ec 2, 14), la ל de לִימִינוֹ y la de לִשְׂמֹאלוֹ han de entenderse en forma de tendencia, de dirección en el camino.

Esta expresión se ha aplicado más tarde a la forma de estudio de un libro: el sabio va consultando las columnas o páginas del libro hacia la derecha (para así volver a lo ya leído y precisarlo); por el contrario, el loco va mirando hacia la parte izquierda, donde están las páginas o columnas que aún no ha leído, queriendo anticipar de esa manera lo que se dirá más adelante, sin fundamentarlo bien.

En ese orden de ideas, tener el corazón hacia la izquierda significa caminar en la dirección equivocada, mientras que tener el corazón hacia la derecha significa caminar por la dirección recta. Esta idea puede vincularse con la de Dt 5, 32 donde la referencia a la mano derecha se vincula a la llamada del deber, de las buenas obras. Por el contrario, tener el corazón hacia la izquierda significa tender o dirigirse hacia la dirección equivocada.

15. Christ. Fried. Bauer (1732) explica el tema como hacemos nosotros, diciendo: "según esta frase, en sentido externo, el corazón de los sabios y el de los locos debería ocupar un lugar distinto en el cuerpo de los hombres, y con ello daría ocasión a que pudiéramos burlarnos incluso de un modo externo de la suerte de los locos".

10, 3. Este proverbio forma, con el anterior, un tetrástico dividido en dos partes por medio de la *waw* inicial (וְגַם־ בַּדֶּרֶךְ). El Kohelet ha quitado el artículo tanto en la referencia a la izquierda como a la derecha en כש y en שה. El orden de las palabras *vegam-baderek keshehsachal holek* se ha invertido en forma de *vegam keshehsachal baderek holek*.

El autor quiere insistir en la idea de "mientras va por el camino". En el mismo camino, el loco aparece como alguien que marcha por la falsa dirección, avanzando siempre en una línea equivocada, por la izquierda. De esa manera, por su misma forma de andar, el loco va diciendo sin cesar que es loco.

En vez de לב־הוא חסר, aquí tenemos la cláusula verbal חסר לבו, que no debe traducirse en la línea de Ec 6, 2, *corde suo caret* (Herzf., Ginsb.), pues esa traducción es contraria al sentido de los sufijos y al orden de las palabras, sino en la línea de Ec 9, 8 como *cor ejus deficit*, le falta el corazón, "no tiene entendimiento", porque la palabra לב, tanto aquí como en Ec 10, 2, tiene un doble significado, lo mismo que el griego νοῦς y el latín *mens*. En general, el corazón puede entenderse como la vida del alma, en sentido formal, intelectual. Aquí la palabra corazón se utiliza de un modo simbólico (*Psychol.* p. 249), como en Ec 7, 7 (cf. Os 4, 11): *corazón es el entendimiento o conocimiento de aquello que es recto*.

Pues bien, por su misma forma de andar por el camino, el loco va diciendo que לִבּוֹ חָסֵר, que no tiene corazón. El loco no da un paso en el camino sin mostrar que no tiene entendimiento (corazón), como si no lo tuviera —como si no lo llevara consigo—, sino que lo hubiera dejado en casa. Más aún, proclama su locura públicamente y se enorgullece de ella como si fuera sabiduría. De esa manera, el loco va diciendo a todos que es un loco, un *stultum* (de esa forma han traducido este verso la mayor parte de los intérpretes judíos y cristianos, empezando por Rashi y Ramban).

La expresión sigue el esquema de Sal 9, 21: *que los gentiles conozcan que ellos son mortales* (véase *Coment.* a Sal 9). De otra forma traducen Símaco y Jerónimo: "el loco es un hombre que piensa que todos los hombres son locos". Pero esta traducción no responde al texto y debería haberse expresado de otra forma: המה סכלים. De un modo diferente traducen Knobel y Ewald: el loco dice a todos "esto es una locura". Por el contrario, Hitzig indica justamente que סכל no se utiliza para acciones y cosas; esto se aplica también a כסיל, en contra de lo que dice Hitzig en el comentario a Ec 5, 2, donde traduce *qol kesil* por "discursos locos, de necios".

10, 4-7. El capricho de los gobernantes y el mundo pervertido

La Sabiduría constituye una fuerte protección. De este pensamiento, que ha sido desarrollado en los versos anteriores, procede la amonestación que sigue:

אִם־רוּחַ הַמּוֹשֵׁל תַּעֲלֶה עָלֶיךָ מְקוֹמְךָ אַל־תַּנַּח כִּי מַרְפֵּא יַנִּיחַ חֲטָאִים גְּדוֹלִים: ⁴

יֵשׁ רָעָה רָאִיתִי תַּחַת הַשָּׁמֶשׁ כִּשְׁגָגָה שֶׁיֹּצָא מִלִּפְנֵי הַשַּׁלִּיט: ⁵

⁴ Si el espíritu del gobernante se exaltare contra ti, no abandones tu lugar;
porque la mansedumbre hará reposar grandes pecados.
⁵ Hay [otro] mal [que] he visto bajo el sol;
como salido de delante del gobernador por yerro.

10, 4. Aquí se muestra cómo ha de ser la conducta sabia de un súbdito y, en especial, la de un siervo cuando irrumpe la ira del gobernante: *si el malhumor o enfado del gobernante se eleva contra ti, no dejes el puesto, no te vayas*, quédate humildemente donde estás, porque la paciencia logra vencer grandes pecados.

Lutero conecta Ec 10, 4 y Ec 10, 3, pues entiende por gobernante o potentado a cualquier hombre que, actuando como necio, piensa que todos los que le contradicen son también necios. En ese caso, es mejor permitir que el loco/necio potentado se enfade, dejando que estalle su ira.

Pero en contra de eso, tenemos que decir que el מושל o gobernante es una persona distinta del סכל; por otra parte, מְקוֹמְךָ אַל־תַּנַּח no significa "no te dejes dominar por la pasión", sino "no abandones tu lugar", como el mismo Lutero lo explica de un modo más preciso en sus *Annotationes*: "Permanece tranquilo, conserva tu autocontrol". De un modo semejante comenta Hitzig: "No pierdas tu compostura mental", añadiendo en conformidad con אל ... תלך (Ec 8, 3): "no olvides mantener el puesto (conforme al sentido de מצב y de מעמד, Is 22, 19, cf. Is 22, 23) o lugar de vida que has recibido".

Eso indica que la persona a la que se dirige el texto no es un mero súbdito, sino un funcionario de rango. Aunque el gobernante exprese su enfado y se eleve contra ese oficial o funcionario (con רוח, como en Jue 8, 3; Pr 29, 11; con עלה, como en todos los demás lugares, cf. אף, Sal 73, 21; o con חמה como en 2Sa 11, 20), siendo consciente de su inocencia y sabiendo que no merece el mal trato que recibe, él no debe renunciar al puesto o cargo que tiene, sino que debe mantenerse con paciencia, de un modo gentil (sobre מרפא, véase Pr 12, 18, con la expresión גד ...ין).

La cláusula final del verso (כִּי מַרְפֵּא יַנִּיחַ חֲטָאִים גְּדוֹלִים) suele traducirse normalmente: "La mansedumbre aplaca (pacifica) grandes pecados". Se trata, pues, de aquietarse, de mantenerse tranquilo para impedir así un brote o estallido destructor (cf. Pr 15, 1). Parece más correcto traducir en ambos casos la palabra הניח por ἐᾶν, en el sentido de *missum facere*: abstenerse de, superar grandes pecados; no cometerlos, pues *hinniahh* significa "despedir", dejar fuera, no responder a la ira con ira como en Jer 14, 9; perdonar, tanto en Est 3, 8 como en Ec 7, 18; Ec 11, 6, dejar las manos fuera de algo.

Esta forma de superar (de dejar a un lado) el pecado cometido contra uno significa no enfrentarse de un modo violento con aquel que puede oprimirte, contra aquel que se relaciona contigo de forma injusta. Se trata, pues, de no responder a la opresión con violencia, sino de mantenerse en actitud sumisa. Dentro de un orden social dominado por autoridades superiores, si la persona es de un rango inferior, el ofendido debe mantenerse sumiso, sin enfrentarse con el ofensor de un modo violento, pues si lo hiciera demostraría abiertamente su oposición o rebeldía.

Este pasaje nos sitúa ante un hombre que, siendo ofendido por un gobernante superior, se muestra sumiso, no se enfrenta con él ni manifiesta su enfado mediante formas externas de oposición y rebeldía como podría ser la traición (Ec 8, 2) o un tipo de insubordinación, tanto a solas como haciendo causa común con otros descontentos, cayendo así bajo el riesgo de un tipo de rebeldía (Ec 8, 3). Todos estos pecados en los que cae aquel que responde con ira a la ira pueden y deben ser evitados por medio de la paciencia, entendida como un tipo de sometimiento "casi religioso" ante la autoridad. La ira del rey es quizá justificada, pues de lo contrario la amonestación se habría expresado de otra manera, no simplemente como מְקוֹמְךָ אַל־תַּנַּח (no abandones tu lugar).

Se trata, pues, de aceptar el sometimiento (incluso la injuria), de un modo que puede estar cerca de la experiencia del N.T., pero sabiendo que en el N.T. vienen a manifestarse algunos elementos diferentes muy significativos de experiencia/esperanza de transformación social escatológica, como ratifica el Canto de María (Lc 1, 45. 56: Derriba del trono a los potentados) y sobre todo el mensaje del perdón de las ofensas, con la superación del talión (Mt 5, 36-48). A partir de aquí, sin necesidad de una *metaábasis eis allo genos*, puede seguir otra sección en primera persona (hay otro mal que he visto), una sección que describe por experiencia y por observación personal una forma de vida que va en contra del orden recto de la sociedad.

10, 5. *Hay otro mal que yo he visto bajo el sol, como un error que procede del gobernante.* La introducción viene dada por el relativo virtual רָאִיתִי, como en Ec 5, 12; Ec 6, 1. Por su parte, Knobel, Hengst., y otros dan a la כ de כִּשְׁגָגָה שֶׁיֹּצָא מִלִּפְּנֵי הַשַּׁלִּיט (como error que proviene del gobernante) el sentido de "a consecuencia de…". Según dicen Hitz. y Kleinert, este es un error que proviene de la conducta de algunos gobernantes del mundo, no de Dios, como le enseñó a Jerónimo su maestro hebreo: *quod putent homines in hac inaequalitate rerum illum non juste et ut aequum est judicare* (sea como fuere aquello que los hombres piensen de ello, es evidente que este mal no se le puede atribuir a Dios).

Ciertamente, el gobernante o rey de un Estado-nación puede cometer con facilidad injurias u opresiones sobre las personas. Pero en el momento en que pensamos que la maravillosa división de lo alto y de lo bajo (personas que están arriba y personas de abajo) viene a presentarse como algo que está avalado por Dios, tenemos que tratar con rectitud a todas. En los ejemplos que siguen, el Kohelet presenta algunas formas de conducta que pueden parecer un error, pero que no se pueden atribuir en modo alguno a Dios.

נִתַּן הַסֶּכֶל בַּמְּרוֹמִים רַבִּים וַעֲשִׁירִים בַּשֵּׁפֶל יֵשֵׁבוּ: ⁶

רָאִיתִי עֲבָדִים עַל־ סוּסִים וְשָׂרִים הֹלְכִים כַּעֲבָדִים עַל־ הָאָרֶץ: ⁷

⁶ La locura está colocada en grandes alturas,
y los ricos están sentados en lugar bajo.
⁷ Vi siervos en caballos,
y príncipes que andaban como siervos sobre [la] tierra.

10, 6-7. *La locura colocada sobre grandes alturas... Siervos que cabalgan en caballos y príncipes que caminan a pie como siervos.* De esa forma se trastorna, según la visión de Kohelet, el recto orden que debería mantenerse entre las cosas (entre los hombres). Por encima deberían hallarse los hombres que forman parte de un mundo de posición elevada, que está por encima de los otros.

Pero muchos que deberían habitar en la parte elevada se encuentran, de hecho, situados en la parte baja. Esas posiciones elevadas se toman básicamente como lugares de honor, no como fuente de riqueza como tal. Da la impresión de que el texto está evocando un orden social en el que debían colocarse por un lado los nobles (que sobresalen por su riqueza y honor) y, por otro, los esclavos. La situación de unos y de otros (nobles/libres y esclavos/sometidos) ha sido descrita justamente por el historiador romano J. J. Justino, *Epítoma* 41, 3, cuando habla de los partos: siervos son aquellos que caminan a pie, mientras que los libres solo van de una parte a la otra a caballo.

Pues bien, conforme al Kohelet, esa situación se ha invertido, pues hay príncipes que están obligados a caminar como gente de la tierra (como siervos que se sientan en la tierra *'al-haarĕts*, es decir, *beregel, beraglĕhĕm*, en lugares bajos, Jer 17, 25), mientras que los esclavos se sientan sobre la grupa de los caballos y gobiernan sobre príncipes, ofreciendo de esa forma un espectáculo que ofende a los nobles (cf. Pr 19, 10). El eunuco que durante mucho tiempo fue ministro todopoderoso de la corte persa, constituye un ejemplo de las malas consecuencias de esta inversión de las relaciones naturales entre los hombres.[16]

16. Es evidente que la estructura criticada va en contra del mensaje social que está en la base y centro del N.T. (cf. Lc 1, 46-55 y Gá 3, 28).

Lo difícil es peligroso; lo indebido, problemático; lo tardío, inservible

Se ha empleado mucho esfuerzo, tiempo y papel para desarrollar el sentido de estos versos con su conexión interna. Algunos piensan que se trata de consejos para aquellos que quieren rebelarse en contra de los déspotas (Gings). Otros como Zöckel afirman que estos versos tratan de las relaciones poco envidiables que se producen entre personas de condición elevada. De manera más simple, Lutero pensaba que ofrecen la forma de pensar de los que gobiernan (*regere homines et gerere res humanas*), como tema de gran dificultad. Por su parte, Luzzatto piensa que estos versos exponen la doctrina del destino, no el pensamiento de la Sabiduría.

En realidad, estos versos forman parte del despliegue de pensamiento que Kohelet ha empezado a desarrollar en Ec 9, 13 sobre las relaciones entre sabiduría y locura en su mutua relación, especialmente en momentos de dificultad para los hombres. La palabra central de la sección anterior era la paciencia o aguante en la vida. La palabra central de esta nueva sección es la sabiduría, entendida en su proceso de despliegue con cuatro sentencias que expresan, a modo de ejemplo, el trabajo, esfuerzo y riesgos de la sabiduría.

⁸ חֹפֵר גּוּמָּץ בּוֹ יִפּוֹל וּפֹרֵץ גָּדֵר יִשְּׁכֶנּוּ נָחָשׁ:

⁹ מַסִּיעַ אֲבָנִים יֵעָצֵב בָּהֶם בּוֹקֵעַ עֵצִים יִסָּכֶן בָּם:

¹⁰ אִם־קֵהָה הַבַּרְזֶל וְהוּא לֹא־פָנִים קִלְקַל וַחֲיָלִים יְגַבֵּר וְיִתְרוֹן הַכְשֵׁיר חָכְמָה:

¹¹ אִם־יִשֹּׁךְ הַנָּחָשׁ בְּלוֹא־לָחַשׁ וְאֵין יִתְרוֹן לְבַעַל הַלָּשׁוֹן:

⁸ Quien hiciere un hoyo caerá en él;
y a quien rompa un vallado, le morderá la serpiente.
⁹ Quien mudare piedras tendrá tribulación en ellas;
quien cortare leños, tendrá peligro en ellos.
¹⁰ Si se embota el hierro, y su filo no fuere amolado,
[hay que] añadir más fuerza, aunque es mejor la sabiduría.
¹¹ Si la serpiente pica sin que haya funcionado el encantamiento,
el encantador no sirve para nada.

10, 8-9. *El que haga un pozo caerá en él, y a quien rompa una valla le morderá una serpiente.* El futuro יִפּוֹל no se emplea aquí para predecir lo que ha de suceder, sino que está indicando el riesgo de destrucción que sufre aquel que busca la destrucción de otros (cf. Pr 26, 27; Sir 27, 26).

La palabra גּוּמָּץ (cf. Pr 26, 27) es la que utiliza el Tárgum para שַׁחַת, zanja, de גמץ, que tiene el mismo sentido que שׁוּחַ, estar hundido. La palabra גדר (raíz גד, que significa dividir), se aplica a algo que sirve para separar, como un muro que sirve de linde y ofrece protección en torno a un huerto o jardín, una viña o el campo de una granja. Por su parte, גדר פרץ tiene el sentido inverso de פרץ גדר (cf. Is 58, 12).

Las serpientes tienen la costumbre de poner sus nidos en las grietas y en los huecos de los muros y así suelen estar en la tierra cercana a los muros (que tienen el nombre de חומה y חל). Normalmente, alguien que se acerca a un muro de ese tipo corre el riesgo de que una serpiente le muerda (cf. Am 5, 19). Echar al suelo las piedras, *hissi'a,* es sinónimo de *hhatsav,* romper las piedras (Is 51, 1); de todas formas, *hhotsēv* no tiene el significado básico de "rompedor de piedras", sino más bien el de cortador de piedras, en el sentido de cantero.

La palabra *hissi'a,* de *nasa',* arrancar, no significa aquí, como en 1Re 5, 18, transportar sino que, en la línea de la imagen anterior (de cortar madera), tiene el sentido de desunir o separar trozos de piedra. La palabra *ne'etsav* significa, en general, ser afligido, pero aquí, donde no alude a sufrimientos exteriores, sino a rupturas y separaciones interiores, tiene el sentido de *sufrir daño, herirse uno a sí mismo.* La palabra derivativa *'etsev* (cf. יֵעָצֵב בָּהֶם) evoca un trabajo penoso; pero aquí no puede significar eso, sino el riesgo de ser herido por las astillas de la madera que se corta o por las serpientes que anidan en el muro.

En esa línea, las palabras בם יסכן (cf. la expresión de la Misná: יסכן בעצמו) significan ponerse en peligro de ser herido (cf. *Gittin* 65b, *Chullin* 37a), aunque no es necesario aceptar la traducción de Jerónimo, *vulnerabitur,* herirse uno a sí mismo, pues no existe un verbo denominativo derivado de סכן, con el sentido de cortarse con un instrumento como un cuchillo (סכין שׂכין).[17]

El significado de fondo de estas sentencias no es mostrar que *uno que asume una tarea peligrosa se pone a sí mismo en peligro,* sino insistir en la diferencia entre el necio y el sabio, pues el sabio es consciente del peligro que implican ciertos trabajos, y se pone en guardia frente a ellos, mientras el necio no lo hace.

Estos dos versos (Ec 10, 8-9) nos sitúan ya ante el tema del proverbio siguiente: la sabiduría es valiosa porque nos pone en guardia frente a multitud de peligros y de dificultades a las que tiene que enfrentarse alguien que comienza a realizar un trabajo. Así lo ha puesto de relieve Carl Lang en *Salomonische Kunst im Psalter* (Marburg 1874), donde interpreta Ec 10, 8-10 como un bello heptaestico, al que debe unirse también Ec 10, 11.

10, 10. *Si se embotare el hierro y su filo no fuere amolado hay que poner más fuerza. Pero más provechosa es la fuerza de la sabiduría.* Este proverbio trata de los instrumentos de hierro (ברזל, de ברז, que significa dividir, como el equivalente árabe),

---

17. El Midrash interpreta toda la frase en un sentido ético, e ilustra el caso con un ejemplo de Rabsake, quien sabía que en el idioma asirio y acadio la palabra *rabsak* significa un *dirigente militar.*

especialmente de los que tienen punta o están afilados. Este es uno de los proverbios más difíciles del libro del Kohelet, lingüísticamente el más difícil, porque no hay otro que contenga tantas palabras y formas especiales (y sin equivalente en otros textos).

Los antiguos traductores no nos ayudan a entender este verso. Los nuevos comentaristas que piensan que está construido en forma de diálogo se apoyan en la partícula אם (cf. אִם־ קֵהָה הַבַּרְזֶל) que puede entenderse de un modo interrogativo. Pero resulta imposible encontrar la respuesta a esa pregunta. Por otra parte, las explicaciones que entienden חילים en sentido de *tropas de guerra* (que es sin duda un significado de esa palabra) no encuentran la forma de vincular el hierro/hacha sin filo con la guerra.

Ginsburg explica así el tema: *si el hacha carece de filo y aquel que va con ella para herir al tirano no la afila antes...* (con *phanim* que, según Jerónimo, tiene el mismo sentido que *lephanim*). Pero esa equivalencia es imposible y, además, no lleva a ninguna parte porque *lephanim* significa "anteriormente" (en tiempo antiguo), pero no "antes", en el sentido de "primero" (*prius*, cf. Ewald, 220a). Ciertamente, se puede afirmar que, ante el peligro, un tirano no tiene más salida que aumentar su ejército, mientras que la sabiduría puede resolver el tema sin ejército. Pero esta explicación del texto es puramente imaginativa, porque este verso no alude ya al gobernante del que tratan los versos anteriores, que no cumplen aquí ningún papel.

Solo empleando una falsa imaginación puede afirmarse que la partícula *hu* de וְהוּא לֹא־ פָנִים קִלְקַל, se refiere a la misma persona aludida en Ec 10, 4. El sentido correcto del conjunto solo puede alcanzarse en general si, siguiendo el ejemplo de Abulwald y Kimchi, suponemos que חילים גבר se refiere al *aumento de fuerza*: cuando el filo está romo hay que poner más fuerza para cortar... Desde ese fondo, todos los comentaristas interpretan este verso diciendo que, en un sentido, *es necesaria la fuerza para que el hacha corte, pero añadiendo que más importante que la fuerza para tener éxito en la vida, es la sabiduría.*

Sobre el sentido más concreto de ese aumento de fuerza se han dado diversas interpretaciones, pero todas concuerdan en el hecho de que la sabiduría importa más que la fuerza. La diversidad de las interpretaciones del detalle deja claro ese tema principal: más que la fuerza importa la sabiduría.

10, 11. *Si el encantamiento no funciona, la serpiente picará, y el encantador no habrá servido de nada.* El Talmud interpreta la partícula אם como en Ec 10, 10, es decir, como interrogativo: אִם־ יִשֹּׁךְ הַנָּחָשׁ בְּלוֹא־ לָחַשׁ (¿picará la serpiente sin encantamiento? cf. *Jer Talmud, Peah*, i. 19). La Haggada, *Taanith* 8a dice: un día, todas las bestias a una dirán a la serpiente: el león anda sobre la tierra y come; el lobo desgarra sobre la tierra y come; pero ¿qué gozo tienes tú cuando picas (y no comes)? Entonces, la serpiente les responderá: tampoco los calumniadores (לְבַעַל הַלָּשׁוֹן) obtienen ningún beneficio cuando calumnian.

La traducción de Jerónimo y Lutero es conforme a la del Tárgum. En esa línea, si la (אִם־יִשֹּׁךְ הַנָּחָשׁ) אם es condicional lo mismo que la *waw* de יֵתְ־, רוֹן לְבַעַל הַלָּשׁוֹן, la expresión *ba'al hallashon* (señor de la lengua) tiene que referirse a un hombre lenguaraz, un calumniador, alguien que tiene una lengua que sirve para realizar encantamientos. En ese sentido, se puede trazar una relación entre la lengua como medio para realizar encantamientos y el hacha como instrumento para cortar (Ec 10, 10). Para que cumpla su finalidad, el hacha tiene que estar bien afilada; por su parte, la lengua del encantador tiene que actuar en el tiempo adecuado, pues de lo contrario no logrará su efecto (encantar a la serpiente para que no muerda).

Esta es la semejanza: el hacha tiene que estar bien afilada para cumplir su cometido. La lengua del encantador tiene que actuar de un modo eficaz. Por eso, si el encantador se retrasa y no realiza el encantamiento en su tiempo, no logrará conseguir aquello que pretende. Desde ese fondo, se entienden los proverbios que siguen que se refieren al uso de la lengua, que los sabios utilizan en el momento oportuno, mientras que los locos o necios lo hacen fuera del tiempo adecuado.

6. Hablador sin provecho y trabajo inútil (Ec 10, 12-15)

Como ha mostrado la serie precedente de proverbios, la sabiduría ofrece al hombre los medios adecuados para actuar y le capacita para observar los tiempos oportunos. Ec 10, 11 ha puesto de relieve estas características del sabio, tomando un ejemplo de la esfera de la acción humana en la que la lengua se utiliza como instrumento. Ahora sigue un proverbio, que se podía prever de algún modo y que trata de aquello que se consigue por medio de las palabras de un sabio y de un loco.

דִּבְרֵי פִי־חָכָם חֵן וְשִׂפְתוֹת כְּסִיל תְּבַלְּעֶנּוּ: 12

תְּחִלַּת דִּבְרֵי־פִיהוּ סִכְלוּת וְאַחֲרִית פִּיהוּ הוֹלֵלוּת רָעָה: 13

וְהַסָּכָל יַרְבֶּה דְבָרִים לֹא־יֵדַע הָאָדָם מַה־שֶׁיִּהְיֶה וַאֲשֶׁר יִהְיֶה מֵאַחֲרָיו מִי יַגִּיד לוֹ: 14

עֲמַל הַכְּסִילִים תְּיַגְּעֶנּוּ אֲשֶׁר לֹא־יָדַע לָלֶכֶת אֶל־עִיר: 15

[12] Las palabras de la boca del sabio son gracia;
pero los labios del loco lo echan a perder.
[13] El comienzo de las palabras de su boca es locura;
y el fin de ellas locura completa.
[14] El loco multiplica palabras...
Pero no sabe [el] hombre lo que será;

¿y quién le hará saber lo que será después?
¹⁵ El trabajo de los locos los fatiga;
porque no saben por dónde ir a la ciudad.

10, 12. *Las palabras de la boca de un sabio son gracia, pero los labios de un necio le tragan (le echan a perder).* Las palabras de un sabio son חֵן, están llenas de gracia, por su contenido (דִּבְרֵי פִי־חָכָם חֵן), por la forma y manera en que se emplean y, por eso, consiguen el favor, el afecto y la aprobación, porque la cultura (educación) obtiene resultados (Pr 13, 15), y sus labios producen gracia (agrado), de tal forma que quien habla así puede llamar al rey su amigo (Pr 22, 11), aunque esto no siempre sucede.

Por el contrario, las palabras de un necio le tragan, es decir, le llevan a la destrucción. El *piel* de בלע (תְּבַלְּעֶנּוּ) tiene en Pr 19, 28 el sentido de tragar (destruir) y en Pr 21, 20 el de consumir de un modo lujurioso, de gastarse totalmente. Aquí tiene el sentido metafórico de apartar del camino, de hacer que algo desaparezca. La palabra שִׂפְתוֹת es una forma paralela de שִׂפְתֵי, como en arameo סִפְות.

La construcción de la frase es como la de Pr 14, 3: *los labios del hombre sabio* תִּשְׁם, *le sostienen*. La palabra está en singular, porque la idea de unidad en la función de los labios como instrumento de habla prevalece sobre la idea de pluralidad (dos labios). Las palabras del sabio se ganan los corazones de los hombres, mientras que las palabras de los necios son autodestructivas, como lo confirma el verso siguiente.

10, 13. *El comienzo de la palabra de sus labios* (תְּחִלַּת דִּבְרֵי־פִיהוּ) *es locura, y el fin de su conversación es desvarío nocivo (locura que destruye).* De la locura (absurdidad) de las palabras que brotan de la boca del necio pasamos a la locura en sí, compuesta de presunción, desenfreno y desvarío, como síntoma de depravación mental y moral que, a modo de consecuencia, lleva a la destrucción del mismo ser humano (Pr 18, 17).

El adjetivo רָעָה tiene el mismo sentido que en רַע חֳלִי, que se intercambia con רָעָה en Ec 6, 2; Ec 5, 12, etc. El fin de su boca, es decir, de su conversación, es el mismo que el de las palabras de su boca (הוֹלֵלוּת רָעָה), engaño nocivo, desvarío y destrucción. El necio habla mucho para no decir nada, como si conociera todas las cosas sin conocer ninguna.

10, 14. *Un necio está lleno de palabras. Pero el hombre no puede decir lo que será. Y ¿quién podrá decir aquello que será después de él?* La *waw* del comienzo de este verso (וְהַסָּכָל יַרְבֶּה דְבָרִים) corresponde a la expresión latina: *accedit quod* (sucede que...). Aquel a quien Ec 10, 12 llamaba *kesil* (loco, necio) aparece ahora como *hassachal*, וְהַסָּכָל, quizá por el hecho de que se le ha atribuido la *sichluth,* es decir, la necedad.

Geier ha definido bien la relación entre Ec 10, 14a y Ec 10, 14b: *probatur absurditas multiloquii a communi ignorantia ac imbecillitate humana, quae tamen praecipue dominatur apud ignaros stultos* (se prueba así la absurdidad de un lenguaje abundante que procede de la ignorancia y de la imbecilidad humana que domina entre los necios carentes de conocimiento). Antes de *lo-yeda'* (לֹא־ יֵדַע) echamos de menos una palabra como "aunque" (*gam*, Neh 6, 1), o como *ki gam* (Ec 8, 12). Esta frase está construida conforme al estilo de una cláusula de estado o condición subordinada a la cláusula principal, como en Sal 5, 10: "Una tumba abierta es su garganta, יח לֹש, aunque ellos suavicen su lengua, es decir, aunque hablen de forma halagadora".

La LXX, Syr., Symm. y Jerónimo intentan rectificar la tautología entre *id quod futurum est et quod futurum* est (מַה־ שֶׁיִּהְיֶה וַאֲשֶׁר יִהְיֶה), aunque, por otra parte, tenemos lo que se dice en Ec 8, 7, donde se lee מה שהיה ... יה. Y, además, la segunda vez que aparece *quod futurum* lo hace con מֵאַין a fin de precisar la definición del tema. Hitzig explica y distingue entre "lo que ha sido hecho" y "aquello que se hará" (después que se ha hecho lo hecho). Por su parte, la palabra *aharav* de los pasajes paralelos (Ec 6, 12; Ec 7, 14; Ec 9, 3) no necesita un sufijo de referencia personal, de manera que וַאֲשֶׁר יִהְיֶה מֵאַחֲרָיו, como en Dt 29, 21, significa "lo que viene después de su muerte y en adelante".

Eso indica que al hombre se le niega el conocimiento del futuro y después el conocimiento de aquello que ha de sucederle tras la muerte y, de un modo general, el de aquello que ha de hacer entonces. El necio, que no tiene conciencia alguna de la ignorancia humana, actúa como si conociera todo y pronuncia una multitud de palabras sobre todo y sobre cada cosa en particular. De esa forma, se fatiga sin provecho alguno con su ignorancia, que le sitúa muy lejos de aquello que es conocible para el hombre.

10, 15. *El trabajo de la locura fatiga a cada uno de ellos (de los locos), porque no conocen cómo ir a la ciudad.* Aquí tenemos una *sinálague de número*, es decir, el cambio del plural al singular en una misma frase, como en Is 2, 8; Os 4, 8, pasando de la afirmación plural a la concreción posterior en un tipo de singular que tiene una función distributiva o individualizadora (תְּיַגְּעֶנּוּ אֲשֶׁר לֹא־ יָדַע).

Encontramos, además, una anomalía incluso en la manera de tratar el nombre עמל como femenino (עֲמַל הַכְּסִילִים תְּיַגְּעֶנּוּ), una anomalía que es mayor que la de *pithgam* (Ec 8, 11), que se explica por atracción del contexto y porque se trata de una palabra extranjera. Kimchi, *Michlol* 10a, supone que en nuestro caso la palabra עמל recibe el sentido de עמל יגיעת. Pero eso es imposible, porque aquí no puede utilizarse esa expresión. Por su parte, Hitzig y con él Hengst. piensan que la ocasión para la sinálague viene dada por la discordancia con el masculino de יִיגָעֶנּוּ. Pero encontramos expresiones semejantes: יִיחַל en Mi 5, 6, יִס en Jos 6, 26, y en otros casos.

עָמֵל no puede ser aquí un *fem. unitatis* (Böttch. 657, 4), porque está indicando el esfuerzo fatigoso de los necios como conjunto y como individuos. Según eso, debemos suponer que el autor se ha tomado la libertad de utilizar por una vez la palabra *'amal* como femenino (véase lo contrario en Ec 2, 18; Ec 2, 20), lo mismo que hace el poeta de Pr 4, 13, que en la introducción al libro utiliza la palabra *musar* una vez como femenino.

El necio se enorgullece y queda perplejo como si él pudiera iluminar el mundo y hacerlo feliz, mientras que, de hecho, no conoce ni la forma de ir a la ciudad. En ese contexto, Ewald comenta: "da la impresión de que *no saber cómo ir a la ciudad* significa no saber cómo sobornar a los grandes señores de la ciudad".

De todas formas, en contra de Ewald, suponemos que Ec 10, 16 no está pensando ya en los tiranos de Ec 10, 4, pues resulta innecesario conectar de esa manera un texto con el otro. Por su parte, tanto Hitzig como Elst. y Zckl. piensan que la ciudad a la que no saben cómo ir los necios es la residencia de los gobernantes de los que procede la opresión, es decir, el lugar en el que debía encontrarse la ayuda para ellos, pero los necios no saben cómo ir a la ciudad, cómo responder a los opresores que residen en ella.

Pero todas estas imaginaciones tienen que ser rechazadas. No saber cómo ir a la ciudad significa simplemente no saber cómo encontrar el camino público que lleva hacia ella, como les sucedió a los enemigos sirios en 2Re 6, 18, como si les diera un ataque de ceguera. El camino que lleva a la ciudad es *via notissima et tritissima* (conocidísima y tristísima). Así lo han entendido rectamente Grotius y Aben Ezra: *multi quaestionibus arduis se faitgant, cum ne obvia quidem norint, quale est iter ad urbem* (muchos se fatigan con cuestiones difíciles, siendo así que son incapaces de conocer las más fáciles, como son las referentes al camino que lleva a la ciudad). אֶל־עִיר es una expresión vulgar, en vez de אֶל־הָעִיר.

En lengua griega, la palabra ciudad, πόλις, tiene un significado bien definido, de manera que Atenas se llama sin más ἄστυ (ciudad), casi siempre sin artículo. En esa línea, en un tiempo posterior, Estambul puede tomarse como ilustración de la frase proverbial "no conocer cómo ir a la ciudad" (εἰς τὴν πόλιν). Por su parte, Grtz. piensa que esta frase es una alusión a los esenios que evitaban la ciudad de Jerusalén (pero esto no responde ya al tema).

4. SECCIÓN CONCLUSIVA
(Ec 10, 16 – 12, 14)

1. Por una mejora feliz de la vida (Ec 10, 16 – 11, 8)

Los intérpretes han buscado de todas las formas posibles la relación que existe entre los proverbios que siguen, sobre buenos y malos príncipes, con los de la sección anterior. Hitzig se opone rectamente a los que quieren situar estos proverbios en la boca del loco de Ec 10, 15, pues Ec 10, 20 se refiere a la forma de actuar del necio de Ec 10, 15 y se opone a su forma del lenguaje. Las supuestas palabras del necio forman parte del lenguaje más peculiar, impresionante y bello del Kohelet, y la advertencia de Ec 10, 20, en contra de la maldición del rey, no está en contradicción con el "ay" de Ec 10, 16.

Tanto Isaías (en contra de Ajaz) como Jeremías (en contra de Sedecías) muestran la "armonía" de fondo de estos pasajes, al igual que la actuación de los apóstoles en tiempos de Nerón. En esa línea, podemos afirmar que Ec 10, 16, cuando habla de los locos en general, está aludiendo en particular a la locura de los reyes y los príncipes, aunque la locura no es el nombre más característico para referirse a lo que es impropio, indecoroso y reprochable en la conducta de los reyes y los grandes señores.

A partir de aquí (Ec 10, 16), el libro del Kohelet tiende ya hacia su conclusión. Dado que estos pasajes aparecen como discursos de Salomón sobre la sabiduría de la vida, todos ellos presentan el resultado de una mirada atenta sobre la acción de los gobernantes del entorno. No es extraño que aquí vuelvan a presentarse temas de los que se ha tratado con menos profundidad en Ec 10, 4-6.

16 אִי־לָ֥ךְ אֶ֖רֶץ שֶׁמַּלְכֵּ֣ךְ נָ֑עַר וְשָׂרַ֖יִךְ בַּבֹּ֥קֶר יֹאכֵֽלוּ׃

17 אַשְׁרֵ֣יךְ אֶ֔רֶץ שֶׁמַּלְכֵּ֖ךְ בֶּן־חוֹרִ֑ים וְשָׂרַ֙יִךְ֙ בָּעֵ֣ת יֹאכֵ֔לוּ בִּגְבוּרָ֖ה וְלֹ֥א בַשְּׁתִֽי׃

251

¹⁶ *¡Ay de ti, tierra, cuando tu rey [es] un niño,*

y tus príncipes banquetean de mañana!

¹⁷ *¡Bienaventurada, tú, tierra, cuando tu rey [es] hijo de nobles,*

y tus príncipes comen a su hora, para [reponer] sus fuerzas, y no por beber!

10, 16-17. *Ay de ti, tierra, si tu rey es un niño.* En vez de אִי (אֶרֶץ שֶׁמַּלְכֵּךְ נָעַר), el lenguaje antiguo habría utilizado más bien מלכו נער אשר; y en vez de *na'ar* (niño), podríamos utilizar correctamente la palabra de Pr 30, 22, *'ĕvĕd* (en vez de un rey niño un rey siervo), pero no como piensa Grtz. que vincula este verso con lo que dice el Talmud sobre Herodes, presentándole como esclavo o siervo de la casa de los Asmoneos. De todas formas, *na'ar* puede significar, a veces, un siervo, como Zibas (2Sa 19, 18), pero nunca un esclavo, en contraste con בֶּן־חוֹרִים, en la línea de Is 3, 12. Por otra parte, Salomón, Obispo de Constanza, interpretó bien este "ay" cuando lo aplicó a Luis III, el último de los reyes carolíngios (cf. Bachmann, *Geflügelte Worte*, p. 178, 5ª ed., 1868).

Naar es una palabra que puede aplicarse de manera muy extensa en referencia a la edad de una persona. Por otra parte, tanto los libros de Salomón como los de Jeremías y Zacarías muestran que la palabra *na'ar* puede referirse a un alto oficial de la corte. Pero en nuestro caso, esta palabra se aplica a una persona de poca edad, que es incapaz de gobernar y que actúa de un modo infantil, dejándose dirigir por malos guías de acuerdo con sus caprichos.

En 16b, el autor piensa quizá en los jefes de la aristocracia que tienen bajo su dominio a un rey títere al que utilizan con el fin de "aprovecharse" de ellos, de forma que comienzan el día celebrando sus fiestas o comidas. Si traducimos *yochēēlu* de 16b (בַּבֹּקֶר יֹאכֵלוּ) como "comer" puede dar la impresión de que la misma comida es un pecado. Pero aquí no se trata simplemente de *comer para alimentarse* (como en לֶחֶם אכל, Sal 14, 4), sino de *comer por comer* (como expresión de gula), en lugar de comer para trabajar, ocupándose de la actividad propia de cada uno santificada por la oración.

Por lo que se refiere a *bĕn-hhorim* (שֶׁמַּלְכֵּךְ בֶּן־חוֹרִים), la raíz de la palabra significa "ser blando" (véase *Coment.* Gn 40, 16). A un noble se le llama *hhor* (Is 34, 12) y, de un modo especial, a los que son nobles por nacimiento, de un modo puramente descriptivo (Gesen. *Lehrgeb.* p. 649). En esa línea, los *bĕn-hhorim*, por su aspecto más "blando" (más puro), aparecen como personas de rango, a diferencia de la gente del pueblo común (Lm 4, 7). En este pasaje, la expresión *bĕn-hhorim* ha de entenderse en sentido ético, como persona generosa que es ilustre por nacimiento y por disposición (cf. Cnt 7, 2). Así se pone de relieve la "felicidad" (la suerte) de un país cuyo rey es una persona de mente elevada, de noble carácter. En esa línea, el lenguaje de la *Misná* aplica esa palabra a hombres que son verdaderamente libres (cf. Jn 8, 36).

En relación con los príncipes, se dice aquí lo contrario de lo que se había dicho en 16b: ellos no comen por la mañana por placer, sino que lo hacen *ba'et*, al tiempo apropiado, como en griego ἐν καιρῷ y en latín *in tempore*. La expresión "comer al tiempo apropiado" viene caracterizada de un modo más preciso por *bighvurah* y por *vashshethi* (בִּגְבוּרָה וְלֹא בַשְׁתִי).

Jerónimo, a quien ha seguido Lutero, traduce *ad reficiendum et non ad luxuriam* (para tomar fuerza, no por lujuria). Hitz., Ginsb. y Zckl., interpretan para "fortalecerse" (tomar fuerzas), no para estar de fiesta. Así lo hace Hahn: "para fortalecerse, no para emborracharse", para ser fuertes (*gibborim*), no por libertinaje (Is 5, 22). Ewald traduce: "con virtud, no por glotonería".

Pero ¿qué sentido tienen estas expresiones: ¿comer por virtud, por dignidad? Nuestro autor supone que los nobles comen con fuerza varonil, como su misma función lo requiere (cf. el plural de Sal 71, 16 y Sal 90, 10), no *bashti* (por borrachera, en exceso), de manera que la comida y la bebida no se conviertan en fines por sí mismos. Así lo pone de relieve Kleinert: *como hombres, no como glotones*. La Masora pone bajo *bashti'*, una nota que dice לֵית, i.e., שתי, mostrando que esa palabra tiene aquí un sentido que no tiene en otros lugares, significa *borrachera*.

18 בַּעֲצַלְתַּיִם יִמַּךְ הַמְּקָרֶה וּבְשִׁפְלוּת יָדַיִם יִדְלֹף הַבָּיִת:

19 לִשְׂחוֹק עֹשִׂים לֶחֶם וְיַיִן יְשַׂמַּח חַיִּים וְהַכֶּסֶף יַעֲנֶה אֶת־הַכֹּל:

18 Por pereza cae la techumbre,
y por flojedad de [las] manos se inunda la casa.
19 Por el placer se hace el convite,
y el vino alegra a los vivos;
y el dinero responde a todo.

10, 18. *Por pereza cae la techumbre, por la flojedad de manos gotea la casa.* En este contexto Ewald, Redslob, Olsh., Hitz. y Frst., —como también había hecho Aben Ezra—, ponen de relieve la dualidad de עצל (בַּעֲצַלְתַּיִם יִמַּךְ), refiriéndose a las dos manos del perezoso, pero el hebreo no conoce esa forma atributiva dual del adjetivo. Por el contrario, palabras como *ephraim, merathaim* (Jer 50, 21), *rish'athaim*, y en algún sentido también *riqmathaim*, hablan más bien de un dual de *intensificación* de la pereza en cuanto tal, sin necesidad de insistir en las dos manos. La palabra *'atsaltaim* se relaciona con *'atslah*, en el sentido de pereza, ser perezoso, vivir en actitud de pereza, de fuerte y constante flojera (cf. Gesenius, Wörterbuch y Bttch. *N. Aehrenl*). Si *atsaltaim* fuera un dual atributivo de las manos, *shiphluth hadaim* significaría sin más *dejadez*, dejar que caigan como inútiles a los dos lados del cuerpo.

Dado que el exceso de holgazanería deja sin cuidado ni vigilancia aquello que sostiene una casa, las vigas caen (יִמַּךְ, *nifal* de מכך) y la casa se hunde, pues el agua se introduce en ella en forma de goteras. Hay un proverbio árabe que dice: tres cosas hacen insoportable una casa (como he puesto de relieve en Pr 19, 13). Si los nobles abandonan su deber, abusando de su alta posición para seguir simplemente sus gustos, el reino (el Estado) viene a convertirse en una casa dilapidada que no ofrece ya protección a los hombres, de forma que al final viene a convertirse en una *machshelah*, un edificio ruinoso (Is 3, 6). La casa del reino se arruina por la holgazanería y el deseo de placer de sus nobles.

10, 19. *Los convites se hacen para placer, y el vino produce alegría, pero el dinero sirve para conseguir todas las cosas.* Por עֹשִׂים, "los que celebran convites por placer", se está aludiendo a los príncipes malvados, pero no inmediata y solamente a ellos, porque esa palabra de Ec 10, 16 está demasiado alejada de Ec 10, 19 para actuar como sujeto de la frase. El sujeto, que está implícito en *'osim* (igual a *'osim hēm*), puede definirse sintácticamente como, por ejemplo, en Sal 33, 5, con אהב: Él, Dios ama a los que... Pero puede entenderse también de un modo indefinido como en Ex 5, 16 (Ewald, 200a). En esa línea, encontramos en la Misná muchas frases con un sujeto indefinido aunque, en este verso, en conexión con los anteriores, el sujeto al que se alude lo forman ante todo los perezosos de rango principesco, que no trabajan, que viven de fiesta.

Teniendo eso en cuenta, la traducción de Ginsburg es totalmente falsa: "Ellos convierten en puro jolgorio el pan y el vino que sirven para alegrar la vida". El sentido de עֹשִׂים לֶחֶם es preparar una fiesta, es decir, una comida de fiesta. Tanto aquí como en Ez 4, 15 (*'avad lehēm*, cf. Da 5, 1), *'osim lĕhĕm* significa *coenam faciunt* (*parant*, hacer, preparar una cena).

La ל de לִשְׂחוֹק no tiene un sentido factitivo (como *leēl*, Is 44, 17) como preparar un banquete, sino que indica el modo de celebrarlo..., de comer el pan *voluptuose*, como traduce Jerónimo (véase E. Gerlach, l.c.). No se trata, pues, de preparar/hacer una cena con un propósito positivo (*ad debitam corporis refectionem*, para el alimento necesario del cuerpo), sino *ad ludicra et stulta gaudia* (a diversiones y gozos insensatos: Geier). שְׂחוֹק es una fiesta y alegría loca, como la que se expresa en la sentencia de Ec 2, 2: *tú eres/estás loco*.

De todas formas, resulta incorrecto tomar *lĕhĕm veyaim* como expresión única y traducir *esammahh hayaim* como cláusula atributiva de *yain*. El vino es, sin duda, apropiado para alegrar el corazón del hombre, pero aquí el sujeto del discurso no son los hombres buenos que se alegran por el vino bien bebido, sino los perezosos que celebran banquetes por placer y que olvidan sus deberes. Aquí no se habla de los que beben para alegrarse sanamente, sino de aquellos que gastan su vida en fiestas y celebraciones inapropiadas, de tipo voluptuoso.

El futuro יִשְׂמַח se utiliza aquí en el sentido modal de יִגְבַּר (Ec 10, 10). En este banquete voluptuoso es necesario el vino. De esa forma, los nobles perezosos que viven a costa de los demás celebran fiestas y beben, porque tienen dinero para ello, dinero que les permite todo (וְהַכֶּסֶף יַעֲנֶה אֶת־הַכֹּל). Lutero capta el sentido de estas fiestas de comidas: "El dinero procura, permite, todo esto para ellos"; es un dinero puesto al servicio de la fiesta del placer, como han puesto de relieve Jerónimo y la Biblia de Zúrich: todas las cosas obedecen a ello.

Los antiguos intérpretes judíos comparan este pasaje con Os 2, 23 que destaca que el dinero puede servir para celebrar todo tipo de fiestas, al servicio del placer. Todo obedece al dinero (a los que tienen dinero). Por dinero se pueden conseguir todos los placeres. El dinero responde a todas las necesidades, cumple todos los deseos. Estos son todos los bienes deseables y utilizables. Si tienes dinero en casa, desees lo que desees (εὖξαι τί βούλει), todo puede ser tuyo. El dinero hace que todos oigan al que lo tiene; nada se resiste al deseo del dinero. Así dice Menandro: *Oro y plata son, conforme a lo que pienso, los dioses más útiles; si ellos tienen un lugar en tu casa, desees lo que desees, todo será tuyo*. Así sigue diciendo Horacio, *Epod*. i. 6. 36s.: la reina dinero todo lo consigue, mujer con dote y amigos...

Tras todo lo anterior, viene ahora una advertencia en la que se describe al rey que es un infortunio, y al rey que es una bendición para la tierra, con los príncipes, que son lo que han de ser o que, al contrario, son lo que no han de ser, esto es "lujuriosos, ociosos". Esta advertencia que sigue tiene como motivo no solo la prudencia, sino también la religiosidad (en la línea de Ec 10, 20).

²⁰ גַּם בְּמַדָּעֲךָ מֶלֶךְ אַל־תְּקַלֵּל וּבְחַדְרֵי מִשְׁכָּבְךָ אַל־תְּקַלֵּל עָשִׁיר כִּי עוֹף הַשָּׁמַיִם יוֹלִיךְ אֶת־הַקּוֹל וּבַעַל [הכנפים] (כְּנָפַיִם) יַגֵּיד דָּבָר:

²⁰ Ni aun en tu pensamiento maldigas al rey,
ni en los secretos de tu cámara maldigas al rico;
porque las aves del cielo llevarán la voz,
y las que tienen alas harán saber la palabra.

10, 20. En Daniel y Crónicas, מַדָּע, el sentido de γνῶσις, es sinónimo de הַשְׂכֵּל; en nuestro caso, la LXX traduce esta palabra por συνείδησις; no corresponde a la idea moral y religiosa de conciencia, pero se relaciona con ella porque designa la conciencia interior (*Psychol*. p. 134) que juzga conforme a los principios morales, incluso (*gam*, como en Dt 23, 3) en la región más interior de los pensamientos.[1]

---

1. Hengst. piensa que la transición entre ciencia y conciencia no es natural y traduce esta palabra מַדָּע en el sentido de "habitación de estudio"; pero ni el hebreo ni el arameo dan ese sentido.

Pues bien, ni en esa región más interior de la conciencia puede un hombre maldecir al rey (cf. Ec 7, 4) ni tampoco al rico (sin que se distinga aristocracia de nacimiento o de dinero ni aquí ni en Ec 10, 6b).

Al rico que está situado en una posición más alta y dispone de dinero (que es el *nervus rerum*, el principio rector de las cosas), no se le puede maldecir ni siquiera en la cámara secreta de nuestra casa, donde uno piensa que está libre de traiciones, de manera que puede decir cualquier cosa en la que piensa, sin ocultar nada (2Re 6, 12), porque los pájaros del aire pueden traer o llevar aquello de lo que se rumorea…, de forma que quien posee dos alas (es decir, el ave) puede seguir expandiendo esa palabra. Este proverbio tiene el mismo sentido que otro citado por el Midrash: *las murallas tienen oídos, los muros oyen* (véase Tendlau, *Sprichwörter*, No. 861).

Geier recuerda en este contexto a las golondrinas que ayudaron a Bessus para que descubriera al asesino de su padre y a las grullas que descubrieron (que traicionaron) al asesino de Ibycus. Este pasaje no necesita entenderse de un modo hiperbólico, pues el autor puede estar pensando en las palomas mensajeras que se ponen al servicio del espionaje. De todas formas, la razón para esta advertencia es hiperbólica, en la línea de muchos proverbios y dichos en todas las lenguas: *aures fert paries… ergo cavere debet qui loquitur, ne possint verba nocere* (los oídos atraviesan las paredes, de manera que aquel que habla debe tener cuidado, a fin de que las palabras que dice no le dañen).

Eclesiastés 11

11, 1-8. Actúa con prudencia, no te excedas, el futuro es de Dios. Goza la vida, el mundo que viene es oscuro

Hay intérpretes —como Zöckel— que piensan que la parte conclusiva de este libro comienza con Ec 11, 1, y no encuentran conexión entre lo que viene y lo anterior. Pero, como he dicho, a partir de Ec 10, 16, este libro está acercándose a la conclusión. La palabra הַכֶּסֶף de Ec 10, 19 ofrece ya una conexión interna para los proverbios que siguen, pero no estamos seguros de si Ec 10, 20 debe entenderse desde la perspectiva de esa palabra clave. Si hay una conexión interna entre lo anterior y lo que ahora sigue a partir de Ec 11, 1, depende de la interpretación de este versículo, que nos sitúa ante dos líneas diferentes: por una parte, nos ofrece la recomendación de actuar con beneficencia; por otra parte, desarrolla un fuerte espíritu de empresario, es decir, de actuar en beneficio propio. Nosotros pensamos que debe ponerse de relieve la segunda línea, que insiste en los resultados comerciales del trabajo, en la línea de la libre empresa.

11, 1-2.

¹ שַׁלַּח לַחְמְךָ עַל־ פְּנֵי הַמָּיִם כִּי־ בְרֹב הַיָּמִים תִּמְצָאֶנּוּ׃

² תֶּן־ חֵלֶק לְשִׁבְעָה וְגַם לִשְׁמוֹנָה כִּי לֹא תֵדַע מַה־ יִּהְיֶה רָעָה עַל־ הָאָרֶץ׃

¹ Echa tu pan sobre las aguas;
que después de muchos días lo hallarás.
² Reparte a siete, y aun a ocho;
porque no sabes el mal que vendrá sobre la tierra.

11, 1. *Echa tu pan sobre las aguas, porque pasados muchos días lo hallarás.* La mayor parte de los intérpretes, especialmente Talmud, Midrash y Tárgum afirman en este contexto que la obra del hombre no permanece sin recompensa.[2] Estas palabras serían, según eso, una exhortación a la caridad. Un proverbio arameo de Ben Sirá (Buxtorf, *Florilegium*, p. 171) se sitúa en la línea de esta interpretación. Extiende (siembra) tu pan sobre el agua y sobre la tierra seca, y al fin de los días lo encontrarás de nuevo. Knobel cita un proverbio árabe semejante, tomado de H. Diez, *Denkwürdigkeiten von Asien*, en *Souvenirs of Asia*, II, 106: "Actúa bien, arroja tu pan en el agua, tú serás recompensando algún día".En esta línea puede citarse también un proverbio de Goethe, en *Divan*, retomado por Herzfeld y citado por Voltaire, en su *Precis de l'Ecclesiaste*, en verso, ofreciendo esta traducción: *repandez vos bienfaits avec magnificence, même aux moins vertueux ne les refusez pas. Ne vous informez pas de leur reconnaissance; Il est grand, il est beau de faire bien a des ingrats* (extiende tus buenas obras, incluso a los menos virtuosos no les rechaces; es bueno, es bello hacer el bien a los ingratos).

En vez de echar el pan en el agua (en el mar), como se dice en proverbios semejantes, Kohelet utiliza aquí la expresión *sobre la faz* (עַל־פְּנֵי) *de las aguas*; pero el sentido es el mismo. El pan de pascua tiene normalmente la forma de pasteles y es el que suele prepararse con prisa para los invitados. Así puede entenderse los *'ughoth* o *matstsoth*, panes sin levadura de Gn 18, 6; Gn 19, 3, de manera que cuando se arrojan al agua permanecen en la superficie como trozos de madera (cf. Os 10, 7), siendo llevados por la corriente de las aguas.Pero el uso de la palabra שׁלח (שַׁלַּח לַחְמְךָ עַל־ פְּנֵי הַמָּיִם) referida a la beneficencia resulta extraño en este proverbio,

---

2. El Midrash cuenta la siguiente historia: Rabbi Akiba vio naufragar un barco que llevaba a un doctor en la ley. Pero más tarde le encontró activamente ocupado en Capadocia y le preguntó: ¿qué ballena te ha vomitado en esta tierra seca? ¿Cómo has merecido esto? El escriba, instruido en la ley, le contestó que cuando él iba a bordo del barco dio una hogaza de pan a un pobre que le salvó (le ayudó) después diciendo: así como tú salvaste mi vida pueda yo salvar la tuya. Entonces, Akiba pensó en el proverbio de Ec 11, 1. De un modo semejante comenta el Tárgum: ofrece al pobre para su sustento, ellos navegarán en barcos sobre el agua.

pues en vez de ella se esperaría la palabra הַשְׁלֵךְ. La LXX traduce ἀπόστειλον; Syr. *shadar*; Jerónimo, *mitte*; Véneto πέμπε; por lo tanto, ninguno de ellos insiste en la idea de arrojar, שׁלח. Y la razón que suele darse no va en la línea de esta referencia: "Porque en el curso de muchos días (*berov yamin*, cf. *mĕrov yamim*, Is 24, 22) tú lo encontrarás" (no se dice *de nuevo*, que debería expresarse con תָּשׁוּב תָּם).La designación indefinida del tiempo, que remite de forma clara al remoto futuro, no evoca aquí la recompensa por la noble autorenuncia del que siembra en el mar (regala lo que tiene), sino que responde más bien a la idea del comercio que se realiza con países extranjeros, un comercio que alcanza su objetivo solo después de un largo período de espera.

Este pasaje alude, según eso, a personas que envían su pan sobre la superficie del agua, tema que Sal 107, 33 expresa de forma directa: haz negocio en las grandes aguas. Esta figura está tomada del comercio de cereal de un puerto de mar que puede expresarse diciendo: busca tu apoyo (tu sustento), tu paga, a través de un tipo de aventura arriesgada y confía (la frase griega σπείρειν πόντον, sembrar en el mar, evoca también una empresa fructuosa, pero tiene un carácter distinto, cf. Am 61, 2).

La palabra pan (tu pan, לַחְמֶךָ) sirve para designar los medios de vida o ganancia, y el pan en la expresión final del verso (תִּמְצָאֶנּוּ) está indicando *la ganancia conseguida por el pan así "sembrado" en el mar* (cf. Ec 9, 11). La explicación de Hitzig "arroja tu pan en el agua", que equivale a "aventura tu esperanza", es forzada. Y del mismo tipo son todos los intentos que se han hecho para entender esta imagen en un contexto de actividades agrícolas, como hace van der Palm: *sementem fac muxta aquas* (sembrar la semilla con agua, o en un lugar regado). Por su parte, Grätz. traduce: "Arroja tu semilla sobre la superficie del agua", e interpreta esa expresión en la línea fantasiosa de Marcial, pensando que se refiere a la concepción de niños, entendida como riego del esperma masculino en la mujer.

Mendelssohn tiene razón cuando recuerda el contexto de la historia de Salomón, cuyos barcos comerciaban desde Tarsis a Ophir. En ese fondo, puede situarse la referencia a un tipo de sacrificio o de esfuerzo al servicio de la beneficencia. Así debemos recordar con Ginsburg que unos proverbios como los anteriores (que culminan en el riesgo y en frutos del comercio) vienen seguidos por un proverbio que trata de aquello que nosotros mismos podemos hacer: "Reparte a siete o aun a ocho…". Este nuevo proverbio no dice "da una parte", sino distribuye lo que es tuyo, aquello que has ganado, en siete u ocho partes, pues es bueno que tengas ganancias para tus amigos, utilizando con ese fin los bienes que has podido adquirir como "Mamón" de injusticia (Lc 16, 9), para un tiempo en el que tú mismo puedes estar inesperadamente en necesidad. Este nuevo verso ofrece una regla de prudencia, después del verso anterior dedicado a la aventura del comercio "sembrando en el mar".

11, 2. *Reparte en siete y aun en ocho partes, porque no conoces el mal que vendrá sobre la tierra.* Kohelet nos invita a compartir, porque no sabemos el mal que vendrá. Frente a una catástrofe que puede venir sobre todos es bueno dividir las propiedades, de manera que si una parte viene a ser destruida nos quedan las otras. Probablemente, el Kohelet se está refiriendo a no arriesgar todo lo que tenemos en una sola caravana, que puede perderse en la tormenta, a fin de que se disipen de un golpe todos los bienes (en esa línea, entienden el texto Mendel., Preston, Hitz. y Stuart).Desde ese fondo, en Ec 11, 2, la palabra חלק (heredad) se refiere a las diversas partes en que se dividió la tierra prometida en tiempos de Josué. También puede referirse al reparto de la herencia de Abraham entre Ismael e Isaac. Sea como fuere, los bienes no se pueden mantener unidos, sino que se dividen para bien de todos. Este verso es, por tanto, una advertencia en contra de todo tipo de acumulación egoísta de bienes.

11, 3-6.

אִם־ יִמָּלְאוּ הֶעָבִים גֶּשֶׁם עַל־ הָאָרֶץ יָרִיקוּ וְאִם־ יִפּוֹל עֵץ בַּדָּרוֹם וְאִם בַּצָּפוֹן מְקוֹם שֶׁ ³
יִפּוֹל הָעֵץ שָׁם יְהוּא:

שֹׁמֵר רוּחַ לֹא יִזְרָע וְרֹאֶה בֶעָבִים לֹא יִקְצוֹר: ⁴

כַּאֲשֶׁר אֵינְךָ יוֹדֵעַ מַה־ דֶּרֶךְ הָרוּחַ כַּעֲצָמִים בְּבֶטֶן הַמְּלֵאָה כָּכָה לֹא יוֹדֵע תֵּדַע אֶת־ מַעֲ ⁵
שֵׂה הָאֱלֹהִים אֲשֶׁר יַעֲשֶׂה אֶת־ הַכֹּל:

בַּבֹּקֶר זְרַע אֶת־ זַרְעֶךָ וְלָעֶרֶב אַל־ תַּנַּח יָדֶךָ כִּי אֵינְךָ יוֹדֵעַ ⁶

³ Si las nubes estuvieren llenas de agua,
sobre la tierra la derramarán;
y si el árbol cayere al mediodía, o al norte,
al lugar que el árbol cayere, allí quedará.
⁴ El que al viento mira, nunca sembrará;
y el que mira a las nubes, nunca segará.
⁵ Como *tú no sabes cuál [es] el camino del espíritu,*
o cómo [crecen] los huesos en el vientre de la mujer encinta,
así ignoras la obra de Dios, el cual hace todas las cosas.
⁶ Por la mañana siembra tu simiente,
y a la tarde no dejes reposar tu mano;
porque tú no sabes cuál es lo mejor, si esto o lo otro,
o si ambas son igualmente buenas.

11, 3. *Las nubes llenas de agua la derramarán sobre la tierra…, hacia el lado en que cayere el árbol allí quedará.* Este verso no implica una transición εἰς ἄλλο γένος, es decir, hacia otra temática, como cuando interpretamos Ec 11, 1 refiriéndolo a la beneficencia. Los pensamientos de Ec 11, 3 siguen en la línea de los anteriores: las nubes vacían sobre la tierra el agua que llevan, y el árbol que cae sobre un lado allí se queda.

Desde los versículos anteriores se entiende este verso: el hombre no conoce el tipo de infortunio que puede sobrevenirle sobre la tierra (huracán, inundación, escasez, etc.), pues todo lo que existe sigue un tipo de leyes fijas, pero él no conoce los principios que vinculan la causa y el efecto, pues no están sometidos al poder de los hombres. Algunos piensan que la acentuación de Ec 11, 3a (אִם־יִמָּלְאוּ הֶעָ־ בִים גֶּשֶׁם) está equivocada, de manera que tendría que buscarse otra distinta para el conjunto del texto.Pero un estudio más preciso del tema nos lleva a descubrir que la palabra גשם (la lluvia) está vinculada con el tema condicional antecedente, porque las nubes, en vez de estar cargadas de agua, podrían estar cargadas de granizo. Desde ese fondo, partiendo de la prótesis (si las nubes van cargadas de agua...) ha de entenderse la apódosis en forma de consecuencia. El hombre no puede cambiar la relación que hay entre las nubes cargadas de agua y la lluvia.En una línea semejante se entiende la segunda frase condicional: *en la dirección en que caiga el árbol en ella ha de quedar* (מְקוֹם שֶׁיִּפּוֹל הָעֵץ שָׁם יְהוּא׃), hacia el sur o hacia el norte, etc. La prótesis, tal como aparece ante nosotros, incluye dos וְאִם־ con dos mitades correlativas (si el árbol cae en una dirección, si cae en la otra...). La palabra מְקוֹם (lugar en el que o hacia el que cae el árbol) está en acusativo de lugar, en lugar de *bimqom*, como en Est 4, 3; Est 8, 17. La palabra *sham* (שָׁם) está bien conectada con la cláusula de relativo (cf. Ez 6, 13), lo mismo que en Est 1, 7.La forma yusiva de יהי proviene de יהיה, pero aquí aparece como (שָׁם יְהוּא׃) יְהוּא en vez de יהו. Hitzig supone que, conforme a nuestro pasaje y a Job 37, 6, esta palabra ha sido escrita con א, recibiendo así el sentido de caer, vinculado al verbo הוה que tiene el sentido radical de *delabi, cadere* (descender, caer), raíz de la que derivaría el significado de *accidere, exsistere, esse* (suceder, existir, ser; cf. Comentario a Job 37, 6). De todas formas, en el libro de Job, הוה puede tomarse como arabismo, una palabra que no se utilizaba en el lenguaje coloquial en el tiempo del Kohelet. Por otra parte, ella debía escribirse con א, como en אבוא (Is 28, 12).Sea como fuere, nuestra palabra יְהוּא, tal como está escrita, puede entenderse como futuro del verbo הוה, con el singular en forma de אהא, תהא, יהא, y el plural יהו. Sea cual fuere el lugar en el que cayere el árbol allí seguirá estando, allí queda. Esta es una ley invariable de la naturaleza, según la cual las nubes descargan su masa de agua y los árboles continúan estando donde han caído. Pero el hombre no conoce todas las leyes de la naturaleza, de forma que debe adoptar una actitud de prudencia ante su futuro.

11, 4. *Quien observa el viento nunca sembrará, y el que mira a las nubes no cosechará.* Este proverbio no ha de entenderse literalmente, sino desde la perspectiva de toda la parénesis del Kohelet. No va en contra de un estudio atento del viento y de las nubes, un estudio guiado por una providente observación de los fenómenos del tiempo, sino en contra de un tipo de obsesión inútil, en contra de los cálculos imposibles del estado futuro del tiempo, de aquel que espera sin cesar, día a día, semana tras semana, mientras va pasando el tiempo de la siembra y la cosecha.El tiempo de la siembra requiere lluvia que abra y humedezca la tierra. Aquel que duda y duda observando (שׁמר) la atmósfera hasta tener la seguridad de que traerá lluvia (Pr 25, 23) dejará pasar el momento oportuno y al fin no podrá sembrar. El tiempo de la cosecha requiere calor, aunque sin lluvia (Pr 26, 1). Pues bien, el hombre escrupuloso y tímido, que nunca está bastante seguro de lo que hará, mira a las nubes (cf. Is 47, 13), olfatea la humedad del viento y nunca encontrará un tiempo seguro y apropiado para cosechar los frutos del campo.Quien quiera cumplir su tarea de labrador y ganar algún fruto tiene que acostumbrarse a correr algún riesgo, pues nunca tenemos la seguridad plena del tiempo que hará, ya que el futuro está en manos de Dios que es aquel que todo lo dispone y condiciona.

11, 5. *No conoces el camino del viento, ni cómo crecen los huesos en el vientre de la mujer encinta; tampoco conoces las obras del Dios que lo hace todo.* Lutero y Jerónimo traducen de forma apropiada. La frase *instar ossium in ventre praegnantis* (ni como crecen los huesos en el vientre de la mujer embarazada...) es una *comparatio decurtata* recortada: como la ignorancia en relación con los huesos, es decir, con el crecimiento de los huesos... El Tárgum lee בעץ y traduce: no conoces cuál es el camino del espíritu en los huesos, es decir, *cómo el embrión recibe espíritu y vida.* El hombre no tiene poder sobre el viento (sobre el espíritu), como leemos en Ec 8, 8. Así sigue diciendo Jn 3, 8: el hombre no tiene poder sobre el aire, pues fundamentalmente solo tiene poder sobre las cosas que él dirige y organiza. Sobre el origen y despliegue del embrión como tema que permanece secreto y misterioso para la *hokma* de Israel, cf. *Psychol.* p. 209ss. Sobre עצם, cf. Sal 139, 15 y Job 10. *Meleah* es la mujer *pregnante*, llena (בְּבֶטֶן הַמְּלֵאָה, como en latín: *plena*). Con finura de matices, el futuro תדע לא (no sabrás) de la apódosis se vincula e intercambia con el יודע אינך de la prótasis, como cuando decimos: si no conoces esto no podrás conocer (en consecuencia) aquello. Así como el hombre debe confesar su ignorancia sobre el camino del viento y sobre la maduración del embrión humano en el vientre de la madre, así, en general, debe confesar también su ignorancia sobre la obra del Todopoderoso, pues no puede penetrar en la totalidad de las conexiones entre los diversos acontecimientos, ni entre los detalles del cumplimiento y sentido de las cosas.

La idea de Dios que hace todo הַכֹּל (cf. *'oseh kol,* Is 44, 24), se expresa intencionadamente en una cláusula de futuro de relación, tanto en el mundo de la naturaleza como en el de la historia. Por eso se utilizan las palabras אֶת־הַכֹּל y no *eth-kol-elleh* (Is 66, 2), como en los pasajes que se relacionan con el despliegue de la creación, tal como ahora existe. De esa manera, el crecimiento del niño en el vientre de la madre se compara con el futuro del mundo, tal como está formándose en el vientre del mundo actual, del que tiene que nacer (cf. Pr 27, 1; cf. Sof 2, 2).

Lo que de esta forma se establece es que el hombre no es señor del futuro. Eso significa que tiene que superar una actitud de preocupación ansiosa sobre lo que vendrá. Esta es la conclusión que se deduce de Ec 11, 4 y Ec 11, 2, como se confirma con la interpretación que hemos estudiado de este pasaje. Este es un tema que ha sido retomado y profundizado por Pablo en Ro 8 (sobre los dolores de parto de la creación).

11, 6. *Siembra por la mañana tu simiente, y por la tarde...* El cultivo de la tierra es el prototipo de todos los trabajos (Gn 2, 15), de manera que la siembra es el emblema o signo del conjunto de las actividades del hombre (בַּבֹּקֶר זְרַע אֶת־ זַרְעֶךָ וְלָעֶרֶב אַל־ תַּנַּח יָדֶךָ), lo mismo que en el evangelio. La palabra paralela de *babokĕr* no es *ba'ĕtrĕv*, porque lo que tiene que excluirse no es la cesación de todo trabajo (cf. Jue 19, 16; Sal 104, 23), sino el trabajo incesante, agobiante (cf. Lc 9, 62), porque el trabajo bien hecho tiene que continuar hasta la tarde.

En esa línea, Ec 11, 2 decía que el éxito del trabajo no depende exclusivamente de una sola empresa, sino que trabajo y empresa debían dividirse en varias secciones, lo que implica que han de hacerse varios intentos. También aquí se insiste en la continuidad del trabajo, desde la mañana a la tarde, porque el éxito o el fracaso (Ec 5, 5) están en las manos de Dios. El hombre no sabe cuál de sus intentos tendrá éxito, si este (ה) o aquel otro (או) o el de más allá (אמו), conforme a los tres miembros o posibilidades de la cuestión (cf. Ewald, 361).

La palabra *keĕhhad* (כְּאֶחָד) ha seguido estando en uso en el hebreo más moderno, como en la última de las bendiciones de la *Shemone-Esre*: ברכנו ... כאחד, "bendícenos, Padre Nuestro, a todos nosotros juntos...". La expresión שניהם (las dos cosas) remite a las dos veces en que se ha empleado la partícula זה, entendida como neutro (como en Ec 7, 18; a diferencia de lo que sucede en Ec 6, 5). La LXX traduce rectamente: καὶ ἐὰν (εἴτε) τὰ δύο ἐπὶτὸ αὐτὸ ἀγατηά (y mejor si las dos cosas son buenas).

El proverbio que sigue después (Ec 11, 7) muestra su conexión con los anteriores a través de la cópula (וּמָתוֹק). La tendencia a ofrecer amonestaciones, que aparecía en Ec 11, 1; Ec 11, 2 y Ec 11, 6 para ofrecer garantías a la vida humana, está justificada en Ec 11, 7. La vida es buena y es digna de que nos preocupemos de ella. Así argumenta Hitzig, pero la conexión entre las diversas partes del argumento resulta aún más honda. Todo el libro del Eclesiastés ha ido vinculando la llamada a una actividad responsable con el derecho de gozar de la vida. Y este derecho al gozo de la vida, fundado en la fidelidad a la llamada de cada uno, confirmado por el temor de Dios, constituye el más real y más alto de todos los gozos, como seguiremos viendo. En este sentido, se vincula el *fruere vita* con *labora* (trabaja). Este es el lema del texto (trabaja y goza) en vez del lema de los monjes antiguos (*ora et labora*: reza y trabaja).

⁷ וּמָתוֹק הָאוֹר וְטוֹב לַעֵינַיִם לִרְאוֹת אֶת־ הַשָּׁמֶשׁ:

⁸ כִּי אִם־ שָׁנִים הַרְבֵּה יִחְיֶה הָאָדָם בְּכֻלָּם יִשְׂמָח וְיִזְכֹּר אֶת־ יְמֵי הַחֹשֶׁךְ כִּי־ הַרְבֵּה יִהְיוּ כָּל־ שֶׁבָּא הָבֶל:

> ⁷ Suave ciertamente es la luz,
> y agradable a los ojos ver el sol;
> ⁸ *porque si el hombre viviere muchos años,*
> y en todos ellos hubiere gozado alegría;
> si después trajere a la memoria los días de las tinieblas,
> que serán muchos, dirá:
> todo lo que pasa [lo que pasará] es vanidad.

11, 7-8. *Ciertamente, suave es la luz, y agradable para los ojos ver el sol... Pero al final todo lo que sucede es vanidad* (כָּל־ שֶׁבָּא הָבֶל:). El comentarista Dale cambia la *waw* de la cópula, introduciendo al comienzo de Ec 11, 7 la partícula "si" (como hacen Bullock o la traducción de Reina-Valera). Pero de esa manera dan un falso colorido a la frase. Zöckler pone de relieve el hecho de que aquí se está hablando de la luz (וּמָתוֹק הָאוֹר) en vez de hablarse de la "vida", como parece exigir el pensamiento de fondo de la sentencia.

Debemos recordar que, en este caso, la luz (הָאוֹר) es la luz de la vida en este mundo (cf. Sal 56, 14; Job 33, 30), es decir, la luz está relacionada con el sol del que proviene, como indica la palabra מאור que viene de אור (cf. Eurípides, en *Hipólito*: ὦ λαμπρὸς αἰθὴρ κ.τ.λ., *oh, éter brillante*, y en *Iphigen. in Aulis*, 1218-19, μὴ μ᾽ἀπολέσης κ.τ.λ: no me destruyas juventud, no me impidas ver la dulce luz..., etc.). La לְ de לַעֵינַיִם lleva aquí la pequeña vocal *pattach*, lo mismo que en 1Sa 16, 7, según la Masora (de un modo distinto, en Gn 3, 6 y en Pr 10, 26, donde lleva *kametz*; cf. *Michlol* 53b).

La *ki* al comienzo de Ec 11, 8 (כִּי אִם־ שָׁנִים הַרְבֵּה) ha sido traducida por Knobel, Hitz., Ewald y otros por "si, ciertamente". Heiligstedt interpreta esa partícula como si estuviera precedida por *immo* (si, además...). Pero, dado que la *waw* de Ec 11, 7 es copulativa, así, en nuestro caso (Ec 11, 8) la partícula *ki* tiene que ser causal, en sentido de "el hombre tiene que gozar mientras viva, pues la luz es dulce...".

Eso significa que el hombre tiene que gozar, aprovechando la oportunidad que se le concede para vivir. Este es el ordenamiento de Dios, su mandamiento: la luz es dulce y es agradable para los ojos. Por eso, mientras el hombre siga viviendo, tiene que mantener y cultivar el gozo por la vida, especialmente teniendo en cuenta la oscuridad que le espera en la muerte. *Ki* e *im* (כִּי אִם) no han de entenderse aquí como en Ec 3, 12 y Ec 8, 15, donde les precede una negación, sino que tienen funciones distintas: *ki* ofrece la razón e *im* es el comienzo de una prótasis hipotética, como en Ex 8,17, y en otros casos. La partícula *im,* con la conclusión que sigue, presenta algo que es imposible, como en Sal 50, 12, *si esurirem* (si estuviera hambriento), algo que es casi imposible en el orden actual de las cosas (cf. Is 7, 18: *si peccata vestra sint instar coccini*, si vuestros pecados fueran negros como…).

En el último caso, la cláusula con la partícula concesiva podría transformarse en otra con una partícula conjuntiva, como en Is 10, 22: "Porque aunque tu pueblo, oh Israel, fuera tan numeroso como las arenas del mar…". En esa línea, se nos dice aquí: "Aunque un hombre pudiera vivir tantos años…". La segunda *ki* después de ויז (כִּי־ הַרְבֵּה יִהְיֶה) tiene un sentido explicativo, como en Ec 2, 24; Ec 8, 17, etc. El hombre tiene que recordar los días de oscuridad que han sido muchos, más abundantes que los días felices de su vida.

En este contexto, *kol-shebba'* (כָּל־ שֶׁבָּא הֶבֶל) está refiriéndose a todo lo que ha de venir después de esta vida, diciendo que *todo lo que pasa (pasará) es vanidad*. Hitz. afirma que esta sentencia (todo lo que pasa, todo lo que es futuro es vanidad) es una sentencia falsa. Pues bien, en ese sentido se puede afirmar que la sentencia que él deduce del libro del Kohelet (todo lo que pasa es vanidad) constituye una sentencia igualmente falsa (porque esa misma sentencia forma también parte del mundo que pasa).

De todas maneras, esta sentencia (todo lo que pasa, todo lo que viene, es vanidad: כָּל־ שֶׁבָּא הֶבֶל) no trata de todo lo que es futuro, sino solo de aquello que viene después de esta vida para un hombre como el Kohelet, para quien el futuro está velado por la oscura noche del Hades, como lo fue para Horacio i. 4. 16s.: *"Jam te premet nox fabulaeque manes et domus exilis Plutonia"* (ya te oprime/aprieta la noche, y las fábulas de los manes y la casa del destierro de Plutón).

Tanto para Kohelet como para Horacio (IV.7.16) el hombre se "convierte" al fin en *pulvis et umbra* (polvo y sombra) y aquello que le espera es *hevel,* vanidad. Tyler tiene razón cuando afirma que aquí se está indicando la condición de sombra insustancial de los muertos y de la oscuridad del Sheol. En esa línea, הבא no está indicando aquello que está naciendo (*nascens*), sino aquello que es futuro (*futurum*), como en *Sanhedrin* 27a, "desde el presente y para el futuro (ולהבא), un futuro que en otros casos se indica con la expresión del *olam ha-ba,* o tiempo que viene".

El Véneto traduce de un modo incorrecto: *todos los días en los que le dominará la maldad.* Por su parte, siguiendo a Jerónimo, Lutero traduce también de un modo equivocado, tomando בא como tercera persona del verbo. Traducen bien la LXX y Teodoreto: *pan to erkhomenon* (todo lo que viene).

2. Final con epifonema (Ec 11, 9 – 12, 6)

Tras Ec 11, 7-8, habiendo formulado de nuevo el tema básico del eudemonismo
de la vida en esta tierra, el autor interrumpe su tesis (su *caeterum censeo*) y culmina
(redondea) artísticamente el tema de su libro que había comenzado con una *obertura* (Ec 1, 2-11) y que concluye aquí con un *finale intenso* (Ec 11, 9 – 12, 6): ante
el panorama futuro de la larga noche de la muerte, en la que ha de introducirse,
el hombre ha de gozar de la vida que se le ha concedido.

Tras el pensamiento fundamental del libro, al que ha dado un colorido
literariamente hermoso, Kohelet amplifica ahora su mensaje en una llamada al-
tamente poética, recomendando a un joven que goce de la vida, pero sin perder
la conciencia de que debe rendir cuentas de ella ante Dios. Este discurso final no
se dirige ya a un hombre adulto, sino a un joven (incluyendo a mujeres jóvenes,
conforme a la norma *a potiori fit denominatio*: dirigiéndose a la parte superior,
que son los hombres, quedan incluidas en ellos las mujeres).

La razón básica de su argumento es esta: el gozo responsable del principio
de la vida tiene prioridad sobre el *terminus ad quem* que es la noche de la muerte,
con su preludio, que viene marcado por la vejez llena de canas. Sin ninguna palabra de conexión, ofreciendo un nuevo punto de partida, este *finale* comienza así:

9 שְׂמַ֨ח בָּח֜וּר בְּיַלְדוּתֶ֗יךָ וִֽיטִֽיבְךָ֤ לִבְּךָ֙ בִּימֵ֣י בְחוּרוֹתֶ֔ךָ וְהַלֵּךְ֙ בְּדַרְכֵ֣י לִבְּךָ֔ וּבְמַרְאֵ֖י עֵינֶ֑יךָ
וְדָ֕ע כִּ֧י עַל־כָּל־אֵ֛לֶּה יְבִֽיאֲךָ֥ הָאֱלֹהִ֖ים בַּמִּשְׁפָּֽט׃

10 וְהָסֵ֥ר כַּ֙עַס֙ מִלִּבֶּ֔ךָ וְהַעֲבֵ֥ר רָעָ֖ה מִבְּשָׂרֶ֑ךָ כִּֽי־הַיַּלְד֥וּת וְהַֽשַּׁחֲר֖וּת הָֽבֶל׃

9 Alégrate, joven, en tu mocedad,
y tome placer tu corazón en los días de tu juventud;
y sigue los caminos de tu corazón,
y busca aquello que agrada a tus ojos;
pero sabe, que sobre todas estas cosas te traerá Dios a juicio.
10 Quita pues la tristeza de tu corazón, y aparta el mal de tu carne;
porque la niñez y la edad en que el hombre conserva toda su fuerza son vanidad.

11, 9. *Alégrate joven en tu mocedad... y que tenga placer tu juventud...* El paralelo
בִּימֵי muestra que la *beth* de בִּילד (con la ד aspirada) no trata de dar la razón para
la alegría, sino de mostrar el tiempo apropiado para ella. En lugar de *veyithav libbecha* (que tu corazón se alegre), también podría ser la expresión: las palabras son
vithivecha libbecha (וִיטִיבְךָ לִבְּךָ: y tome placer tu corazón), de manera que desde ese
centro de la vida que es el corazón pueda irradiar su brillo a tu mismo rostro (Pr
15, 13) y a toda tu personalidad (como he puesto de relieve en *Psychologie*, p. 249).

265

La palabra *vehhuroth* (בְּחוּרוֹתֶךָ) se refiere al período de la juventud, que tiene aquí, como en Ec 12, 1 el sentido que recibe en Nm 11, 28: *vehhurim*, lo mismo que *ne'uroth,* que solo aparece una vez en Jer 32, 30, como la palabra más usual *ne'urim,* recordando que la forma en *ôth* es la más moderna (cf. *keluloth,* Jer 2, 2).

Los caminos del corazón (דַרְכֵי לִבְּךָ) son aquellos por los que el impulso del corazón dirige al hombre, los que satisfacen su corazón. (וּבְמַרְאֵי עֵינֶיךָ, מר עין, cf. Ec 6, 9), indica el placer que se siente en presencia de un objeto por mirarlo, por una visión que atrae y vincula a la persona con aquello hacia lo que se dirige su mirada.

Hay un *qetub* con plural, con מראי, que aparece también en Da 1, 15; Cnt 1, 14, que en nuestro caso se referiría a la multitud de objetos que deleitan a la vista, cosa que no sería inadecuada. El *piel* הלך (וְהַלֵּךְ בְּדַרְכֵי לִבְּךָ) que se emplea con frecuencia en otros casos (cf. Sal 131, 1), se refiere al camino (al caminar) en sentido ético. Hitz. y Zöckl. distinguen el sentido de las dos ב en בְּדַרְכֵי לִבְּךָ y en וּבְמַרְאֵי עֵינֶיךָ. La primera especifica la esfera y la segunda la norma de la conducta que ha de seguir el joven (conforme a la visión de sus ojos); pero las dos tienen en el fondo el mismo sentido, indicando la forma en que el joven debe actuar de forma libre y gozosa: *según los caminos de tu corazón, allí donde tus ojos te dirijan.*

La LXX traduce: "y no conforme a la visión de tus ojos". Este "no", que no aparece en los manuscritos A y C constituye una interpolación, en la línea de la advertencia de Nm 15, 39, en contra de los que siguen el impulso de su corazón y de sus ojos. Pero esta moralización del texto resulta superflua, pues la llamada al gozo juvenil de la vida viene acompañada con la *nota bene* o aprobación del mismo Dios: *pues Dios te juzgará por esto (por lo que hayas gozado),* excluyendo así el carácter pecaminoso del deseo sensual.

En medio de esta admonición, a la que sigue una definición más precisa del tema, se introduce la advertencia que alude al juicio, בַּמִּשְׁפָּט: sobre todas estas cosas te juzgará Dios, es decir, te traerá a juicio,בַּמִּשְׁפָּט. כִּי עַל־ כָּל־ אֵלֶּה יְבִיאֲךָ הָאֱלֹהִים (cf. Ec 12, 14; Job 14, 3; Sal 143, 3). Aquí, en la conclusión de la sentencia y del libro, viene esta palabra clave: בַּמִּשְׁפָּט.

Hitzig supone que aquí se está indicando que los pecados de juventud serán castigados con enfermedades crónicas y con el abandono (soledad) en la vejez. Knobel y otros piensan que el juicio está evocando a la autopunición del pecador, que el A.T. ve como castigo infligido por Dios. Pero, dado que este libro rechaza con frecuencia este castigo de Dios por los pecados en la vida de la tierra (Ec 8, 14), el autor, tanto aquí como en Ec 3, 17; 12, 14, parece que está postulando un juicio final que resuelva todas las contradicciones del tiempo presente, un juicio que ha de darse en el futuro. El autor no conoce ni el tiempo ni la forma de ese juicio final, pero su fe en Dios está suponiendo que ese juicio ha de darse, por encima de toda duda. En el verso que sigue, la llamada al gozo se completa con la de evitar todas las ocasiones de tristeza interna y externa.

11, 10. *Quita, pues, la tristeza de tu corazón… y aparta el mal de tu carne…* Jerónimo traduce: *aufer iram a corde tuo* (aparta la ira de tu corazón) e insiste en su comentario: *in ira omnes perturbationes animi comprehendit* (en la ira incluye todas las perturbaciones del alma…). Pero כעס (raíz כס, *contundere, confringere*, aplastar, romper), no significa "ira", sino que incluye ira y tristeza, de manera que se vincula con una serie de ideas específicas como "tristeza, mal humor, irritabilidad".

Jerónimo traduce la frase siguiente (וְהַעֲבֵר רָעָה מִבְּשָׂרֶךָ) *et amove malitiam a carne tua* (y aparta la malicia de tu carne), con la observación: *in carnis malitia universas significat corporis voluptates* (en la malicia de la carne se incluyen todos los deseos o concupiscencias del cuerpo). Pero la palabra רעה no se toma aquí en sentido ético, sino físico. כעס es aquello que produce tristeza al corazón. Por su parte, רעה es aquello que produce mal al cuerpo, a la carne (בשר en oposición a לב, cf. Ec 2, 3; Pr 14, 30).

De manera más correcta traduce la Vulgata. Lutero por su parte pone: "Aparta la tristeza de tu corazón y el mal de tu cuerpo". El hombre tiene que apartarse de todo lo que es injurioso (de todo lo que le hace daño), tanto en lo externo como en lo interno, porque la juventud, destinada y dispuesta a la alegría, es *hevel*, es decir, transitoria, pues pasa muy pronto.

Casi todos los intérpretes modernos (a excepción de los judíos), teniendo en cuenta lo que dice Sal 110, 3, dan a (וְהַשַּׁחֲרוּת) שחרות el sentido de amanecer en la mañana; pero en ese caso la conexión ילדות sería tautológica. La Misná, con el Midrash y el *usus loq.* (es decir, las normas del lenguaje), de acuerdo con el Tárgum traducen וְהַשַּׁחֲרוּת como "los días del cabello negro", es decir, los tiempos anteriores al surgimiento de las canas y del cabello blanco. Esa palabra indica, por tanto, el tiempo de la juventud y de la madurez de la vida, un tiempo en que los hombres mantienen intacta su fuerza.

Eclesiastés 12

Aquí comienza de modo inadecuado un nuevo capítulo, que debía haberse iniciado en Ec 11, 9. La llamada del autor toma un nuevo rumbo, aunque el argumento sigue siendo el carácter transitorio de la juventud.

12, 1-2.

וּזְכֹר אֶת־ בּוֹרְאֶיךָ בִּימֵי בְּחוּרֹתֶיךָ עַד אֲשֶׁר לֹא־ יָבֹאוּ יְמֵי הָרָעָה וְהִגִּיעוּ שָׁנִים אֲשֶׁר תּ ¹
אמֹר אֵין־ לִי בָהֶם חֵפֶץ:
עַד אֲשֶׁר לֹא־ תֶחְשַׁךְ הַשֶּׁמֶשׁ וְהָאוֹר וְהַיָּרֵחַ וְהַכּוֹכָבִים וְשָׁבוּ הֶעָבִים אַחַר הַגָּשֶׁם: ²

¹ Y acuérdate de tu Creador en los días de tu juventud,
antes que vengan los malos días, y lleguen los años,
de los cuales digas: no tengo en ellos contentamiento.
² Antes que se oscurezca el sol, y la luz, y la luna y las estrellas,
y vuelven las nubes tras la lluvia.

12, 1. *Acuérdate de tu creador en los días de tu juventud.* Comienza, como he dicho, el capítulo final del libro, que se debía haber situado en Ec 11, 9 (retomando el tema anterior de la transitoriedad de la juventud). El plural mayestático בוראיך (וּזְכֹר אֶת־ בּוֹרְאֶיךָ) equivale a עשׂים como designación del Creador (cf. Job 35, 10; Is 54, 5; Sal 149, 2). No puede sorprender que aparezca este nombre de Dios en un libro tardío como Kohelet, en el que puede suponerse que hay un influjo de la teología postbíblica. Esta expresión está garantizada por la tradición, y el Midrash la interpreta ingeniosamente como una combinación de letras. Se dice que tiene referencias directas o indirectas a בארך, tu fuente (origen); בורך, tu tumba y a בוראיך, tu Creador (cf. *Jer. Sota* ii. 3 y Midrash de Ec 12, 1).

Sobre las palabras 'ad asher lo, comúnmente empleadas en la Misná, cf. Horajoth iii. 3; Nedarim x. 4 o Tárgum, 'Ad shello. Los días del mal (יָבֹאוּ יְמֵי הָרָעָה) se refieren, al menos, al mal corporal (κακία, Mt 6, 34), días de debilidad, de falta de ayuda, de vejez, días en los que se advierte la carencia de fuerzas corporales y mentales. En paralelo a esos días del mal en los que (con asher, como en Ec 1, 10) uno puede afirmar que no tiene alegría (con bahěm por bahěn, como en Ec 2, 6, con mehěm en vez de mehěn). Esos días o años adversos se describen ahora según sus síntomas, pero también de una forma alegórica, porque en ellos se da una multitud de males para los hombres.

12, 2. *Antes de que se oscurezcan el sol, la luna y las estrellas… y vuelvan las nubes tras la lluvia.* Umbreit, Elster y Ginsburg describen así estos pensamientos: antes de hablar de la muerte, este pasaje describe las figuras bajo las cuales viene apareciendo su aproximación. En esa línea, dejando a un lado otros matices (véase Gurlitt, *Zur Erklärung der. Buch Koheleth*, en *Studien und Kritiken*, 1865), debemos poner de relieve el hecho de que Kohelet quiere describir la forma en que un anciano avanza (con הלך, Ec 12, 5) hacia la muerte, de manera que solo en Ec 12, 7 habla de la muerte propiamente dicha. Esta descripción no habla de la muerte en sí, sino del momento final del avance de un anciano hacia la muerte.

Desde ese fondo, resulta insostenible la propuesta de Taylor según la cual el texto que precede a Ec 12, 5 sería una endecha o lamentación que expresa los sentimientos que se manifiestan el día de la muerte de una persona, por el simple hecho de que confunde y mezcla los días malos del anciano en el mundo (Ec 12, 1), mientras aún está vivo, y los muchos días de oscuridad posterior, en la larga noche del Hades tras la muerte (Ec 11, 8). Por otra parte, esta propuesta deja sin resolver la cuestión de las nubes que retornan después de la lluvia.Hahn replica que la lluvia es la muerte y el retorno de las nubes (וְשָׁבוּ הֶעָבִים אַחַר הַגָּשֶׁם) está indicando la vuelta a la nada anterior, a nuestra entrada en la vida. Knobel, como habían hecho antes Lutero y también Winzer (que había tomado como uno de los trabajos fundamentales de su vida la exposición del libro del Kohelet), piensa que el oscurecimiento del sol, etc. es un signo del decaimiento de la prosperidad gozosa anterior; por su parte, las nubes tras la lluvia son una figura de los días de tristeza que vienen sobre las personas que están debilitadas por la ancianidad, cf. Hitz., Ewald, Vaih., Zckl y Tyler.

Según estos autores, todas las figuras anteriores se vinculan así en el signo del avance de la ancianidad, como invierno de la vida, como la estación lluviosa del año en Palestina. Esto es cierto pero, dado que este libro pone de relieve el *marasmus senilis* (debilitamiento senil) de las diversas partes del cuerpo de una forma alegórica y enigmática, debemos tener presente que el discurso alegóricamente figurativo del avance de la muerte no comienza probablemente en Ec 12, 2, sino que ha comenzado ya antes.

Sin duda sol, luna y estrellas (עַד אֲשֶׁר לֹא־ תֶחְשַׁךְ הַשֶּׁמֶשׁ וְהָאוֹר וְהַיָּרֵחַ וְהַכּוֹכָבִים) aparecen también en otras visiones alegóricas de la noche del juicio, cuando se oscurecen todas las luces de los cielos, como en Is 13, 10. Pero en nuestro caso, el autor vincula en forma de secuencia inmediata unos elementos fundamentales como sol, luz, luna y estrellas (הַשֶּׁמֶשׁ וְהָאוֹר וְהַיָּרֵחַ וְהַכּוֹכָבִים), y lo hace de tal forma que parece conveniente combinar esos cuatro elementos de la naturaleza con otros rasgos de la vida del hombre. Aunque no pudiéramos encontrar en cada caso la correspondencia entre elementos cósmicos y momentos de la vida humana eso no impediría que viéramos una relación entre el "apagamiento cósmico" y el oscurecimiento de la vida humana.

Las canciones (*canzones*) de Dante en su *Convito* nos ofrecen un ejemplo claro de la relación alegórica entre los elementos cósmicos y la experiencia de la vida/muerte del hombre. Sin duda, los intentos de interpretar esas figuras han sido total o parcialmente desafortunados, pero mantienen su importancia. Aquí solo podemos citar los más antiguos con sus glosas que, siendo en gran parte carentes de gusto, son, al menos, lingüísticamente interesantes.

La *Barajtha, Shabbath* 151-152a, queriendo interpretar esta visión conclusiva del libro del Kohelet, dice que el sol y la luz son "la frente y la nariz". De la luna dice que es el alma y que las estrellas son las mejillas del anciano que muere. De un modo semejante, pero variando un poco, el Midrash de Lv 18 y del Kohelet añaden: el sol equivale al brillo del rostro que empieza a apagarse; la luz que se extingue es la frente; la luna es la nariz, las estrellas son la parte superior de las mejillas (que en un hombre anciano se van hundiendo).

En otra línea, según el Midrash más que el Talmud, conforme al Tárgum, el sol equivale al brillo del rostro del hombre (del universo) que muere; la luz que se apaga se vincula con los ojos opacos; la luna es el ornamento de las mejillas; las estrellas evocan la niña de los ojos (Tárg.: "las pestañas"), aunque esta interpretación no hace justicia (no encuentra equivalencia) al tema de las nubes que vuelven tras la lluvia (וְשָׁבוּ הֶעָבִים אַחַר הַגָּשֶׁם:).

Solo una interpretación repulsiva del Midrash, que no citamos, toma en cuenta esta imagen de las nubes que vuelven tras la lluvia. Sea como fuere, en todas estas interpretaciones y comparaciones entre el apagamiento cósmico y la muerte de un ser humano hay un pequeño grano de verdad poética que se muestra, por ejemplo, en el hecho de que, conforme al Talmud, la luna se interpreta como נשמה, es decir, como aliento o ánima, cuyo nombre más preciso hubiera sido נפש. Pero de todo esto he tratado ya en mi *Psychologie*. p. 154, poniendo de relieve el hecho de que tanto la psicología judía como la árabe invierten terminológicamente la relación entre רוח נשמה y נפש, espíritu y aliento o alma.

Los antiguos intérpretes cristianos se sitúan también en una buena dirección. Glassius (al igual que Meyer y Smith, en *The portraiture of old age*) interpreta el sol, la luz, la luna y las estrellas como emblemas o signos de *las lumina interna microcosmi mentis* (luces internas del microcosmos de la mente). Resulta aún más apropiada la interpretación de Chr. Friedr. Bauer (1732), conforme a la cual Ec 12, 2 es una representación de la forma en que fracasan o se apagan la inteligencia y los sentidos con la muerte.

Hemos mostrado en otro lugar que el חיים רוח נשמת y חיה נפש, a la que nunca se le llama חיים נפש, están relacionadas entre sí como *principium principians* y *principium principatum* de la vida (*Psychol.* p. 79), apareciendo al mismo tiempo como fundamentos radicales de la distinción entre lo masculino y lo femenino, es decir, del principio activo y receptivo de la vida humana (*Psychol.* p. 103).Según eso, el lenguaje figurativo de Ec 12, 3 puede interpretarse de esta manera: el sol es el espíritu masculino o רוח (lo mismo que שמש, puede utilizarse en ambos géneros, masculino y femenino). Por su parte, נשמה (según Pr 20, 27), es una luz de Yahvé que penetra con su claridad de autoexamen y de autoconocimiento en la realidad más profunda del hombre, que el mismo Señor Jesucristo define (cf. Mt 6, 23 y 1Co 2, 11) como "la luz que hay en ti".

La luz (וְהָאוֹר), *la clara luz del día)*, es la actividad del espíritu en su intensidad total: es la aprehensión profunda, el claro pensamiento, la memoria fiel y servicial. De esa manera, la luz original del cosmos (que aparece en el principio de la creación de Gn 1) se expresa y, de algún modo, se encarna en la luz de la existencia de cada persona.

La luna es el alma, pues conforme a la idea hebrea, tanto si se le llama ירח como לבנה, la blanca/nevada, es una figura femenina en relación con el sol, como en el sueño de José donde el sol se identifica con Jacob-Israel mientras que Rachel es el signo de la luna.

Por otra parte, el *alma*, es decir, el principio de vida animal, por medio del cual el espíritu divino se vuelve fuente de vida del cuerpo (Gn 2, 7), se relaciona con el espíritu como parte femenina, como σκεῦος ἀσθενέστερον, vaso más débil. Esto resulta evidente en pasajes como Sal 42, 6, donde el espíritu sostiene al alma (*animus animam*) con su consolación/fundamentación. Y las estrellas ¿qué sentido tienen?

Podemos suponer que Kohelet tiene un "conocimiento antropológico especial" como que se muestra en Schrader, *Sterne*, en Schenkel, *Bibl Lex* y *Stud. u. Krit.* 1874. Schrader ha mostrado que los siete dioses astrales de los antiguos babilonios y asirios se identificaban con el sol, la luna y los cinco planetas, de manera que parece normal que identifiquemos a las estrellas con los cinco planetas y también con los cinco sentidos (según *Bamidbar rabba*, c. 14.) de la vida humana (cf. Misná, הרגשות, posteriormente הושים, cf. también *Coment.* a Ec 2, 25), unos sentidos que sirven de mediadores entre la función receptiva del alma con respecto al mundo exterior y su función activa en la vida del hombre (cf. *Psychologie.* p. 233).

Pero aquí no podemos profundizar más en el tema para explicar el fondo patológico-anatómico de Ec 12, 2 como ha hecho Geier: *nonnulli haec accommodant ad crassos illos ac pituosos senum vapores ex debili ventriculo in cerebrum adscendentes continuo, ubi itidem imbres (נשם) h.e. destillationes creberrimae per oculos lippientes, per nares guttatim fluentes, per os subinde excreans cet., quae sane defluxiones, tussis ac catharri in juvenibus non ita sunt frequentia, quippe ubi calor multo adhuc fortior, consumens dissipansque humores.*[3]

Esto es suficiente para entender el sentido de עבים, es decir, de las nubes tras la lluvia (הֶעָבִים אַחַר הַגָּשֶׁם:), aplicándolas a un tipo de enfermedades y ataques de debilidad que perturban el poder del pensamiento, oscurecen la conciencia y ciegan la mente, de manera que *ahhar haggĕshĕm*, tras la lluvia recién evocada, esos achaques vuelven rápidamente como nubes, sin permitir que el hombre anciano recupere la salud. Un día nuboso es un día de infortunio (cf. Jl 2, 2; Sof 1, 15). Por su parte, una gran lluvia de tormenta es un flagelo de Dios (cf. Sof 1, 15; Ez 13, 13; Ez 38, 22). En esa línea, uno que ha sido visitado por el infortunio, se queja diciendo: *un abismo llama a otro a la voz de tus cascadas; todas tus ondas y tus olas han pasado sobre mí* (Sal 42, 7); así parece que se siente el hombre anciano,

3. Algunos vinculan estos síntomas con los vapores espesos y viscosos de los ancianos que ascienden directamente del estómago débil al cerebro, de donde provienen igualmente las lágrimas (נשם), es decir, las gotas muy frecuentes que van descendiendo una a una por la nariz o incluso a veces por la boca, etc. Por supuesto, las secreciones, toses y catarros no son tan frecuentes en los jóvenes, ya que el calor es todavía mucho más fuerte en ellos, consumiendo y disipando los fluidos.

enfermo, en medio de sus achaques, en un mundo que se va oscureciendo y apagando en su vida.

$$\text{בַּיּוֹם שֶׁיָּזֻעוּ שֹׁמְרֵי הַבַּיִת וְהִתְעַוְּתוּ אַנְשֵׁי הֶחָיִל וּבָטְלוּ הַטֹּחֲנוֹת כִּי מִעֵטוּ וְחָשְׁכוּ הָרֹאוֹ}$$
$$\text{ת בָּאֲרֻבּוֹת:}$$

³ *cuando temblarán los guardas de la casa,*
y se encorvarán los hombres fuertes,
y cesarán los molinos (las piedras de moler),
[porque] han disminuido,
y se oscurecerán los que miran por las ventanas.

12, 3. *En el día en que temblarán los guardianes de la casa…* Este es el pensamiento de fondo del verso: antes que la mente y los sentidos comiencen a oscurecerse y que las nubes y tormentas se aproximen. En ese contexto se sitúan, en forma subordinada, algunos pensamientos aquí expuestos, empezando por בַּיּוֹם שֶׁיָּזֻעוּ שֹׁמְרֵ, en el día en que temblarán los guardianes de la casa… con artículo: *eo (illo) díe, tempore*, en aquel día concreto (véase *Coment.* a Cnt 8, 8). Winzer, con Mich., Spohr y Nachtigal piensan que lo que sigue es una descripción ulterior de la noche cósmica con la que se ha comparado la vejez en Ec 12, 2. Los guardianes protegen la casa, los trabajadores están cansados con los trabajos y cuidados del día, las muchachas que han estado moliendo en las muelas han ido a descansar, y casi todos están dormidos. Las mujeres que miraban por las ventanas se han vuelto irreconocibles, porque ha llegado la oscuridad.

Pero ¿qué tipo de cobardes guardianes son esos que tiemblan y qué tipo de hombres fuertes los que (per antífrasis) se inclinan como niños ante un dolor de estómago? Ginsburg piensa que Ec 12, 2-5 es una continuación de la descripción anterior de las consecuencias de la tormenta bajo la que viene a terminar la vida humana. La última expresión de esta tormenta es que aquellos que experimentan la cercanía de la muerte pierden el gusto por las almendras y el apetito por las langostas. Pero ¿qué sentido tienen estas pintorescas figuras? Algunos piensan que todo este pasaje es una digresión sin sentido ni utilidad. Taylor piensa que este verso es una endecha o lamentación por los difuntos (en la línea Ec 12, 2) en la que se describe la llegada a la muerte. Los vigilantes de la casa tiemblan, los fuertes se inclinan por tristeza, por aquello que la pálida muerte ha hecho en la casa, el anciano moribundo no come.

Pero, aun suponiendo que este retrato de la muerte pueda conectarse con el tema de Ec 12, 2, se trataría de una imagen muy extraña: los que miran por la ventana han de ser mujeres que se divierten observando lo que pasa por la calle que ahora no tiene luz, pues ha oscurecido. ¿Puede hallarse algo más cómico que la figura de estas mujeres oscurecidas en la noche (interna o externamente, no se dice), mirando sin ver, desde una ventana en sombra?

De cualquier modo que uno pueda juzgarlo, el lenguaje figurativo de Ec 12, 2-3 comienza con una descripción alegórica de la vejez canosa de un hombre, conforme a sus síntomas individuales (que pueden entenderse de un modo cósmico). Hay también intérpretes como Knobel, Hitz. y Ewald que no vacilan en buscar el significado de las figuras individuales, conforme a la Aggadah de la literatura postbíblica.

El Talmud dice que *shomre habbayith* son los lomos y costillas del anciano y los *anshē hehhayi* son los huesos. Por su parte, los *harooth baarŭbboth* son los ojos. Según el Midrash, los vigilantes de la casa son las rodillas de los ancianos. Los hombres de fuerza son las costillas o los brazos, las mujeres del molino son los órganos de la digestión (con המסס, el estómago, de *omasum*). Aquellos que se han vuelto pocos son los dientes, las mujeres mirando por la ventana son los ojos, etc.

También en este caso, el Tárgum sigue básicamente al Midrash: los vigilantes de la casa son las rodillas; los hombres fuertes son los brazos, las mujeres en el molino son los dientes de tu boca; las que miran por tu ventana son tus ojos… Estas interpretaciones son en principio correctas; solo aquellas que se refieren a los órganos internos son de mal gusto; las referencias de ese tipo deben ser excluidas de la interpretación, porque la debilidad del estómago y el enfisema de los pulmones no pueden tomarse como figuras poéticas.Las figuras bíblicas más comunes de la relación entre el espíritu o el alma con el cuerpo, que hemos desarrollado en *Psychol.* p. 227, son las que entienden el cuerpo como casa del hombre interior. Esa "casa" corporal del anciano está en condiciones ruinosas en todos los sentidos. Los *shomrē habbayith* o guardianes son los brazos que terminan en las manos, que producen para la casa todo lo necesario para ella, manteniendo alejadas las amenazas que le pueden sobrevenir al hombre.

Pues bien, estos protectores o guardianes de la casa han perdido su vigor o elasticidad (Gn 49, 24), tiemblan, se paralizan, se mueven sin orden de un lado para otro, se agitan (cf. Delitzsch, *Indogerm. Sem. Stud.* p. 65s.), no son capaces se agarrar con seguridad y de mantenerse con fuerza para rechazar los males. Los אַנְשֵׁי הֶחָיִל (hombres de valor) son las piernas, porque los *shoqē haish* son la sede de su fuerza (Sal 147, 10); las piernas de un hombre en la plenitud de su juventud son fuertes como pilares de mármol (cf. Cnt 5, 15), pero las de un hombre anciano *hith'authu* (וְהִתְעַוְּתוּ) en *hithpael*, solo aquí), se inclinan, pues han perdido su forma recta, están como derrumbadas (כרעות, Job 4, 4, etc.) y flácidas, como dice 4 Mac 4, 5 que les llama τὴν ἐκ τοῦ γήρως νωθρότητα ποδῶν ἐπικύφοον.

Las muchachas que muelen (cf. טח בר, Nm 11, 8 e Is 47, 2) los cereales con molinos de mano se comparan con los dientes. La imagen de estos instrumentos para moler es muy significativa. El árabe *ṭhinat* y el siríaco *ṭahonto* significan los dientes de la muela, y todavía a 6 de los 32 dientes se llaman en alemán *Mahlzähne*, es decir, *dientes de moler*, molares o muelas. El nombre griego utilizado para ellos era μύλαι (Sal 57, 7, LXX).[4]

La frase כי מעטו (LXX, ὅτι ὠλιγώθησαν) ofrece la razón por la que los dientes no muelen: son pocos, no están en hilera sino aislados y están además estropeados. Taylor interpreta *mi'etu* (הַטֹּחֲנוֹת כִּי מִעֵטוּ) de un modo transitivo. Las mujeres de la muela interrumpen su labor porque son pocas y porque, a causa de la cercanía de la muerte, no se reciben ya en la casa visitas para comer como antes, de manera que no hace falta tener en ella mucho pan.

Y en relación con וְחָשְׁכוּ הָרֹאוֹת בָּאֲרֻבּוֹת, "y se oscurecerán los que miran por la ventana", no podemos pensar, como hace Taylor, en mujeres concretas como la madre de Sísara (que mira para ver si llega su hijo victorioso, Jue 3–5) o como Mical, que observa por la ventana la danza de David desnudo ante el arca (2Sa 6, 16), sino en los ojos, o más precisamente en las niñas de los ojos del anciano con las que están relacionadas las órbitas (LXX, ἐν ταῖς ὀπαῖς; Simm., διὰ τῶν ὀπῶν), los párpados, etc., de manera que los ojos pueden compararse con ventanas para mirar.

Los ojos del anciano se oscurecen, ya no reciben la luz como antes. Como dirá Cicerón (*Tusc.* i. 20): *los ojos son como ventanas del alma, de manera que sin ellos no podemos mirar*. Pues bien, los ojos del hombre anciano se han oscurecido, han perdido el poder de visión que antes tenían; se ha extinguido su luz, como signo de la muerte del anciano (en la que se condensa y expresa la muerte o falta de luz de un mundo que, según Gn 1, comenzaba y se fundaba en la creación de la luz).

וְסֻגְּרוּ דְלָתַיִם בַּשּׁוּק בִּשְׁפַל קוֹל הַטַּחֲנָה וְיָקוּם לְקוֹל הַצִּפּוֹר וְיִשַּׁחוּ כָּל־ בְּנוֹת הַשִּׁיר: [4]

[4] *y las puertas de la calle (zoco) se cerrarán,*
por la bajeza de la voz de la muela;
y se levantará la voz del ave,
y todas las hijas de canción serán humilladas;

12, 4. La alegoría pasa de los ojos a la boca, poniendo de relieve la repugnancia del anciano ante todo aquello que perturbe su descanso. La cercanía de la muerte se define así, como "clausura" interior del ser humano: "Y las puertas de fuera, de la calle, se cerrarán, porque el molino sonará muy bajo, y se levantará la voz del

---

4. Encontramos una alegoría semejante en Shabbath 152a. El emperador preguntó a Rabbi Joshua b. Chananja por qué no iba בי אבידן (al lugar donde los doctores hablaban de temas religiosos). Él respondió: "El monte/cabeza es nieve (de cabellos blancos), me rodea el hielo, los perros no ladran (no tengo voz) y las muelas o dientes molares, no muelen".

ave". El Kohelet va presentando de esa forma la aproximación de la muerte de un hombre rico, varón, gran propietario y dirigente de una casa llena de labores que se va cerrando en sí misma. Por las puertas de la calle, el Talmud y el Midrash entienden los "poros" o aberturas por las que se vacían los miembros del cuerpo, cerrándose en sí mismos, perdiendo de esa forma su función externa. Este proceso de vaciamiento aparece expresado en la *Berakà* (bendición) de la mañana de los judíos piadosos, en la que hallamos estas palabras:

> Bendito eres tú, o Señor, Dios nuestro, Rey del mundo, que has formado sabiamente al hombre y le has concedido varias aperturas y cavidades. Es un hecho bien conocido y manifiesto ante el trono de tu Majestad que, si una de esas cavidades se abre o si una de esas aperturas se cierra es imposible que el hombre viva, exista y se mantenga ante ti. Bendito eres tú, oh Señor, médico del cuerpo, tú que haces obras maravillosas.

Las palabras que siguen ofrecen la razón por la que esos orificios han de estar cerrados: para que no aparezcan los excrementos de una digestión irregular que el estómago no logra moler y mantener bien (Talmud: וגו בשרקבן. Cf. *Berachoth* 61b: "El estómago tiene la función de moler la comida", קורקבן). Pero el dual de דלתים (וְסֻגְּרוּ דְלָתַיִם בַּשּׁוּק: se cerrarán las puertas de fuera) parece indicar que aquí se está tratando de un par de miembros semejantes y relacionados, y בַּשּׁוּק parece referirse a un par de miembros descubiertos ante la mirada de otros, y no como aquellos que modestamente han de ser velados.

En esa línea, el Tárgum piensa que se trata de cerrar propiamente las puertas y, por alusión a las muchachas que muelen, parece que el tema debe vincularse con los órganos apropiados para comer y gustar, porque el mismo Tárgum traduce y añade: "que a tus pies les pongan grilletes, de manera que no puedas salir a la calle y el apetito te faltará".

Pero esa interpretación nos pone ante una amalgama de temas, unos literales y otros alegóricos que no pueden tomarse como apropiados pues, además, rompe la conexión cercana entre dos expresiones vinculadas por בשפל, que puede referirse a los oídos, en los cuales no penetra ningún sonido, ni siquiera los que provienen del ruidoso mercado (Gurlitt, Grtz). Para entender el tema partiendo de דלתים tenemos una clave que fue ya descubierta por Aben Ezra en su *Coment.* a Job 41, 2, donde a las "mandíbulas" de Leviatán se les llama פְּנֵי דִלְתִי. Por otra parte, como explican Herzf. y Hitz., Samuel Aripol en su comentario al Kohelet (Constantinopla, 1855) dice rectamente:

> Llama a la mandíbulas מיתלד, para indicar que no son dos תותלד o puertas separadas en dos lugares, sino una puerta doble en un mismo un lugar, como una que se abre

a la calle, que es grande y que consta de dos alas o jambas (מ֫יֻתַלְך֑) que, como los labios (מיתפשׂה, o mejor, como las mandíbulas), forman un todo compuesto por dos partes. Esto se dice porque en los hombres ancianos, sin dientes, los labios se cierran porque los dientes han desaparecido o porque no puede hacer ruido con los dientes para moler la comida.

La conexión entre סגרוּ (se cerrarán) y בּשׁפל (por la bajeza de la voz,בּשְׁפַל ק֫וֹל) es todavía más estrecha: las mandíbulas de un anciano están externamente cerradas, porque el sonido del molino de los dientes es tenue, puesto que tiene que masticar la comida con mandíbulas sin diente, de forma que solo se oye el sonido bajo de su labor trabajosa, ya que no puede apretar, partir o romper la comida.La expresión ק֫וֹל הַטַּחֲנָה no puede significar la voz de su boca (Bauer, Hitz., Gurlitt, Zckl.) porque la sede de los dientes (Gurlitt pone en su lugar: la cavidad de la boca) no es el órgano de la voz, aunque contribuye a la formación de ciertas palabras y tiene mucha importancia para que se produzca el sonido completo de la voz.La palabra שׁוּק (שׁוּק: וְסֻגְּרוּ דְלָתַ֫יִם בַּשּׁוּק y se cerrarán las puertas de afuera) significa las "del lado de la calle". שׁפל es infinitivo como en Pr 16, 19 (Simmaco: ἀχρειωθείσης τῆς φωνῆς; Véneto: ἐν τῷ ταπεινῶσθαι τὴν φωνήν), y debe entenderse en la línea de Is 29, 4. Por su parte, טחנה está en lugar de רחים.Winzer piensa que aquí sigue influyendo el tema de la noche, y que este es el fondo de 4b: et subsistit vox molae ad cantum galli, et submissius canunt cantatrices, viz., molitrices (se mantiene la voz de los molinos hasta la hora del canto del gallo y cantan más bajo las que muelen). Cualquier canto de pájaro o cualquier movimiento del entorno despierta al anciano que no puede conciliar con profundidad el sueño.

El hombre anciano es débil (nerviosamente débil) y se despierta y se asusta con facilidad a causa del adormecimiento de los sentidos (conforme a la figura de Ec 12, 2: el oscurecimiento de las cinco estrellas, que son los sentidos) y está de tal manera sometido al riesgo de equivocarse que incluso el canto de un pájaro le amedrenta y le saca de su descanso (cf. hēkim, Is 14, 9).

Por otra parte, en la interpretación de la frase וְיִשַּׁ֫חוּ כָּל־ בְּנ֫וֹת הַשִּׁיר (y serán humilladas todas las hijas del canto), los intérpretes antiguos nos sitúan en la buena línea. El Talmud explica: "incluso todo tipo de músicas y cantos le parecen simple habladuría". El sentido de ychsw (cf. וְיִשַּׁ֫חוּ) es, por tanto, el de retorcer, abajar. El anciano, que no puede ya interpretar rectamente las voces y el sentido de los cantos, se asusta por todo tipo de música y lo confunde todo, pues no tiene capacidad de escuchar bien y distinguir las voces y la música de las בְּנ֫וֹת הַשִּׁיר, *las hijas del canto*.Como ha interpretado bien Desvoeux (cf. 2Sa 19, 36), podemos evocar aquí la respuesta del anciano amigo de David cuando le dice que ya no es capaz de escuchar y distinguir las voces de las mujeres y de los pájaros que cantan. En ese contexto, se puede recordar también la expresión בּר זמירא aplicada a un ave de las fábulas de Sophos y a las *banoth* o ramas de un árbol frutal (cf. Gn 49, 22).

Las hijas del canto (בְּנוֹת הַשִּׁיר) son un signo de todas las creaturas expertas en canto, que es para ellas como un tipo de segunda naturaleza. Pues bien, todas esas creaturas deben abajar la voz de su canto, retirándose tímidamente, porque el anciano no es ya capaz de gozar de una música que él no puede soportar, pues le aterra incluso el gorjeo o trino de un pequeño pájaro.

גַּם מִגָּבֹהַּ יִרָאוּ וְחַתְחַתִּים בַּדֶּרֶךְ וְיָנֵאץ הַשָּׁקֵד וְיִסְתַּבֵּל הֶחָגָב וְתָפֵר הָאֲבִיּוֹנָה 5
כִּי־הֹלֵךְ הָאָדָם אֶל־בֵּית עוֹלָמוֹ וְסָבְבוּ בַשּׁוּק הַסֹּפְדִים:

⁵ [cuando] también temerán la altura y los tropiezos en el camino;
y florecerá el almendro, y la langosta se convertirá en un peso,
y se perderá el apetito; porque el hombre va a la casa de su siglo,
y los plañideros andarán en derredor por la plaza.

12, 5a. De la repugnancia ante el canto y la música de las voces altas, pasamos a la descripción de las dificultades que el anciano encuentra para moverse. Tiene miedo de las subidas y de los tropiezos que pueda encontrar en el camino. En esa línea, la descripción se convierte en una serie de sentencias independientes, de manera que se pierde la referencia a שׁ בּיום (tema de fondo de Ec 12, 3, e incluso de Ec 12, 4).

Así empieza el texto: גַּם מִגָּבֹהַּ יִרָאוּ וְחַתְחַתִּים בַּדֶּרֶךְ. El Talmud y el Midrash explican bien el sentido de esta sentencia: incluso una leve colina le parece una montaña y, poniéndose en camino teme que algo terrible vaya a pasarle. גבה es altura o colina, interpretada en sentido equivocado por el Tárgum como tiempo que queda atrás, en el pasado (cf. 1Sa 16, 7). Los ancianos decrépitos tienen miedo de (dificultad para) subir a las alturas, con ייראו. Más que ante una carencia de vista, el texto nos pone ante una falta de agilidad para andar.

Ellos temen (con *hathhhattim,* וְחַתְחַתִּים, plural intensificado de *hat, consternatio,* Job 41, 25), tienen miedo de cosas que les consternan y que les hacen temer. Tienen miedo de que en el camino salgan a su paso dificultades formidables de cualquier tipo. Así dice el perezoso: "hay un león en el camino", y con esa excusa permanece sin hacer nada en casa (cf. Pr 24, 13; Pr 22, 13). De igual manera, el anciano no se aventura a salir, porque un camino llano aparece ante sus ojos como un pantano lleno de peligros; un camino liso de grava le parece una senda arriesgada de colinas que suben y bajan, una vía ondulante le parece un trecho de montaña empinada, llena de precipicios. Su misma ansiedad y miedo le llevan a imaginar peligros allí donde no existe peligro ninguno.

12, 5b. וְיָנֵאץ הַשָּׁקֵד, *y se cargará (=florecerá) el almendro.* Continúa así la alegoría anterior con una serie de figuras individuales, independientes: y el árbol del almendro producirá sus brotes (sus flores). El Talmud aplica esa imagen al ensanchamiento de la cadera del anciano, que sobresale del cuerpo delgado. El Midrash aplica la imagen a los huesos de la columna vertebral que parecen salirse de la columna, especialmente al "hueso cruzado" o sacro, que se sitúa entre los dos huesos de la pelvis como una especie de cuña puntiaguda (los judíos creían que este hueso es incorruptible, por lo que se ha pensado que lleva el nombre de "sacro", cf. Hyrtl, *Anatomie*, 124). Consultar a Jerónimo en su comentario a este versículo: *quidam sacram spinam interpretantur quod decrescentibus natium cornibus spina accrescat et floreat* (algunos piensan que esta espina dorsal es sagrada porque crece y florece cuando los cuernos o huesos de sus lados están perdiendo fuerza).

Tanto en hebreo antiguo como en arameo y en árabe, el nombre del almendro (árbol) y de la almendra es שָׁקֵד (véase Gn 30, 37), quizá porque se identifica con el emblemático שׁקד (el hueso sacro o *vertebra magna* de la espina dorsal). El Tárgum sigue al Midrash y traduce: רֵישׁ שׁז (la parte inferior de la espina dorsal) sobresaldrá por la delgadez del cuerpo, apareciendo como un árbol de almendro, como una vara que sale del almendro. Pero estas son interpretaciones arbitrarias.

- שׁקד no se aplica aquí al fruto, sino al árbol del almendro, y su sentido no es el mismo que tiene en el texto famoso de Jer 1, 11: "La vara del árbol del almendro".
- Por otra parte, como sabe la LXX, Syr., Jerónimo y Véneto, la palabra ינאץ se aplica al florecimiento del almendro o, mejor dicho, al hecho de que sus flores brotan y se desarrollan a través de la apertura de los capullos. Muchos intérpretes (Winzer, Ewald, Ginsb., Rödiger, etc.) piensan que שׁקר es el fruto del almendro, porque derivan de ינאץ y de נאץ, como había hecho ya Aben Ezra y explican esta imagen como *fastidit amygdalam, nucem* (odiaba a la amígdala, a la "nuez" de la garganta), o *fastidium creat amígdala* (las amígdalas suscitan asco).
- Pero, en contra de eso, podemos decir: (1) no se puede cambiar la vocalización de (וְיָנֵאץ הַשָּׁקֵד) ינאץ por ינאץ (*hifil* de נאץ, desdeñar, crear fastidio). En nuestro caso, ese verbo solo se puede entender en el sentido de florecer, hacer brotar; (2) ciertamente, las almendras o frutos del almendro pertenecen a la clase más noble de productos y delicadezas del campo (Gn 43, 11), pero ellas no son la comida de placer por excelencia, de manera que si se quisiera dar ese sentido a la frase habría que decir que el anciano no puede ya romper las almendras para gozar de su fruto.

Hay otras muchas interpretaciones, algunas incluso de tipo repulsivo, que van en contra del sentido directo del texto. La más simple, la que mejor responde al sentido del texto, es el hecho de que *los almendros florecen en medio (hacia el final) del invierno, de forma que los capullos y las flores brotan de las ramas secas y aparentemente muertas del árbol casi helado.*

En esa línea, el anciano puede producir un tipo de flores en pleno invierno de la vida, en un tiempo al que ya no sigue ningún tipo de verdadera primavera. Según eso, el anciano que parece florecer no puede ser en modo alguno mensajero de una nueva vida, sino signo de la paradoja de la vida que florece a destiempo, como dice el proverbio latino: *intempestivi funduntur vertice cani* (proverbio de Boecio, indicando que florecen a destiempo y parecen ofrecer un nuevo comienzo las partes superiores del perro. Cf. también interpretaciones de Lutero, Geiger, Grot., Vaih., Luzz., Gurlitt, Tyler, Bullock, etc.).

Se ha objetado que los brotes del almendro hacia el final del invierno no son puramente blancos sino que, conforme a su variedad, pueden ser de color rojo pálido, pero también blanco, de forma que Thomson, en su bello libro sobre "*La tierra y el libro*", puede decir: "El almendro es el tipo de un anciano cuyo pelo es blanco... porque los brotes blancos cubren también completamente a este árbol".

Por su parte, Bauer (1732) ha puesto de relieve que "los brotes del almendro que, al principio están teñidos de rojo, cuando están ya preparándose para caer, se vuelven blancos como la nieve". Esta frase puede compararse con otra que Ewald toma de Bodenstedt: *mil y un días en Oriente*: "Las blancas flores caen del árbol del almendro como copos de nieve". En esa línea, tiene razón Dächsel cuando dice, siguiendo el ejemplo de Zöckler: "El árbol del almendro cubre el suelo con sus flores rojizas de invierno tardío, que se han vuelto blancas como copos de nieve. Ese es un signo del invierno de la ancianidad, con su cabello blanco cayendo de la cabeza".

12, 5c. וְיִסְתַּבֵּל הֶחָגָב, *y la langosta se convertirá en un peso*. Del cambio de color del cabello, la alegoría nos lleva al deterioro de la elasticidad de los miembros superiores, que se vuelven incapaces de llevar la carga del cuerpo, de forma que estamos ante el *malum coxae senile* (el dolor senil de la cadera, en un sentido patológico): "Y la langosta (חגב, Samaritano חרגבה igual a חרגל, Lv 11, 22) se volverá una carga pesada".

Muchos intérpretes (Merc., Döderl., Gaab, Winz., Gesenius, Winer, Dale) aplican este pasaje a la comida de la langosta o al mismo canto (susurro) de los saltamontes que se vuelve pesado y odioso para el anciano. Podríamos suponer también que el anciano encuentra odioso el hecho de que una langosta haya caído en su pan, o se enfade por el susurro de las alas de los saltamontes. Pero estas dos interpretaciones son imposibles, porque la raíz de וְיִסְתַּבֵּל puede significar peso o moverse con dificultad, pero no "volverse pesado". Por ende, resulta también imposible la interpretación de Kimchi y Gurlitt: "Incluso un saltamontes, un

pequeño insecto, le molesta, o como dicen ellos: una mosca en la pared les en-
fada". También es imposible la interpretación de Ewald: "Es como si la langosta
se empeñara en volar rompiendo y expulsando su viejo cascarón". Ciertamente,
יִסְתַּבֵּל puede significar esforzarse, pero no ponerse a volar y, además, toda la frase
tiene que aplicarse al comportamiento del cuerpo de un anciano.

La LXX, Jerónimo y el texto árabe traducen: la langosta engorda; Syr. ella
crece. Ciertamente, una gran corpulencia y un aumento mórbido del abdomen
puede ser un síntoma de ancianidad. Pero, aun suponiendo que la gordura de un
saltamontes voraz pueda ser síntoma de ancianidad, la palabra יִסְתַּבֵּל no significa
engordar ni crecer.

El hombre anciano no puede compararse con una langosta que parece
compuesta únicamente de un esqueleto con pies y huesos (Lyra, Lutero, Bauer,
Dathe). Tampoco se puede pensar en el parecido de la langosta con la columna
vertebral y las articulaciones del anciano (Glassius, Khler, Vaih.). Tampoco podemos comparar, como algunos han hecho (Hitz., Bttch., Luzz. y Gratz.), a la
langosta con el φαλλός de un hombre anciano ya impotente, pues la relajación y
caída del φαλλός no pueden tomarse como expresión de algo opresor y pesado.
El Midrash interpreta החגב como "tobillos" y el Tárgum traduce así de un modo
consecuente. Pero esta comparación resulta inadecuada, porque los tobillos del
anciano no pueden compararse con el cuerpo de los saltamontes, ni con sus patas
saltarinas. Nos sitúa en una línea mejor el Talmud, cuando glosa la palabra החגב
diciendo: "esta palabra se refiere a las nalgas" (cf. árabe 'ajab, el hueso del coxis,
sinónimo de 'ajuz, como el talmúdico עגבות que se puede intercambiar con עבוז).

La langosta, הגב, aparece así, como figura del coxis, hueso de la parte interior de la pelvis donde se apoyan y balancean los huesos inferiores de la columna
vertebral, en la articulación de la cadera, donde el hombre apoya y concentra toda
la fuerza muscular del cuerpo. Esta parte inferior del tronco del hombre recibe el
nombre de langosta, הגב, porque tiene una función parecida a la de la articulación
de la langosta, tanto para levantarse como para caminar, pues allí se vincula el
impulso y movimiento del hombre, cuyo cuerpo se compara de esa forma con el
de una langosta.

Desde esta comparación se entiende perfectamente el sentido de toda
la frase: los huesos no tienen ya médula, los músculos carecen de elasticidad,
lo mismo que los cartílagos y las sustancias líquidas que ofrecen elasticidad al
cuerpo de los hombres y capacitan así su movimiento. Los ancianos no tienen,
según eso, elasticidad de movimientos, volviéndose pesados, con dificultad para
moverse, especialmente por la mañana, de forma que necesitan un impulso para
ponerse en movimiento. Todo eso se condensa y expresa en esta frase: "la langosta
se vuelve pesada", no puede moverse con agilidad, no puede tomar impulso y
saltar. El anciano aparece así, como una langosta que ha perdido su capacidad de

movimiento, de manera que está casi condenada a mantenerse quieta, sin poder levantarse y saltar ni caminar.

12, 5d. וְתָפֵר הָאֲבִיּוֹנָה, *Y perderá el apetito... Y le fallará la alcaparra.* Tras la debilitación del poder del movimiento, la alegoría pasa al decaimiento del deseo sexual y de los órganos vinculados con ese deseo, simbolizado por la alcaparra (הָאֲבִיּוֹנָה), un arbusto y un fruto de la zona mediterránea, que la LXX traduce como ἡ κάππαρις, en árabe *alkabar*, en latín *capparis* (Jerónimo). Esta traducción está confirmada por el misnáico אביונות, arbusto que se distingue del תמרות (tamarisco) por sus ramas tiernas y por los קפריסין, que son sus frutos.[5]

Ciertamente, en el Talmud, esta palabra aparece como אביונות (no como הָאֲבִיּוֹנָה, en nuestro texto), pero no hay diferencia entre las dos formas, porque אביונה es una manera enfática de אביונה, quizá para distinguir el femenino de *caper* del adjetivo אביון, *ebión*, que significa, pobre, persona que desea. Pero en el fondo, las dos palabras son una misma, porque נביונה puede designar "deseo" (cf. Abulwald: *Dictionary of Roots, kitâb el-utşûl*), Oxford 1873-4), como ponen de relieve Parchon: התאוה; Véneto: ἡ ὄρεξις; Lutero: *alle Lust,* todos los deseos), es decir, necesidad, pobreza.

Hasta el día de hoy, la *caper* o *alcaparra* se utiliza para dar un gusto picante a las comidas (cf. Plutarco, *Sympos.* vi. qu. 2). Se dice también que la alcaparra es un medio para excitar el deseo sexual (*aphrodisiacum*), y hay ejemplos de esa utilización en la edad media, aunque no se conoce ninguno de la antigüedad. *Plinio, Hist. Nat.* xx. 14 (59) no conoce nada de ese uso de la alcaparra como afrodisíaco, aunque habla extensamente de la alcaparra y de sus efectos. El Talmud explica el sentido de (הָאֲבִיּוֹנָה) האבי por חמדה, el Midrash por תאוה y el Tárg. por משכבא, interpretando la palabra en esa línea.

Según eso, no tenemos razón ninguna para vincular *aviyonah* como medio para incitar el deseo sexual, ni para identificar la alcaparra con el miembro viril, como han hecho algunos intérpretes judíos a los que ha seguido Böttch. El nombre árabe para *caper* es *'itar*, que tiene un sentido obsceno, aunque puede aplicarse también a otras plantas aromáticas.

Evitando la referencia sexual, nuestra interpretación será más segura si renunciamos a identificar la *aviyonah* con el impulso sexual, vinculándola más a bien con la idea e impulso de autoconservación que se expresa de un modo especial

---

5. El arbusto *caper*, capaiia (al-caparra) se llama en misnáico צלף y es famoso por su gran poder de vida y por el rápido desarrollo de su fruto. El árbol de la alcaparra se planta, según *Berachoth* 36a, con miras a sus ramas. Sus ramas o ramitas comestibles se llaman שותי שיתי. Otro nombre para el árbol de la alcaparra es נצפה (cf. *Demai* i. 1, *Berachoth* 36a, 40b). Y otro nombre para el capullo de la alcaparra es פרחא רבוטיתא, Berachoth 36b (cf. *Aruch*, bajo las entradas *aviyonoth* y *tselaph*).

por el deseo de comida, dado que la raíz de *ebion*, אביון es אבה y tiene el sentido de deseo. *Ebion* es un hombre pobre, alguien que desea aquello que es indispensable para el mantenimiento de la vida.

De un modo muy significativo, la *caper/alcaparra* recibe el nombre de *avi-yonah*, porque es deseable (apetitosa) y porque excita el deseo de comida. Por eso, la imagen de la alcaparra no puede referirse al anciano, que es como una "vaina" que está a punto de estallar y desparramar sus semillas, sino a un hombre que está perdiendo el deseo de comer. Así interpretan el tema autores como Rosenm., Winer, Ewald, Taylor, etc., lo mismo que la LXX y Símaco (καὶ διαλυθῇ ἡ ἐπίπονος, que Jerónimo traduce como *et dissolvetur spiritus fortitude* y pierde el ἐπίτονος, la fuerza o elasticidad, con el deseo de comer).

El tema es, por tanto, que el anciano pierde el apetito, es decir, el deseo de comida, que define a los pobres (*ebionim*) que son los que desean comida. Según eso, el hombre anciano tiende a quedarse sin deseos, de forma que *no le estimula ni siquiera la caper, alcaparra,* especialmente en el nivel del deseo de comida, que es el primero que aparece evocado en esta imagen, por la que el anciano viene a presentarse como hombre que tiene los deseos dormidos, de manera que ni los frutos del amor que son las alcaparras pueden estimular su "estómago flemático" (como pone de relieve Bullock).

Ciertamente, Hitzig afirma que la cesación del gozo del amor en la ancianidad no debe ser infravalorada o pasada por alto: (a) pero este pasaje no insiste en la estimulación artificial del impulso sexual del anciano, que aparece aquí expuesto sin referencia a la vida y estado moral del anciano; (b) por otra parte, las estadísticas morales muestran que esta "decadencia" del cuerpo (del deseo sexual) no se da siempre en los ancianos (cf. Gn 17, 17; Ro 4, 19). Sea como fuere, el autor del Kohelet no es como Juvenal o Marcial, ni se complace en exhibir las res venereae (cosas venéreas) del sexo como han hecho algunos de sus intérpretes.

12, 5e. הַסְפָּדִים כִּי־ הֹלֵךְ הָאָדָם אֶל־ בֵּית עוֹלָמֹו וְסָבְבוּ בַשּׁוּק. La acentuación de כִּי, con la que comienza esta sección (כִּי־ הֹלֵךְ הָאָדָם) nos está indicando el comienzo de un nuevo tema. Las secciones anteriores de este verso (Ec 12, 5) han ido indicando los síntomas del marasmo, que ahora se explicita en esta parte final que presenta al anciano como un hombre en camino hacia la tumba, teniendo ya, como se dice, una pierna dentro de ella. El participio חלך (כִּי־ הֹלֵךְ הָאָדָם אֶל־) no es tampoco aquí la expresión de un futurum instans (futuro inmediato: iturus est), como en Ec 9, 10, sino de un tiempo presente (Véneto: ἄπεισι; cf. Gn 15, 2) donde se puede hablar de dos posibles traducciones.

— La "casa perdurable" (בֵּית עוֹלָמֹו, *casa de su olam*) puede ser el nombre de la tumba de los muertos. Según Diodorus Siculus. i. 51, la expresión *domus aeterna*, casa eternal, se encuentra también entre los egipcios y en antiguos monumentos funerarios de Roma (véase Knobel).

- En otro sentido, esa casa se llama "casa sin felicidad". En esa línea, el Syr. traduce la *beth 'olam* como *domus laboris sui*, casa de su sufrimiento, expresión que debe quizá entenderse a partir de Job 3, 17. A pesar de la idea de la resurrección, que ha empezado a extenderse en algunos círculos entre los judíos, ha permanecido la idea de un Hades oscuro, sin vida (cf. Tob 3, 6; *Sanhedrin* 19a, "el cementerio" como *beth 'olam*, cf. *Wajikra rabba*, c. 12. Cf. también la expresión asiria *bit 'idii* que equivale a עד בית, la casa del inframundo, mundo inferior. Véase epopeya babilonia, *Höllenfahrt der Isthar*, descenso de Istar al infierno de i.4).

Esta frase final indica que los lamentadores van ya por las calles (cf. סבב, Cnt 3, 3; Sal 59, 7) esperando la muerte del doliente, permaneciendo así en la vecindad de la casa del anciano que va a morir, preparados para ofrecer sus servicios. Como han puesto de relieve Knobel, Winz. y otros intérpretes, estos *hassophedim* (הַסֹּפְדִים) son los encargados de tocar y cantar la música funeraria (con el cuerno para la música de los difuntos, שיפורא, *Mod katan* 27b, o con la flauta, חלילים; y al menos dos *kethuboth,* 46b; cf. Lat. *siticines*). Ellos son los que cantan el lamento por los muertos, *qui conducti plorant in funere* (Horacio, Poet. 433). Junto a ellos había también mujeres plañideras, מקוננות (Lat. *Praeficae*; cf. Buxtorf', *Lex. Talm.* col. 1524s.), conforme a una costumbre que ha existido desde la remota antigüedad (2Sa 3, 31; Jer 34, 5).

El Talmud recuerda varias de esas canciones por los muertos como la lamentación (ההוא ספדנא) por R. Abina: *las palmeras ondean por el hombre que era justo como una palma...* Podemos recordar también al famoso plañidero Bar-Kippuk que cantaba: "Si el fuego ha caído sobre el cedro ¿qué es lo que ha de hacer sobre la planta de hisopo de los muros?" (*Mod katan* 25b).[6]

Muchos de los ספנים o plañideros eran poetas elegíacos o de lamentaciones. Pero esta sección de Ec 12, 5 no se refiere todavía al funeral en sí mismo porque la procesión de los plañideros en torno al féretro debería haber sido expresada de un modo más preciso, y el hecho de que caminaran por las calles del entorno antes del funeral (Is 15, 3) no era, que sepamos, una costumbre establecida en Judea, como *Shabbath* 153a indica en referencia a este pasaje.

Por otra parte, en Galilea, el hecho de ir delante del féretro del difunto para lamentarse e invertir —si fuera posible— su misma muerte, no era función de

6. Sobre el lamento por los muertos en Haurán, cf. Wetzstein, *Bastian's Zeitsch. fr Ethnologie*, 1873.

unos plañideros pagados, sino de los parientes, que se llamaban también הסופדים. El Tárgum traduce: *y van alrededor los ángeles, que preguntan cómo ha sido tu vida, como los plañideros que cantan y que van por las calles, preguntando qué tipo de relato han de cantar sobre el difunto.*

Conforme a la idea del targumista, los *sophdim* iban por el entorno recogiendo materiales para el lamento por el muerto. De todas formas, el canto funerario o endecha se estructuraba siempre de forma fija, presentando de forma escrupulosa la vida del difunto. Por eso se dice en *Berachoth* 26ª: "conforme a la estimación que les han ofrecido de los muertos, así es la forma en que les presentan los plañideros (cantores y oradores de los funerales)". Por eso es natural que los plañideros vayan por las calles para conocer lo que se dice sobre el muerto y lo que ellos han de responder con sus endechas.[7]

עַד אֲשֶׁר לֹא־ [ירחק] (יֵרָתֵק) חֶבֶל הַכֶּסֶף וְתָרֻץ גֻּלַּת הַזָּהָב וְתִשָּׁבֶר כַּד עַל־ הַמַּבּוּעַ וְנָ ־רֹץ הַגַּלְגַּל אֶל־ הַבּוֹר: ⁶

⁶ Antes que la cadena de plata se corte,
que se rompa el cuenco de oro,
y el cántaro se quiebre junto a la fuente,
y se destroce la rueda sobre el pozo.

12, 6a. *Antes que la cadena de plata se corte y se rompa el cuenco/candelabro de oro, etc.* Cuatro son los signos (imágenes) que preceden a la muerte y la definen: una cadena de plata, un cuenco de oro, un cántaro para traer agua de la fuente y una rueda para sacar agua del pozo. Son imágenes que están todas de algún modo vinculadas: que se corte la cadena de plata, que caiga el cuenco de oro, que se quiebre el cántaro de agua de la fuente, que se rompa la rueda para sacar el agua del pozo. *Cadena de plata, cuenco de oro.* Estas dos imágenes se encuentran vinculadas. Nuestra vida depende de un hilo de plata que nos mantiene erguidos como portadores del espíritu de Dios que llena nuestra existencia. De esa cadena pende

---

7. El canto fúnebre de los árabes ofrece una ilustración de aquello que los plañideros hacían por las calles. Es importante lo que Wetzstein me escribió sobre el tema. En Damasco los hombres toman parte del funeral. Ellos van al reservado del patio de la casa del difunto, junto con las plañideras, y se comportan como las mujeres, pero esto no pasa en las aldeas. El hecho de que los plañideros fueran por las calles puede indicar que en tiempos antiguos la *menaṣṣa* (cama del difunto), se colocaba en la misma calle con la tienda para las plañideras. Si este fuera el caso, los sôphdim podían aparecer públicamente (en el N.T. el relato de la unción de Betania, Mc 14, 3-9, puede entenderse desde la perspectiva de los cantos funerarios, pero aquí desde una perspectiva distinta de experiencia y esperanza de resurrección. Observación del traductor).

un cuenco/lámpara de oro, que es símbolo de la luz de Dios que arde en nuestro interior. Somos, según eso, una lámpara sagrada, que arde sin cesar, como luz de Dios en forma humana.

El hilo (cadena, cuerda) de plata vincula todos los elementos superiores de la vida humana, y mientras esa cadena los mantenga así unidos, sosteniendo la lámpara de oro que brilla en (ante Dios) vivimos como humanos. Esa cadena de plata es el "alma" que sostiene y dirige al cuerpo como ser viviente. La lámpara que cuelga de ese hilo de plata es el cuerpo entero, todo el ser humano, iluminado por la luz del aceite sagrado (áureo) que está ardiendo sin cesar ante Dios (como presencia suya).

De esa cuerda de plata depende el equilibrio de todas las partes de nuestro cuerpo, pero la presencia de Dios se muestra en nosotros de un modo especial en el aceite que arde y alumbra como lámpara de Dios. Ese aceite es el Espíritu como *ruahh hhayim* o *nishmath hhayim*, espíritu o aliento de vida, como muestra un pasaje de Zac 4 que vincula la luz del candelabro del templo con la presencia de Dios en el mundo y en la vida de los hombres.

La cuerda/cadenita/hilo de plata del alma sostiene un candelabro de oro que produce luz, que es principio de luz, presencia de Dios en nuestra vida, que así queda representada por la vasija/candelabro de oro de Dios, lleno de aceite de su espíritu. Dios no es creador externo que se mantiene alejado del mundo y del hombre, sino la vida profunda que alienta en la totalidad del mundo, en el despliegue vital de cada ser humano. Tanto el aceite de Dios como el oro son indestructibles pero, conforme a esta imagen, nuestra vasija de oro que pende de un hilo de plata puede romperse y se rompe cuando se corta el hilo de plata y cae violentamente al suelo.

Ese hilo de plata es la energía vital del alma que sostiene la vasija o candelabro de oro donde arde el Espíritu de Dios. De esa energía vital (hilo de plata) depende la presencia del Espíritu de Dios. Cuando se rompe el hilo de la vida cae y se destruye la lámpara de oro, de luz, de nuestra conciencia divina.Así se representa el último momento de la vida del hombre: *antequam vita ex tenui quasi filo suspensa pereat, antequam machina corporis destruatur* (antes que se rompa la cadena de plata de la vida y se rompa la vasija de oro y se apague la luz de Dios de nuestro espíritu). Según eso, la extinción de la conciencia, representada por la lámpara de oro que cuelga del hilo de plata, sucede cuando se rompe ese hilo, de forma que caiga y se rompa nuestro candelabro y caigamos nuevamente en la más profunda oscuridad.[8]

8. El hilo de plata está colocado por encima del cuenco/candelabro de oro que cuelga de ese hilo. La concavidad de גלגלת está debajo y, por otra parte, la גלה (גֻּלַּת הַזָּהָב) está arriba. Ese hilo de plata tiene que formar parte de la estructura del cuerpo con el que ha de estar en una relación

12, 6b. *Antes que se rompa el cántaro en la fuente y la rueda sobre el pozo.* Los dos elementos anteriores de la interpretación alegórica (se rompe el hilo de plata de la vida, cae y se rompe también el cuenco/candelabro de oro del espíritu en el hombre) deben compaginarse con los elementos siguientes del mismo verso (Ec 12, 6b): nuestro *cántaro* se rompe yendo por agua a la fuente, y se rompe también la rueda o polea que servía para sacar el agua del pozo.

El *cántaro* es, sin duda, el *corazón* que late hasta el último aliento del hombre que muere, yendo a la fuente y enviando la sangre por todo el cuerpo. La sangre que fluye y se extiende por el cuerpo es un hecho perceptible sin necesidad de que conozcamos, de un modo científico, el proceso entero de su circulación. Pero en otro sentido, esa misma imagen (un cántaro que saca a mano agua de la fuente) puede completarse con la imagen de una noria de pozo, con una rueda que gira arrastrando una polea con recipientes que saca el agua de la profundidad, la suben a la altura y la derraman en un tipo de canal por el que esa agua se extiende por el campo entero que ha de ser regado por el cuerpo del hombre que vive por al agua, haciendo que ella se extienda y riegue toda nuestra vida.

(1) *La fuente* o באר (no בור) puede entenderse como un manantial o como un hueco o cisterna, donde se mantiene el agua y de la que se saca con un tipo de cántaro que hay que llenar siempre de nuevo, hasta que el cántaro del corazón de la vida se rompa y no se pueda ya sacar más agua de la fuente.

(2) En el segundo caso no tenemos ya una fuente o cisterna, al nivel de la mano, para sacar el agua con un cántaro, sino un pozo profundo de donde se saca el agua con una cuerda atada a un tipo de vasija, o

---

de conexión mutua con la cabeza y el cerebro, גֻּלַּת הַזָּהָב, una relación cuyo desgarramiento trae consigo la muerte. En esa línea, la muerte depende del cerebro y de la parte superior de la médula de la espina dorsal, que está terminológicamente relaciona con el hilo o cuerda de plata. Ese hilo o cuerda de plata que baja desde el cerebro, puede compararse con la espina dorsal que se extiende desde el cerebro por todo el canal de la espina dorsal. Su centro es gris, pero todo su revestimiento externo de hueso es blanco, aunque aquí no podemos extendernos en ese tema del color blanco de la columna dorsal que sostiene nuestro cuerpo. En esa línea, la muerte puede compararse con la "ruptura" de la espina dorsal, es decir, con el hecho de que la vida que parte y se extiende desde el cerebro viene a expandirse y conectar por medio de la espina dorsal a todo el cuerpo.

De todas maneras, no debemos insistir en el hecho de que *hakkĕsĕph* evoque el color blanco. Aquí estamos ante una muerte natural, no violenta, y el golpe fatal que recae sobre la espina dorsal no proviene de alguna herida o lesión mecánica, sino que se manifiesta en un tipo de obstrucción o estrechamiento o de parálisis o inhabilitación del conjunto o de desajuste final entre las diversas partes individuales del cuerpo, entre la médula dorsal y el cerebro. Se trata, según eso, de una contracción mórbida (véase Rashi). Sea como fuere, muchos (como en estos últimos tiempos Ewald, Hengst., Zckl., Taylor y otros) interpretan el hilo de plata como el hilo de la vida; la espina dorsal es, sin necesidad de ninguna figura, la misma cuerda/cadena de la vida.

bajando por un tipo de escaleras interiores hasta el nivel del agua o construyendo un tipo de *galgal* (rueda) que gira como en una noria (*hagalgal ĕl-habor, rueda del pozo,* הַגַּלְגַּל אֶל־ הַבּוֹר).

(3) El agua se saca de ese pozo por medio de un cántaro o baldes sostenidos por una especie de noria o polea. Para facilitar la tarea de sacar el agua del pozo, se utiliza una rueda o un molinete de viento colocado en la parte superior con una cuerda que sujeta al cántaro donde se introduce el agua que se toma del pozo y se eleva hasta la parte superior.

El Midrash alude a un pozo profundo de la ciudad montañosa de Séforis, donde se empleaba un tipo de polea para recoger el agua de la profundidad y así subirla de un modo constante a la superficie. La rueda de la "noria" era el signo del órgano de la respiración que se expande y contrae, que inspira y expira, que baja por agua a la profundidad y sube como la cuerda de la noria.

En nuestro caso, el agua puede compararse con la respiración, con el agua traída cántaro a cántaro de la fuente de la vida (que es el aire/ruah, que es Dios). El agua de la vida que es aire puede traerse a los pulmones (al cuerpo) a través de un trabajo constante (cántaro a cántaro) o por medio de una rueda que extrae el agua del pozo. Cuando esa "rueda de la vida" culmina su trabajoso círculo final, y no puede sacar y derramar ya más agua/aire en el cuerpo se escucha el estertor de la muerte.

Este es el sonido final de aquel que no tiene ya fuerzas para mover el aire de los pulmones, de forma que al final el moribundo se ahoga, pues la rueda que mantiene en movimiento el aire de los pulmones termina por romperse, y es como si cayera hecha piezas en el gran pozo de la muerte.

De un modo intencionado, no hemos completado nuestra interpretación sobre las figuras enigmáticas de Ec 12, 6 (hilo de plaza, cuenco de oro, cántaro en la fuente, rueda sobre el pozo, etc.), contentándonos con evocar el sentido de algunas visiones antiguas de los comentaristas. La interpretación de *Shabbath* 152a no se extiende hasta Ec 12, 5. Sobre el hilo o cuerda de plata, el Midrash dice זו חוט השדרה (como dirán más tarde Rashi, Aben Ezra y muchos otros). Sobre el cuenco de oro dice el mismo Midrash זו גלגלת (esta es la rueda..., lo mismo que decimos nosotros), agregando solo como de pasada: la rueda es la garganta que deja caer la plata y se queda con el oro. Por su parte, el cántaro que gotea debe ser כרס, el vientre que suele romperse tres días después de la muerte.

Por lo que se refiere a la rueda suele evocarse, como he dicho, un pozo famoso de Séforis, capital de Galilea, del que se sacaba el agua a través de una noria o rueda. En esa línea, suelen citarse también los pozos profundos de la ciudad de Tiberias.Estas y otras interpretaciones han sido recogidas por Geiger en el *Deut. Morg. Zeitsch.* xxvii, como he mostrado en mi *Psicologíe,* p. 229. El principal error de algunas de estas interpretaciones consiste en querer hacer del Kohelet un científico moderno, como si fuera discípulo de Boerhaave y de Harvey y de otros maestros.

En esa línea equivocada, Wunderbar en su *Bibl.-Talm. medicin* (1850) se esfuerza por mostrar que el Kohelet conocía ya las funciones del sistema nervioso y de la circulación de la sangre. Por su parte, Oetinger (*S. Schrift*, obra editada por Ehmann, IV p. 254) afirma: "Yo no me atrevo a decir que Salomón tuviera un conocimiento científico del sistema neurolinfático, etc., pero creo que el Espíritu Santo habló a través de él, de tal forma que en el fondo de sus palabras pueden encontrarse las afirmaciones científicas que han sido descubiertas en tiempos posteriores".

Pero ese juicio va demasiado lejos. La forma en que el Kohelet presenta la muerte no puede entenderse como una anticipación de los descubrimientos científicos modernos, pero tiene un valor para el estudio del desarrollo histórico de la antropología, porque sus palabras ofrecen una combinación de ciencia y poesía, siendo especialmente bellas en un sentido poético.

3. Conclusión (Ec 12, 7-8)

7 וְיָשֹׁב הֶעָפָר עַל־ הָאָרֶץ כְּשֶׁהָיָה וְהָרוּחַ תָּשׁוּב אֶל־ הָאֱלֹהִים אֲשֶׁר נְתָנָהּ:

8 הֲבֵל הֲבָלִים אָמַר הַקּוֹהֶלֶת הַכֹּל

⁷ y el polvo se torne a la tierra, como era [antes],

y el espíritu se vuelva a Dios que se lo dio.

⁸ Vanidad de vanidades, dijo el Predicador, todo vanidad.

12, 7-8. Conforme a lo anterior, se ha extinguido la vida, de manera que aquel que ha exhalado su último aliento tiene que ser colocado como cadáver en la tumba (que se llama también "pozo", בּוֹר, cf. Sal 28, 1, y en otros muchos casos). De manera consecuente, el σῶμα que era cuerpo viviente que respira (recibiendo el agua del pozo de la vida) se convierte en πτῶμα, esto es, en cadáver (Mc 6, 29; cf. Nm 14, 32). Así, el hombre que había sido formado del polvo vuelve nuevamente al polvo que había sido (וְיָשֹׁב הֶעָפָר עַל־ הָאָרֶץ כְּשֶׁהָיָה), y el espíritu retorna a Dios que se lo había dado como Vida de su vida (וְהָרוּחַ תָּשׁוּב אֶל־ הָאֱלֹהִים אֲשֶׁר נְתָנָהּ). Por estas palabras se distinguen y vinculan los dos movimientos, uno de descenso (del cuerpo-polvo del hombre al polvo originario) y otro de ascenso del espíritu humano al Dios que es Espíritu y gracia de todo lo que existe. El cadáver/cuerpo vuelve a ser lo que era, volviendo al polvo del que había sido formado (Gn 3, 19), al polvo que constituye su material original (Sal 104, 29); pero el Espíritu vuelve a Dios, a quien pertenece.

En sentido estricto, el Kohelet ha terminado su obra en Ec 12, 7: וְיָשֹׁב הֶעָפָר עַל־ הָאָרֶץ כְּשֶׁהָיָה וְהָרוּחַ תָּשׁוּב אֶל־ הָאֱלֹהִים אֲשֶׁר נְתָנָהּ: vuelve el polvo a la tierra que antes era (כְּשֶׁהָיָה), y el espíritu retorna a Dios que se lo ha dado (אֲשֶׁר נְתָנָהּ:). Por sí mismo, el hombre es polvo. Por don de Dios es (puede ser) espíritu. Como espíritu, el hombre no existe en sí mismo sino en Dios.Este Salomón-Kohelet ha mostrado la vanidad de todas las cosas de la tierra, de forma que ahora, al final, al final de su recorrido, él mismo queda sentado o tumbado en su montón de polvo/tierra, de forma que viene a presentarse como *vanitas vanitatum,* vanidad de vanidades. Así se repite al final este dicho o lema fundamental con el que empezaba Kohelet en Ec 1, 2. El libro, artísticamente construido, en su totalidad y en sus partes, viene a cerrarse de esa forma, como en un círculo, con este epifonema o exclamación final.

Esto que se dice aquí (Ec 12, 7) del espíritu (que vuelve a Dios) no puede tomarse como simple consuelo para dejar de pensar, sino como principio de un más alto pensamiento y tarea de los hombres. Como dice con razón Hofmann (*Schriftbeweis*, I 490): "Aquí no se habla directamente del espíritu personal de un hombre que vuelve a Dios sin haber perdido su conciencia, esta es una idea ajena a este proverbio", como yo mismo he mostrado en *Psychol*. p. 410.

La primera parte de Ec 12, 7 es clara: el cuerpo humano vuelve al lugar de donde ha venido (del polvo), y el tema no necesita más aclaraciones. La segunda parte (y el espíritu vuelve a Dios) queda abierta a la reflexión y contiene cierto elemento de consuelo, pues el espíritu no queda en la tierra, sino que vuelve a Dios, a diferencia de lo que el mismo Kohelet dice en otro pasaje (Ec 3, 21), dejando abierta la posibilidad de que el espíritu del hombre vuelva a la tierra como el de los animales. ¿Cómo vuelve a Dios ese Espíritu divino del hombre? ¿Cómo se purifica y renueva para ello?

El mismo autor (Kohelet) ha dejado abierta en Ec 3, 21 la posibilidad de que el espíritu del hombre vuelva también a la tierra, lo mismo que el cuerpo, como si no existiera ni actuara en la vida del hombre el Espíritu de Dios. Aquí, en cambio, el Kohelet que es hombre, que es Espíritu de Dios, vuelva a integrarse en lo divino. ¿Cómo? ¿Cómo es el Dios que acoge al espíritu del hombre en su despliegue, que se manifiesta de un modo especial en su muerte? ¿Cómo es el hombre para ser acogido en Dios?

Estas preguntas quedan sin respuesta en el Kohelet como misterio y tarea para el pensamiento y acción de los hombres. Ellas recibirán una respuesta en el mensaje y camino de vida de Jesús que, según el testimonio del Nuevo Testamento y de la Iglesia, resucita por (a través) de la muerte. Ese retorno a Dios determina y define todo el argumento de la vida del hombre, según el Kohelet.Conforme a la visión del Rig Veda de la India, el elemento inmortal del hombre se llama *manas*; conforme al lenguaje posterior del hinduismo se llama *âtman* (véase Muir, *Asiatic*

Journal, 1865, p. 305). Con esa visión y experiencia religiosa de la India puede compararse este final del Kohelet.

1. Al afirmar aquí que él asciende a Dios (mostrando así su ventaja o superioridad sobre los animales, cuyo espíritu vuelve al polvo), Kohelet está indicando que el espíritu del hombre no puede ser reabsorbido por Dios (y así negado, disuelto, cesando de existir), pues aquello que se quiere decir aquí —al igual que en Job 34, 14; Sal 104, 29— es que la ruina de la vida psico-corporal del hombre es una expresión consecuencia del retorno del espíritu a Dios, entendido como culminación de su propia vida.[9]

2. El texto no dice lo que sucede al espíritu del hombre tras la muerte (cómo se recibe y conserva en Dios), sino solo que su separación (la limitación y final de este tipo de vida humana: como hilo que se corta, lámpara que cae y se apaga, cántaro de agua que se rompe, rueda que cae hecha pedazos, retorno a Dios), mirada por un lado como expresión de finitud temporal, ha de integrarse por otro en la visión del Dios-Espíritu que acoge el espíritu-aliento de vida de los hombres.

3. Esta misma idea en la que el Kohelet encuentra al fin del libro descanso (que el espíritu del hombre vuelve a Dios), no puede interpretarse a partir de una idea anterior del Hades o Sheol, sobre la que se eleva y en la que se integra esta nueva visión del ascenso del espíritu a Dios. No se trata, pues, de que un tipo de espíritu/vida de los hombres vuelva a un Sheol alejado de la vida de Dios, pues el mismo Sheol desaparece aquí, convertido en Dios que acoge a los muertos. Según eso, el final del hombre no es un Sheol donde se supone que ellos siguen viviendo como espíritus desencarnados (sombríos), sino que el mismo Dios viene a entenderse así, de un modo superior, como Vida de los muertos.

4. Esta conclusión (que el espíritu del hombre sube a Dios) se deduce también del hecho de que el autor ha encontrado (y quiere resolver) una contradicción que en este mundo existe entre la experiencia humana (no hay premio para los buenos) y la justicia de Dios, que exige que haya retribución para ellos. Superando esa contradicción, el Kohelet

9. Este "retorno" puede y debe interpretarse, desde el N.T., a partir de la muerte y resurrección de Jesús. Jesús no muere simplemente por un desajuste, un desgaste o acabamiento del despliegue vital de su realidad (cuerpo-alma-espíritu), sino por violencia interhumana. No muere por la limitación temporal de su despliegue, sino porque le matan. Por eso, su vida en/tras la muerte no se puede entender solo como expresión de la presencia del Espíritu de Dios en la vida limitada de los hombres, sino como respuesta de Dios (de su justicia) a la injusticia humana, como superación e inversión del proceso de muerte que es toda vida humana (nota del traductor).

postula la existencia de un juicio final que la resuelva (cf. Ec 3, 17; Ec 11, 9; Ec 12, 14).5. Esta respuesta no es una novedad absoluta del Kohelet, sino una idea que ha empezado a desarrollarse en el pensamiento judío de su tiempo, como conocemos por otros textos, pues la "existencia" del espíritu tras la muerte (acogido por Dios) es una verdad bien conocida en su tiempo (como he mostrado en *Psychol.* p. 127). Así traduce el Tárgum, de una forma que no va en contra del espíritu del libro: "El Espíritu retorna para situarse ante el juicio, ante el mismo Dios que le dio su espíritu".

Miradas así las cosas, lo que dice el Kohelet se distingue de lo que dice Lucrecio en *De rerum natura*, II. 998ss.: *cedit item retro, de terra quod fuit ante / in terras, et quod missum est ex aetheris oris / id rursum caeli rellatum templa receptant* (vuelva a caer de nuevo, de la tierra que era antes, a la tierra, y lo que fue enviado por la boca del éter lo reciban de nuevo los templos del cielo). En Ec 12, 7 encontramos un pensamiento consolador en las palabras finales de su discurso: vuelva el Espíritu al Dios que lo dio (וְהָרוּחַ תָּשׁוּב אֶל־הָאֱלֹהִים אֲשֶׁר נְתָנָהּ).

Los dones de Dios son ἀμεταμέλητα (como afirma Ro 11, 29), él no se vuelve atrás, no se arrepiente. Según eso, Dios recibe aquello que ha dado a los hombres (el Espíritu), para restaurarlo de un modo distinto al que había tenido en su vida anterior. Estos pensamientos conectan con la referencia al Dios que es el Dador de todo. Teniendo eso claro, el autor vuelve a mostrar en Ec 12, 8 la vanidad de la vida del hombre, tal como ha existido durante el tiempo anterior de su vida en la tierra. En un sentido, cuerpo y espíritu se separan, y cada parte toma una dirección distinta, separados ambos. No solo el mundo con los trabajos que el hombre realiza son vanos, no solo aquello que el hombre experimenta en el mundo es vano, sino el hombre mismo como tal (en cuanto polvo de la tierra) descubre su vanidad.

Pero en el fondo de esa vanidad de la vida que acaba por la muerte se descubre y expresa a través (por encima) de ella la verdad del Dios que acoge al espíritu (y con el espíritu la vida entera de los hombres). Este es el *facit*, conclusión o fin de la obra entera: todo es הבל, todo es vanidad.

4. Epílogo (Ec 12, 9-14)

De un modo inesperado, el libro termina con un *postscriptum*. Dado que el cuerpo de Kohelet ha terminado con un epifonema (Ec 12, 8), donde el autor dice que ha logrado el intento que se había propuesto, podemos suponer que lo que ahora sigue proviene de otra mano, no del mismo autor. De todas formas, sobre la cuestión de la autenticidad de estos versos debe decirse que no son espurios o falsos, en el sentido ordinario de la palabra, pues no van en contra de la intención del autor del libro.

Conforme a la tradición, los versos de este epílogo o *postscriptum* forman parte integral de la obra, es decir, del libro canónico (como dice Bullok), aunque no son originales no han sido escritos por el autor del conjunto. En esa línea, incluso aquellos que piensan que el autor del Kohelet fue Salomón deben admitir que ese postscripto es un apéndice redactado por una mano posterior a pesar de que algunos como Hahn afirmen que el mismo Salomón, que había terminado su discurso en Ec 12, 8, es el que sigue escribiendo aquí, sin que lo impida el texto ni el nuevo estilo de estos versos, ni el hecho de que aludan a un autor anterior.

En esa línea de Hahn, Dale afirma que este libro no podía haber terminado en Ec 12, 8 de forma básicamente insatisfactoria y negativa, como tampoco el evangelio de Marcos podía haber terminado en Mc 16, 1-8, diciendo que las mujeres no cumplieron la palabra del ángel de la tumba de Jesús, sino que se fueron, porque tenían miedo.

En contra de esa opinión de Hahn y de Dale, debo afirmar que este epílogo tiene el objeto claro de recomendar al autor del conjunto del libro (Kohelet/Salomón) y de sellar, es decir, de ratificar su contenido. Si Salomón mismo fuera su autor, los últimos versículos deberían estar con el resto del libro en la misma relación de Jn 21, 24-25 con el conjunto del Cuarto Evangelio (como una voz eclesial que ofrece el testimonio de la autenticidad del Cuarto Evangelio). El intento de algunos intérpretes modernos, que quieren dar su opinión en nombre del autor antiguo para dictar lo que ese autor debería o no debería haber hecho, está fuera de lugar, constituye un serio anacronismo. Así, se sitúan las puerilidades y fanatismos infantiles de un autor como Christ. Fried Mauer (1732) cuando afirma que en Ec 12, 9-12 Salomón se dirige especialmente a su hijo Roboam dedicándole su discurso o sermón como instrucción para su vida y acción futura. Mauer funda esta opinión en lo que el autor dice de este epílogo en Ec 12, 9-10, en la línea de Ec 12, 11, añadiendo que sería innecesario escribir más libros. Tras este apóstrofe a su hijo Roboam, Salomón se habría dirigido a todo el auditorio, condensando para ellos el tema de conjunto de la obra: *teme a Dios y guarda sus mandamientos, pues esto es lo que todo ser humano debe realizar,* etc.

En esa falsa línea siguen también las ensoñaciones ilógicas de Döderlein (1784) cuando dice: "que el Kohelet aparece como un autor ficticio, porque su libro entero fue una conferencia o tratado que el mismo Salomón pronunció ante una academia literaria, que a su juicio debería llamarse Kohelet".

En una línea que puede compararse con las anteriores, hay algunos comentaristas como J. Ch. Schmidt (1794), Bertholdt (*Einleitung,* 1812ss.), Umbreit (1818) y Knöbel (1836) que afirman que este epílogo es inútil, tanto por su forma como por su doctrina, pues va en contra de la armonía de conjunto del libro anterior, presentándose de esa manera como la obra de unos autores que quieren escribir libros sin fin, en un tiempo posterior al del Kohelet. De otra forma, siguiendo a Krochmal, Grätz (1871) ha querido invertir la crítica negativa de los autores anteriores para alcanzar un resultado que le parece positivo. A su juicio, los versos de Ec 12, 9-11 son una apología del libro del Kohelet mientras que Ec 12, 12-14 forman un tipo de conclusión general de todo el libro, por la que el compilado quiere ratificar (aprobar y apoyar) no solo la obra del Kohelet, sino la colección de los hagiógrafos (o escritos finales de la Biblia), incluyendo entre ellos la obra del Kohelet. En esa línea, se atreve a sostener que este epílogo bipartito sería una adición muy posterior, surgida en el tiempo del sínodo de Jamnia, en torno al año 90 d. C. cuando la sinagoga judía ratificó que el libro del Kohelet era Escritura sagrada y lo incluyó en el canon.

Ciertamente, nosotros pensamos que este epílogo es un postscripto añadido a la obra del Kohelet, y nos mantenemos en la línea del Herzfeld, en contra de los argumentos de Knobel y también de Hitzig, rechazando la hipótesis de Grätz (que sitúa la obra en tiempo de Herodes), pero vamos en contra de la opinión de aquellos que piensan que este epílogo ha sido clave para la introducción del Kohelet en el canon de la Escritura. Nuestra opinión puede apoyarse de algún modo en la monografía de Bloch, que ofrece una serie de argumentos llamativos en contra de la hipótesis de aquellos que piensan que este libro ha sido compuesto en tiempos de Herodes o en el comienzo de la composición de la Misná.

Por mi parte, vengo sosteniendo que este epílogo mantiene el pensamiento y estilo del autor del conjunto del libro, un autor que se sitúa en el contexto del Cronista (1-2 Crónicas), pero de un tiempo algo posterior, en una línea que desemboca ciertamente en la Misná, pero que es anterior a la Misná. Como he mostrado ya, Ec 12, 9-11 sirve para sancionar y ratificar el argumento básico del libro, afirmando que proviene de la tradición de la *Hokma* y que condensa todos sus argumentos bajo dos principios: *teme a Dios* y *acepta su juicio* (en la línea de Job 28, 28; 19, 29).

El Kohelet escribe su libro poniéndose en el lugar de Salomón y asumiendo así histórica y literariamente su autoridad, pero conservando su independencia en el período final del dominio de los persas, un tiempo en el que los judíos realizaron una gran obra literaria al servicio de la redacción final y de la organización de los libros sagrados (y de otros no aceptados en el canon). De todas formas, a diferencia de otros escritores de ese tiempo (que son profesionales de la escritura), el autor de nuestro libro debe haber sido un "amateur", alguien que escribe por vocación, no por oficio. Él sabe que el hábito de escribir libros es ya antiguo, aunque ha tomado nuevas dimensiones en los tiempos más recientes.Así, el Kohelet con su epílogo quiere dejar a la posteridad un libro más pequeño que otros, aunque muy valioso. Ciertamente, el autor del epílogo parece distinto del Kohelet, pero no vemos ninguna necesidad absoluta para afirmarlo, pues de hecho podría ser el mismo Kohelet que se presenta a sí mismo en tercera persona, queriendo defender su obra, matizando de alguna forma su pesimismo. Sea como fuere, el pesimismo antiguo de este libro no es igual que cierto pesimismo moderno que no cree en Dios y que no abre un camino de futuro para los hombres.

⁹ וְיֹתֵר שֶׁהָיָה קֹהֶלֶת חָכָם עוֹד לִמַּד־ דַּעַת אֶת־ הָעָם וְאִזֵּן וְחִקֵּר תִּקֵּן מְשָׁלִים הַרְבֵּה:

⁹ Y además, dado que el Predicador fue sabio,
él enseñó conocimiento al pueblo;
y le hizo escuchar y escudriñar,
y compuso muchos proverbios.

12, 9. En cohesión con Ec 12, 8, donde Kohelet ha dicho su última palabra, el redactor de este apéndice presenta el sentido de conjunto de la obra, añadiendo que el Kohelet fue un sabio enseñando conocimiento al pueblo.

Este postscripto se conecta así con las palabras finales del libro, pero solo de un modo externo. La LXX traduce las palabras del principio del final del cuerpo del libro y añaden וְיֹתֵר: el Kohelet fue y además... καὶ περισσὸν (Véneto περιττὸν). Así traduce también Hitz.: *según lo anterior queda dicho que Kohelet fue un hombre sabio*. Por su parte, Dale puede tener razón cuando afirma que וְיֹתֵר es subjuntivo, estando así puntuado con *zakeph gadhol* (cf. Gn 16, 16; Gn 20, 4; Ex 23, 3). Pero, en contra de eso, debemos precisar que no era necesario añadir que Kohelet era un hombre sabio, pues como sabio ha venido hablando en todo el libro, de principio a fin. La partícula עוֹד, que aparece inconexa, muestra que esta propiedad del Kohelet, su sabiduría, es algo que se presupone y que no necesita ningún testimonio posterior. Por eso no se puede traducir: *cuanto más grande era Kohelet más sabio era todavía*, porque עוֹד no significa *eo magis* (el idioma hebreo tiene otras formas de expresar ese tipo de intensificación, como en כל הגדול מחברו גדול ממנו יצרו, i.e.), cuanto más grande es la posición que uno tiene, mayor es el riesgo de tentación a que se expone.

Es mejor la manera en que traduce Lutero: *este mismo fue Kohelet, no solo sabio, sino...* En esa línea, la partícula ויתר significa en Ec 7, 11: "y además, para más ganancia...". En nuestro caso, וְיֹתֵר שֶׁהָיָה debe traducirse: *hay otra cosa que es mayor que su sabiduría..., yendo más allá de lo dicho, de su sabiduría...* Según eso, *'od* tiene la finalidad de introducir lo que sigue, diciendo que, además de ser sabio, el *Kohelet* tenía aún otra propiedad o valor más importante que consistía en enseñar conocimiento al pueblo, pues este es precisamente el significado del nombre *Kohelet*, aquel que enseña, un maestro predicador. Este es el sentido de la insistencia del pasaje: el mismo Kohelet, que en el conjunto del libro aparece como un maestro más esotérico, viene a presentarse ante nosotros como un maestro que ha escrito para el pueblo un libro exotérico, porque es autor de *Mishle* o Proverbios: enseñó conocimiento al pueblo, le hizo escuchar y escudriñar y compuso muchos proverbios (תִּקֵּן מְשָׁלִים הַרְבֵּה).

El Kohelet ha enseñado conocimiento al pueblo, porque ha ocupado un puesto de escritor (en hebreo moderno מחבר; en árabe *muṣannif*) como autor de muchos *proverbios*, que son fruto de su reflexión personal y de su investigación diligente. El "oficio" de escribir muchos proverbios, מְשָׁלִים הַרְבֵּה, forma parte de la tarea de *tiqqēn*, תִּקֵּן (componer), un verbo que aparece aquí ἀσυνδέτως (sin subordinación a los anteriores), conforme al estilo del autor del epílogo del libro, un verbo que se vincula con otros que ponen de relieve el esfuerzo que el autor ha debido hacer para componer libros en vinculación asindética con los verbos anteriores (וְאִזֵּן וְחִקֵּר תִּקֵּן: escuchar, escudriñar, componer).

Solo se puede componer proverbios (enseñar) si se escucha y escudriña. Aparentemente, el autor no tiene aquí en cuenta lo que se dice en 1Re 5, 12, sino el libro canónico de los *Proverbios*. En este contexto, resulta peculiar en el libro de Kohelet el uso no solo del verbo תקן (componer), sino también, de un modo especial, el uso de וְאִזֵּן וְחִקֵּר, que significan escuchar, evaluar, reflexionar. Estos son, a juicio del Kohelet, los elementos fundamentales para la preparación y composición de uno o varios libros como los que se le atribuyen al él.

¹⁰ בִּקֵּשׁ קֹהֶלֶת לִמְצֹא דִּבְרֵי־חֵפֶץ וְכָתוּב יֹשֶׁר דִּבְרֵי אֱמֶת:

¹⁰ Procuró el Predicador hallar palabras de voluntad,
y escritura recta, palabras de verdad.

12, 10. El Kohelet se esforzó por encontrar palabras agradables y escritas con sinceridad, palabras de verdad (דִּבְרֵי אֱמֶת). La palabra בִּקֵּשׁ, sin conexión directa con el entorno, es como *dibbarti ani* (Ec 1, 16, etc.), por citar una palabra del mismo libro. Tres objetos siguen a לִמְצֹא (palabras agradables, rectas, verdaderas). Hitz. entiende וכתוב como infinitivo absoluto, afirmando que él ha escrito para encontrar palabras agradables, correctamente escritas, palabras de verdad. Esa construcción en la que un infinitivo absoluto sigue a un infinitivo constructo es posible (cf. 1Sa 25, 26; 1Sa 25, 31), pero es más probable que וכתוב sea un sustantivo verbal (דִּבְרֵי־חֵפֶץ וְכָתוּב יֹשֶׁר דִּבְרֵי אֱמֶת): palabras de voluntad y escritura recta, palabras de verdad.

El Kohelet presenta aquí el ideal de una buena escritura *scribendo quidem sincere verba veritatis*, es decir, escribiendo palabras que produzcan placer, rectamente escritas, palabras de verdad. El término כתוב significa "escrito" (así se llaman los últimos libros de la Escritura Hebrea, *ketubim*, los escritos). Este es el nombre de los *Hagiographa*, כתובים. Así se dice *kakathuvah* (2Cr 30, 5), es decir, *de acuerdo con lo Escrito*. En contra de eso, *belo kăkathuv* (2Cr 30, 18), significa *aquello que no está escrito*, lo contrario a lo escrito.

En la literatura postbíblica, אמר הכתוב tiene el mismo sentido que ἡ γραφὴ λέγει, *dice la Escritura*. Según eso, la objeción elevada por Ginsburg, según la cual *kathuv*, a diferencia de *kethav*, no significa nunca *un escrito* no puede mantenerse. De todas formas, conforme a nuestro texto, no necesitamos que haya un sustantivo *katuv* con el sentido de libro, pues la palabra se emplea aquí más bien en el sentido de participio neutro (lo escrito), no como sustantivo: el Libro.

Tenemos, según eso: דִּבְרֵי־חֵפֶץ וְכָתוּב יֹשֶׁר דִּבְרֵי אֱמֶת, *palabras agradables, escrito recto, palabras de verdad*. Este es el ideal de la escritura sapiencial, centrada y expresada de un modo ejemplar en el trabajo del Kohelet. La Escritura se distingue por estas tres notas: tiene que ser agradable, *redactada con rectitud y condensada en palabras que sean firmes, fiables, verdaderas*. El primer esfuerzo del Kohelet va dirigido hacia aquello que resulta agradable, las palabras de la Sabiduría tienen que ser atractivas; pero, al mismo tiempo, han ser subjetivamente rectas (יֹשֶׁר) y objetivamente verdaderas (אֱמֶת).

¹¹ דִּבְרֵי חֲכָמִים כַּדָּרְבֹנוֹת וּכְמַשְׂמְרוֹת נְטוּעִים בַּעֲלֵי אֲסֻפּוֹת נִתְּנוּ מֵרֹעֶה אֶחָד:

¹¹ Las palabras de los sabios [son] como aguijones;
y como clavos hincados, como maestros de las congregaciones
(o como proverbios fundamentales), bajo un Pastor.

12, 11. Estas palabras de los sabios (דִּבְרֵי חֲכָמִים) son como aguijones que estimulan, como clavos que aseguran una casa, organizados en forma de unidades, bajo la guía de un pastor (מֵרֹעֶה אֶחָד:). La LXX, Aq. y Theod. traducen *darvonoth* (cf. כַּדָּרְבֹנוֹת) por βούκεντρα, el Véneto por βουπλῆγες, traducciones que son ambas correctas. Esta es una de las tres palabras que la Gemará de Jerusalén (*Sanhedrin* x. 1) utiliza para designar una vara que sirve para guiar o conducir a los animales, especialmente a los bueyes. Esa palabra viene de דרב, afilar, sacar la punta, con el sentido de מלמד (de למד, ajustar, ejercer, enseñar).

Las palabras de los sabios son *como dardos o aguijones de boyero*, porque estimulan, porque se clavan y se mantienen en la memoria y, sobre todo, porque sirven para guiar, como las varas puntiagudas (con aguijones) empleadas para guiar a los bueyes y otros grandes animales, aguijones llamados en latín *aculei*, de la que provienen diversas palabras utilizadas en las lenguas modernas para referirse a las varas de boyeros y pastores de ganadería mayor (como las banderillas de toreros en España. Nota del traductor). Los *darvonoth* de los sabios son así como aguijones, para causar impresión y para guiar en la enseñanza. Sus proverbios son como estímulos y varas para dirigir y guiar en la enseñanza a los restantes hombres (en una línea que puede compararse a la de las parábolas de Jesús). Así, la mayor dificultad consiste en entender el sentido de los בַּעֲלֵי אֲסֻפּוֹת, que pueden ser *señores de la asamblea* (en sentido personal) o *señores de la palabra*, es decir, autores de proverbios fundamentales en los que se asienta y/o condensa la vida de las asambleas. El Talmud Jer. *Sanhedrin* x. 1, vacila entre ambas posibilidades:

- *Pastores.* En un primer momento, los בַּעֲלֵי אֲסֻפּוֹת, *baʾale asuppoth* son *los miembros de la asamblea*, participantes de las comunidades judías, maestros, rabinos (Véneto: δεσπόται ξυναγμάτων; Lutero: *doctores/señores de las asambleas*). De todas formas, el sentido de la expresión no es claro, ni es clara la afirmación siguiente: serán puestos bajo un pastor, un tema que, desde una perspectiva cristiana, puede interpretarse a la luz de Ef 4, 11, donde se habla de los pastores de las comunidades. Por otra parte, estos *baʾale asuppoth* no pueden entenderse tampoco desde la analogía de los *baale masoreth* (es decir, de los masoretas de la tradición judía posterior).

- *Libros, colecciones de proverbios.* Teniendo en cuenta estas dificultades, podemos acudir a la otra posibilidad ya evocada: *baale asuppoth* no son las personas o congregaciones de sabios, sino más bien sus dichos o proverbios, que el Kohelet ha coleccionado, formando con ellos una guía de vida para las congregaciones, bajo un pastor. En esa línea, podemos concordar con Lang y con Hoelem,[10] quien añade que los בַּעֲלֵי אֲסֻפּוֹת son las ideas/verdades de los sabios, como semillas y luces que sirven de guías para el conocimiento de la doctrina y para la práctica de vida de las comunidades. No se trataría, según eso, de doctores (maestros, líderes humanos), sino de doctrinas básicas, principios de sabiduría que esos doctores (como el mismo Kohelet) comparten, simbolizan y enseñan. Así, ellos pueden compararse con los *baʾale berith* (Gn 14, 13), que son los confederados, como los *baʾale shevuʾah*, o señores del juramento de Neh 6, 18, refiriéndose a las personas confederadas y al juramento que les vincula.

---

10. *Lang* (1874) piensa incluso que los בַּעֲלֵי אֲסֻפּוֹת son señores de las tropas, comandantes del ejército que pueden identificarse con colecciones de proverbios y verdades reconocidas por muchos, doctrinas aceptadas por las multitudes o *asuppoth* del pueblo.

Estos *ba'ale shevu'ah* o señores del juramento, pueden compararse también con los *ba'ale ha'ir* (señores de la ciudad, ciudadanos). En esa línea, los *ba'ale asuppoth* son los dirigentes de la sabiduría de la asamblea, los que poseen, enseñan y mantienen la verdadera sabiduría, los que poseen (personifican) la verdad de los proverbios "coleccionados" como representantes de la sabiduría que ellos poseen. Según eso, los *ba'ale asuppoth* son, por un lado, las palabras de los sabios y, por otro lado, los *shalishim*, hombres escogidos, *saliah*, los mensajeros, apóstoles de los proverbios de sabiduría que proclaman y representan, como los Doce Saliah, representantes, mensajeros de la Sabiduría de Jesús en los evangelios (anotación del traductor).

Según eso, los *ba'ale asuppoth* pueden ser, al mismo tiempo, los hombres escogidos para extender la verdad y los proverbios de sabiduría, colecciones de aforismos y dichos (palabras) que formulan como guías de la vida del pueblo. De esa manera, se vinculan los hombres y los proverbios escogidos (cf. Pr 22, 20): los hombres que formulan los proverbios o dichos y los mismos dichos de sabiduría que esos hombres proclaman y que les definen (Hitz., Ewald, Elst., Zckl. y otros). En ese sentido, se puede afirmar que son como unos clavos hincados (וּכְמַשְׂמְרוֹת נְטוּעִים) en una pared (o en una puerta), de manera que están bien asegurados y ordenados sin que puedan separarse o perder su unidad, en contra de todas las posibles separaciones.

Estos sabios, con sus proverbios de sabiduría, son como clavos bien hincados, que no se pueden arrancar de su fundamento ni separarse unos de otros, de forma que quedan así fijados en la mente/memoria de los congregados (de los que forman el grupo sapiencial). Esas colecciones de proverbios constituyen el principio de identidad y ofrecen la norma (la guía de vida) de la comunidad de sabios, que en este momento se vincula a la enseñanza y doctrina del Kohelet.

El mismo libro del *Kohelet* forma, según eso, una *asuppah* o colección significativa de proverbios o dichos de sabiduría integrados en un "todo", es decir, en una colección o libro sapiencial que se expresa en este gran sermón de la vanidad de todas las cosas, ofreciendo un descanso y refrigerio a quienes se vinculan por medio de ellos. En esta línea avanzará posteriormente la literatura agadaica del judaísmo, con sus largos tramos de sutil dialéctica que ofrecen a los lectores un agradable reposo (así se puede entender mejor la enseñanza de los libros de los sabios, que recogen la doctrina de Jesús, desde los "logos" del documento Q, recogido por Lucas y Mateo, hasta el evangelio "apócrifo" de Tomás. Nota del traductor).

El texto dice, finalmente, que estos proverbios de los sabios, tomados en sentido individual y formando colecciones, quedan confiados bajo *un pastor* (נִתְּנוּ מֵרֹעֶה אֶחָד:). De esa forma se está indicando que constituyen el don o regalo de un pastor que puede empezar siendo el mismo Salomón, con quien de algún modo se vinculan. Ciertamente, el Kohelet sabe que ellos no han sido escritos directamente por Salomón, pero él los sitúa bajo la inspiración de Salomón, de quien derivan y a quien se atribuyen (lo mismo que todo el libro de los Proverbios), pues ellos reciben el agua de la sabiduría salomónica. En esa línea, en último término (el pastor), que guía a los hombres por estos proverbios, es el mismo Dios, que cuida y dirige a todos los que le temen, de manera que no permite que les falte nada de lo que es necesario para tener así vida y conducirse rectamente (cf. Sal 23, 1; Sal 28, 9). Gratz. afirma que esta expresión *mēro'eh ehad* (מֵרֹעֶה אֶחָד), con la alusión a un único pastor, por medio de la palabra אֶחָד (tu Dios es *Uno*: Dt 6, 4-6) resulta oscura, porque es rara y porque la alusión a un pastor solo aparece en textos poéticos. Sea como fuere, esta figura del pastor (cf. Sal 23) no se puede aplicar a Moisés (a pesar de lo que dice el Tárgum), ni a Salomón, como a padre o signo de los sabios, sino solo a Dios, a quien se le llama aquí en el fondo el ἀρχιποίμην, es decir, el *archipastor*, aquel que guarda y provee de bienes a todos los hombres.

Refiriéndose a Dios, a la luz de los versos anteriores, este pastor es alguien que lleva el aguijón (la vara, el *aculeus*), un pastor que se vincula con el orden doméstico (orden de la casa, del rebaño) que está representada por los "clavos" que ajustan la sabiduría de la familia. Esa palabra (pastor) tiene en el lenguaje de la *hokma* un sentido de conocimiento (Pr 5, 21), mientras que en el N.T. se vincula a la edificación de la comunidad, como he mostrado en *Römerbrief*, p. 97 (teniendo especialmente en cuenta al Sal 23.

[12] וְיֹתֵר מֵהֵמָּה בְּנִי הִזָּהֵר עֲשׂוֹת סְפָרִים הַרְבֵּה אֵין קֵץ וְלַהַג הַרְבֵּה יְגִעַת בָּשָׂר:

[12] Por lo demás, hijo mío, además de eso,
sé avisado (hazte más sabio);
nunca se acaba de escribir libros;
y el mucho estudio es aflicción de la carne.

12, 12. Con las palabras וְיֹתֵר מֵהֵמָּה בְּנִי, el postscripto toma un nuevo punto de partida con una advertencia sobre el mucho leer y sobre el riesgo de escribir muchos libros, cosa que produce cansancio para el cuerpo. Al llamar de esa forma a mi hijo (בְּנִי), el maestro de sabiduría se dirige a su discípulo, a quien coloca de esa forma bajo la autoridad de su instrucción.

Hitzig traduce la frase vinculando *mehemmah* con *hizzaher* (מֵהֵמָּה בְּנִי הִזָּהֵר): "Y, por lo que queda (según las palabras del Kohelet) estate informado de lo que sigue". Pero, en contra de eso, נזהר no significa en general *ser enseñado*, sino *hacerse más sabio*, más atento, pues el trabajo de escribir libros no acaba nunca, es decir, no tiene fin, sino que termina siendo una aflicción para la carne (יְגִעַת בָּשָׂר), para la vida. De esa forma, el autor ofrece aquí la razón por la que el Kohelet no se extiende más porque no escribe por encargo y sin motivo, sino que lo hace por un motivo más alto, conforme a un plan fijado, para enseñar sabiduría. Por otra parte, las palabras finales (escribir muchos libros sin tener una finalidad para ello, cansa la mente del hombre y debilita su cuerpo) parecen palabras claras, pero podemos preguntar: ¿qué finalidad tienen? ¿No serán una simple vulgaridad, algo sabido? Pensamos que es más adecuada la traducción de Herzfeld que se sitúa en la línea del pensamiento de Rashbam:

> Más que las cosas que el maestro te pueda enseñar, enséñate tú a ti mismo, porque el trabajo de escribir muchos libros no tiene fin, y el predicar o enseñar mucho es fatigoso para el cuerpo.

De todas formas, la palabra נזהר (הִזָּהֵר) no puede significar *enséñate a ti mismo*, y *ēn qētz* (אֵין קֵץ) no significa "no tendría", sino "no tiene fin". Tenemos, por tanto, dos frases vinculadas: (a) *escribir muchos libros no tiene fin*, la tarea de la enseñanza por medio de libros es como una rueda que nunca se acaba; (b) por otra parte, el ejercicio intenso de la mente (escribiendo libros sin cesar) daña y cansa al cuerpo, pues el hombre no está hecho para resolver los problemas de la vida y ser feliz escribiendo libros.

Este postscripto se opone, por tanto, al ejercicio infinito de escribir libros, porque debilita las fuerzas del cuerpo sin aprovechar de verdad la mente que pierde de esa forma su identidad (deja de centrarse en sí misma) a causa del múltiple trabajo al que se somete. El sentido de esta advertencia concuerda con la frase acuñada por Plinio (Ef 7, 9): *multum non multa* (escribir mucho, intensamente, pero no muchas cosas). En esa línea ha querido situarse el Kohelet, pues sus palabras se ajustan al sentido de la *asuppah*. Dejando a un lado todo aquello que no es importante, queda lo esencial. Centrado en los בַּעֲלֵי אֲסֻפּוֹת que se identifican en el fondo con el *unum necessarium, una sola cosa es necesaria*. Así, según la tradición cristiana, Jesús no aparece escribiendo libros, y el evangelio de Juan retoma este motivo del Kohelet, en contra de los que quieren escribir libros infinitos sobre Jesús (Jn 21, 25. Nota del traductor).

¹³ סוֹף דָּבָר הַכֹּל נִשְׁמָע אֶת־ הָאֱלֹהִים יְרָא וְאֶת־ מִצְוֹתָיו שְׁמוֹר כִּי־ זֶה כָּל־ הָאָדָם׃

¹³ El fin de todo el sermón es oído:
Teme a Dios, y guarda sus mandamientos;
porque esto es toda la [felicidad] del hombre.

12, 13. Este es el fin (*sof*, סוֹף). Solo Dios es *sin fin*, *en-sof* (como define la cábala). El fin del libro y de la vida llega cuando todo ha sido oído. Esta es la conclusión de las palabras de sabiduría (*dibre hokma*). Esta es toda la palabra, דְּבַר הַכֹּל: teme a Dios y guarda sus mandamientos. Esto es el hombre, todo el ser humano (כִּי־ זֶה כָּל־ הָאָדָם). Muchos comentaristas como Jerónimo, el Véneto y Lutero traducen נשמע como futuro, de manera que la frase puede traducirse: todos deberemos escuchar la conclusión de este discurso (cf. Panzer 1773, Wette-Augusti). Hitzig también une las tres primeras palabras: *soph davar hakol* como *soph davar kol-haddava*r (fin de la palabra, toda la palabra) identificando הכל con כלנו, todos nosotros. Pero esa identificación es contraria al estilo del libro.

En su línea, el epiloguista del Kohelet ha precisado: final del tema, todo ha sido escuchado. Se ha escuchado por tanto lo que debía ser conocido. Desde ese fondo, traduce Hoelem: *basta ya, todo ha sido escuchado*. Eso significa que lo que ha sido trasmitido en el libro para ser escuchado contiene la esencia de todo verdadero conocimiento que se condensa en sus dos sentencias fundamentales (temor de Dios y cumplimiento de los mandamientos).

La referencia retrospectiva (todo ha sido escuchado, *hakol nishm'a*) es la natural. Pero, en otro sentido, es más probable que las palabras *soph davar* (fin de la palabra) deban entenderse en figura prospectiva y estén indicando el resultado (la idea de conjunto del discurso: todo es vanidad, solo importa temer a Dios, aceptar, guardar y mantener sus mandamientos: הָאֱלֹהִים יְרָא וְאֶת־ מִצְוֹתָיו שְׁמוֹר). Este es el final del discurso. En esa línea, la mejor manera de entender el discurso es vincular la referencia retrospectiva (*hakol nishm'a*, todo ha sido ya oído), todo se cumplirá, con la referencia a la obra escrita para leerla o escucharla y cumplirla: *soph davar*, fin del discurso. Tiene razón Mendelsohn cuando explica así el tema: después que has escuchado todas las palabras del sabio, este es el resultado que se expresa en dos frases:

- *Eth-haeolohim yera* (אֶת־ הָאֱלֹהִים יְרָא), es decir *teme a Dios*. Este es el compendio, este es el argumento del libro entero (retomado de Ec 5, 6), que ofrece el núcleo y norma básica de todo el libro, la exigencia moral más alta del Kohelet que sirve para mitigar el pesimismo del autor y dar sentido al eudemonismo de fondo de su pensamiento.
- *Ve-eth mitsotay shemor* (יְרָא וְאֶת־ מִצְוֹתָיו שְׁמוֹר), *guarda sus mandamientos*. El temor de Dios se expresa y cumple guardando/cumpliendo sus mandamientos, como indica Ec 5, 1 con *lishmo'a*, donde se afirma la escucha de la palabra divina, y la observancia de sus mandamientos son el alma/esencia de toda oración, por encima de todo el *opus operatum* de los servicios ceremoniales de un tipo de judaísmo legal.

Así se define y expresa la identidad del hombre, כִּי־ זֶה כָּל־ הָאָדָם, *ki-zeh kol-haa-dam*, porque esto es todo hombre, porque esta es la fidelidad y felicidad de todo hombre. Ser hombre es temer a Dios y cumplir sus mandamientos. Así interpreta Hitzig: "Esta es tu identidad, no solo la tuya, sino la de todo ser humano". Pero esta explicación es innecesaria. La LXX traduce: ὅτι τοῦτο πᾶς ὁ ἄνθρωπος, porque esto es todo hombre. El Véneto traduce *kol haadam* por πᾶς ὁ ἀνεp. Un traductor innominado pone ὅλος ὁ ἄνθρ., y en esa línea traduce Jerónimo: *hoc est enim omnis homo*, esto es, pues, todo ser humano, esta es la esencia, origen, camino y destino de todo ser humano.

Así mismo, algunos autores modernos, como Herzf., Ewald, Elst. y Heiligst. traducen: "Porque esto es todo el ser humano, este es su destino, el fin de la existencia". Así lo explica Grotius: *totum hominis bonum* (este es todo el bien del hombre) o, como lo interpretan Dale y Bullock: "Este es todo el deber del hombre, esto es lo que concede al hombre, por primera vez, su plena y total dignidad". Y Knobel, por su parte, lo traduce: "esto es todo el hombre, en esto consiste toda su humanidad".

En este contexto, debemos afirmar que *kol-haadam* no significa nunca "el hombre entero", ni todos los hombres (πάντες οἱ ἄνθρωποι), como en Ec 7, 2, *hu soph kol-haadam* (este es el fin de todo hombre), ni cada hombre (πᾶς ἄντρωπος), como en Ec 3, 13; Ec 5, 18, LXX, y también Ec 7, 2: τοῦτο τέλος παντὸς ἀντρώπου, esta es la meta de todos los hombres). Pues bien, siguiendo en la línea del uso del lenguaje, y en especial siguiendo en el estilo del Kohelet, pensamos que esa frase debe traducirse así: *porque esto es cada hombre*. No se trata de decir "esto es lo que cada hombre ha de hacer" sino, sencillamente, *esto es cada hombre, temer a Dios y cumplir los mandamientos.*

Se trata, por tanto, de una cláusula de sustantivo, no de una sentencia verbal elíptica como la que aparece en Is 23, 5; Is 26, 9, donde tiene que suplirse el verbo, en línea de movimiento. Hay en la Biblia muchas cláusulas de este tipo, como las que aparencen en Sal 110, 3; Sal 109, 4, "yo soy oración", y la de Ec 3, 19, "Los hijos de los hombres son una oportunidad" (cf. Fleischer, *Einige Arten der Nominalapposition,* 1862 y Philippi, *St. const.* p. 90ss.).

Es en esa línea que debemos explicar este pasaje: "Porque esto es cada hombre", es decir, este es *su destino y su deber*. Así lo dice muy bien Lutero: "Pues esto pertenece a cada hombre". Esto es lo que todos los hombres son, esto es lo que han de hacer, esto es lo que les constituye. Esta es su obligación, esto es su esencia, su ser.

De esta manera, la ley israelita se identifica con el ser humano. Kohelet condensa así toda la ley de Israel, centrándola en su común esencia humana. Esto lo han tenido en cuenta los antiguos maestros judíos. ¿Qué puede significar *zeh kol-haadam*, esto es, todo el ser humano (Berachoth 6b)? Rabbi Elazar contesta: "Aquí se condensa el mundo entero". Por su parte, R. Abba bar-Cahana dice: *esta ley fundamental tiene la misma importancia que todo el universo.* R. Simeon b. Azza añade: "El universo entero ha sido creado solamente con esta finalidad: para que esto pueda ser mandado, temer a Dios y cumplir sus mandamientos".[11]

14 כִּי אֶת־ כָּל־ מַעֲשֶׂה הָאֱלֹהִים יָבִא בְמִשְׁפָּט עַל כָּל־ נֶעְלָם אִם־ טוֹב וְאִם־ רָע:

[14] Porque Dios traerá toda obra a juicio,
sobre toda cosa oculta, buena o mala.

12, 14. Hemos traducido el verso anterior (con *zeh kol-haadam* como obligación que tienen todos los seres humanos: temer a Dios y cumplir sus mandamientos); en esa línea, continúa avanzando este nuevo verso: *porque Dios ejercerá su juicio, sobre todos los hombres, sin excepción, de tal forma que nada quedará oculto, sea bueno o sea malo.*

Como en Ec 11, 9, traer a juicio (כָּל־ מַעֲשֶׂה הָאֱלֹהִים יָבִא בְמִשְׁפָּט) significa "poner a la luz", traer a cuentas todas las obras de los hombres. No se les juzga por lo que son, sino por lo que "hacen". Dios juzgará así (traerá a la luz) todo lo escondido de las obras de los hombres, pues ellos son aquello que hacen (cf. Ro 2, 16; 1Co 4, 5, τὰ κρυπτά). Este es un juicio sobre todo lo que está escondido, un juicio que se hace con el convencimiento de que nada, ni lo más escondido, podrá escapar del conocimiento de Dios. Estas palabras, משפט con על (juicio sobre) aparecen ya en Ec 11, 9, *sobre* (en alemán *an*). En vez de משפט con על, a veces se pone משפט con ב (Sal 119, 84; Sab 6, 6). De todas formas, el juicio sobre algo (cf. Simm. περὶ παντὸς παρορραθέντος) solo se expresa con על, que puede tomarse como partícula de cohesión, vinculando así en el juicio todo lo que está escondido. כל־ מעשה comprende, sin duda, todas las obras de los hombres. Por su parte, כל־נעלם, insiste en esa idea de totalidad.

Por eso, rectamente, el acento que divide el verso se pone bajo נֶעְלָם (una palabra que no se entiende en sentido disyuntivo, sino conjuntivo, abarcando todas las acciones de los hombres, tanto las patentes como las escondidas). Esta certeza de un juicio final, que tiene un carácter personal, constituye el hilo de Ariadna por el que el Kohelet puede liberarse a fin y salir del laberinto de su escepticismo.

11. Cf. *Jer. Nedarim* ix. 3: R. Akiba ha dicho "ama a tu prójimo como a ti mismo, este es el mandamiento principal de la ley". Ben-Azzai dice: "En estas palabras, *zěh ... adam* (cf. Gn 5, 1) están incluidas las anteriores (ama a tu prójimo como a ti mismo) porque ellas contienen la unidad y destino de todos los hombres. Aben Ezra alude a esto mismo cuando en la conclusión de su comentario a Kohelet dice: "El secreto de que no se incluya el nombre divino de יהוה en Gn 1, 1-23 es el secreto del libro del Kohelet. Solo desde aquí se entiende la creación entera, centrada en el hecho de que el hombre ha sido creado para temer a Dios y cumplir sus mandamientos. Aquí culmina y se condensa el relato de la creación de Gn 1".

La perspectiva de un juicio general sobre las naciones, que resulta dominante en el A.T., no es suficiente para mantener firme la fe de los creyentes (como indican Sal 73 y Jer 12, 1-3) donde se pone muy de relieve la distribución desigual del destino presente de los hombres como individuos. Ciertamente, sigue siendo importante la conexión natural, y especialmente la conexión nacional, que vincula a unos hombres con otros, y que tiene también importancia sobre la condición moral de los individuos. Pero este juicio final sobre pueblos/naciones no quita en modo alguno la responsabilidad de los individuos, tomados como personas.

El objeto del juicio final no serán las sociedades como tales, sino solo las personas, aunque no separadas del ámbito de vida del que forman parte. De todas formas, esta visión personal del juicio final no se vuelve dominante en el Antiguo Testamento, donde sigue siendo básica la visión nacional del juicio. En el A.T. no encontramos testimonios de la individualización del juicio final (que se hará sobre personas más que sobre pueblos), tal como aparece en Mt 7, 21-23 y en Ap 20, 12. En el A.T. el objeto del juicio final son naciones, reinos, ciudades y condiciones de vida de los hombres.

Pero aquí en el Kohelet encontramos ya un camino en la línea que va llevando del juicio final de los pueblos/naciones/humanidad al juicio final de los hombres/personas como tales. Esto es lo que Job 19, 25-27 postula ya de alguna forma, esto es lo que está indicando en un sentido Da 12, 2 cuando divide y distingue la suerte de los hombres/personas de Israel. Todo esto es un anuncio y preparación de lo que culminará en el mensaje de Jesús y de sus apóstoles. Kleinert ve aquí el amanecer de una nueva revelación que se está manifestando. Por su parte, Himpel dice, a partir de aquí, que el Kohelet constituye un eslabón precioso en la preparación del evangelio, y tiene razón al decirlo.

En el libro del Kohelet la religión del A.T. entona su canto funerario, pero ello requiere romper las barreras del nacionalismo y la esclavitud de la vida presente, nacionalismo y clausura en ese mundo que fueron causantes de que el A.T. no pudiera convertirse en religión universal, resolviendo los misterios de la vida, siendo solo una profecía y anuncio de la salvación universal y de la resurrección que se expresan por Jesús, haciendo así que el cristianismo pueda aparecer como religión de la humanidad.

La lectura sinagogal repite Ec 12, 13 tras Ec 12, 14, a fin de lograr una conclusión de sonido agradable :הָאֱלֹהִים יְרָא וְאֶת־ מִצְוֹתָיו שְׁמוֹר כִּי־ זֶה כָּל־ הָאָדָם. La *Siman* (voz mnemotécnica) Masorética de los cuatro libros en los que, tras el último verso del libro, se repite un resumen severo de los contenidos anteriores es קק"ית. La י se refiere a ישעיה (Isaías), la ת a תריסר (libro de los Doce Profetas), la primera ק a קהלת (Kohelet) la segunda ק a קינות (Lamentaciones). Lamentaciones y Kohelet van siempre unidas. Pero hay dos distribuciones de los cinco Megillot: una es la del calendario de las fiestas, que ha sido recogida en las primeras ediciones de la Biblia (Cantar, Rut, Lamentaciones, Kohelet y Ester); otra es la distribución conforme a la historia de su origen (Rut, Cantar, Kohelet, Lamentaciones y Ester).